施特劳斯的现代性批判理论研究

蒋小杰 著

人民出版社

责任编辑:陈寒节

责任校对:湖　催

图书在版编目(CIP)数据

施特劳斯的现代性批判理论研究/蒋小杰 著. - 北京:人民出版社,
　2014.12

ISBN 978 - 7 - 01 - 014150 - 3

Ⅰ.①施… 　Ⅱ.①蒋… 　Ⅲ.①施特劳斯,L.(1899～1973) - 政治
　哲学 - 研究 　Ⅳ.①B712.59

中国版本图书馆 CIP 数据核字(2014)第 259607 号

施特劳斯的现代性批判理论研究
SHITELAOSI DE XIANDAIXING PIPAN LILUN YANJIU

蒋小杰　著

人民出版社 出版发行

(100706　北京市东城区隆福寺街 99 号)

北京龙之冉印务有限公司印刷　新华书店经销

2014 年 12 月第 1 版　2014 年 12 月北京第 1 次印刷
开本:710 毫米×1000 毫米 1/16　印张:23.25
字数:362 千字　印数:0,001 - 2,000 册

ISBN 978 - 7 - 01 - 014150 - 3　定价:　55.00 元

邮购地址:100706　北京市东城区隆福寺街 99 号
人民东方图书销售中心　电话:(010)65250042　65289539

总　序

一

　　20 世纪 70 年代末期,在西方,由于经济滞胀和政府失败的出现,引发了一场声势浩大的政府管理改革运动。这场政府改革运动随之在世界范围展开。至今,仍在世界范围内以特有的方式走向深入。

　　从政府管理的角度看,这场政府改革运动与传统上的政府改革最大的不同,不仅仅在于基于现实条件下更加深入地认识政府与市场、政府与社会的关系,确定现代市场经济条件下的政府职能,即解决政府干什么的问题,更在于在行政职能的输出方式,即对政府的行政方式进行探索,着重解决政府如何干的问题。这一场政府改革解决政府在市场经济条件下如何履行好自己的职能的问题,相当程度上是整个改革的一个主要内容和重大突破,其基本逻辑,是在强调政府管理的目标与价值的基础上,加强对公共产品属性的认识,确认了私人和市场参与公共产品生产和提供的必要与可能,进而创新了政府管理的方法与技术,在现实中整合社会资源以满足公共需求,[①]从而回应了公众基本生活需求和社会经济发展的需要,并且在一定程度上治理了传统的政府难以应对的问题,即政府机构的"精简——膨胀,再精简——再膨胀"的怪圈。

---

　　① 崔运武:《当代公共产品的提供方式与政府责任》,《思想战线》2005 年 1 月。

　　政府存在的基本要求,就是处置公共事务以满足公众需求,促进社会的存在和发展,而政府管理公共事务的方式,就是公共管理模式,它由公共管理过程中各公共产品提供者功能的定位、参与程度和参与方法等基本要素构成。在人类已有的公共管理实践中,主要出现过在公共产品的提供中政府为主并有限投入的公共管理保护模式、政府全面负责乃至完全垄断的干预模式,政府与社会和市场合作的市场模式。① 因此,公共管理模式本质上是在公共管理过程中存在或可供选择的政府与市场、政府与社会的分工方式。无疑,自从 20 世纪 30 年代中期第一次世界经济危机以后,以政府对经济和社会的全面干预为起点和标志,随着行政国家的出现,在政府作为公共事务主要甚至是唯一管理者的情况下,现实的公共管理模式就是典型的干预模式或垄断模式。然而,自 20 世纪 70 年代期以来,现实政府管理的变革,现实的结果就是公共管理模式的变革,公共管理市场模式的出现和成长。② 正是在这一现实变革的基础上,基于理论与实践的互动,尽管人们对当前是否已有一个不同于传统的公共行政的新的公共管理理论的出现存在不同的观点,但可以肯定的是,正是现实变革的推动和新的公共管理理论的迅猛发展,越来越多的人基于对范式的深入的理解,认为即便不提公共管理已是一个新的理论或学科,但至少已是一个正在成长的新的研究范式。这一点,在我国,从 1990 年代中期教育部规定的学科专业目录的调整,以及近期社会科学研究及管理部门的及时调整,也足以说明。

　　在当代中国,自 1993 年建立社会主义市场经济体制的改革展开以来,可以说正是得益建立社会主义市场经济体制改革的展开和深入,以及社会主义市场经济体制的初步确立,公共管理模式的转换已成为一个不以人的意志为转移的客观进程。概言之,这一客观进程的内在逻辑是,一方面,建立社会主义市场经济体制改革的逐步深入,导致了公共需求的日益丰富和复杂,对政府公共管理的方式提出了新的要求。另一方面,正是随着建立社

----

① 郎佩娟:《公共模式研究,政法论坛》,《中国政法大学学报》20 卷第 1 期,2002 年 2 月。
② 崔运武:《公共事业管理概论(第二版)》,高等教育出版社 2006 年版,第二章。

会主义市场经济体制改革的展开和深入，是使作为公共管理模式从干预走向市场的重要因素——以民间组织或非营利组织为基本组织形式的社会（公民社会），相当程度上从无到有，不断发展，而党中央和国务院及时地认识了当代中国公共需求的发展变化，把握了公共管理发展的内在逻辑，因而随着改革的深入，提出必须以社会主义市场经济运行的基本要求来确定政府职能，必须大力培育和发展社会中介组织，并且制定了一系列促进民间组织发展的方针和政策，要求加强社会管理和公共服务职能，提出要努力提高干部和公务员的现代公共管理素质，建立一个既与当代公共管理发展总体趋势相一致，又符合中国特点的新型公共管理体制。一句话，当今中国，公共管理模式的转换应该已是一个不争的现实。

正如同当代西方的"新公共管理"在实践上与传统的公共行政或说公共管理有明显的不同，因而在理论与实践的互动中形成了对传统的公共行政理论进行重大变革，进而形成"新公共管理理论"一样，当代中国公共管理模式的转换作为一种在中国出现的客观现实，一种在中国未曾有过新的公共管理实践，它为能够对这一实践做出解释并做出进一步改革导引的理论的构建提出了要求。正因为如此，在当代中国的社会科学领域，自上世纪90年代中期至今，公共管理研究已成为一个理论热点，一个正在探索的理论：面向现实的重要领域。

二

在当代中国，对公共管理理论的探索，我们认为基本目标有二：

第一，总结研究当代世界的公共管理变革和理论发展。具体言之，即审视当代世纪范围内，尤其是20世纪70年代末期以来政府管理改革先行国家公共管理改革的实践，总结其经验和教训，研究其新公共管理理论之所以产生的动因、理论发展的脉落，如从管理主义、公共选择理论，到新公共管理理论，再到治理理论、新公共服务理论内在的发展逻辑与现实影响因素。在把握当代世界范围内公共管理变革的基本趋势，追踪理论发展前沿的基础上，探求公共管理中具有普适性的因素，本着"他山之石，可以攻玉"的原则，促进当代中国公共管理变革及理论的发展。

第二，探索有中国特色的，能对中国公共管理实践有解释、说明和预测的公共管理理论。当代中国的公共管理，是对当代中国公共事务进行协调和控制的过程。这一过程是在基于中国文化传统的发展，在当代中国特定的社会经济发展条件下，在有中国特色的社会主义政治制度下，在中国共产党的领导下展开的，是公共管理有中国特色的一种管理模式。因此，对当代世界范围内公共管理理论的追踪和研究，归根到底，就是要探索有中国特色的公共管理理论，尤其是要通过这一理论的探索和建构，对改革开放以来我国经济的高速而持续地增长，社会稳定，民主进步，人民群众不断增长的物质和文化需求得到满足，公众生活质量不断提高的这一"中国模式"做出令人信服的解释和说明，为未来的进一步发展基于公共管理做出有价值的参考的预测。

如何展开这一探索，从理论建构的角度看，我们认为最基本的就是要基于学科综合的基础上来进行。当代公共管理理论的产生和发展，正如人们所公认的，当代正在成长的公共管理理论，它的关注焦点由"内部取向"转变为"外部取向"，由重视机构、过程和程序研究转到重视项目、结果与绩效的研究，从而使战略管理、管理的政治环境、项目执行、绩效评估、公共责任及公共管理伦理成为核心问题；它倡导的管理理念，其中心问题的"如何提供公共利益和服务"，它提供的一整套管理的方法和技术，则是十分注重在处理公共管理问题尤其是政府与市场、企业与社会关系时，提供一整套不同于传统公共行政学的新思路与新方法。

而这一切之所以成为可能并形成一种较完整的知识体系，则是由于它的知识基础，即公共管理学作为一种广泛和综合的知识框架，把当代经济学、管理学、政策分析、政治学和社会学等学科的知识和方法融合到公共部门管理尤其是政府管理的研究中。因此，要追踪研究当代世界的公共管理知识，尤其是要建构有中国社会主义特色的公共管理理论，必须走一条基于以政府为主要研究对象，但又不局限于政府，以公共行政学为基本视野，但又必须同时关注相关的多学科,即基于以公共事务管理为核心,基于公共管理又必须逸出公共管理,逸出公共管理又必须回归公共管理的多学科研究路径。

三

云南大学在国内对公共管理理论的探索者的行列中,不是先行者,但肯定是一个积极的、孜孜不倦的参与者。

云南大学有较悠久的政治学和行政学的研究传统。1923 年云南大学正式建立后,即于 1925 年建立了政治学系,展开了政治学和行政学的探索。新中国成立后,云南大学的政治学和行政学走过的是和其他兄弟院校一样的历程。改革开放后,云南大学迅速恢复了政治学学科,并于 1980 年代初结合地方社会经济发展的需要,开办了少数民族干部行政管理大专班。这一行政管理干部大专班沿至上世纪 90 年代末,在为云南省培养了大批合格的素质不断提高的少数民族行政管理干部的同时,也促进着我们对行政管理理论和教学的探索。1986 年,云南大学获得了政治学理论硕士授权,即在这一专业中根据当时学科划分的要求,开设了行政学方向,培养行政管理方面的高级专业人才。随之,在国家学科专业调整,明确地建立行政管理专业后,云南大学先后获得了行政管理的本科专业和硕士点,开展了行政管理的专业教育。

1999 年,世纪之交,世界范围内公共管理模式的变革和我国建立社会主义市场经济体制改革的步步深入,使正在成长的公共管理学科,展现出了前所未有的蓬勃生机。针对云南省社会经济发展的需要,感觉到了时代的脉动,以及公共管理这一高度整合的新兴学科必将成为社科领域的一个显学,一个极为重要的人才培养基地的巨大需求,云南大学依托学校既有的相关学科优势资源,以原政治学与行政管理学系为基础,于 1999 年 7 月正式建立了公共管理学院,云南大学公共管理学院也得以成为全国第一个正式建立的公共管理学院,从而使我们对公共管理理论的追踪关注,对新型的具有公共管理理念、掌握当代公共管理技术和方法的多学科的交叉型、复合型、应用型的人才培养，有了坚实的学科平台和新的人才培养条件。

云南大学公共管理学院建立后，我们积极追踪公共管理理论，展开公共管理学科的建设。我们的建设战略，一是以行政管理学科建设为基本支撑，二是积极将教学与研究相结合，将理论与实践相结合，将科学研究与教学研究。如此，九五期间，行政管理学科被列为云南省重点建设学科。在复旦大学等高校的支持下，我们行政管理重点学科建设获得了极大的发展，获得了一大批国家社科基金、教育部基金、教育部青年教师奖基金、国家新世纪重大教改项目等，支撑了整个学科建设，使学科力量不断得到发展，于2003年获得了MPA教育授权，2005年获得了行政管理博士授权，并建立了省部共建的公共管理实验教学中心。

"十一五"伊始，得益于正在深入发展的改革现实对公共管理的需求，基于我们从九五开始的以行政管理为基础的学科建设，以公共管理学科建设为目标——一个以公共管理为核心，一个更加综合的学科整合的建设，即公共管理学科建设，被列为云南省"十一五"重点建设学科。我们基于公共管理的学科特点和基本内涵，确定了公共管理理论与公共事业管理、公共政策与地方政府治理、公共经济与政府理财、区域高等教育发展与管理、电子政务五个建设方向，从更宽广的视野或学科入手，依赖于以往建设的基本路径，展开了新的积极探索。而在"十二五"即将启动之际，根据以项目带动学科加强学科建设的相关要求，我们的"区域公共服务的体制与技术及公共危机管理能力研究"项目，被列为云南大学"211"工程三期重点学科建设项目，从而使我们对公共管理理论的追踪和探索，有了新的更高的平台。

为了记录和展现我们探索的结果，我们计划将近期比较成熟的成果付梓出版。当然，尽管当今世界已是一个信息社会，资讯的传递和使用已非传统社会可比，但由于原有的学科基础和研究力量，以及地域等条件所限，我们对当代公共管理理论的追寻和探索，难免前瞻与后顾并存、深刻与肤浅共融。但我们以为，对在一个诱人的，但实际上又充满艰难、困惑，迷宫般的思想殿堂里的探索者而言，或许同样重要的，不仅仅在于所得，还在于有一种为理想而追求的锲而不舍的探索精神,一种为中国公共管理理论发展贡献一得之愚而带来的创造的欢乐。

是为序!

崔运武

2010 年 1 月 5 日于昆明

目　录

序:走出观念主义的怪圈

俞吾金

记得中国古人有"文如其人"的说法。事实上,在文字与作者之间做比较,本身就富有诗意。当蒋小杰把他的厚实的、沉甸甸的博士论文《施特劳斯的现代性批判理论研究》放在我的桌子上时,我油然而生的,正是这样的感受。与某些思想上缺乏定力、观点上随波逐流的博士生不同,蒋小杰从一年级做开题报告起,就明确表示要把列奥·施特劳斯的哲学思想作为自己博士论文的选题。有趣的是,他一条道走到底,从未改变过自己的初衷,真有郑燮所说的"咬定青山不放松"的味道。

蒋小杰治学,不光有明确的意向,也有顽强的意志。众所周知,施特劳斯的研究资料浩如烟海,要从中理出头绪来已属不易,更遑论形成自己独立的、批判性的见解了。然而,蒋小杰并没有知难而退,他集中思想,心无旁骛,一本接一本地阅读着相关的资料,终于找到了"政治的哲学"(political philosophy)这个重要的切入点。事实上,近年来哲学博士论文的主题越来越多地聚焦到实践哲学,尤其是政治哲学上,因为人们在探讨任何哲学问题时都无法回避以下双重关系:一是人与自然的关系,二是人与社会的关系,而第一重关系又是以第二重关系为基础和出发点的。因为人并不是赤裸裸地、直接地面对自然界的,而是通过人与人之间的社会关系的媒介才与自然界发生关系的。而在人与人之间的社会关系中,尽管经济关系起着基础性的作用,但真正体现人之为人的尊严和高度的却是政治关系。正如美国政治哲学家利普塞特所说的,人首先是作为政治人生活在这个世界上的,而蒋小杰之所以把自己的博士论文的主题聚焦在施特劳斯的政治哲学上,其目的正是要把握这个最重要的思想维度,并通过它,进一步探寻并守护人生的价值和意义。

那么,究竟从何处着手去探寻施特劳斯政治哲学的珍宝呢?经过深入的阅读和反复的思索,蒋小杰决定把施特劳斯的政治哲学置于现代性语境中加以考察,他这样做的主要理由是:一方面,要对政治哲学获得整全式的理解和把握,就应该找到一个与之相匹配的观念,毋庸讳言,"现代性"(modernity)正是这样一个具有整全性的观念。事实上,施特劳斯正是把以进步观念为引导的观念整体理解并阐释为现代性的。另一方面,政治哲学的危机也深藏在现代性危机中。只有从价值的层面上复兴古典政治哲学中的合理元素,恢复启示与理性或哲学与政治的平衡,才能告别虚无主义、走出现代性的危机。

毋庸讳言,在"观念主义"(idealism)①的语境内,施特劳斯关于现代性和政治哲学的理论似乎是可以自圆其说的。或许正是出于这方面的原因,施特劳斯的现代性和政治哲学理论,就像马克斯·韦伯倡导的"新教伦理"、雅斯贝尔斯推重的"轴心时代"理论一样,作为观念主义的代表作,获得了众多的追随者。然而,观念主义者正是以黑格尔所主张的"现实和观念的同质性"(homogeneity of actuality and idea)作为自己的理论基础和出发点的。换言之,他们把观念上的东西与现实生活中的东西直接地等同起来了,以为在观念上或书本中出现的东西,也必定会在现实中出现。事实上,要拨开观

---

① 在英语中,idealism 这个名词通常拥有以下三个不同的含义。第一个含义是"唯心主义",它主要关涉政治、宗教和意识形态方面的内容;第二个含义是"理想主义",因为 ideal 可以解释为"理想";第三个含义是我们在文中使用的"观念主义",因为 idea 可以解释为"观念",而观念主义就是试图完全撇开现实,只从观念(包括文本上的思想)的被接受、被批判或被抛弃来阐明现实生活的变化。马克思曾经辛辣地嘲讽过这种观念主义:"有一个好汉一天忽然想到,人们之所以溺死,是因为他们被关于重力的思想迷住了。如果他们从头脑中抛掉这个观念,比方说,宣称它是宗教迷信的观念,那么他们就会避免任何溺死的危险。"参阅《马克思恩格斯全集》第 1 卷,人民出版社 1960 年版,第 16 页。

念主义的迷雾,看清楚现实生活中究竟发生了什么,并揭示出现代性的秘密,就应该从黑格尔所主张的现实和观念的同质性返回到康德所主张的"现实和观念的异质性"(heterogeneity of actuality and idea)上。其实,只有认可这种异质性,现实生活中真实发生的东西才会向我们敞开。遗憾的是,施特劳斯还没有自觉地意识到这种异质性,并视之为自己反思的出发点,因而在某种意义上,他仍然在观念主义的旧靴子里打转。

首先,像其他近代政治哲学家一样,施特劳斯也喜欢侈谈 natural right 这个含糊不清的观念。① 事实上,在我看来,不管人们如何理解并翻译这个词组,只要他们把"自然"与"法"、"权利"或"人权"放在一起,逻辑上就是自相矛盾的,因为"法"、"权利"或"人权"这类观念永远不可能在"自然"中形成,因而也不可能在自然的语境中被使用,而只可能在"社会"的语境被构成并被使用。在这个意义上,说"自然法"、"自然权利"或"自然正当",就像说"方的圆"或"木的铁"一样,本身在逻辑上就是不自洽的,因而也是无意义的。

其次,施特劳斯试图通过对以柏拉图为代表的古典政治哲学的回归来挽救现代性面临的危机,然而,这种回归也注定是不会成功的,就像柏拉图在叙拉古的遭遇一样。即使从政治哲学家的理念上来看,柏拉图关于"哲学王"和共和国(republic)的理想也是不切实际的,犹如马克思所批评的:

> 在柏拉图的理想国中,分工被说成是国家的构成原则,就这一点说,他的理想国只是埃及种姓制度在雅典的理想化。②

由此可见,无论是施特劳斯对柏拉图政治哲学的回归,还是他对马克思所说的"原始的丰富性"或"埃及的肉锅"的留恋,都无法真正地破解现代性的困局和危机。

最后,我们发现,施特劳斯对现代性危机的分析还未深入到人的本质性

---

① natural right 这个英语词组有各种不同的译法,如"自然法"、"自然权利"、"天赋人权"等,蒋小杰和另一些学者主张把它译为"自然正当"。毋庸讳言,right 确实蕴含着"正当"的含义。

② 马克思:《资本论》第一卷,人民出版社 1975 年版,第 405—406 页。

的维度中去。在我看来,要使这个维度向当代人的意识敞开,就必须先行地区分"人性"(human nature)和"人的本质"(human essence)这两个内涵殊异的概念。前者指人的自然属性,用中国哲学的术语来表达,就是"饮食男女";后者则指人的社会属性,用马克思的话来表达,就是"一切社会关系的总和"。毋庸讳言,人性作为人与生俱来的自然属性,是不会变化的,但人性在不同历史时期的具体表现形式是会变化的;与此不同的是,人的本质是在后天的社会环境中形成的,因而是会变化的,也是可塑的,而这种可塑性正是借助于宗教、哲学、政治法律、伦理道德、艺术和审美观念等才得以实现的。于是,我们对现代性危机的反思,又通过对人的本质形成机制的反思而转化为对上述领域中流行的观念的批判。诚如康德所指出的:

> 我们的时代在特别程度上是一个批判的时代,一切都必须受到批判。宗教想借口它的神圣立法、想借口它的尊严,试图避免批判,可是,这样一来,它们恰恰就引起别人对它们的正当的怀疑,而不能要求人家真诚的尊敬了,因为只有受得起自由和公开考查与考验的东西,理性才给以真诚的尊敬。[①]

尽管康德自觉地意识到了现实和观念的异质性,从而为破解现代性危机提供了新的思维进路,然而,我们发现,康德所倚重的始终只是单纯思想领域里的批判活动(critical activities)。也就是说,这个思想上的巨人归根到底仍然是观念主义的囚徒。正如莎士比亚在他的《十四行诗》中所写的:

> 我是你的囚徒,
> 我和我的一切都必然任你摆布。[②]

在我看来,要走出这个观念主义的怪圈,或许应该记住马克思下面的教诲:

> 历史的动力以及宗教、哲学和任何理论的动力是革命,而不是

---

① 康德《纯粹理性批判》,韦卓民译,A x ⅱ。
② 参阅《莎士比亚全集》第 11 卷(十四行诗),朱生豪译本。

批判。①

我们应该学会把"武器的批判"(weapon's criticism)与"批判的武器"(critical weapon)严格地区分开来。归根到底,真理既不在柏拉图所创立的"理念论"(theory od idea)中,也不在亚里士多德所倡导的"实践智慧"(phronesis/practical wisdom)中,而是在马克思所开创的"实践唯物主义"(practical materialism)中。

是为序。

2014 年 7 月 12 日于沪上东方文苑

----

① 《马克思恩格斯全集》第 3 卷,人民出版社 1960 年版,第 43 页。

著作缩略语

LAM – 古今自由主义

NRH – 自然正当与历史

OT – 论僭政

PAW – 迫害与写作艺术

PL – 哲学与律法

PPH – 霍布斯的政治哲学

RCPR – 古典政治理性主义的重生

SCR – 斯宾诺莎的宗教批判

TM – 关于马基雅维利的思考

WIPP – 什么是政治哲学

PSM - 苏格拉底问题与现代性

EMM - 门德尔松与莱辛

HPP - 政治哲学史

RCH - 霍布斯的宗教批判

导　论

作为 20 世纪的政治哲学研究领域中的重要人物,列奥·施特劳斯(Leo Strauss,1899—1973)对整个西方的现代性危机做出了独特反思和解答。在他看来,20 世纪是向来颇为自信的西方文明遭遇重大怀疑和重大挫折的时代,一方面理性排斥价值导致人类面临深刻的虚无主义,一方面暴政泛滥致使人性的尊严面临冷酷的挑战而不断丧失。在施特劳斯看来,现代性是由理性爱欲所支配的哲人与利己物欲所支配的大众联合发起的一场集体狂欢,它将人类的根本处境问题消解在当下的历史之中,从而最终引发在终极持守上的虚无危机。施特劳斯试图通过把现代性的危机化约为政治哲学的危机从而在价值层面上来化解危机,现代性的危机首先是源自于古典政治哲学所持守的自然正当(natural right)①遭到了背叛与篡改,现代政治哲人首先背弃了中古政治哲人的教诲,继而又最终抛弃了古典政治哲人的教诲,以至于哲学无有节制地实现了对政治的规定。其次,在现代社会中,欲望的主体获取了优先的地位,主体的欲望取代自然的正当成为自然的权利,基于此而建构的现代政治国家只是"确保幸福的条件,而不管如何幸福","无论在何种情况下,政治社会也不能将任何幸福观念强加在公民头上"。② 欲望之正当性的获取排除了对何种欲望之正当性的判断,失去哲学看护的政治

---

① 说明:施特劳斯并没有严格区分"自然正当"与"自然权利",他在其代表作《natural right and history》中有时用 natural rights 来明确表示"自然权利",但多数均采用统一的 natural right。他似乎有意使 natural right 表示双重意思,其一是古典的自然正当,其二是现代的自然权利。本文中在特别需要表明时作者就使用"自然权利"的表述,而其他地方则一律用"自然正当",包括引用中文译作时,也根据语境需要更改"自然权利"为"自然正当"。

② PSM,23.（注:页码为中文译本页码。下同）

开始变得漂泊不定;而绝对价值的离场与相对价值的入场也使得政治哲学自身的生存遭到了最致命的伤害。现代社会因缺乏"一个并且唯一一个高高在上的东西"而造成不可遏制的内部分裂,最终导致虚无与暴政。①

　　生前的施特劳斯在主流的政治哲学研究领域内几乎完全默默无闻,但在其去世后声名日隆,围绕着施特劳斯的政治哲学引发了诸多的争议。由于施特劳斯所呈现出来的论题广博复杂,头绪颇多,因此,究竟应该如何整全式地理解施特劳斯就成为一个颇受争议的问题。例如,施特劳斯最为得意的门生布鲁姆(Alan Bloom)把"古代人与现代人,雅典与耶路撒冷"看作是主宰施特劳斯一生的伟大课题;②丹豪瑟(Werner L. Dannhauser)称施特劳斯有"三大紧张":古人与今人、耶路撒冷和雅典、哲学与诗;尤多夫(Alan Udoff)把施特劳斯的研究主题概括为犹太教思想、政治哲学和希腊思想,并认为其思想生命的旅程追随着古人与今人之争、神学 - 政治问题以及雅典与耶路撒冷等三个问题路向;③伽达默尔认为施特劳斯从其第一本著作《斯宾诺莎的宗教批判》开始的整个学术生涯都在致力于解决古人与今人之争,致力于反对近代历史的自我意识,捍卫古代哲学的绝对正当性;④而德国学者迈尔(Heinrich Meier)则把施特劳斯的论题确定为"古今对话、哲学是一种生活方式、显白 - 隐微写作艺术、历史主义批判"。⑤ 实际上,就连施特劳斯的亲传弟子们就其导师的教诲是什么也是莫衷一是、意见杂呈,以至于罗森(Stanley Rosen)怀疑施特劳斯所编织的银丝网下可能并没有包裹着什么金苹果:"施特劳斯的令人困惑之处在于,他引导我们的目光透过银丝网的网眼去看它下面的东西,但却是以这样一种奇怪的方式引导我们,使我们发

---

① PSM,27.

② 布鲁姆:《纪念施特劳斯(1973)》,文载《施特劳斯与古典政治哲学》,第 14 页。

③ 尤多夫:《论施特劳斯》,文载《施特劳斯与现代性危机》,第 29 页。

④ 伽达默尔:《真理与方法——哲学诠释学的基本特征》,洪汉鼎译,上海译文出版社 2004 年版,第 503 页。

⑤ 迈尔:《施特劳斯思想中的神学—政治问题》,刘平译,文载《古今之争中的核心问题——施特劳斯的论题》,林国基等译,刘小枫主编,华夏出版社 2004 年版,第 197 页。

自内心地感到下面并没有什么金苹果。"①现在比较明确地能够得到多数学者认可的是,施特劳斯政治哲学的主要论题包括现代性批判思想、犹太人问题(包括继而由此所引发的神学–政治问题、中世纪政治哲人的解读等)、古典政治哲学文献解读,问题是这些论题内在究竟具有何种关联以及如何关联。本研究的主旨之一就是试图通过对施特劳斯的现代性理论的探析来实现对施特劳斯政治哲学的整全式理解,呈现施特劳斯政治哲学内在统一的概念系统和一以贯之的基本议题。

从对施特劳斯的思想研究角度来看,现代性理论可以说是其全部政治哲学研究的问题意识之所在。现代性问题在 20 世纪初的凸显使得诸多的学者对此作出各自独特的回应,列奥·施特劳斯的政治哲学正是这一回应潮流的构成部分,正如有的学者所指出的,施特劳斯"在任何时候都确信西方的持久危机,在对此危机的应对中,他开始了其哲学事业,而这一危机的持久性有要求该事业,即对真理的追求持续下去。"②本文认为,自其博士论文《雅可比哲学中的认识论问题》(1921)开始,经由《斯宾诺莎的宗教哲学批判》(1930)、《哲学与律法》(1035)、《迫害与写作艺术》(1952)直至《自然正当与历史》(1953),施特劳斯逐步完成了他对现代性的整全式批判框架,成功地建构起现代政治哲学与古典政治哲学的联系;施特劳斯通过把现代性危机引发归因于历史主义的观念,并把历史主义观念与古典政治哲学的自然正当观念对立起来,最后得出结论:现代性正是借助历史主义观念把一切价值消解在特定的时空之中和绝对的个体之上,从根本上否定了自然的正当,转而把欲望主体的欲望视作为自然的权利,并完全跟从现实时空条件的变化而变化,最终导致了深重的相对主义和虚无主义灾难。施特劳斯对现代性的批判与解答作为这一回应潮流的构成部分,其独特性在于其站在古典政治哲学的立场上发起对现代性的质疑,认定克服现代性症结的关键是实现对古典政治哲学的回归。他自信满满地认为,一旦我们能够把哲

① 罗森:《"金苹果"》,田立年译,文载《现代性的曲折与展开》上卷,贺照田主编,吉林人民出版社 2011 年版,第 261 页。

② 格布哈德.施特劳斯:《困惑时代中寻求真理》,文载《施特劳斯与现代性危机》,第 52 页。

学作为一种真正的生活方式,而且是最高的生活方式,就必将能够重新拾取人性的尊严,获取生活的信念。文章重点选取"自然正当"这一核心概念来透析施特劳斯的现代性理论,在施特劳斯的政治哲学中,"自然正当"实际上是以一个中轴性质的观念发挥作用的,施特劳斯对自然正当观念的梳理就成为我们理解其全部现代性批判的贯通性线索。施特劳斯现代性理论的基本主张就是,必须重新发现和确定自然正当,寻找到能够判断对错是非的终极性的永恒普遍价值原则,才能解决现代性危机。正如唐格维所指出的那样,事实上,施特劳斯对自然正当所持的广阔观念包括着对正义和政治学之本质的反思;对他来说,自然正当问题乃是政治哲学的首要问题,这是因为自然正当问题事实上正是最好政体的问题。① 因此,唯有进展至自然正当的层面才能真正地通盘反思现代性的基本预设,才能真正地化解现代性危机,西方文明也才有可能绝处逢生。

此一方面,另一方面,从现代性理论入手可以清晰把握施特劳斯政治哲学当中的"神学 - 政治问题",并把其古典学研究勾连起来。施特劳斯多次曾明确的表示"神学 - 政治问题"是终其一生的议题。虽然在其博士论文中,施特劳斯跟随雅可比就已开始了对现代性的批判,但他对这篇博士论文相当的不满意,甚至在此后的学术生涯中羞于提及,其原因就是对雅可比批判过于的亦步亦趋。可以说,此时的现代性还不是施特劳斯已经自觉的学术问题。真正使施特劳斯把现代性作为整全式真理体系而予以挑战的坚实生命力源自于他的德裔犹太人身份。正如布鲁姆在《纪念施特劳斯》一文中对施特劳斯一生的总结:在非常时髦地普遍忽视神学 - 政治问题或认为这一问题已经解决的时代,施特劳斯却被迫面对这个问题;他确信,任何想要过一种严肃生活的人,都必须要努力地澄清神学 - 政治问题。② "施特劳斯的精神远游始于其犹太主义",此后他就开始了"自己一去不回的旅

---

① 唐格维:《列奥施特劳斯思想传记》,林国荣译,吉林出版集团有限责任公司 2011 年版。第 127 页。
② 布鲁姆:《纪念施特劳斯(1973)》,文载《施特劳斯与古典政治哲学》,第 5 页。

程"。① 1924 至 1930 年代，施特劳斯从犹太人在现代社会中的现实困境出发，发表了大量关于犹太问题的短评和论文，通过神学－政治问题逐渐将"其研究目标开始聚焦于理解现代文化的基础"。② 在 1930 出版的《斯宾诺莎的宗教批判》（该书写于 1925 年至 1928 年间，出版 1930 年）通过质疑斯宾诺莎对启示宗教攻击的合法性，质疑了启蒙的基础。③ 1965 年，施特劳斯总结性地指出："其后，神学—政治问题就一直是我诸项研究的唯一主题。"④1965 年，在《斯宾诺莎的宗教批判》一书的英译本序言的开头，施特劳斯指出，在 1925 年至 1928 年之间"发现自己正陷于神学－政治的困境中"，并强调自己是在把握"神学政治困境时找到了自己"的研究方向；⑤在 1970 年与好友克莱恩的公开谈话中，施特劳斯默许了克莱恩对其两大研究主题所做出的指认："一个是上帝问题，另一个是政治问题。"⑥他还叙述说 1922 年遇到胡塞尔时自己的"首要兴趣是神学"。⑦ 种种论据显示，"神学—政治问题"确实是施特劳斯思想起步、沉潜思考的主线与核心，这一问题呈现了现代启蒙所建构的真理体系根基的脆弱性，现代启蒙试图彻底击碎宗教启示所建基的"自然正当"来建构自身的"自然正当"的努力，在施特劳斯看来最终并没有成功，它只是通过嘲笑的方式实质性地回避了宗教启示，而另起炉灶地进行建构；在现代启蒙一路高歌猛进之时，宗教启示实际上一路与其形影不离。只有当我们意识到宗教启示所持守的"自然正当"依然留存，才能猛然惊醒于现代启蒙所持守的"自然正当"何等脆弱。因此，通过过渡至对自然正当观念的关注来研判现代性理论，可以看作是理解

----

① 布鲁姆：《纪念施特劳斯（1973）》，文载《施特劳斯与古典政治哲学》，第 12—13 页。
② PL,219.
③ PL,186.
④ 施特劳斯：《霍布斯的政治学》德文版前言，娄林译. 载于 PSM,66.
⑤ 施特劳斯.《斯宾诺莎的宗教批判》序言，马志娟译. 载于 LAM,260.
⑥ 施特劳斯、克莱恩：《剖白——施特劳斯与克莱恩的谈话》，文载《施特劳斯与古典政治哲学》，第 723 页。
⑦ 施特劳斯、克莱恩：《剖白——施特劳斯与克莱恩的谈话》，文载《施特劳斯与古典政治哲学》，第 726—727 页。

施特劳斯现代性理论的一个关键。

深入理解现代性问题还是把握施特劳斯放弃现代启蒙和宗教启示,并最终返回古典政治哲学的关键。神学－政治问题尽管展现了宗教启示与现代启蒙在"自然正当"层面上的对抗,但这并不表明施特劳斯就止步于宗教启示所持守的"自然正当"。事实上,文本考察的结果表明,现代性所由以出的自然正当与宗教启示所持守的自然正当有着千丝万缕的内在关联,正是两者如此持守的自然正当并不像它们各自所宣称的那样坚实可靠,引发了施特劳斯最终向古典政治哲学的回归。如果说现代启蒙所依凭的"自然正当"是对个体权利的正当而做出的认肯,那么,宗教启示所持守的"自然正当"则是集体无意识的终极虚构。因此,两者从根本上来说都是"主观的",但作为"原本"(natural)意义上的"正当"(right)则是客观的。那么,我们又如何跳出这种"主观的"自然正当来达至"客观的"自然正当呢?施特劳斯通过迈蒙尼德等中古哲人把目光最终锁定在了古典政治哲学那里。从《论僭政》(1948)开始,经由《自然正当与历史》(1953),施特劳斯开始了终其一生的与古典哲人的对话旅程。在施特劳斯看来,古典哲人所持守的自然正当乃是和习俗相对的恒常,是超然于空间和时间的纯然的逻各斯,是外在于主体、高于和先于主体的客观法则,是政治社会的终极价值标准。作为整全式真理体系的始源性和基础性概念,自然正当是构成整全真理体系的硬核,它显示着"万事万物的本性","万事万物的本性(nature)的总体就是整全",因此它纯然是"客观的",端赖于哲人的发现,而不是哲人的发明。哲学"意味着对万物本性的知识的探究",而"政治哲学是一种尝试,旨在真正了解政治事物的本性以及正当的或好的政治秩序"。① 哲人的职分就是努力地去"探求真理",尝试穿透关于整全的各种意见而获取关于整全的纯然知识。于此而论,深入探究现代性的内在形成机理,既是施特劳斯对政治哲学定位的关键,也是我们理解施特劳斯政治哲学最终归宿的恰当切入点。

对施特劳斯现代性理论的关注,除却以上的理论意义之外,还具有面向

---

① WIPP,2—3.

当下中国的现实意义。首先,对施特劳斯现代性理论的探析可以对我们长
久以来所寻求的中华文明复兴之所立的现代化标杆以及所依凭之自然正当
提供特定的反思视角。汉语界虽然早在1985年就译介了施特劳斯的《什么
是政治哲学?》一文[①],近十年后的1993年又翻译出版了施特劳斯与克罗波
西主编的大部头教程《政治哲学史》,[②]1996年引入包含有施特劳斯条目的
由迪瓦恩等主编的《20世纪思想家辞典:生平、著作、评论》,[③]但这些译介
工作似乎并没有引起学界对施特劳斯更多的关注。这或许是因为在如火如
荼推进现代化的时代背景之下,施特劳斯的现代性批判多少显得那么的不
合时宜。在汉语学界还未能形成对现代性的问题意识,现代性所持守的"自
然正当"依然显得那么的正当时,施特劳斯这样的学究式学问还是让它"一
边去吧"。[④]时间推进至世纪之交,在相当一批学者的推动之下,施特劳斯
研究在汉语界陡然升温,掀起国内研究施特劳斯的热潮,以至于施特劳斯的
弟子罗森说:"现在最信奉施特劳斯的地方是中国大陆!"[⑤]施特劳斯研究的
陡然升温原因很多,例如新的政治哲学研究范式的吸引力、引介学者本身的
学界影响力等,但根本原因在于施特劳斯"被置于了现代中国救亡图存、奋
发图强的语境之中",所以"施特劳斯现象才会成为值得严肃对待的思想问
题"。[⑥]重要的原因在于此次的升温与大陆学界对"中国问题"的自觉有着
内在的关联。简言之,正是因为随着国力的上升,"文明的复兴"呼声与日
俱增,但关于我们所要复兴的文明的实质性内涵却莫衷一是,甚至是否存有

---

①　古尔德、瑟斯比主编:《现代政治思想:关于领域价值和趋向的问题》,商务印书馆1985年
版。

②　施特劳斯、克罗波西主编:《政治哲学史》,李天然等译,河北人民出版社1993年版;法律出
版社2011年版。

③　迪瓦恩等主编:《20世纪思想家辞典:生平、著作、评论》,上海人民出版社1996年版。

④　徐戬选编:《古今之争与文明自觉——中国语境中的施特劳斯》,华东师范大学出版社2010
年版,第35页。

⑤　邓正来、曼斯菲尔德等:《与施特劳斯学派相关的若干问题》,文载《中国社会科学辑刊》
2008年复刊号。

⑥　徐戬选编:《古今之争与文明自觉——中国语境中的施特劳斯》,华东师范大学出版社2010
年版,第4页。

所要复兴之文明的自然正当就成一个问题。诚如在现代启蒙的进攻之下犹太文明何以持存的问题，需要人们直面并予以辩护，自儒家文明与西方文明碰撞以来，无论是国人的自觉还是西人的有意，西学都呈现为对儒家文明的强势突入，这使得华夏文明的道统出现了急剧的断裂，面临着"前所未有的根本危机"，①如何为自身的持存进行辩护以应对现代西方文明的挑战就成为必须要正视的"中国问题"。正是在这个意义上，哥伦比亚大学的马克·里拉（Mark Lilla）教授指出，中国独特的"施特劳斯热"源于"人们对危机的反应，他们普遍认为中国历史千百年来的持续性已经断裂，现在无论是在政治上还是思想上，任何选择都有可能"。② 文明冲突意味着各个文明所持守的"自然正当"存在根本性的对抗，其"核心必然是使文明共同体休戚与共的根本原则，亦即这种文明所代表的生活方式及其制度理想"。③ 简而言之，施特劳斯在自然正当的层面对犹太问题在现代性面前所做出的辩护可以为我们对中华文明的自然正当的自觉提供可资借鉴的思想资源、前行路径以及践行方法。

另一方面，施特劳斯基于自然正当而对现代性所持有的批判态度，可以使我们对长久以来如火如荼、孜孜以求的现代化保持一份清醒。自中西文明碰撞以来，现代化就成为华夏文明前行的方向，"现代化范式"也就成为政治哲学研究的基本规范，中国学界所言述的诸多话语虽然各自立场迥异，但实际上他们在不同程度上共享着现代思想的基本前提。④ 既然西方沿着现代化道路前行无可避免地陷入虚无主义的境地，那么，中国所选择的现代化之路由于遵循的内在逻辑不异于西方，尽管不断强调自己的特色，也仍然面临着虚无主义的风险。事实上，这种风险在很大程度上正在转化成现实。

---

① 刘小枫：《刺猬的温顺》，华夏出版社 2011 年版，第 10 页。

② 马克·里拉（Mark Lilla）：《在北京读施特劳斯》，吴万伟译，文献来源：http://www. philoso-phyol. com/pol/html/93/n－10693. html。2010－12－18。

③ 徐戬选编：《古今之争与文明自觉——中国语境中的施特劳斯》，华东师范大学出版社 2010 年版，第 8 页。

④ 徐戬选编：《古今之争与文明自觉——中国语境中的施特劳斯》，华东师范大学出版社 2010 年版，第 2 页。

在国人自觉推进现代化的路上,"儒教变成了理性研究的对象(而不是理性研究的条件),而没有成为情感维系的对象,成为一块引起人们对过去之虔诚的历史纪念碑","正是在与近代西方工业世界的遭遇中,这些中国人既相当干净地清除了儒教这个儒家的必须之物,又实际上被确认为是传统主义者,但是一些具有非传统品质的传统主义者"。① 倘若儒家思想仅满足于成为在多元文化格局中偏安一隅的"地方知识",那必然将丧失应对现代性挑战的思想担纲位置,从而彻底地成为"博物馆"。面对如此风险和现状,倘若对现代化范式亦步亦趋,过于依赖而不能自省,则必然会固囿于现代化本身而无法洞悉现代化的现代性问题,采用根植于现代化范式的基本价值观念的学科知识来试图解决中国的现代性问题,实际上也就难以完成文明的复兴。因此,要想能够确立中国学术自主性的前提,是中国学术界得以真正基于自身的情境而思考中国的前提,就必须首先保持一份对现代化的警醒,摆脱西方现代性范式的支配;而要摆脱西方现代化范式的支配,中国学术界首先要做的是确立起一种根据中国的理想图景,只有这样,中国才能基于中国的情境而真正做出自己的学术贡献,中国学术才能真正对世界发言。② 正如有学者所指出的那样:"只有对现代性的基本预设进行通盘反思,儒家传统才有可能绝处逢生。"施特劳斯以"超逾自由主义的视域"来对现代西方文明进行重审,确实能够给予我们超越现代思想立场、悬置现代思想前提的方法论启示。因为"超逾自由主义的视域"的真正含义是:需要通过"纯然的知识"为人类的文明秩序奠基,而只有返回到"未经损害和败坏的自然",才能重新赢得这种"纯然的知识";除非能够重新赢得这种自然的视域,否则就没有指望能看清虚无主义的本相。③ 自然的视域能够使我们返回到文明的起点处,能够为文明的运行提供终极的正当标准。施特劳斯

---

① 列文森:《儒教中国及其现代命运》,郑大华、任菁译,中国社会科学出版社 2000 年版,第 360 页。

② 邓正来:《中国法学向何处去》,商务印书馆 2006 年版,第 26—52 页。

③ 徐戬选编:《古今之争与文明自觉——中国语境中的施特劳斯》,华东师范大学出版社 2010 年版,第 10—11 页。

把自然视域确定在古典政治哲学所持守的正当上而获取了对现代化的疏离和清醒,那么,我们缘何不可进行某种向古人的回归来实现这种清醒呢?在现代化蓬勃推进的时代背景之下,确实需要勇敢的斯威夫特,依凭古代而向现代宣战,为了现代而向古代求教。恰如潘戈所言:"我相信在某种意义上,在我们的时代,东方和西方之间亟需在最深层次上进行对话,施特劳斯的毕生事业就是自觉为此进行准备的典范。"①施特劳斯所期待的东西方之间的真正交汇唯有当双方共同地从现代性的沉沦中惊醒出来、并最终能够落实在"自然正当"的层次上进行思考才有可能,施特劳斯对现代性所做出的反思性探究可以照亮所谓传统没落以来的东方社会至深的根基。

施特劳斯逝世之后,国外国内许多旨趣不同的学者都参与了对施特劳斯政治哲学的研究,并且已经有不少的论文及著作来探析施特劳斯的现代性理论。综合学者们切入施特劳斯政治哲学研究的视角,主要包括:主流的研究是从施特劳斯所称之为"现代性问题"的视角入手,还有从神学-政治问题的视角(即犹太人问题的视角)切入施特劳斯政治哲学的研究,这是对施特劳斯研究比较新的视角。由于施特劳斯把现代性危机的解答方案诉诸于古典政治哲学,因此,这一视角反倒被认为是理解施特劳斯缘何推崇古人、视古人为标准(即克吕格所概括的施特劳斯的等式:古代的 = 自然的 = 正确的)的关键,也是准确把握其政治哲学意旨的可行视角。还有从施特劳斯政治哲学的关键性概念入手来理解,例如自然正当;也有学者特别地突出了施特劳斯思想中的紧张关系来尝试把握其政治哲学,例如启示与理性。

(一)神学-政治问题的视角

犹太人问题是施特劳斯作为政治哲学家的学术生涯的缘起性论题,在施特劳斯的研究由现代政治哲学向古典政治哲学转移过程中扮演着非常重要的作用,犹太人问题促使施特劳斯把现代性的启蒙和中世纪的启示转换成神学-政治问题,认为二者之间的冲突无法最终解决,源自于它们持守着

---

① 潘戈:《古典政治理性主义的重生》中译本前言,郭振华译,华夏出版社 2011 年版,第 iii 页。

各自的自然正当而作为整全真理体系存在。就目前的研究情况来看,学者往往较多地注意到犹太人问题在施特劳斯由现代转向古代这一过程中所发挥的衔接作用,而未能认识到由神学－政治问题就其实质来说反映的本身就是现代性问题;正是沉潜到自然正当这一层面,犹太人问题引发施特劳斯所做出的对现代性的独特思考使其无愧于作为一个极富原创性的犹太学者和犹太思想家。另外,学界过多地直接关注施特劳斯的现代性问题和古典政治哲学问题,也存在着对施特劳斯神学－政治问题的普遍忽视,在很大程度上遮蔽了从神学－政治问题的视角切入现代性理论探析的重要性。正如格林所说:"学界把施特劳斯看作 20 世纪最重要的政治哲学家,为时已经不短。然而,直到近几年,施特劳斯的另一同样重要(如果不是更重要)的方面才被挖掘出来,这就是他作为一个犹太学者、一个犹太思想大家所作出的贡献。"① 在犹太学者法肯海姆(Emil Fackenheim)、格林(Kenneth Hart Green)以及迈尔等人从 20 世纪 80 年代以来持续的挖掘和推崇下,施特劳斯作为犹太思想家逐渐为人所知。例如,埃米尔·法肯海姆提起施特劳斯充满溢美之词:"我敢肯定,那些未曾与施特劳斯谋面的人,定会为他的著作折服,他们将因此而改变自己的一生。……施特劳斯曾生活过、教诲过,这对犹太哲学的未来实为大幸事。"②

较早从神学－政治路径来探究施特劳斯之现代性问题、继而政治哲学问题的是格林,他甚至在 1993 年就出版了《犹太人与哲学家:回归列奥施特劳斯犹太思想中的迈蒙尼德》一书。③ 其中他指出,施特劳斯对回归古典哲学之路的开启较少依赖激进的历史主义而较多地依赖有关正确与错误之朴

① 文见 Editor's Introduction:"Leo Strauss as a Modern Jewish Thinker," in Leo Strauss, Jewish Philosophy and the Crisis of Modernity: Essays and Lectures in Modern Jewish Thought, ed. Kenneth Hart Green, 1997. 中译见《施特劳斯与古典政治哲学》,第 31 页。

② Emil Fackenheim:Leo Strauss and Modern Judaism,见 Claremount Review of Books(1985 年冬季号)第 4 期,第 21—23 页。转引自《施特劳斯与古典政治哲学》,刘小枫主编,游斌译,上海三联书店 2002 年版。

③ Kenneth Hart Green. Jew and Philosopher: The Return to Maimonides in the Jewish Thought of Leo Strauss, State University of New York Press,1993.

素经验的论据,这些朴素的经验乃是那些关乎自然正当之哲学论证的根基。格林的论证提到,施特劳斯的早期犹太思想研究为其以后作为一个整体的思想体系进行了奠基;较之于对存在于古代人和现代人之间争吵核心点的德性的关心,施特劳斯在《自然正当与历史》一书的结尾对个体身份之关心的评论,强调了借助于现代哲学和科学尝试去奠定一个完全理性的和世俗的基础,这等同于表露了对个体进行宗教圣化的合理性。正是因为现代性之自然正当完全建立在圣化了的个体之上,所以,最终抹杀了正确与错误,也就最终葬送了自然正当,从而使现代性本身面临着虚无主义的危机。当我们复归到犹太正统时发现,现代启蒙实际上并没有驳倒宗教启示,毋宁说是回避、漠视了宗教启示,因此,看清楚现代启蒙的第一步就是探究犹太正统所持守的"自然正当"是什么,在何种意义上它是无法被现代启蒙所驳倒的。我们必须沉降到(或上升到)自然正当的层面上,依据对正确与错误的朴素体验才能最终判明现代启蒙的失败,也才能判明宗教启示的局限。1997 年,格林在其汇编的《列奥·施特劳斯,犹太哲学与现代性批判:现代犹太思想论文和演讲集》的导论中指出:施特劳斯断定,由于现代犹太思想是以现代哲学为摹本来形塑自己的,因此,现代哲学向历史主义、虚无主义的彻底投降而招致的破产最终也连累了现代犹太思想,促使现代犹太教面临深重的神学－政治危机,即一方面政治领域内向自由主义的靠拢并没有使犹太人获得有保证的生存空间,一方面神学领域试图以理性来实现同化的目的也因理性所面临的挑战而无法实现,犹太教所面临的困境感"既包括对现代犹太思想最深层的知性回应是否充足的疑惑,又包括基于现代犹太人的历史经验而产生的对自由民主制下的日常生活是否稳固的困惑"。①施特劳斯并未跟随尼采和海德格尔走向非理性,他只是把现代理性看作是扭曲的理性形式而不是真正的理性,因此,解决这一困境的关键就在于能否发现这种真正的理性。施特劳斯通过重返中世纪犹太理性神学家迈蒙尼德的立场,从而发现这种真正的理性最初存在于古典哲人那里,被中世纪神学

---

① 格林:《现代犹太思想流变中的施特劳斯》,中译见《施特劳斯与古典政治哲学》,第55页。

家们忠实地继承下来了,只不过给它披上了信仰和律法的外衣。现代理性借助主体意志建筑的自然正当大厦实际上并不是在古典理性的废墟之上,而是另行选址重建,古典理性大厦依然存在,只不过我们视而不见,我们在摇摇欲坠的现代理性大厦中乐安其居而无有察觉,亦无可逃离。真正的自然正当存在于智慧的发端之处,"对施特劳斯来说,我们的智慧源头才是真正智慧的藏身处,才是能够将真正智慧最好地重新发掘出来的地方",就智慧的跟随来说,较之于现代哲人而言,中世纪的哲人做到的更多。

加拿大学者唐格维(Daniel Tanguay)考察施特劳斯的现代性问题时与神学-政治问题进行勾连,他把现代性所持守的自然正当观念铺陈到神学-政治问题当中,这一研究可谓眼光独到。唐格维着眼于施特劳斯显白的教诲,把神学-政治问题看作是揭开施特劳斯诸多线索的关键,这一问题关涉依凭什么来进行合乎正义的共同体建构。他认为,神学-政治问题蕴含着共同体建构的两条路径:第一条是神学的路径,诉求超验秩序来证明和建构法律和政治秩序的世界,"政治神学的基础乃是那种独立的人类理性无法触及的知识";第二条是理性的路径,实现对政治和法律权威主体内生性的证成,"政治哲学则希望在探索政治事物之时,不受神启法典的约束"。第一条路经意在探究中世纪哲人处理启示与理性的方式,也就是说,他们是如何以及缘何能够在启示宗教内部的政治教义之内进行理性的推演;第二条路经"意在用关于政治事物之本性的知识来取代关于政治事物的意见"。这两条路径虽然有着共同的目的,但起点迥异,它们坚信各自所持守的"自然正当"互不相让。问题是究竟何种"正当"才是"自然"的? 现代性所持守的"理性正当"显然危机重重,中世纪所持的"启示正当"也已不可能复归;为了能够寻找真正"自然的"的正当,那么,可采取的方法就是探究现代哲人所持守的"理性正当"究竟在哪儿出现错误,或发现中世纪哲人如何面对"启示正当"。于是,在开启神学-政治问题之后,施特劳斯以斯宾诺莎为基础沿着两条道路继续推进研究,其一是回身探究迈蒙尼德的先知学,其二是严肃考察霍布斯的政治哲学。唐格维引用施特劳斯的原话,强调了作为联结这两条路径中介的"自然正当":"我刚才描述的这两条演进路径,尽管就各自所处理的材料而言差别甚大,但它们的关联体现自意向方面,这种意向就是去理解政治理论、尤其是自然正当的历史,这种意向长久以来一直指引着我的工作。"①正是政治神学与政治哲学两条路经都极力坚持自身的"自然正当"并以此进行政治秩序的建构,所以,唐格维就赋予"自然正当"在理解施特劳斯现代性理论时的首要作用:"事实上,施特劳斯对自然正当所持的广阔观念包含着对正义和政治学之本质的反思;对他来说,自然正当问题乃是政治哲学的首要问题,这是因为自然正当问题事实上正是最好政体问题。"虽然如此,但唐格维极力地把自然正当问题铺陈到神学 – 政治问题当中来处理,反而使得自然正当原本的"广阔观念"并不能充分地展示出来,甚至还形成了对自然正当观念的实质性限制。②

(二)古典政治哲学的视角

朗佩特(Laurence Lampert)对施特劳斯思想历程做了简明概括,施特劳斯对现代性的批判有着不同于尼采的进路,其毫无疑问是"哲学事业和此世中的理性事业的捍卫者"。现代性并不是理性本身惹的祸,苏格拉底并没有错,而是因为现代性完全误解了苏格拉底,并把苏格拉底所极力掩饰或规避的事情给彻底释放出来。因为苏格拉底被施特劳斯定位成真正的哲人典范,所以,朗佩特就非常明确地把施特劳斯看作是真正苏格拉底意义上的哲人。真正哲人所追求的"理性事业"不是去创建世界(world – making),他一方面努力地质疑任何貌似完备的真理体系,正如尼采所说"哲学要求自己决不固守任何东西",另一方面又努力探求对那些"根本性的、包罗万象的问题真正的认识"。这一"理性事业"需要"超越善与恶,不受限于某种道德观念、某种启示和某种代代相传的诗歌",正如施特劳斯在其《剖白》中所说,他自己的研究结论不用道德作为衡量事物的标准,不同于克莱恩衡量所有

---

① 见《列奥·施特劳斯文稿集》,box3,folder8,未确认卷宗[1932?]。转引自丹尼尔·唐格维:《列奥·施特劳斯思想传记》,第127页。

② 参见丹尼尔·唐格维:《列奥·施特劳斯思想传记》,林国荣译,吉林出版集团有限责任公司。

事情都用道德标准。①　就此来说，施特劳斯所持守的"自然正当"并非是"道德的"，毋宁说是"非道德的"。正是因为政治哲学在本质上乃是"道德的"，无论其依凭的是启示道德抑或理性道德，所以，施特劳斯最终向苏格拉底的回归说明了他最终走向了政治哲学的反面，他抛弃了政治哲学。施特劳斯所持守的自然正当根本上与中世纪哲人和现代哲人所持守的自然正当并不处于价值优先序列的同等水平之上。

古涅维奇通过对《自然正当与历史》——该书被其认为是施特劳斯思想最为融贯和完整的表达——的解读来考察自然正当如何发生了对古典意义的背叛以及缘何必需重新回归其古典意义来整体上呈现施特劳斯的现代性批判。②　在古涅维奇看来，一方面施特劳斯对历史主义的批判表明现代性存在着"根本性问题"，另一方面对实证主义的批判显示存在着解决现代性问题的可行方案。历史主义所依凭的历史经验使得历史主义的结论不能被应用于其自身，因为这些历史经验（即不同时代和不同地域的人们对于何为真、何为善或何为正义各执其见，众说纷纭）本身就是特定历史场景所派生的。不同时代和不同地域的人们都必然存在着争议，这反倒清楚地表明，争执的各方实际上是在对同一个问题发表见解，历史主义所显明的种种争执掀起的烟雾过于浓厚以至于遮蔽了原初的问题。实证主义内在地采用理性这一工具来解决"终极价值之间的冲突"的尝试，由于理性本身就是冲突的一方（另一方是启示），必然走向失败，仅诉诸理性来解决根本性的冲突未免过于独断了。不过，实证主义的失败反倒启示我们，完全撇开理性的可能性和启示的可能性，我们可以而且也必须按照常识所认识的那样去理解我们的生活和我们的世界。常识所支配的生活乃是本真的生活，常识所认识的世界乃是整全的世界，一句话，常识意味着自然。但我们现代生活的世界已经被哲学和科学深深浸淫和污染，为了能够回归所采取的必定是某种形式的历史研究——绝非历史主义的历史研究，这种形式"敞开着对于我们的

---

①　参见 Lampert：《施特劳斯与尼采》，田立年、贺志刚等译，上海三联书店 2005 年版。

②　参见古涅维奇：《自然正当问题与〈自然正当与历史〉中的基本抉择》，文载《施特劳斯与古今之争》，第91—111 页。

尝试世界或自然世界的常识理解或自然理解的可能性"。又由于哲学乃是"自然理解的完善",因此,这种形式理解的可能性也是"哲学的可能性"。但是哲学在现代语境之内变得偏狭固执,以此偏狭固执的哲学试图化生世界,这就是现代性的症结之所在。而真正的哲学则是人类为其本身的缘故而努力追求的东西,它所引导出来的是对生活的自然理解和完整理解,苏格拉底则是这种哲学的完美典范。所以,施特劳斯把苏格拉底意义上的哲学视为解答现代性的必要条件,因为这是真正的对自然正当的洞察。古涅维奇指出,施特劳斯试图表明在古典时期存在着柏拉图主义和伊壁鸠鲁主义两种自然正当的冲突;但霍布斯试图综合两者以克服二中取一的抉择,他既想维护哲学又维护自然正当,又有可能将这二者置于更稳固的根基之上。施特劳斯质疑了霍布斯的举动:任何将自然置于从属地位的解说,都是扞格不通的;并且自然一旦被置于从属地位,哲学必然将会被政治化,从而沦为政治的工具,这就是现代性的症结。但这并不意味着施特劳斯就要将政治生活和正义从属于哲学生活或智慧,因为这样做只会彻底破坏政治生活,使其远离常识和美德。因此,恰当的做法毋宁是保持自然正当的冲突:一方是为追求智慧而效力的自然正当,也就是"哲学的"或"纯正的"美德;一方是效力于政治生活及其优越性的自然正当,也就是"政治的"或"庸常的"美德。正如古涅维奇最后所指出的那样:"换言之,仅只有知识最终乃是对于无知的知识时,才有自然正当可言。"对施特劳斯如此的解读促使古涅维奇认为,施特劳斯根本上是一个怀疑论者,施特劳斯《自然正当与历史》的意图(之一)是交给读者一个根本问题,而不是一个答案或一种立场;施特劳斯之所以没有给出自己的立场,是因为他认为事关人类根本处境时人类的理性是无能为力的,现代性既无可避免,也无可解答。

肯宁顿(Richard H. Kennington)认为,施特劳斯试图通过带领我们踏上回归古典的旅程使我们保持对现代性的持续性反思,因为落实在自然正当层面上反思能够重新唤起我们对久处被遗忘状态的古典自然正当的回忆,这将改变人们认为自然正当的连续未断的信念,实际上,现代性正是通过与古典自然正当的断裂来开辟自己前行之路的。施特劳斯暗示(或道明)自然正当曾经发生了断裂,但他并没有明确这这一断裂究竟发生在何处,于是,整部《自然正当与历史》也就是在进行他人未做过、施特劳斯本人最终也没有完成的考察。这部著作本身就具有"历史"的维度,意即通过历史的考察以了解自然正当曾经的连续与断裂;施特劳斯显见的意图是为关于自然正当的决断建立哲学基础。但问题也就随之而来:正如书名所标示的那样,自然正当本就是和历史相对的,鉴于他从未对自然正当做过"系统的"甚或专题性的讨论,因此,施特劳斯对自然正当观念"本质上历史化的"处理,其意图究竟是要抽绎出自然正当不变的和单一的意义呢,还是要表明自然正当的例证的"具体性"会挫败这种单义性? 这就是我们阅读施特劳斯时面临的困境。施特劳斯既在古典政治哲学内部辨析了原初形式的(苏格拉底－柏拉图式的)古典自然正当、亚里士多德的自然正当与托马斯的自然正当等多种形式的自然正当的异质性,还探讨了与古典自然正当相对应的现代自然正当之间的异质性,这似乎使得"自然正当的历史"不可能具有永久的和单一的意义;但肯宁顿又指出,我们也并不能就此而认为自然正当的特殊性就陷进"历史的具体情境"当中而不能自拔。事实上,施特劳斯尽管把自然正当看作是决定性的问题,但他本人却并未能给出他自己的答案,他只是把问题给提了出来;《自然正当与历史》毋宁说只是揭示了本质不同的选择,而我们究竟如何选择则并无定论。①

　　德鲁里(Shadia B. Drury)在《列奥·施特劳斯的政治观念》(1988 年初版,2005 年再版)中将施特劳斯看作是"自由和民主的死敌",他攻击现代性是因为他认为"最佳统治形式是一个独立于法律之外的贤人的绝对但却隐蔽的统治",这种统治由那些"对法治、道德、平民和诚实极度蔑视"的精英(或贤人)通过对平民的欺骗、愚弄和操纵来实现。这种秩序建构的模型蕴含着如此的前提假定:人生来既不是自由也不是平等的;自然的人类状况并不是自由的而是处于等级关系当中的。据此,施特劳斯特别地推崇古人的自然正当(也就是施特劳斯主张回归古典的真正意图),因为"古人知道真

① 肯宁顿:《施特劳斯的〈自然正当与历史〉》,文载《施特劳斯与古今之争》,第111—148 页。

理之中只有一种自然正当——高等人统治低等人的正当——主人统治奴隶,丈夫统治妻子,贤明的少数人统治鄙俗的多数人"。在施特劳斯安排的序列当中,那些注定被统治的人是没有任何权利的。施特劳斯如此论说其根本意图在于想要彻底颠覆现代民主,他绝非简单地在对民主进行批判而已。德鲁里阐明了施特劳斯对贤人、绅士和平民的划分:贤人是那些热爱严格意义上的纯正真理的人,他们有能力毫无畏惧与战栗地体察深渊,因为他们既不认可上帝的诫命也不认可道德诫命;绅士是热爱荣誉和荣耀的人,他们最容易被社会习俗或"洞穴的幻想"所欺骗,为了一时的瞩目他们甚至愿意自我牺牲;平民则是那些热爱财富和快乐的人,他们自私、懒惰而顽固,满足于诸如吃喝赌奸等野兽般的生与死。贤人借助于绝对轻信的绅士轻而易举地实施对平民的隐秘统治,由于贤人热爱真理,追求更高的愉悦,他们总是沉醉的、充满爱欲的和快乐的,他们肯定不是非常关心纯粹凡人的幸福,并不同情或怜悯凡人,毋宁说凡人的痛苦、受难和悲剧只是给他们提供了乐子。如果说贤人就是施特劳斯所追求的最终的归宿,那么,纯正的古典自然正当就其真实的意图来说是反政治的、反道德的,其真实的特性就是灵活多变的,不愿承认任何刚性律令。因此,在德鲁里看来,施特劳斯对现代性的批判所显示出来的毋宁说是施特劳斯的自命不凡和清高孤傲。

1997 年,德鲁里在其《列奥·施特劳斯与美国右派》中继续站在自由主义的立场上对施特劳斯所做出的现代政治哲学反思进行激烈的批判:如果以施特劳斯的政治教诲来引导现实的政治,很可能导致危及自由民主政体的根本基础的严重后果。她集中从这几个方面对施特劳斯进行批判:第一,施特劳斯认为自由主义有着腐蚀宗教信仰的效果,这将带来虚无主义,而社会秩序的存活则需要宗教信仰。德鲁里则认为宗教信仰并不必然地是社会秩序的构成要件,因而自由主义未必就必然导致虚无主义。第二,施特劳斯试图为社会秩序确立一个单一地判断"是与非、对与错、高贵与卑贱"的标准,而德鲁里则认为这从实质上将伤害多元自由社会所坚守的信条。最后,施特劳斯坚持对现代性的批判并专注于宗教,确信虚无主义是美国自由主义危机的源泉,强烈地反对启蒙理性主义,厌恶自由主义,强调民族主义,关注知识分子在政治中的角色等观念,这些成为了新保守主义的主要论调,施特劳斯的的确确需要对新保守主义的种种行为负最终的责任。

汉语界最早的一部施特劳斯研究专著《史特劳斯》①把"现代性危机与政治哲学的关系"作为掌握施特劳斯主张的重要脉络的核心问题,并视此为解答施特劳斯现代性危机的一种尝试。文中指出:在施特劳斯看来,政治的本质是价值判断,它预设对"善"的追求,"善的社会"就是"完整的政治的善",政治具有广泛性特质,弥散在人类社会的方方面面;由于政治所追求的目标——共同的善极具争议,所以就需要哲学来对这些争议进行反思。由于哲学是"追求智慧,追求整体的普遍知识",于是,哲学对整体的关心就与政治的广泛性相互呼应:政治需要做出判断,选择一个较好的主张;哲学力图寻找事物的本质、知识,提供判断的标准并取代意见。政治哲学意在孜孜追求"何为最佳政治秩序",或者说"什么是最好的政体",在反思的路上无有止步。因此,对于施特劳斯而言,政治哲学究其本质乃是哲学的构成部分而非政治学的构成部分,乃是哲学的一个分支。由于古典政治哲学始终保持了对根本问题的探求状态——现代政治哲学则为了增加实现的可能性而降低了对这一目标的期待,甚至彻底消解对这一根本问题的探求——故此,施特劳斯把古典政治哲学看作是政治哲学的真正形态。古典政治哲学追寻问题的"最终答案",施特劳斯将之归于"自然正当":古典自然正当以无比直接、鲜活的态度直接面对政治生活,是真正的"自然的"理解,希望在分歧或受到质疑的"约定俗成"中,试图找出事物的本质,意即事物的"自然"面貌。自然正当挑战任何权威,它以人类理性为检视、质疑权威的力量,去发现自然,以自然作为破除约定俗成的各种权威的准则。自然正当意在建构自然的秩序,这一秩序既包括个人内在灵魂的自然秩序,也包括社会制度安排的自然秩序,它的证成有赖于个人内在灵魂具有某种自然的结构以及人类注定要过社会生活的设定。古典政治哲学认定个人最根本的基础是"欲求",且欲求本身是有层级的,只有较低欲求受制于较高欲求才能称

---

① 胡全威:《史特劳斯》,台北生智文化事业有限公司2001年版。

之为"有秩序的",才是"自然的"。相对应这种人类自然结构、欲望层级的观点,施特劳斯认为,古典政治哲学所提出的古典自然正当的内涵就是"德目的层级"规范。自然正当并不是把某个德目规范提升为具有普遍性的原则,"唯一普遍有效的标准是德目的层级",这才是自然正当确切的内涵。除却极少数的贤人之外,多数人内在秩序的实现是无法由个体自身来完成的,要想充分发展内在的自然特质就必须要与他人过共同生活。因此,就个人的自然正当而言,人天生是社会的存在者,就社会的自然正当而言,正义的社会乃是最能促成人类完美的社会。由于个人灵魂中唯有理性能够自觉到这种自然秩序并做出安排,因此,唯由理性所映射之智慧成为主导性的社会德目才能建构起自然的政体,换句话说,最佳的政体乃是由智慧所支配的社会,乃是由哲人施加统治的社会。这就是施特劳斯把贵族共和政体看作是最佳政体的原因之所在。但由于理性乃是人类追求永恒真理的过程,在于不断反思的路途之上,这也就造成了哲人既不愿意承担统治职责,甚至还会形成对现有秩序的致命威胁,因此,最佳政体的实现着实困难重重,脆弱不堪。政治生活的局限性也就在于此:"实际政治生活中,是无法落实从古典自然正当到最佳政体的建构,实现人类自然天性的完善。"胡全威如此理解,可谓既得施特劳斯政治哲学之真谛,更得古典政治哲学之真谛,但他未能进一步探究既然施特劳斯已经认识到自然正当之局限,缘何仍然义无反顾地选择了古典哲人之路。

(三)自然正当的概念视角

国内最早译介的文章见之于柯晓明 1982 年摘译自《国际社会科学百科全书》第 18 卷中的施特劳斯条目。其中指出施特劳斯主要题旨是古典的道德准则,或可称为自然赋予的正当,他通过对比古典的和现代的自然正当显示出他对现代所谓自然权利的非凡洞察力。虽然自然正当也是要按照情况不同而有所变化,有所区分,但它终究是有具体的形式,这个具体形式就是作为人的自然本质的人类理性。如果人类的最高活动是思维,最能体现人类的活动是哲学化,那么道德的准则就是直接或间接最符合(至少是不违反)这个自然的目的;也可以这样说,这个终极目的,或者叫做方向的立足点,对于人类来说,就是不变的真理,而人类的一切活动,包括道德的和政治的客观存在的规则都以一种可变的状态浮动在这个终极目的的周围。① 这段文字的概括非常精到,直接把自然正当与人类理性进行关联可谓尽得施特劳斯之真意。由于施特劳斯当时并未进入国人的学术议题,以上摘译的精要之论未能引起国人重视。

　　甘阳解读施特劳斯现代性批判思想时,特别突出了自然正当与历史观念的对抗。在《政治哲人施特劳斯:古典保守主义政治哲学的复兴》②一文中,他指出:施特劳斯所面临的最大的时代问题是"现代性的危机"以及由此所致的"西方文明的危机"。现代性所依持的"现代观念"本能地只相信所谓的"进步"和"未来",这给人类带来了一个全新的观念即所谓的"历史观念"的发现,这一发现的后果就是人类开始用"进步还是反动"的区别取代了"好与坏"的区别。于是在崇尚"万物皆流、一切俱变"观念的时代,是否还存有任何独立于这种流变的"好坏"标准、"对错"标准、"善恶"标准、"是非"标准、"正义"与否的标准,都大成问题,所有的善恶对错、是非好坏最终都付诸于反复无常、此一时彼一时的流变历史。施特劳斯之所以写就《自然正当与历史》、并刻意使用 natural right 这一双重含义的词,其目的就是要论证,自17世纪以来西方现代"自然权利"或"天赋权利"说及其带来的"历史观念"的兴起,导致了西方古典的"自然正当"或"自然法"的衰亡;这部书的书名就表明了施特劳斯的真实意图,即"历史观念"颠覆了"自然正当"或"自然正确"的观念。西方现代性及其"历史观念"的发展最终导致了彻底的虚无主义,意即根本否认世界上还可能存有任何"好坏"、"对错"、"善恶"、"是非"的标准,消解了任何的永恒之事,一切都在当下转瞬即逝。那么,要想形成对现代性的真正批判,走出现代性的危机就必须要有超越西方现代性的基地或视野,这就是西方古典思想,特别是所谓的"柏拉图－法拉比－迈蒙尼德"的事业。

----

① 文载《现代外国哲学社会科学文摘》1982 年第 1 期。
② 甘阳:《政治哲人施特劳斯:古典保守主义政治哲学的复兴》,文载施特劳斯:《自然权利与历史》,彭刚译,三联书店 2003 年第一版,2006 年第二版。

还有一些博士硕士论文把研究聚焦于自然正当观念,来梳理施特劳斯的政治哲学。① 中国知网优秀的硕士论文文库里面,有近十篇关于施特劳斯研究的论文,②其中直接与施特劳斯现代性问题有关的有两篇硕士论文:上海师范大学郁文彬的《论列奥·施特劳斯自然权利思想》和吉林大学杨策的《自然权利的思维逻辑演绎——施特劳斯政治哲学中的自然法思想》。两文都是从自然正当观念入手来透视施特劳斯的政治哲学。郁文侧重述评,包括自然权利论的历史述评、古典自然权利论述评、现代自然权利论述评以及当代回响;杨文从自然权利观念的起源、古典自然权利论和现代自然

---

① 虽然施特劳斯在国内学界受到了广泛的关注,但是论述施特劳斯哲学的硕士、博士论文仍然屈指可数。总体而言,由于施特劳斯进入中国学界的时间还不久,施特劳斯的研究主要仍然还处在翻译和介绍的阶段。施特劳斯对于现代性的批判,对于古今之争、哲学与政治、哲学与神学三大主题的哲学思考,以及对西方文明的整体式批判等还有待深入的消化和研究。

就国内博士论文来看,目前已收录有五篇施特劳斯政治哲学的专题研究论文,分别是北京大学张美川的《施特劳斯的现代性批判及其启示》(2006)、华中科技大学黎世光的《政治哲学的现代危机和古典出路——施特劳斯思想研究》(2009)、复旦大学王升平的《自然正当、虚无主义与古典复归》(2011)、黑龙江大学高山奎的《列奥·施特劳斯犹太思想研究》以及浙江大学杨子飞的《反启蒙运动的启蒙——施特劳斯政治哲学研究》。

其中张美川一文从施特劳斯的现代性批判切入,将施特劳斯放置在广阔的西方思潮演进的背景下,分析施特劳斯对西方现代性的危机所作的诊断,以及他为克服现代性危机所进行的复兴"古典政治哲学"的努力,进而思考其学说对当代社会科学(当然包括社会学在内)带来的巨大冲击及启示。文章指出,施特劳斯把韦伯的价值学说及其整个社会科学方法论看作是关涉当代社会科学的根本性思想问题,因此必须对这些问题深入分析评判才能明确其自然正当学说的批判指向。另一方面,作者认为,施特劳斯本人的犹太人身份以及他对犹太人问题的强烈关注具有其在政治哲学上的考虑。该文隐约意识到,施特劳斯对韦伯的批判、施特劳斯本身的犹太身份及其对现代犹太教的考察,是理解其现代性思想的两条极其重要的线索。

黎世光一文《政治哲学的现代危机和古代出路——施特劳斯思想研究》于2011年由经济管理出版社出版,为国内第一部专研施特劳斯的著作,同样也采取现代性危机这一进路来审视施特劳斯政治哲学,在列举施特劳斯政治哲学的核心主张时,例如将哲学作为最高生活方式、倡导显隐写作方式、主张将自由教育作为民主的真正支撑等,甚至都没有把自然正当观念作为其中的一个议题。

② 山东师范大学刘正正的《论施特劳斯的自由教育思想》,西南师范大学郑兴风的《施特劳斯解释学方法研究》,东北师范大学师147良的《施特劳斯对柏拉图法律篇的解释》,吉林大学胡礼君的《哲学与政治的边界——来自列奥·施特劳斯的观点》,同济大学邹小俊的《施特劳斯早期犹太思想初探》,华东师范大学马华灵的《现代性危机的两幅肖像——柏林与施特劳斯之争》,浙江大学苏光恩的《诸神之争与美好生活——重提刺猬的温顺中的柏林与施特劳斯之争》,中国政法大学马威的《列奥·施特劳斯思想中的神学-政治问题研究》等。

权利论三章分别介绍了施特劳斯的这一观念。杨策对施特劳斯自然法的专题研究中，从政治哲学的角度对自然法中的自然权利（自然正当）理论作一番审视，意图展现隐匿于自然权利（自然正当）理论背后的深层次的思维逻辑演变的前后关系，展现自然权利（自然正当）的发展脉络，并得出这样的结论说：古典自然权利（自然正当）论与现代自然权利论有着不同的理论和现实基础，现代自然权利论并没有继续传承古典自然权利（自然正当）论的核心思想，而是在其初期就背离了古典传统，从而开启了自然权利理论的现代之路。[1] 王彬在《自然权利的现代性困境》一文中阐明：《自然正当与历史》完整地呈现了自然正当观念的进阶路径：霍布斯将人的主观欲望代替了古典自然正当论的德性以论证自然权利的正当，从而使解构古典的普遍正义成为可能；卢梭将文明的进化过程视为人道的历史过程，从而在相对的历史中追寻人道，使自然正当论走向了相对主义；事实与价值的两分方法在社会科学中的运用将相对主义进一步推进，海德格尔将存在投入时间的视野，以时间性和历史性呈现暂时和断裂的意义，彻底将自然正当抛向了虚无主义的现代性困境。[2]

　　王升平在其博士论文《自然正当、虚无主义与古典复归——古今之争视域中的施特劳斯政治哲学思想研究》中指出，施特劳斯把现代性之虚无主义产生的原因归结为现代政治哲学弃置了古典自然正当论，因此，施特劳斯之所以主张要回归到古典政治理性主义哲学的视域中，重新去关注和探求自然正当，其终极目的乃是克服现代虚无主义问题。整个文章以施特劳斯所主张复归的古典自然正当理论为核心展开论述，尝试通过将施特劳斯思想与尼采、海德格尔、科耶夫等人进行比较阐明施特劳斯所理解的自然正当的内涵及其效用，继而探究古典自然正当如何克服现代性危机，并勾画了由古典自然正当理论所涵摄的文明理想图景。作者最后指出，虽然施特劳斯的

---

　　[1]　杨策：《自然权利的思维逻辑演绎——施特劳斯政治哲学中的自然法思想》，吉林大学 2005 年版。

　　[2]　王彬：《自然权利的现代性困境——解读列奥·施特劳斯的〈自然权利与历史〉》，山东大学法律评论 2007 年版。

政治哲学思想能够为我们思考和克服现代性的价值困境提供思路,但由于自然正当是否能被证成本就是一个问题,而且还存在着哲学家腐化堕落的可能,因此,全然寄希望于古典自然正当的回归实际上是无济于事,政治哲学的理论努力并不等同于政治生活的现实改善。该篇博文正视了自然正当在施特劳斯政治哲学思想中的核心地位,是国内近年来施特劳斯研究深入推进的力作,同时也还提示着若干可行拓展的线索:第一,在施特劳斯政治哲学的整体框架中,对自然正当观念的理解存在着多条线索,而虚无主义只是其中之一。倘若把自然正当作为施特劳斯理论的核心,则仅关注现代虚无主义这一条线索显然不足以全然理解,至少还应考虑其神学政治问题。其二,施特劳斯最终回归古典自然正当,其意图并不是为了直接回应现代虚无主义的挑战,换句话说,施特劳斯并没有把古典自然正当当作解决现代性危机的标准答案。施特劳斯之所以最终选择了古典自然正当是因为他找到了一条在其看来值得去过的生活方式,而不是因为古典自然正当真的就能解答现代性所提出的种种难题,至少在大众的层面上,复返之路显然无法有效应对现代性的危机。第三,古典自然正当保持了对根本问题的质疑状态,使根本问题呈现开放状态,也就是说,真正自然的正当就在于对根本问题的无知保持清醒并持续追问。在施特劳斯那里,哲人作为智慧的追求者而不是智慧的拥有者,因此,自然正当对哲人而言看似是无法证成的,实则却是无需证成的。另外,真正的哲人是没有可能腐化堕落的,否则何以为哲人?

(四)理性与启示的张力视角

温安在 1992 年编译冈纳尔的《L. 施特劳斯的早期生活与思想》①一文中阐明,施特劳斯在研究中得出结论:理性与先知之间的矛盾不可能克服,而这个矛盾又是西方传统中的一个至关重要的问题,因此,每个人都需在这两者之间做出抉择。因为"自然正当包含了那些与政治及与政治有关的诸

---

① J. 冈纳尔:《L. 施特劳斯的早期生活与思想》,温安编译,文载《国外社会科学》1992 年第 1 期。

如社会、法律等秩序的自然性相一致的需求"，这就意味着先知和理性所致力的秩序的建构都是自成体系的，而二者所建构的秩序在原则上是不能相互融通的。施特劳斯本人虽然主张回归古典哲人寻求通过理性来建构最完美的政体，但他很清楚这种柏拉图式的"理论上的构想"只不过是"梦想"，所以他也认可亚里士多德对自然正当的降格处理：所有自然正当都是可变的。施特劳斯最终抛弃道德而选择哲学表明：理性的政治化只能导致以存在主义为代表的哲学危机和以自由民主为代表的政治危机。

　　刘小枫在其较早触及施特劳斯的文章《刺猬的温顺》①中从《什么是政治哲学？》一文的结构剖析切入对施特劳斯自然正当观念的阐释：施特劳斯之所以选取柏拉图来解释政治哲学的古典形式，这是因为"只有在苏格拉底－柏拉图那里，才可能触及政治哲学的原初问题——何谓真正的'自然正当'"。"自然正当"是整个古典哲学的关注重心所在，这种关注来自生活世界的严峻性，也就是必须思考或回答"什么是美好的生活"这一根本问题。最终是否真能找到满意的回答，是另外一回事，重要的在于，必须关切这一问题的回答。现代社会的两种主流法学观——实证主义法学和历史主义法学所持守的"自然正当"虽然可以用来支持自由主义的或民族主义的国家建构，但二者都与真正的"自然正当"毫不相干、甚至相反。因为它们都缺乏区分"正义"与"非正义"的能力，或者说拥有对何谓正确与错误、应该与不应该的决定权。随后在《施特劳斯的路标》②中，刘小枫从他认为是施特劳斯思想"路标"的《柏拉图式的政治哲学研究》一书的解读入手，论及为什么施特劳斯认为哲学作为一种生活方式乃是"最高的"，以及为什么施特劳斯对柏拉图和色诺芬著作的解释作为古典的政治哲学可以归结为政治－神学问题的研究。虽然政治哲学与政治神学显得势不两立，但他们均以政治事务为自己的对象，一致认为在政治领域中爆发的关于正确的纷争是最重要的。政治神学与政治哲学是两种生活方式、两种世界真理之间的冲突；正

---

① 刘小枫：《刺猬的温顺》，文载《书屋》2001 年第 2 期。
② 刘小枫：《施特劳斯的路标》，文载《西方现代性的曲折与展开》，贺照田主编，吉林人民出版社 2011 年版。

因为二者都关涉"人类应该如何生活?"这一根本的于人来说是首要的问题,所以,保持二者之间的冲突反倒能够使我们对人类根本处境保持一份清醒。但是一如中世纪试图完全以政治神学取代政治哲学,自马基雅维里以来,政治哲学成了政治的神学,而且通过神学的哲学化剔除了神学中的启示要素,哲学与神学的冲突就不复存在,盘诘应该如何生活的问题便不复可能。由于政治神学信靠启示,政治哲学信靠理性,而真正的哲学则无所信靠,但正是因为真正的哲人无所信靠,人类生活中最重要的问题才不至于没有人关注。在施特劳斯的语境之中,实际上古典政治哲学与现代政治哲学因各自所持守的自然正当迥乎有别,所以还应做精细的区分。刘小枫特别强调了政治哲学与政治神学的张力:"政治神学需要一类与其作对的人才能保持自身的立场,这类人就是哲人,而且是转向了政治的哲人。哲学必须顶撞政治神学,与政治神学构成冲突和张力,以便维护政治神学本身的原初诉求。"而笔者则认为,苏格拉底 - 柏拉图意义上的原初意义上的哲学,按照施特劳斯的说法是容纳着政治神学和政治哲学的双重意蕴,信仰和理性固然冲突无可调解,但从超越的哲学(真正的哲学)来看二者的冲突,不仅不应该调解,而是必须保持。

张汝伦认为,施特劳斯的政治哲学明显是对西方现代性危机的一种回应。现代性危机的实质是相对主义取得了支配精神的地位,当人们把诸如有关对与错、正义与美好的根本问题诉诸于个体自我的利益,永恒真理成了一场骗局,虚无主义也就无可避免。施特劳斯更进一步把现代性危机从根本上判定为现代政治哲学的危机,其原因就在于现代社会因人类意志和理性的不断高扬最终失缺了政治的面向。现代哲人相信并传播的信念——政治问题——可以通过还原为技术问题而得以重新规定和塑造,道德问题则可以通过还原为生存利益问题而得以终极性的解决,人性可以通过自我创造和自我筹划而完整完全地实现出来——最终只能使得生活越来越远地离开道德,而政治也越来越多地冷漠价值。由于政治哲学的本分就在于探究和供给人类生活的善恶是非,而现代政治哲学则常常把自己称之为"理论"或"科学",它以自然科学方法为楷模,套用自然科学的分解综合方法,使自己与政治生活的关系疏远,于是致命的是它不再触及政治的最根本问题,即何为正义的问题。这就是施特劳斯把现代性危机归结为政治哲学危机的原因。施特劳斯尽管通过尝试向古典政治哲学回归,以唤醒人们对"自然"的关注,以便重新确立万事万物的共有基础、绝对标准和普遍原则,从而为一劳永逸地解决普遍的虚无危机,但由于仅信赖理性的哲学本身即便理性能够证明自然的存在,它也没办法证明我们为什么必须要相信理性的证明,既然哲学无法靠理性来给出事情的合理性根据,那么要单凭哲学本身的力量来克服虚无主义显然是难以办到的。事实上,唯有前哲学的政治社会才是人类最为基本的生存状态,政治和哲学一样有其不能化约的独立性,政治相比哲学对于人类生活来说更具有基础性。因此,施特劳斯对现代性的批判其最为根本的价值就在于揭示出了政治与哲学的永恒冲突。政治的社会依凭习俗惯例获得其存在和前行的信心和动力,而这些习俗惯例往往又是通过上溯至神圣的律法和天启的信仰而获得其终极性的正当或正确。于是,哲学和政治的冲突最终就表现为宗教与哲学、理性与天启的冲突,也就是施特劳斯所谓的雅典和耶路撒冷的冲突。这种冲突尽管是根本性的、不可调和的,但这并不是什么坏事,因为它们的冲突正是西方文明生命力的秘密之所在。于是,张汝伦最终也就把施特劳斯看作是神学家而非哲学家:除了传统的诉诸信仰的办法,施特劳斯不可能有其他办法来解决现代性危机;施特劳斯实际上并不比以前的神学家高明多少,他煞费苦心地解读经典无非是为了证明信仰和天启才是真正的出路。① 在此,有一个很关键的问题被忽略了:何以施特劳斯在明确了信仰和天启之路后于其中后期漫长的学术生涯中依然孜孜以求于古典的政治哲学? 天启之路既然被视为终极性的解答,那么为何施特劳斯并没有停留于迈蒙尼德这一理性主义的典范,而是复返到苏格拉底这一政治哲学的真正创始人? ……

高山奎在其博士论文《列奥·施特劳斯犹太思想研究》中试图遵循古内尔的立场来审视施特劳斯的犹太思想。虽然古内尔指出了他希望通过关

---

① 张汝伦:《二十世纪德国哲学》,人民出版社 2008 年版,第 586—613 页。

注在深思犹太神学危机过程中达到智力成熟的施特劳斯,能够挖掘出施特劳斯批判现代性的根源,其历史—哲学事业的构想,其对哲学与政治之间张力的持续关切,及其自然正当的观念,①但很显然高山奎一文并未有如此雄壮的意图,他只是把其着力点置于其所界定的施特劳斯思想三个部分之一的犹太思想之上(另外二者是现代性批判和古典学研究),详细地考察了犹太人问题、耶-雅冲突问题和中古犹太律法学说等犹太思想的三个构成部分。文章前提设定施特劳斯政治哲学思想是犹太路向的政治哲学史研究,施特劳斯的犹太思想既是其整个哲学思想的重要组成部分,同时也是施特劳斯思想的起点和思想史研究的隐秘动机;因此,作者把犹太思想视为理解施特劳斯思想意图的最佳入口和其现代性批判理论的阿基米德点。但这里有一个核心的问题该文并没有做出回答:在施特劳斯那里,犹太人问题、耶-雅冲突问题和中古犹太律法学说等三个问题并不仅仅是因为都关涉犹太而被施特劳斯连为一体,其连为一体的原因在于它们有着共同持守的"自然正当",由此才形成了与现代性、古典学的平行对话。那么,施特劳斯的犹太思想与现代性批判和古典学研究三者之间具有怎样的理论关联,文章的未尽之意颇为明显。该文最后一章认为现代性批判是贯穿施特劳斯学术生涯的研究论题,犹太人问题则是现代性批判的入手点,而中古犹太律法哲学和古典学研究是为诊治现代性危机提供的对照视角,这一判断诚然也提供了探究施特劳斯现代性理论的新的研究进路。

(五)批判与检省的研究视角

国内已有学者对施特劳斯的政治哲学进行了某种检省和批判,例如王利就曾指出:并无实质内容的自然正当缘何能够成为生活、文明的根?"人们对施特劳斯的政治哲学的质疑主要在于,什么是自然正当,或者说,什么是自然,尤其是现代处境下,自然究竟在哪里?"由于施特劳斯本人并没有正面对此问题给予明确解答,而是于浩瀚解经中偶有惊鸿一瞥,他似乎有意

---

① John G. Gunnell. Strauss Before Straussianism:Reason,Revelation,and Nature,in Leo Strauss:Political Philosopher and Jewish Thinker,edited by Kenneth L. Deutsch and Walter Nicgorski,Lanham:Rowman & Littlefield Publishers,1994. p. 108.

把根本问题给重重包裹起来,使其发出迷人而诱惑的色彩,促成人们对之孜孜以求。求不求得到是一回事,去不去求是另一回事。施特劳斯的学术生涯表明,真理意在追求而非所获,"任何想要将自然予以明示或落实的行动最终都会坠入将哲学政治化的深渊","所有想拿点干货的想法都是中了现代性的魔"。施特劳斯之所以重提"自然正当",其用意有二:第一,犹太人施特劳斯要以重新确立自然宇宙论的方式为末世论的犹太-基督教传统找到一个多少有些异质的对手:有尊严的"哲学";第二,施特劳斯始终用追问"什么是自然"的方式使正当保持着被质疑的状态,他希望用哲学和神学都不逾矩的"争执"态势来保持整全之为整全的本质——这是最高贵的真理。① 施特劳斯所教导的自然正当终极指向虽是"空无",但正因对此抱有持久的追问,才能使得文明的根基愈加深固,才能使得文明的枝叶愈加繁茂。或许这才是施特劳斯思想切入中国问题的真正有价值的地方。

高全喜在现代性批判的背景之下提出质疑:施特劳斯对于我们当下的中西之辩究竟带来多少经世致用的教诲? 尝试照搬施特劳斯基于西方社会的古今之变能有什么高妙之处? 施特劳斯提出现代性就是虚无主义这并没有什么新奇之处,其诡秘在于他所提出的应对之策:其一,施特劳斯炮制一套隐秘的修辞,以所谓古典哲人的"隐秘的教诲"来撕开现代哲人的现代之"蒙昧主义"。其二,施特劳斯试图分离哲学与政治,使二者保持适当的距离来应对现代性的危机。在高全喜看来,施特劳斯真正的杀手锏在于第二条应对之策,正是由于现代政治之现代性的病根在于只知"显白的政治"而不知"隐秘的政治",试图通过政治的哲学化达到对世界的改造,其结果不仅使政治走入"第二洞穴",还严重地伤害到了哲学,哲学的政治化其结果就是我们对人类根本问题的彻底遗忘。因此,要破除现代政治之现代性,有效的途径就是返回古典的隐秘政治,走出"第二洞穴",复返"第一洞穴",使哲学与政治都能保持其自由的空间。在这当中,自然正当的裂变成为理解施特劳斯思想的关键之所在,霍布斯改变了传统自然正当论的义务论传统,

---

① 王利:《施特劳斯的启示》,文载《列奥施特劳斯的政治观念》,中文译序。

开始把个人的原始欲望作为"正当"（right），使得自我保全的欲望成为天赋的"权利"，而洛克进一步把追求幸福的欲望添加进"权利"。两人都以个人主义的权利为本位，把自然权利视为政治哲学的基石，这实际上是对古典自然正当论的误读；那么建基于此的现代自然权利论之上的现代性浪潮最终必然陷入虚无主义。现代政治大厦看似巍峨而立实则根基空虚：理性主义的结果使知识排斥了意见，个人主义的结果使欲望取代了德性，历史主义的结果使绝对极权不可避免。高全喜最后毫不客气地说：施特劳斯的应对之策存在着严重的缺陷：因为他把所谓古典政治的"隐秘教诲"竟然给显白地说了出来！既然我们对"显白的政治"迷途知返，要回归"隐秘的政治"才能消除虚无，那么施特劳斯把本该"隐秘的"东西给道清说明，其意究竟何在？① 如此的批评，不恰恰隐含地指出，施特劳斯作为现代性的批判者乃是假象，他本人就是一个无可救药的现代人。

西方学界已经不乏从现代性批判的视角切入对施特劳斯政治哲学研究的探索，例如格布哈德、丕平、吉尔丁等人。格布哈德（Jurgen Gebhard）断言，若能把握住某些关键的精神因素，那么施特劳斯的思想就能被视为一个"统一体"："在更深入的研究中，当施特劳斯的思想和生活被视为一统一体时，就会显示出某些关键的精神因素，正是这些关键因素在施特劳斯的哲学事业的形成过程中起了决定性作用。"格布哈德把这些"关键的精神因素"分别概括为现代性危机问题、犹太人问题、前现代的哲人问题、政治问题，其中，施特劳斯对不断发展的"现代性危机"的深信，构成了施特劳斯所有作品的根本特征，并指出应对现代性危机的关键在于恢复那些关于对与错、正义与美好的根本问题的地位，也就是恢复真正意义上的政治哲学。由于在施特劳斯那里自然正当是判断对错与否的终极价值标准，格布哈德如此断定实际上是认可了自然正当对于理解施特劳斯现代性问题的关键性地位，并基此指出"自然"乃是施特劳斯用来联结现代与古代的中介：我们不能够用现代的手段来克服现代性，只能用自然理解的思想方式；同时，由于那些

---

① 高全喜：《何种政治？谁之现代性？》，新星出版社 2007 年版，第 45—59 页。

自然理性的工具已然丢失,我们不得不向古人重新学习这些东西。① 而丕平(Robert B. Pippin)则把对现代性的批判看作是施特劳斯所遗留下来的最有影响力的遗产,认为现代性问题也是施特劳斯的核心问题,因此,他着力关注施特劳斯彻底不满现代性及其批判之恰切性的哲学性质。在丕平看来,现代性通过把正当(right)与为自身或他物立法的意志结合起来努力实现人类(自我与自我、自我与他人及世界之间)完全和解的期望,并不被施特劳斯看好,施特劳斯忧心忡忡的是:现代性如此的立场很快就会沿着打滑的斜坡溜到法律实证主义、历史主义、相对主义之中,最终沦为虚无主义。施特劳斯给出的解决路径是:通过由衷地承认"人类事务"(或"人类条件")的有限性,完全接受人类生活永远无法调和的"自然"条件,才能真正地开启人类政治,实现和解;在此,施特劳斯把现代性与自然正当对立起来,认为"要么是自然的正当标准,要么沦为实证主义、历史主义和虚无主义"。但是丕平也指出,施特劳斯以历史研究的方式来阐明自然正当,虽然他从未用自己的话明说,但他却一心为古典的自然正当观做辩护,认为要是我们能够恢复对人类事务的"自然"体验,我们至少会理解古典"自然正当"学说,兴许也会开始为其辩护,坚信存在一种自然的最佳生活方式。由于自然正当与特定的世界观相联系,倘若被现代自然科学所推崇的世界观所破坏掉的古典的目的论的宇宙观没有被重新确立起来,那么自然正当问题就无法彻底地解决。丕平最后指出,"没有丝毫迹象表明,施特劳斯认为自己已经解决了这个问题"。② 吉尔丁(Hilail Gildin)心存疑惑的是:施特劳斯缘何选中卢梭思想来阐述其所确认的现代性所引发的危机以及现代性自身的危机。吉尔丁指出,答案就在于哲学本身在现代的完全政治化,哲学不再是对永恒秩序的人道的追求,而成了满足政治享乐主义的武器和器具;而施特劳斯之所以选择卢梭思想,是因为卢梭作为以自然状态为基础的现代自然权

---

① Jurgen Gebhard. Leo Strauss:The Quest for Truth in Times of Perplexity. 中译见《施特劳斯与现代性危机》,第47—84 页。

② Robert B. Pippin. The modern world of Leo Strauss. 中译见《施特劳斯与现代性危机》,第85—116 页。

利学说的集大成者,其学说揭示了现代自然正当学说的不可能。在吉尔丁看来,施特劳斯的贡献就在于把卢梭对于现代性危机的关键性地位给显明出来了。[①]

　　基于以上已有的研究成果和资源,本书把现代性看作是施特劳斯政治哲学的问题意识,从而认为,如何把握现代性特征以及由其所导致的现代性危机,是理解施特劳斯政治哲学的关键。在施特劳斯那里,现代性乃是由进步观念所支撑起来的真理体系,它依赖于种种预设做出积极的建构,引领着西方信心满满地奋勇前行,但由于这些预设的正当性本身并没有经过充分的论证,本就是脆弱不堪的,以至于最终酿成现代性的危机,造成虚无主义蔓延。因此,笔者认为,要想彻底理解现代性危机,解答现代性危机,就需要首先彻底弄清楚现代性问题意识的缘起、现代性的预设和内涵、现代性的推进和危机,以及现代性萌生的根源。文本最后还指出,要想完整地理解施特劳斯的现代性理论,还必须梳理西方文明的两重根,即圣经传统与希腊哲学,辨明现代政治理性与古典政治理性的差异,并在此基础上把现代性置于政治与哲学之关系的政治哲学论域之中,特别是厘清政治与哲学的关系对于把握施特劳斯现代性理论有着较为根本的意义。这同时对辨明施特劳斯的身份有着非常关键的作用。

　　导论——阐述研究意义、文献综述、论文思路和研究方法等。

　　第一章探析了施特劳斯现代性意识的缘起。本章展示了现代性问题在施特劳斯那里的萌生过程及其影响因素。在其博士论文中,施特劳斯跟随雅可比,就已经基本确立了现代性批判的问题意识;随后在对门德尔松的文献整理中开始有意识探究现代性的根源;而犹太人的身份使得施特劳斯以犹太人问题切入对现代性的整体性反思当中。

　　第二章和第三章全面呈现了施特劳斯现代性理论的主体内容。第二章

---

① Hilail Gildin . The First Crisis of Modernity：Leo Strauss on the Thought of Rousseau. 中译见《施特劳斯与现代性危机》,第 164—175 页。

通过细致梳理施特劳斯对马基雅维利、霍布斯和洛克的考察,指出其现代性所依凭的自然状态、追求快乐和个人优先等前提预设,以及现实主义取向、张扬的主体性、个人权利至上和财产的神圣性等内涵特征,并考察了据此所设计出的政治国家建构方案。第三章细致梳理了施特劳斯对卢梭、伯克以及历史主义、实证主义所做的考察,探究现代性自其诞生之后是如何深入推进的,以及最终所遭遇到的虚无危机,最终通过考察施特劳斯对现代性所做的初步辩驳揭示出走出危机的两个基本方向。

第四章展示了施特劳斯对现代性根源的回溯。现代性理所当然地被认为是建立在启示信仰的废墟之上,启蒙理性也理所当然被认为已经成功地驳倒了启示宗教。但施特劳斯却认为,这里的"理所当然"其实只不过是"想当然",在现代性大厦矗立的不远处仍然巍峨耸立着启示大厦,现代性只不过是另行选址建立了一栋大厦。现代性的根源之一是对中世纪启示信仰的抛弃,从而使得现代性所高扬的理性处在无有制衡的状态。现代性根基如此虚幻既警示着现代人需要对其所生活的世界保持警醒,也提示着走出虚无危机的可行之路。施特劳斯区分了基督教与犹太教两种宗教生活,因为基督教与现代性有着血缘关系,所以,施特劳斯认为实际上可以成为现代性有力对抗的只能是犹太教的律法生活,这实际上也是他对犹太人问题的解答。

第五章论述了施特劳斯通过复返古典意义上政治的哲学而对现代性危机作做出的最终解答。律法生活显示出启示和理性的冲突是西方文明得以生生不息的动力源泉这一秘密,施特劳斯从中发现,西方现代性危机另一根源实际上是对古典政治理性的抛弃,因为中古哲人所秉持的温良品质的理性主义只不过是从古典政治哲人那里承继过来的。在古典政治哲人那里,对自然的爱欲被城邦习俗进行了中和,从而实现了哲学与政治的绝佳平衡。古典的政治哲学是真正政治的哲学,其着力的不仅是大众的上升,更加强调的是哲人的下降,其中,作为联结大众与哲人中介的绅士不可或缺,绅士既昭示着习俗之上尚有自然,还软化着哲学尖刻冷漠的理性锋芒。

最后两章的内容着力于从比较的视角呈现施特劳斯现代性理论的独特

运思。第六章从理性与启示、古典与现代的两个冲突视域对施特劳斯的现代性理论进行了再审视。施特劳斯的现代性彰显着两个紧张或冲突:首先是理性与启示的冲突。他认为现代性的实质首先在于理性取代了启示最终实现了对政治的捕获,在对理性之绝对信任之上,现代性并无不同于中世纪对信仰的绝对信任,所以现代性是启示宗教的世俗化翻版而已。施特劳斯最终选择了理性,接着他又区分了古典政治理性和现代政治理性,这就提出了古代与现代之间的紧张关系。综合这两者可以发现,施特劳斯的现代性之所以引发深重危机,其根源在于人性之偏执一端而忘却执两用中。就此来说,理解现代性至少需要从两个视角切入:理性与启示冲突的视角,古代与现代论争的视角。前者提示读者注意,作为一整套的观念系统,现代性已经成为意识形态,它和启示信仰一样努力地争取大众,捕获政治,实现其宰制一切的雄心;后者则提示单纯在现代性的视域内是无法解答现代性的危机的,需要丢弃进步观念而朝向古典实现回归,以汲取回应当下的思想资源。第七章则比较施特劳斯与施米特、阿伦特两种现代性理论的异同,从而呈现施特劳斯现代性批判理论的独特运思。

特别需要指出的是,现代性在施特劳斯那里是被作为政治哲学的论题而得以处理的,这就要求无论是梳理其现代性理论的内容,还是探询其现代性危机的解答,都需要在政治哲学的论域之内进行,其关键之处在于能够辨明现代政治哲学与古典政治哲学的差异。现代政治哲学是政治化的哲学或哲学化的政治,其核心特征是工具理性和价值无涉;古典政治哲学则是真正政治的哲学,其核心特征是价值理性和价值关涉,化解现代性危机的关键就在于能够把政治化的哲学成功地转换成政治的哲学。但哲人与大众之间的所求迥异,此点古今无异,这也就是意味着现代性在大众层面上根本无解,面对现代性危机所能做到的只能是让哲学朝向政治而尽量保持克制。作为哲人的施特劳斯揭示出了现代性的内在紧张,但现代性的根本无解则显示施特劳斯应被更恰当地视作为政治哲人而不应被视作为纯粹的哲人。施特劳斯现代性理论所带来的启示是,文明的延续、人性的提升,端赖于要能够寻求和保持政治与哲学的平衡。

　　论文把现代性问题作为施特劳斯政治哲学的中轴性内容,力图借自然正当这一核心概念的古今比较实现对施特劳斯政治哲学的整全式理解。通过细致的文本梳理,作者认为,施特劳斯把现代性问题的实质看作为政治的哲学化或哲学的政治化,作为政治哲学的论题,现代性危机的克服在于能够复返真正政治的哲学。文章还在耶雅冲突和古今之争的双重视域中透析施特劳斯的现代性理论,并认为施特劳斯把现代性的纾解最终定位在对政治和哲学之间平衡的维系之上。

　　作品的意义需要通过不断地解释才能得以不断地显现,这也是作品的真正价值之所在,对作品意义的理解或者说作品的意义构成物来说,应当永远具有一种不断向未来开放的结构。因此,本书从体系解释、概念解释、观念解释等层面呈现施特劳斯现代性理论的内涵,并力图在描述和阐释中达致对施特劳斯的现代性理论的解释性重建。考虑到施特劳斯的政治哲学历史纵向感非常强,往往在古典与现代的语境之中自由穿梭,他对现代性的诸多批判一方面是通过思想史上经典文本的注释,另一方面又是在他所理解的古典政治哲学这一背景的规定之下来完成的。因此,在写作安排上贯穿了古今比较的方法对施特劳斯现代性理论的解读。施特劳斯所诊断的现代性危机本就是历史发展中的危机,尽管政治哲学确实有其相对独立的自身概念演绎进展逻辑,但也必须要把这样的逻辑与历史中具体的场景关联起来进行分析。写作过程中也有意识地把施特劳斯置于具体的历史场景当中进行探究,以深入地展现施特劳斯在人类根本处境上其研究的价值。

第一章 施特劳斯现代性意识的缘起

　　若撇开促成对现代性进行反思的广阔时代背景,单纯从施特劳斯学术生涯开端之独特性入手,由雅可比、莱辛、门德尔松等人所织就的思想之网,可以说是施特劳斯现代性批判意识得以奠定的最为有力的因素。再联系到时代背景,德国人身份促成施特劳斯把这一意识扩展为现代西方内部共时性的论争,犹太人身份则把这一意识进而扩展为现代西方文明与中世纪文明之间的历时态的论证,施特劳斯藉此才得以把其现代性问题扩展至古今之争的视域之下。

第一节 雅可比的启蒙批判与现代性意识的缘起

　　施特劳斯于 1921 年就已完成了博士论文《雅可比哲学中的认识论问题》的写作,这是其学术生涯的开端之作。因此,在其思想萌生期当中,相比于莱辛和门德尔松,雅可比是最先进入他的学术视野的。从思想发生学角度入手,我们自然会有这样的疑问或好奇:雅可比的思想究竟对施特劳斯之现代性理论产生了何种程度的影响? 现在比较明确的是,自从施特劳斯把其目光转向斯宾诺莎的宗教批判之后,雅可比似乎在他的研究视域中完全离场了,在此之后的学术生涯中施特劳斯再次提及雅可比的地方似乎只有两处:第一处是在《斯宾诺莎的宗教批判》,①第二处是在晚年与克莱恩对话中。② 当我们立足于施特劳斯现代性理论的整体形态时可以发现,第一处对雅可比的提及似乎能够标明施特劳斯思想的某种进阶线索。那么,问题是:这条线索能否成为探究施特劳斯现代性意识的恰当入口? 有不少的学者直言二者之紧密、甚至决定性的关系。例如舍尔(Susan Shell)就曾言道:施特劳斯的《斯宾诺莎的宗教批判》"本身就具有'雅可比式的'倾向",③意即施特劳斯的斯宾诺莎研究所选走的就是雅可比所开辟的路径;贡内尔(John G. Gunnel)则极为肯定地指明雅可比对施特劳斯的根本意义:"雅可比式的两难抉择和理性主义批判,对施特劳斯的观点具有根本意义",并且这种意义对于施特劳斯的思想来说可谓"终其一生"。④ 简森斯(David Janssens)稍微质疑了以上两种如此肯定之观点,但他也认可施特劳斯与雅可比之间确有密切之关系,而且这种密切之关系远比看上去要复杂。⑤ 本节内容将通过对施特劳斯博士论文《雅可比哲学中的认识论问题》较为详细的文本梳理,尝试探明雅可比之启蒙批判究竟是如何发挥其作为施特劳斯之现代性意识缘起的作用的。以下从三个方面依次分别展开:雅可比视域内的现代启蒙;雅可比对现代启蒙的批判;施特劳斯对雅可比现代启蒙批判之汲取。

---

① "即使斯宾诺莎所举证的理由非常有说服力,也没有什么会得到证明。只有下面这一点或许是例外:以非信仰的科学为基础,人们职能得出斯宾诺莎的结论。然而,这种基础自身得到证明了吗? 雅可比首先提出了这个问题,并藉此将斯宾诺莎的解释——或曰斯宾诺莎的批判——提升至恰当的平面。"见《斯宾诺莎的宗教批判》,第 204 页。

② 施特劳斯:《剖白——施特劳斯与克莱恩的谈话》,文载 PSM。"汉堡取得博士学位后(那可真是出洋相),我于 1922 年跑到弗莱堡大学,以便见到胡塞尔并且听他讲课。"

③ Susan shell. Taking Evil Seriously: Schmitt's concept of the Political and Strauss's True Politics. 文载 Leo Strauss: Political Philosopher and Jewish Thinker. Ed. Kenneth L. Deutsch and Walter Nicgorski, Lanham, Md. : Rowman & Littlefield, 1994. p183.

④ Gunnel. Strauss before Straussianism: Reason, Revelation and Nature. The Review of Politics, Vol. 53, No. 1, Special Issue on the Thought of Leo Strauss. (Winter, 1991), pp. 53 – 74.

⑤ David Janssens. The Problem of the Enlightenment: Strauss, Jacobi, and the Pantheism Controversy The Review of Metaphysics, Volume56, Issue3, March 2003. pp. 605 – 631

一、雅可比视域下的现代启蒙

施特劳斯认为,康德批判哲学的巨大身影遮蔽了雅可比对诸如感性(Sinnlichkeit)、知性(Verstand)和理性(Vernunft)等术语的独创性——暂且不说原创性——的使用,实际上,雅可比在"前康德批判哲学"时期就已经形成了他认识论的成熟立场,并为其区分以上的认识形式做好了准备。康德批判哲学的出现,"并没有引发雅可比修正自己的观点",毋宁说反倒给雅可比提供了现代启蒙批判得以充分展现的形式和材料,以及清晰的由笛卡尔发端、经由斯宾诺莎、莱布尼茨(-沃尔夫)至康德、费希特的理性启蒙推进路径。施特劳斯对雅可比如此的理解,似乎表明:在德国哲学尚未融入现代启蒙之前,雅可比已经保持了对现代启蒙的某种警觉和清醒状态。

在施特劳斯的雅可比那里,现代启蒙乃是一种"精神内涵之整体的类型学",这种理论类型在其立场上心怀"恐惧",因为它不能容忍存有任何理性所不可确认之物,所以就力图通过改造或拒斥任何存有之物来建构确定无疑。此种类型之持有者被雅可比指认为乃是"小心谨慎的人,不容许其本人受到任何中伤,却也少或评骘;这些人完全丧失了信心;他们恐惧真理,因为真理可能遭到误解;他们恐惧伟大的品质、高贵的德行,因为它们可能被误用。这些人眼里只有不幸"。① 此种精神类型在启蒙运动时期取得了统治地位,并逐渐渗透入伦理领域,最终引发了哲学的整体"衰落"。但由于这一理论类型所呈现出来的论题是如此的宏富,以致于单纯从此立场的内容入手根本无法对其进行有效的评价,雅可比转而从其所依凭的方法上进行"纯粹的理论考察",意即首先或根本是要弄清楚此种类型是"由何种共同观点出发"的,它建构了或依赖于何种"信仰学说",要知道任何理论类型都是基于某种"信仰"而进行其正当性活动的,哪怕最为极端的"怀疑"也有其信仰之基础。

雅可比把现代启蒙之理论类型的持有者称之为"笛卡尔主义者",并明

---

① EPLJ,127-128.

确宣称自己并不是笛卡尔主义者。施特劳斯把由笛卡尔之名所标称的这一普遍的哲学方法论原则的核心任务界定为:"通过追溯其不容置疑的前提来摆明问题的对象,并从理论上加以解决。"这一前提乃是无可质疑的"我思",通过将问题对象(亦即存在)追溯至心灵主体(亦即非－存在)寻求那个原初的确定性,心灵主体最终被确定为知识的前提,客体的确定性反倒有赖于主体来获取,现实的客观原则也有赖于主体原则来证成自身。

在雅可比看来,所有非－存在哲学的典型特质就是否定"已给予之物","已给予之物"总是具有或多或少的"不合理性",因此,显然无法恰当地作为确定性之来源;为此,确定性就不能从"已给予之物"来获取,而应从纯粹理性的原则来获取,或直接由理性本身产生出来。由于费希特抛弃了康德对物自体所做的保留,他视绝对自我意识为所有认识的先验根据以及所有知识的先验源泉,所以,雅可比就把费希特的哲学视作为笛卡尔之后、最得笛卡尔方法论之真谛的哲学类型。因此,他说,只要抓住费希特之绝对自我意识哲学,现代启蒙的真相就会大白于天下。费希特哲学的前提假定是:"我们只能够领会我们能创造的事物",意欲理解世界必先创造世界。他将外在于自我的事物存在归结和追溯于自我存在,试图通过人为的、由感官而来的抽象来寻求和树立自然的确定性。如果说康德的理性主义乃是"有限的",他还为原初的不合理性之物留有正当存在的可能性,那么费希特的理性主义就是"绝对的",他彻底排斥了原初的不合理性之物。费希特以"理性信仰"取代了"自然的信仰",认为唯有前者才配称"信仰"之名。雅可比概括到:费希特学说与斯宾诺莎、康德等人共享着笛卡尔所开辟的精神类型,意即主体优先于客体,他们均采用第一人称来认识,将一切都纳入绝对的"是",但这个"是"却不是某"物",乃是一种"客观的无",它既表现在斯宾诺莎的实体学说中,也存在于谢林的绝对者中。"主观的无,准确地说,作为无－客体的主体,客体之根源就在其中,客体在其中可以得到确定,它支持狭义的笛卡尔类型的原则,支持康德、费希特和谢林的先验－哲学。"①依照雅可比的说法,这种主观的无,"将笛卡尔的原理 cogito ergo sum[我思故我在]发挥到极致","将最不自然之物当成了最自然之物,又将最自然之物当成了最不自然之物"。如此之颠倒的哲学,简而言之,就是把原初自然的客体都归结为主体的心灵,客体在主体之中得到确定,恰当的真理之路是从心灵这一非 - 存在来审视所有"已给予之物"和"未给予之物"。

在施特劳斯的雅可比看来,现代启蒙如此之理性主义必然会向伦理领域推进,其带来的严重后果就是:必然"无视法律、麻木不仁、无声又无情地"把"从科学向爱的可靠过渡"变为确定之事,这必然扯断伦理真理的有机来源"与人心的最后一丝联系"。笛卡尔、斯宾诺莎以及康德等人对上帝的留置和眷恋,最终全然被费希特的理性撞击得粉身碎骨——费希特的世界只能是一个冰冷无情、全无心肝的机器的世界。雅可比对此衰落状态进行了怵目惊心的描述:"我看到眼前有一片不堪入目的死亡之海,无精神能使其波动、变暖、获得新生:为此,我渴望一场洪流,任何一场洪流,即便它来自蛮族,让它冲刷这令人厌恶的罪恶渊薮,暴风雨般摧垮其所在,还我们一个原始、健康的土地。"②雅可比的此番描述,挪用于施特劳斯所生活之 20 世纪的世界亦然确当。从如此强烈的情感爆发中,施特劳斯敏锐地得出判断:正是由于把对现代启蒙的批判由内容层面推进至方法层面,雅可比才使西方启蒙以来的现代文化第一次作为一个整体展现在人们面前;因此,要想一探现代性之究竟,就必须要落实到在现代启蒙的方法论层面进行考察。

二、雅可比对现代启蒙的批判

在笛卡尔那里,怀疑原则作为"普遍的哲学方法论原则"被他"以特别明确的方式摆在眼前",但雅可比似乎并未对笛卡尔本人的这一方法论原则予以直接的关注,他认为从这一原则中无从产生"信仰",如果有"信仰"也是对怀疑的信仰,这无助于怀疑方法使用的原初目的。施特劳斯指出,任何

---

① EPLJ,134.

② EPLJ,129.

试图通过用理性信仰来取代自然信仰以获取最终的确定性,结果必将是对信仰本身的抛弃。费希特通过自我来消解存在,然后重建存在,但在雅可比看来,理性终究无法达到与其不在同一层次的事实,事实乃是理性坚硬的边界,无论怎样凭借人为的理性努力或主体心灵的设定都无法打破这一壁垒。笛卡尔怀疑的方法把确定性归结为主体之心灵,归结为心灵之理性能力,从根本上来看,此种方法源自于"理论的弊端",也就是笛卡尔们实际上意识到了理论本身的限度,确实存在着种种不合乎理性的事和物,但他们的"信仰"使得他们不能容忍任何的"不合理性"之存在,因为当他们把"我思"置于"我在"之先和之前时就已注定了他们可依凭的工具只剩下了"主体之理性"。普遍怀疑之方法原则倘若要有其自身的正当性,那么"普遍怀疑"之行动自身也要能够经受这一方法原则的过滤,但问题是这一过滤对于"普遍怀疑"之行动来说经受不起,因为这必将置其自身正当性的证成于无限的倒退,终将陷入恶的循环当中。

雅可比指出,现代启蒙之知性用以形成概念的能力却无法用于自身,证明自身的原则若用于自身的证明终究是对证明的回避(施特劳斯表明:雅可比借用了康德的术语,笛卡尔主义之依凭工具的理性也就是康德所谓的"知性")。认知之行为本身所具有的自足性和自明性为任何试图对其进行"知性的证明"的企图树立了天然的屏障,它拒绝"被知性认知"。雅可比据此而论,笛卡尔主义所赖以为凭的"理性"(亦即康德意义上的知性)本身是空虚的、无内容的纯形式。无可质疑地存在着的种种之"不合理性",这是普遍怀疑之方法终极的无能为力。唯理论和实证论(经验论)虽然都承认认识的开端是要深入对象,即对象具有先在性,它们要么把这一对象理解为认识自身,即认识自身的确定性才是可靠的出发点,要么把这一对象理解为感性的质料,认为这才是认识恰当的出发点,但二者实际上都已做了如此的设定:我们只能认识已被认识的事物,任何未经认识检验过或未能通过认识检验的要素都是不能进入认识;确定性的恰当起点在于那些原初地被认识的事物,而不是被认识的原初事物。那么,主体心灵又究竟如何对"那些原初地被认识的事物"的真实性予以确认呢?雅可比把其批判焦点对准休谟的信念观念。在休谟那里，信念问题关系到自明性之方式，"它为我们担保了真实的存在和事实性，并超越了对我们的意识或对我们的记忆的证明"。①由于信念所依凭的感受乃是一种"更活泼、更生动、更强烈、更稳定、更持久的关于对象的表象，远甚于只能对想象力做出证明"。② 在此精神活动中，我们意识到真实性，或者更确切地说，意识到所认为的真实性，此种意识乃是一种"现实性的意识"。在雅可比看来，休谟通常将真实性之确认归结为现实性意识，实际上并没有解决问题。因为在这里真实性仍被归结为主体之经历，现实性意识虽然处于信念之起点处，但它仍是已经进入主体之心灵的内容。休谟把由感受什么与缘何感受所共同给予主体的表象称之为"感知对象"，并且把此感知对象看做是感知之自明性恰当的第一起点，真实性只能在此处被确认。而雅可比则认为，真实性在感知对象之前已经被自然所确立，也就是"自在之对象"已然真实，主体信念的恰当起点应当是已然真实的"自在之对象"，而不是"感知之对象"。所以，休谟试图诉诸"信念"来获取真实性的确定实际上仍然是在主体之心灵当中打转转。简言之，在雅可比看来，现代启蒙尝试通过知性的方式寻求真实性之确定，最终不但没能取得预期目的，反倒使自身之正当成了问题。

雅可比所担心的是，倘若任由知性蔓延，那么最终必将彻底取消上帝和价值。知性的功能在于主体去领会与其本身同质的对象，为了获取确定性，主体的信念首先就要把那些异质的对象转化为感性的对象，于是，上帝和价值最终也将被知性所过滤。施特劳斯指出，在柏拉图那里理性和知性还存在着本质性的差异，但从亚里士多德开始，知性优先，即论证优先，变得越来越重要，以至于最终把理性归结为知性。康德对经验－一元论的彻底贯彻使得他最终抛弃了上帝、自由和灵魂的真实性，因为它们都不维系于任何可能的经验，所以它们也不可能（知性地）真实。理性主义伦理学从知性的角度或用知性的方式来理解伦理价值，试图寻找伦理真理的合理性基础，但是

① EPLJ,150.

② EPLJ,152.

这种伦理学(例如费希特)的原则遵循的是"纯粹的自我性",由于纯粹的自我性是空洞而无本质的,因而这种伦理学只能提供空洞的形式,无法供给内容。理性主义伦理学所持守的"自主论","是普遍怀疑,即现代文化原则的伦理形式,它以宗教良知、科学理性和道德规范的自主性为根据"。雅可比指出,这种自主论强调规范先行,然后才是顺从,道德洞见是无法从中产生的;事实上,"并非洞见前行而顺从遵行,而是由顺从、由遵行规范,又因顺从而侵入我们生命中心的规范,产生了道德洞见"。① 知性断绝了道德与世界之真实和生命之真实的内在关联,结果就使得道德完完全全成了"义务论"。

三、雅可比认识论的建构方案

施特劳斯把雅可比认识论的基础归结为如此观点:作为认识主体之载体的生命,是自然生命和本质生命的双重构成,这决定着认识的知性和伦理两种表现形式。他把本质生命确定为个体之本能,并置于认知主体之先,所以,认识论所探求的"真实性问题"最终要与个体生命的冲动勾连起来。因此,在雅可比这里,真切的认识论必须是"活的"。

1. 生命本质

为了化解现代启蒙之弊,实现与本质生命的接续,就必须要能够超越作为认知的主体。在施特劳斯看来,由于雅可比认识论的问题也是"真实性问题",他把认识问题仅仅作为真实性－认识问题来思考,因此,全部超越的最终实现就需要在真实性之超越中达到顶点,亦即达到本质生命。雅可比有意转向柏拉图寻求帮助,他把"按原则行事的人"分为两类,除了前述的现代启蒙派,另一类就是"柏拉图意义上"的人,他们崇尚信任、秉持信仰、满怀爱意、信赖德性。他直言不讳:"鉴于我必须站在我划分的这两帮人的某一边,我选择后一类人。"② 笛卡尔的认识论和雅可比的认识论,在施特劳

---

① EPIJ,170.
② EPIJ,128.

斯看来,标明了两种截然不同的类型:怀疑之人和信仰之人。正是因为雅可比把信仰的力量建基于"本能",因而具有生生不息之生命活力,这是"怀疑之人"始终无法企及的。作为信仰之最终根据"本能"乃是生命之个别的"本质",唯有从具有个体性的生命本质出发才能获取最终的确定,因为"此在感受是最高的确定性"。① 所谓的本质性,乃是"个体的生命之富足"。这一本质被雅可比置于认知主体之先,它是对理性启蒙所坚称的意识-维度的整体超越。故此,施特劳斯指出,正是由于把最高确定性建基于个体的"本质性"之上,把最终目标的全部根据都落实于"此在感受",所以"雅可比的全部认识学说从其开端便有着形而上学的担当"。与任何主观哲学不同,雅可比哲学乃是"客观的表达","所谓客观的表达,就意味着:真理的最高规范,在至深处,是与本质的此在(而非譬如与纯粹的意识)和谐一致的。此在感受以同样的力量担保着上帝和世界的超越意识的真实性之此在,靠这种力量,此在感受也担保着我们自身的超越意识的真实性之此在。"②

生命之本质赋予最高确定性以"活的"力量,它保证了"真实性"。就此而言,作为生命之活的本质的表达,精神原则才是"正见",而现代启蒙的知性原则只是"偏见"。笛卡尔主义把"偏见"视作为本质且普遍的,"突然产生的想法"则是偶然的、有条件的和个别的。雅可比则认为,"突然的想法"根源于本性,才是人性所具有的种的本能。本能朝向实质性的事物,即"好的、积极的事物",而知性只是朝向关系的确认。由于任何生命都是自然生命和本质生命的统一体,纯粹存在和纯粹理性在此有机统一,因此,人性本能虽然由理性之构成,但由于理性哲学只专注于意识的内在关系,所以它并不能以超越意识的方式来确定这一关系,现代启蒙所持守的方法论原则最终有赖于非理性之存在本质来获取其确认。

2. 知性认识

暂且撇开本质生命从自然生命的理性活动来看,雅可比所建构的知性

---

① EPLJ,174.

② EPLJ,174.

认识论也与笛卡尔等人的方法原则存在着根本性的差异。与康德把感性、知性、理性看作是线性推进不同,雅可比把感性和理性同水平地作为知性构成的两个方面。知性是总体意识的原则、前提和条件,它是纯粹的形式能力。知性思维进程需要经历两个层次的超越:第一个层次是对不合理性的超越,此一阶段认知的给予方式是感性感知,收获的是诸般表象之主观真理;第二层次是对主体自身的超越,这一阶段认识的给予方式是理性觉知,收获的是关于上帝和世界的客观真理。

在雅可比这儿,认识的可靠起点是原初所给予的感性的质,这是必须首先要得到承认的,并且一直要承认的确定性。这种始源性的确定性所具有的力量是任何其他东西都不能取代的,笛卡尔虽然通过普遍的怀疑似乎用心灵取代了它,但这一取代却没有力量,心灵面对感性的质时仍然无能为力,所以笛卡尔不得已搬出了上帝这一假定的担保者。即便是贝克莱的"存在就是被感知"这看似颇有力量的宣称也不行,因为这种宣称只能确认我们自身感官的感知能力,它并未能够达致感性的质本身,而且这种能力是空虚的、无内容的,其自身只能是潜在的,缺乏现实性,不能独立自存的。那么第一层次的超越是如何发生的呢?或者我们如何确保感性感知之确切有效,真实无疑?雅可比借用休谟"信念"这一表达,但不同于休谟,他的观点是:真实性在主体感知对象之前已经被自然所确立,"自在之对象"已然真实,主体信念的恰当起点应当是以已然真实的"自在之对象",而不是"感知之对象"。对自然的真实性的"信念"的根据,在于认识主体与真实性具有特别真实的自然的内在关系,这种内在关系表现为认识主体所寄寓的肉身本就是一种自然的真实性。表面上看,雅可比似乎只不过是把笛卡尔的"思"转化为"信",但笛卡尔的"思"乃是属"知性"的,雅可比的"信"则完全是"非 – 知性"的。因此,在雅可比那里"信念"表明的是一种力量,"这种力量不仅是一种纯粹的认识上强烈的深信不疑,而且,在此,以某种方式,这种力量的背后是我们全部的生命力之所在,此生命力以其活动性保证了存在之真实性";"信念不仅能使我们相信,山可以被移动,而且能使我们相信,信念本身就能移动山。信念将怀疑所取消的事物,又牢固地摆在了我们之前。

因为,在认识中有'完全的充盈,即本质的全部力量',这种力量攫住了我们,穿透了我们。"①

　　对感性之质的真实获致形成表象,主体用概念来把握它们。由于经由信念确认的感性之质是已然处在知性之内的"表象之对象",它已经"合乎理性"了。真实性虽然由充满力量的信念和颇具活力的感性给确定下来了,但这还不是最终的确定,因为认识的形式(知性本身)和认识的内容(感性之质所由来)仍处在知性范围之外,它们"不合理性"。我们如何确认它们的真实性呢? 雅可比提出了需要第二层次的超越。毫无疑问,作为知性之构成内容之一的理性,要以理性的事物为先决条件,理性只不过是觉知真实事物这一前提所具有的能力。理性的根据是"觉知",正如感知活动必须要有感知的对象一样,觉知以上帝和世界为其对象。理解的觉知以首肯上帝和世界的价值为先。价值认知作为一种"意识活动",使主体"想起自身,想起本身真、好、美的事物,并将其表现为一种热情洋溢的事物";唯有以此意识为知性之先在,"人的全部情感,才以一种不可言说的方式,享有了真实之物的最充分的确定性"。雅可比强调,价值认识体现着人性自然之"基本冲动"或"欲望",也就是说,人类存在着天然地具有追求"神性事物"和真、好、美的事物以及真、好、美本身的欲望。这种欲望乃是蕴含于所有认知之中的"活的要素",雅可比把此"活的要素"称之为"信仰"。经由理性觉知所获之知是否具有真理内涵以及具有多少真理内涵,要看使用理性之主体的精神之中是否能有以及能有多少"活的创造"。例如,我们要想有意义地谈论上帝,前提就是上帝的存在必须为我们先行认肯;上帝必须成为人本身,人才能充分地拥有现实性和真理。宗教的信仰就是对上帝的"同情",即"对不可见的现实、生命和事实的同情"。② 若无此之"信",一切免谈;若无此之"情",一切皆空。真正的"道德"乃是主体对上帝"热烈的爱"。在此,雅可比表现出与柏拉图的某种一致:"让不纯洁的人把握到纯洁之物是

---

① EPLJ,156.
② EPLJ,162.

不恰当的。"①

3. 伦理认识

理性的信仰以非感性的方式(亦即表象或概念的方式)确认了上帝和世界的真实性,但这种确认只是无条件地"相信"并全身心地"热爱",上帝和世界之"价值"仍然处在悬置状态。作为对上帝和世界之价值认识的伦理真理,我们尚未企及,因为知性范围内有的只是道德认识。不同于费希特把"纯粹的自我性"设定为伦理的原则,雅可比引入"爱"为其伦理学注入了充实的内容。虽然道德认识无法达至伦理真理,但它从知性的角度为研究伦理真理规定了内容和方向。道德事物之所以道德,其原因在于它伴随着快乐(亚里士多德?),"快乐"标明伦理"值得追求",值得追求之物为伦理现象之总体提出了一个适用的"上位概念"。道德意识最终能否升华出伦理内容,关键在于是否能够承认并确认最值得追求之物;一旦我们承认并确认了最值得追求之物,我们就沉浸在至上之幸福之中。施特劳斯特别指出:"雅可比明确强调说:主体在伦理知觉中凭借着道德意识,可以感知到有一种与此伦理知觉不可分离的事物存在。"②因此,道德乃是达致伦理的前提和条件;或者正如苏格拉底所说的:"道德-认识,即对伦理上具有重大意义的事物的认识,已然是以道德为前提的。"③另一方面,雅可比认为,道德过程与知性过程有着根本的不同:知性并不规定目的之价值,也不关心目的之价值;道德却仅仅依凭其目的,目的价值之先在才使得道德成为必要。道德之目的存在于不合理性质超越之中,不合理性从具体之自在存在到整体之自在存在呈现某种序列,因此道德之目的也必然为某种序列等级。主体活动和特点所具有的价值,即主体的目的规定和主体的道德意识,必须"根据目的的品级来确定"。现代启蒙所推崇的知性真理认为是表象与对象的相符合,而伦理真理则是要根据目的品级才能评价:"有一个目的的体系,

---

① EPLJ,163.
② EPLJ,169.
③ EPLJ,163.

智慧的等级——认识伦理真理的人是'有智慧的'——要根据此体系来评价。"①真正的道德洞见产生于对此目的体系的顺从和遵行。

4. 活的道德

如此前所述,生命之本质赋予最高确定性以"活的"力量,它保证了"真实性",并且唯有从具有个体性的生命本质出发才能获取最终的确定。美德固然有其规范-特质,但雅可比并没有只是"将道德现象锚定在规范性的基本法则之中",而是把道德现象与个体的整体生命结合起来:"全面关注真正的道德行动和道德感性"得以可能的条件是,心灵的道德意识与个体的整体生命必须首先发生内在关联。因此,道德绝然不是"义务论"的,个体特殊的道德冲动和道德价值,相比于普遍的道德原则,因其生动性而具有优先地位。所以,施特劳斯就强调,雅可比是"在'生活'和永远各自有别的人格的形而上学统一性中建立美德,在现实事物的整体性中建构深度";证明我们行动正确的"心灵",与"目的体系"的客观秩序联系在一起,"在实际上可变的道德习俗中,有永恒的理性"。②

四、雅可比与施特劳斯的现代性理论

不能完全说雅可比对施特劳斯的现代性理论有着决定性的影响,但可以恰当地说他是施特劳斯现代性批判的引路人,通过雅可比,施特劳斯确定了现代性批判宽阔的理论视域,一方面,雅可比将现代性的类型整个地描绘成正处衰落的时代,这使得现代性作为一个整体进入施特劳斯的视野,另一方面,施特劳斯对雅可比现代性衰落的拯救方案又保持了适当的疏离,这为他转而开始有明确问题意识地关注莱辛,从而把目光转向中世纪哲人,也为他转而考察斯宾诺莎宗教批判基础的正当性,从而提出神学-政治问题,提供了足够的腾挪空间。

施特劳斯直接道明他对雅可比的关注是以"问题视角"切入的,也就是

---

① EPLJ,169.

② EPLJ,171.

透过雅可比本人而注目于由雅可比之名所标示的问题,这一切入视角使雅可比的认识论具有了"非时间性"的广阔意义。于是,雅可比的认识论,施特劳斯就被视作为"一种有自知之明的哲学",它"不愿对导致自毁的相对主义听之任之",而是"将其所追求的真理作为一种不依赖于哲学、却又与其密切关联的持存来思考",这种哲学"不创造这种持存,而是探究、发现并肯定这种持存"。① 此番定位之论,与施特劳斯在《什么是政治哲学?》讲演中所给出的表达几乎完全一致:"从根本上将,哲学并不拥有真理,而是探求真理。"鉴于他论及雅可比认识论所具有的双重性,施特劳斯在此文中对哲人所具有的"温和而坚定"的品性极做赞赏,似乎并不显得那么的突兀:"人们不断地为两种相反的魅力所吸引和欺骗:一种魅力是数学及与数学类似的一切事物所产生的能力;另一种魅力是沉思人类灵魂及其经验所产生的谦卑的敬畏。哲学的特点是温和又坚定地拒绝屈从任何一种魅力。"②很明显,这已经是苏格拉底式哲学生活比较完整的写照了,雅可比对现代启蒙的批判,依据生命的自然构成和本质构成进行认识论重建,正显示着古典哲人的"勇气与节制"密切结合的温良品性。

依照施特劳斯的原话表述,雅可比对现代启蒙的理性主义方法原则的批判,可以做如此归纳:彻底的普遍怀疑方法"把存在系统转化为非存在或者虚无——他为此做法所生造的术语就是'虚无主义'(nihilism);如此一来,剩下的就只有纯粹思辨的主体,它因而成了真实性的唯一来源和真知的唯一根据。"③"我们只能够领会我们能创造的事物。意欲理解世界的哲人,因此必定成为世界的创造者。"④施特劳斯对现代启蒙批判的这一论断成为其在此后学术生涯中一以贯之的基本论断。例如在《自然正当与历史》中,施特劳斯就把他对雅可比的评价之语转述为:现代哲学"导致了对于一切不

---

① EPLJ,125,172,126.

② WIPP,2,30。另见:NRH,125;RCPR,242-244;

③ David Janssens. The Problem of the Enlightenment: Strauss, Jacobi, and the Pantheism Controversy The Review of Metaphysics, Volume56, Issue3, March 2003. pp. 605 – 631. 中译见《哲学与律法》,第190页。

④ EPLJ,131.

能成其为客体、亦即相对于认识主体的客体的教条主义漠视,对于一切不能被主体把握的东西的教条主义的漠视","我们只有对于那些我们就是其产生原因、或者其构造在我们能力范围之内或取决于我们任意的意志的东西,我们才具有绝对可靠的或科学的知识。"①在《古今自由主义》中,他对经验主义者做了类似的评价:"经验主义者给予某种特定的认识论的假设。但是,每一种认识论都预先假定了经验式结论的真实性。"②在《进步还是回归?》一文中,施特劳斯更为鲜明地指出:"现代思想之为现代思想,其首要特征可以说是人类中心性",现代哲学"都从属于属人哲学或人类心智哲学","某种并非清楚地出现于所有场合、只会清楚地出现于某种场合的潜在观念就是,一切真理或一切意义、一切秩序、一切美都源自思想着的主体,都源于属人思想,都源于人"。他还列举了霍布斯、康德、莱布尼茨等人的话予以佐证。③

上述的雅可比对现代启蒙的批判或许还不足以体现出施特劳斯在其思想成熟之后的精神内涵,但雅可比对伦理认识与知性认识所做的区分,则更为深刻地塑造着施特劳斯随后对现代性理论品格所做的定位。

在此点上,施特劳斯与雅可比一样所面面临的首要问题是:现代启蒙是否破除和驱除了宗教?这是现代启蒙正当性确立的关键性步骤,因为现代性正是要在基督教的废墟上建构现代文明。雅可比认识论区分了知性的两种表现形式,其中知性之理性以"信仰"的方式确认了上帝和世界的真实性。虽然这种真实性还需要伦理认识的"爱"来充实以实现其内容,但作为纯粹的形式,它们是关于上帝和世界的客观真理,其虽然不可感性地被言说,但人之基本冲动给予其最为热情洋溢的情感保障。此种"信仰"学说,极大地影响着宗教哲学:雅可比的宗教哲学"支持上帝的不合理性和超越性",上帝乃是完全处于知性之感性感知的范围之外,且真实自存。这与理

---

① NRH,32,176.

② LAM,246.

③ RCPR,315-316.霍布斯:"我们只知道我们造出来的东西";康德:"知性为自然立法";莱布尼茨:"我发现思想的单子具有自发性,前人对此知之甚少"。

性主义之宗教观完全否定超越之物的存在所带来的对宗教的完全抛弃不同,雅可比"支持直接的上帝行动的可能性",为所有宗教的意义做了有效的辩护。施特劳斯在随后的斯宾诺莎的宗教批判研究当中,几乎完全吸收了雅可比这一观念的分析架构,他指出:1920年代人们普遍认为"科学或者历史并没有驳倒犹太教传统",以黑格尔为典型代表的理性主义的最终崩溃,"理性与启示、信仰与非信仰之间的永恒斗争在原则上,甚至还可以说在人类思想的层面上已经判定,启示是胜利者","理性只知道主体和客体,但是,毫无疑问,永恒而仁爱的上帝决不只是一个主体,而且从来就不是人民可以超然或漠然视之的客体"。① 在这里可以明确断定的是,除了术语表达上与雅可比存在差异之外,两人都对"现代启蒙是否破除和驱除了宗教?"这一问题给予了否定的回答:雅可比认为宗教完全外在于知性之感性感知,施特劳斯则把宗教看作是另外自足的真理体系,现代启蒙或现代性表面看似实现了对宗教的颠覆,但实际上他们只是在宗教之外另建了一栋真理大厦,尽管宗教之真理大厦与之并立共存,不过现代启蒙者们却视若无睹。施特劳斯手持雅可比的接力棒,继续推进对现代启蒙的批判,而他所选择的突破任务就是辨析作为现代宗教批判之完成者的斯宾诺莎是否真的完成了宗教批判这一现代性建构的任务。施特劳斯对现代性所做的批判发力如此之准,雅可比功不可没。

雅可比区分了信仰与信念,此种区分的结果就是走向了道德建构之路,并最终导向信仰。信念使感知范围内的真理有了可靠的基础,使任何感性的对象在感知范围内不再受到质疑,但信念却不能把确定性扩展到感知活动之外。信仰诉诸生命本质之真挚情感(亦即"爱")形成对诸如上帝和世界真实性的直接确认,这既与信念的知性方式完全异质,也即与感知的表象

---

① LAM,/269-271。《哲学与律法》导言中,施特劳斯指出:现代启蒙以"外在式"来理解犹太正统,表面看似启蒙与正统之论争轰轰烈烈,实际上正统根本就未能受到启蒙的认真对待。启蒙的全部努力,毋宁显示着神迹和启示之不可能性完全确定或可以证明。现代启蒙为了能够使自己建构的真理大厦获取唯一真理的正当性,他们所采取的办法乃是"嘲讽",也就是借助"嘲讽"把正统给"笑"出真理之域。另见SCR 第3—5、61、65、124—127、194—195、200—207页等。

议题完全异质。毋宁说,雅可比在现代启蒙遮蔽一切、改造一切的时代,试图通过确立信仰之优先地位来化解现代性的衰落,回应现代性的危机。当施特劳斯把目光转向现代犹太正统困境和中世纪启示信仰时,雅可比的这种信念与信仰之二分所带来对施特劳斯分析框架的内在规定才得以充分地彰显出来。

以上的分析是否表明了施特劳斯对雅可比的现代启蒙解答之路的认同呢? 答案是否定的。施特劳斯十分明了雅可比之启蒙批判存在着雅可比本人所无法解答的困难:雅可比把客观真理最终奠基在本质生命之基本冲动之上,道德洞见有赖于真实的个体生命之情感,作为"心"的道德意识唯有与个体的整体生命发生内在关联,真正的道德行动和道德感性才得以可能。如此一来,雅可比针对笛卡尔理性主义的批判,在其结果上并没有高出笛卡尔怀疑方法所确定的主体层次;毋宁说,雅可比通过向信仰的回归,以道德哲学的方式再次站在了笛卡尔同一层次之上。笛卡尔的怀疑方法所寻求的真实性无法避免相对主义,雅可比则通过另一方道路也走向了相对主义。如果说雅可比确实把现代性整个地呈现出来,又整个地予以否定,那么他也不过是在相对主义的思想框架之内掀起了理性与信仰之争。在这一点上,雅可比或许无法能够自省,但施特劳斯却目光如炬,他终其一生对相对主义的敌意和批驳已经能够很好地说明,雅可比仍然属于"现代人"。在辨析雅可比与门德尔松关于现代形而上学批判的差异时,施特劳斯还明确地指出,雅可比甚至还表现出强烈的历史主义意味:"一个时代有它自己的真理,真理的内容就如经验的内容。每个时代也有自己活泼的哲学,它展示了在这一时代居统治地位的行为方式的延续。"[①]这也就表明通过雅可比重建信仰的方式来解答现代启蒙的困境实际上是此路不通。

---

① EMM,194.

第二节 门德尔松的启蒙调和与现代性意识的缘起

在施特劳斯完成《斯宾诺莎的宗教批判》之后,施特劳斯开始了对门德尔松(Moses Mendelssohn)文集的编纂,这引发了施特劳斯对现代性之基础的关切。这一节内容立足于施特劳斯所撰写的有关门德尔松著作编目的文献,以门德尔松为问题的切入点,探究施特劳斯的门德尔松文本研究与他的现代性理论缘起的关系。施特劳斯从其关切入手根本上把门德尔松理解成德国犹太人,犹太正统的民族身份赋予门德尔松两大任务:其一,在现代社会中为犹太人的生存权利辩护;其二,化解犹太信仰和现代理性之间的冲突。在随后施特劳斯的现代性理论当中,这两个任务被内在地转化为同一个问题:理性与信仰之间究竟应该保持何种关系?门德尔松着意于通过建构常识哲学来调和二者之间的冲突,既要实现"在哲学的法庭上为犹太教辩护"的目的,又要实现"在犹太教法庭上为哲学辩护"。① 但施特劳斯发现,门德尔松的常识哲学并未能完成这一双重任务,反而使双方冲突在更为根本的意义上凸显出来,于是施特劳斯就从门德尔松调和失败处开始了他的扬帆远航。

一、门德尔松对犹太正统的改造

门德尔松意识到现代理性启蒙所带来的社会变革,这种变革使得整个社会的世俗化倾向不可遏制,这种趋势促使犹太教必须做出相应的转换。一方面,现代启蒙所倡导的权利意识要求对犹太正统中的上帝和人类的关系作出调整(即调整上帝与人类),另一方面现代启蒙的推进,促使犹太教必须要能够借助现代启蒙之内在的形而上学方法为自己进行合法论证(即调和信仰与理性)。

---

① EMM,76.

1. 上帝与人类关系的调整

在施特劳斯看来,作为18世纪德国启蒙的领军人物,门德尔松的调和论调其实已经先在地预设了这样一个前提:现代社会中"每个人都有特定的权利领域,其他任何人,包括上帝,都不能也无法干涉这一领域",[①]门德尔松甚至赋予了人在理性资格上与上帝平等的权利。简言之,这一预设的前提可以表述为"有限自我具有原型般的物质性"。[②]施特劳斯直接道明门德尔松倡议启蒙和解的这一现代性之前提:"尽管门德尔松一直对神学保有天生的兴趣,然而对他起决定作用的,却是对自我的物质性、封闭性、独立性和个人权利的兴趣"。[③]从如此前提出发,门德尔松所得出的必然是人的现世的幸福处于优先地位,那么,这又如何与传统的犹太正统信仰所坚称的上帝优先进行相容呢?犹太正统坚称律法是上帝在西奈山经由摩西传递给世人的启示,启示律法对犹太子民来说具有无上的神圣性和绝对的权威,犹太子民必须严格恪守传统信仰和礼俗。启示律法之所以对犹太子民有着绝对的权威性和强制性,凭借的是犹太人对上帝权威的绝对信从,在这当中蕴含着这样的前提:上帝的威严、荣耀以至公义是根本的,这与上帝是否仁慈并无关联;上帝之荣耀先在于上帝之仁慈,上帝的权力高于上帝的善好。在上帝与人类的关系当中,无论上帝是否仁慈,人类只能处于绝对顺从的地位;人类是否幸福全凭上帝的意志,而在上帝那里人类是否幸福全然是无关紧要之事。可以看出,犹太正统与现代启蒙在上帝和人类的价值优先序列之上存在着根本性的冲突。在现代性全面铺开的趋势之下,犹太正统若一味固守传统必然会被现代社会所排斥。因此,门德尔松所思考的问题就是:通过什么样的调整能够使犹太正统被现代社会所接纳?既然已经认可了现代启蒙之正当,那么就必须调换上帝和人类的优先性位阶。

施特劳斯指出,门德尔松在其与雅可比关于莱辛的论争中就已经意识到,从常识判断入手我们都能够确认"自我意识",也就是说,"这样一个'独

---

① EMM,191.

② EMM,192.

③ EMM,192.

立'且'被隔离出来'的自我意识却是个再确凿不过的现象","我们自身以
及在我们周遭的世界"决不是"上帝的思想","自我意识本身"能够成为判
明"作为客体的我"和"作为上帝想象中的我",或者"作为原型的我"和"存
在于上帝理智中的像"之区分的可靠标准。我本身是一个受限、有限的存
在,自我意识"有力地证明了我外在于上帝的物质性,以及我原型般的此
在"。① "如果上帝思考的[……]对象是一个受限的存在",而同时上帝又
被认作是最完美的存在,那么上帝的思想在上帝那里就不可能形成一个独
立且似乎是断裂的存在,这显然是说不通的。门德尔松如此论证,就意味上
帝必须要被改造成符合人这一原型的"摹本",这样他就把传统的由上帝到
人转换成了由人到上帝。为了能够进一步与上帝和人类位阶序列的调整相
适应,门德尔松又把上帝的"善"置于上帝的"怒"之前,换句话说就是:"上
帝无所苛求的善与他的威严和公义相比,具有无可置疑的绝对优势,这一优
势处处清晰可见,任何历史学家都无法否认。"②施特劳斯就此指出,门德尔
松之所以会偏爱上帝无所苛求的善,是因为只有它才能与独立自我的权利
诉求协调一致,只有它才能与这些权利"从不发生冲突、出差错"。③ 经过调
整,在门德尔松那里,犹太律法没有改变,而且我们也必须严守犹太教的传
统信仰、律法和礼仪,这没有问题,只不过遵守律法乃是为了我们自己的幸
福,实现自己的权利,而不再是出于上帝之威严的命令。

此其一。其二,门德尔松既然把人类行动的最终目的定位在追求幸福,
并且据此调整了上帝与人类的位阶,那么这实际上内在地消解了上帝之启
示的必然性。因为在犹太正统当中启示律法的权威性得自于上帝的威严,
启示虽然经由先知而为人所知,但上帝威严的优先性加于犹太子民身上的
绝对信从确保了宣之于先知之口的启示律法具有绝对的权威性。现在既然
人类幸福被置于优先地位,那么启示律法的权威也就不能再由上帝和先知
所出。于是,在做如此调整之后,门德尔松随之就面临着两个问题:第一,人

———————————

① EMM,189 – 191.

② EMM,192.

③ EMM,192.

类追求幸福的行动如何才能得到保障,或者人类凭什么必须追求幸福?由于犹太正统传统预设了人类的原罪,人类跪倒在上帝面前祈求上帝的宽恕,虽然最终宽恕与否完全取决于上帝的意志,但这强加给人类必须要努力去求得宽恕、以获救赎的行动义务。现在,既然上帝之优先被人类自身之优先所取代,人类必须追求幸福之行动责任又将如何得到保障呢?换句话说就是:我为什么一定要追求幸福呢?或者我为什么一定要为善抑恶呢?第二,门德尔松的犹太身份使之不能直言对启示的否认,因为这在犹太正统来说无异于叛教,其后果不是门德尔松所能担负的。那么如何既能够与现代启蒙相合又能为犹太正统所容?先回答第二个问题,门德尔松采取的策略并不复杂,他借助对柏拉图《斐多篇》的翻译来呈现他的真实意图:"我让苏格拉底讲出我的论据……必须有一个异教徒,这样我自己就可以不跟启示发生关系。"①也就是说,门德尔松通过苏格拉底之口间接地宣称了并没有什么"启示",从而以达到改造犹太正统、接续现代启蒙的目的。施特劳斯道明了真相:"在这一背景下(指门德尔松所处的犹太背景),门德尔松对柏拉图与苏格拉底感兴趣,乃是因为他们不仅不是'学究',而且也是不信'启示'的'哲人',是理性的'异教徒'。"②通过苏格拉底和柏拉图,门德尔松合法地反对了所有以启示信仰为核心的宗教传统,而又不招致启示宗教对他的直接攻击。在这一点上,门德尔松似乎得到了莱辛"显白-隐微"写作技艺的真传。门德尔松之《斐多》通篇围绕着苏格拉底"灵魂不死"的理性论证展开,灵魂不死意味着"灵魂实体的延续","还包括精神的活跃、对当下状态和意识对过去状态的回忆"。③ 之所以要论证"灵魂不死",不仅仅是门德尔松本人的犹太信仰使得他"相信"灵魂不死,从其学说的逻辑来看还因为如此之信能够给人类带来真正的慰藉和好处,能够为追求幸福、为善抑恶提供担保。这就回答了上述所列出的第一个问题。借用施特劳斯对门德尔松的概括就是:"如果我们的灵魂终有一死,那么'我为这世界增色还是抹

---

① EMM,91.

② EMM,90.

③ EMM,88.

黑'，就毫无区别；如果没有灵魂不死，做好人就没有了根基。"这与柏拉图论证灵魂不死的意图相似："倘若灵魂与肉体一同死亡，那么死亡对坏人来说就是恩惠，因为他们一死，他们的卑劣行径也跟着消失了。"①但同时施特劳斯提醒我们，要注意他们二者之间的实质性差异：门德尔松论证灵魂不死意在幸福，而柏拉图的苏格拉底意在真理。

2. 灵魂不死的形而上学论证

门德尔松认为，确认灵魂不死的方式有两种，其一为常识方式，其二为形而上学方式。在门德尔松那里，常识经验原本就和灵魂不死的学说"亲密无间"，因为"灵魂不死学说至关重要，对我们的幸福而言更是不可或缺：'……被夺去了灵魂不死希望的人，是大地上最凄惨的动物。他必得思索自己的处境，从而导致不幸，他必得害怕死亡，必得绝望。'"②相比较于科学论证，常识信念是对灵魂不死更具原初性质的确认，因为常识是所有科学论证的根基。但是门德尔松很清楚，常识作为论据不足以保障灵魂不死这一学说的安全，因为一方面，"迷信、僧侣的诡计、求异的精神和诡辩术用纷繁的细枝末节和障眼法"会"扭曲我们的视野、扰乱常识"；另外，无论常识的论据及其所提供的活力多么地能够支持灵魂不死学说，但总是存在着我们无法构想的反对论据以及活力，"这样，真理就失去了力量，而我们灵魂的宁静也陷入险境"。虽然常识这一基本信念并非毫无根基，但是这一根基缺乏"示范"、"思辨"、"数学"的确定性；为了捍卫原本就是耳熟能详的灵魂不死学说不被诡辩术驳倒，就需要引入形而上学的论证方式。

施特劳斯指出，"门德尔松终其一生都认为形而上学在本质上已经完备"，③在门德尔松看来，形而上学的论证方式不同于"感性言谈的诗"的真理表达方式，它具有形式上的系统性要求，经由形而上学方法所获取的真理具有"与几何真理同样的确定性"；"形而上学的学说'对我们的生活方式、

---

① EMM,94.
② EMM,91 - 92.
③ EMM,81.

幸福和意见起着十分直接的影响'"。① 形而上学满足于"就事论事的论证以及纯粹清楚的认知",因此它能够为灵魂不死提供"理论的说服力"。虽然日常生活当中,我们都有着对什么是善什么是恶的经验性判断,但这种判断具有或然性,"如果良好地掌握了与或然事物有关的理性技艺,将会大大地安抚我们的良心"。② 首先需要明确是,门德尔松对现代形而上学怀有极具热情的赞扬。作为18世纪德国启蒙哲人的重要代表,门德尔松特别赞赏现代形而上学的基本处世态度,因为它一反宗教传统和古典形而上学的"遁世"观点,而为此世、躯体、感性以及"感官的欢愉"正名,把此岸世界看作不是监牢、苦海,而是一座潜在的天堂;以前的形而上学认为尘世－大地、躯体－感官都是污点和耻辱,而现代形而上学使其摆脱了这种羞辱。毫无疑问,这些基本观点与门德尔松力图实现犹太教的世俗化倾向相符合。基于此,就不难理解,门德尔松为什么会对现代形而上学难以割舍。其次,正如施特劳斯所指出的那样,在门德尔松那里,现代形而上学之所以能采取如此平静温和的态度看待现世和来世,根本就在于它相信,上帝创造了人,是为了让人获得幸福,它不会对人有过高要求。为确保现世生活的正当性,现代形而上学、尤其是莱布尼茨形而上学保留了上帝,并且认识到,上帝的天意遍及尘世间,"哪怕是最小的变动和每一个事件"。不仅如此,现代形而上学还证明了,每个人类灵魂最后都应该获得永福,它为此就需要祛除死亡和彼岸的恐怖气息。于是"在我们这个时代",大家不再会赞同伊壁鸠鲁和卢克莱修的说法——"来世这一概念让我们觉得死亡面目可憎";"在我们这个时代","最理性的人群[……]对未来怀有最抚慰人心的想象,他们甚至认为死亡是件值得期待的事"。③ 在门德尔松看来,古代的一神论是由"诗人和祭司组成的大众体系"所维护的,虽然他们比无信仰要优越,但它们没有力量阻止迷信;而现代哲学为了防止大众体系的弊端,"为了确保人类幸福能

① EMM,69.
② EMM,80－84.
③ EMM,179－180.

抵御迷信和无信仰,只有唯一的手段,也肯定是绝对可靠的手段:论证",①
并且现代形而上学的论证认为,为了能够绝对地抵御或拔除迷信和无信仰,
人们必须将模糊不清的想象彻底转换成清楚明了的概念。

现代形而上学是由笛卡尔开创,一直延续至莱布尼茨,沃尔夫对之予以
系统化。处在 18 世纪德国莱布尼茨 – 沃尔夫思想体系统领的氛围当中,门
德尔松自然不得不向这一思想体系靠拢,甚至还要全力为之辩护。因此,门
德尔松一开始就公开地诉诸莱布尼茨 – 沃尔夫的思想体系来"捍卫理性的
灵魂不死学说",甚至还以莱布尼茨 – 沃尔夫哲学为根基,对那些批判形而
上学的人进行了驳斥,②并且对雅可比所说的莱辛对莱布尼茨偏离进行辩
护。但是门德尔松很快就偏离了这一体系,施特劳斯指出,"门德尔松并不
仅仅因为他作为犹太人不能追随基督徒才偏离莱布尼茨,主要原因乃是,门
德尔松这位颇具有 18 世纪风范的哲人,必将比自由得多的莱布尼茨更加远
离所有实证宗教。"③门德尔松意识到,莱布尼茨更接近实证宗教,他保留了
宗教的"永罚"观念,用"不信神的人将经受永罚"来维护上帝的权威,为启
示信仰做辩护;莱布尼茨还把创世的目的和灵魂不死落实在世界整体的美
和秩序之中,认为这是上帝之大能的体现。而与此同时,门德尔松的灵魂不
死论证更接近自然宗教,他认为常识就已经能够确认这一点,只是为了能够
使之更具说服力、且不被诡辩论所威胁才需要引入形而上学的论证。由于
莱布尼茨的哲学手法既不能服务于人之幸福这一最终目的,又过于倚重形
而上学的论证,因而无助于形成对常识的助益,反倒脱离了常识。所以,门
德尔松认为:"莱布尼茨的形而上学并不是证明灵魂不死问题的合适土
壤。"于是他选择更具策略性和更富灵魂性的方式来进行他的形而上学的论
证,这就是对柏拉图《斐多篇》的翻译。

门德尔松之《斐多》依托于柏拉图对灵魂不死所做的形而上学论证,但
他做了相当多的缓和处理。在苏格拉底那里,灵魂不朽有赖于两个前提:

---

① EMM,181.

② EMM,79.

③ EMM,121 – 122.

"聚合体才是转瞬即逝的,非聚合体则不会消散"(大前提),"灵魂不是聚合的,是单一的"(小前提)。施特劳斯指出,门德尔松采用了两种论证方式来证明灵魂的单一。首先是"现代的论证方式",即笛卡尔及其门徒们的道路:"笛卡尔论证是从精神活动过程不可能用物质来解释出发,得出结论,即存在非物质的、以精神活动过程为根基的实体"。① 这种理论论证方式在莱布尼茨的单子论那里得到了典型的体现。但门德尔松并没有采用这一论证方式,他认为,这一方式如同柏拉图的论证太过"严峻",不适合大众的接受。门德尔松对灵魂不死所采用的形而上学论证是"源于普洛丁的论证",这种论证"由思维以及思维对象的单一,即不可分性质出发,并鉴于所有物质的可分性,推导出灵魂乃是非物质的结论"。普洛丁的论证与笛卡尔论证的区别在于,笛卡尔论证没有顾及思维的统一性,而只考虑到灵魂的非物质性和非广延性的性质。简言之,"门德尔松关于灵魂的单一性质的论证是这样的:大家都承认,灵魂从表象上与所有物质不同,因此不可能是由物质成分聚合起来的结果,因为灵魂的活动已经是下述观点的前提条件:复合体看起来与它的成分不一样。"② 再简言之,柏拉图认为复合体不能有与组成它的东西不一样的行为,因此灵魂只不过是身体各个部分活动的总和;而门德尔松则提问,为什么或什么条件下复合体才不会做出与组成它的各个部分不一样的行为? 这就是因为灵魂,正是灵魂才使得复合体成为可能,也就是各个组成部分才能组成一体。门德尔松的论证所依凭的论据与传统论据大致相当。他认为,以传统形式表述的这一论证"非常有说服力","对于精神性具有决定意义"。③ 门德尔松之所以未选择笛卡尔的论证方式,在施特劳斯看来,还有另一个原因:笛卡尔主义蕴含着某种唯物主义观点,而唯物主义承认"灵魂终有一死",门德尔松则认为唯有灵魂不死才能确保人类对幸福的持续追求:"不懈追求在人类生活没有止境",生命就是持续地"增加内在的卓越",由此推断出,在神的旨意这一前提下,人的天命便是永无止境

---

① EMM,100.

② EMM,101.

③ EMM,102.

的不断完善,永远的进步,"甚至在彼世"。①

对于施特劳斯而言,门德尔松对柏拉图的"缓和处理",不但表明了他未能理解柏拉图论证灵魂不死的真实意图,而且更是对柏拉图的严重背离。施特劳斯非常鲜明地指出:"柏拉图宣称灵魂不朽,与哲人自己的哲思密不可分。在进行哲思的时候,哲人发现,他只有从肉身中解脱出来,方能企及他的目的,即存在和真理:灵魂从肉身中解脱,即死亡的状态,便是在哲思中显明出来的哲思的最理性条件。"②但门德尔松消除了灵魂不朽与哲人哲思的关联,他认为在肉体状态,或在非哲思的日常生活层面同样可以确认灵魂不朽,"由此,门德尔松已经表明,他对于灵魂不死的希望与柏拉图的苏格拉底有本质的不同。"③简言之,门德尔松的灵魂不死其目的意在幸福,而柏拉图的苏格拉底意在真理,"由于在柏拉图看来,哲思是一个原则,所以对他来说,灵魂不死的想法可以带来慰藉并不是证明灵魂不死的证据。"④换句话说,施特劳斯隐含地指出,柏拉图虽然认为为了城邦共同体正义之实现这一目的(即能够使大众心有敬畏地为善去恶)需要去论证灵魂不死,但若纯粹从真理的探求来看,灵魂不死即便不是虚妄的,也是不必要的,毋宁说它只是锻炼哲人进行形而上学思考的训练而已。从哲思层面来理解灵魂不死的形而上学论证对城邦来说是相当危险的,它会威胁到共同体已有的秩序:"柏拉图的苏格拉底在他对灵魂不死的兴趣中清楚地看到了从哲学上阐述灵魂不死问题的危险;柏拉图的苏格拉底相信,正因为他对灵魂不死十分感兴趣,所以他没有采取哲学的态度;他警醒朋友们要当心他自己。"⑤在施特劳斯看来,这才是柏拉图之苏格拉底对灵魂不死保持兴趣的真相。由此来看,门德尔松与柏拉图存在着根本性的差异,他之所以要坚称灵魂不死,原因在于他相信灵魂不死,不仅仅是因为如此之信能带给全人类真正慰藉

---

① EMM,104.
② EMM,93.
③ Ibid.
④ EMM,94.
⑤ EMM,94.

和好处,或者它对人类社会必不可少。但门德尔松由于没有理解柏拉图的真实意图,门德尔松恰恰采用的是理性论证的方式来实现对柏拉图的缓和处理,这不能不说是对柏拉图更为严重的背离。门德尔松在缓和处理中"极度重视道理、教义,论证的意图占支配地位",这可以说是对柏拉图的精神和言辞完全违背。

二、常识哲学与形而上学论证的批判

门德尔松虽然追随莱布尼茨、甚至柏拉图的形而上学论证,反对任何理性不能接受的信仰教条,并且运用形而上学的方式来论证灵魂不死学说,但施特劳斯告诫读者,要注意此种论证方式在门德尔松那里只是具有权宜性质,或者说只是对他的常识哲学体系的一个补充。因为门德尔松从根本上认定,形而上学的论证有着某种自身的缺陷,在完成确定性的任务中它只是发挥着某种有限的功能,所以我们有必要对其使用范围和使用方式进行限制。门德尔松基于他的常识哲学立场形成的对形而上学温和的批判,这固然有其作为德国犹太人的身份缘由,仅从批判本身来看,门德尔松此举却无疑具有很重要的思想史价值。正是从此思想史价值出发,我们才能够把门德尔松作为探究施特劳斯现代性批判的缘起要素来看待。理解门德尔松的形而上学批判可以成为我们进入施特劳斯现代性理论的可靠之路。

门德尔松的基本观点是:我们的生活和行动实际上是依赖于"指示的命令"而不是形而上学的论证的,这种指示的命令提供的是一种"实践说服力",它根本上不同于形而上学论证所提供的"理论说服力"。实践说服力并不特别地明确要求我们的认知和信念必须清楚和确定,而只是要求认知的生动性和有效性,使之能够在我们的心绪里造成强烈而活泼的印象。我们的日常生活更多地是依从"实践说服力"来规划和采取行动的。例如说,对于什么是善、什么是恶,我们并不是基于所谓的理论论证来进行判断的,而是依据我们的良心。什么是良心呢? 门德尔松指出:良心是"不清楚的推论把善恶正确区分开来的能力","在多数情况下"良心都必须"代替理性的位置",从而"使我们可以抓住机遇,别让机遇只留给我们光溜溜的颈项";

建立在不清楚认知之上的这种"内在感觉"对我们的欲求力所起的作用,远比"最清楚的理性推论""更加强烈、更加生动"。①简而言之,由于在门德尔松那里,生活的幸福是根本性的,而常识经验所具有的"实践说服力"较之于形而上学所提供的"理论说服力"对我们的生活方式、幸福和意见有着更为直接的、内在的、生动的影响,"能够充分指导人们的生活、可以比推论更加有效地说服人类",所以它也就对我们有着更为重要的意义。日常的生活需要的不是清楚和确定,而是生动和有效,较之于理论的说服力,实践的说服力显然更能取悦大众。只有哲人才对理论的说服力痴迷,但大众不是哲人;大众更乐意用所谓的"良心"来判断善恶是非,而不是"理性"。所以这也就不难理解,门德尔松为什么更加乐意追随沃尔夫,因为沃尔夫赋予了"生生不息的认知"以重要的地位,这与门德尔松所谓的"实践的说服力"是一回事。依据沃尔夫,所谓的"生生不息的认知",是指那种仅仅以"劝服"而不是以"确信"为根基的认知;这种认知可能无助于改变什么,但却是完备且确凿的认知,是真正生动的认知。不过在此方面,施特劳斯指出,需要辨明门德尔松与沃尔夫之间存在的细微差别。沃尔夫赋予理论说服力(即形而上学论证)以更多的必要性,甚至很多时候还把其作为根本的标准,"按照沃尔夫的说法,实践说服力与既先验也归纳的充分理论说服力是一回事;谁若想获得生生不息的认知,就必须熟悉对他的认知对象进行的证明。"②也就是说,在门德尔松那里,形而上学论证之所以必要乃是因为它可以在实践说服力遭到驳斥时予以辩护,虽然这只是一种消极意义上的作用。而沃尔夫则是从积极意义上来看形而上学论证,为了能够实现生生不息的认知,前提就是进行形而上学的论证。不仅如此,沃尔夫还认为伦理学也必须要转换成为"具有论证性质的学科",良心在足够的形而上学论证的支持下才能发挥其判断是非善恶的效能。门德尔松则认为,生生不息的认知本身就是"完备且确凿的认知",是"真正生动的认知";形而上学本身的论证

---

① EMM,84.
② EMM,82.

手法反倒特别容易遭到别有用心之人的滥用，既可以用来对生活真理施之以诡辩，也可以为自己之偏见做辩护。正是形而上学如此之弊端，所以在"哲学、伦理学和政治生活中，人人的脸嘴都丑陋不堪，大家都想扮演法官的角色"。① 形而上学之所以遭遇如此之命运，当然有人性丑恶这一外在的因素，不可否认的还有形而上学本身之弊端的因素。所以，在门德尔松那里，形而上学的论证并不足以担保我们生活的幸福，甚至还不是一个必要的构件。正如施特劳斯所指出的，门德尔松《蒲伯，一个形而上学家!》一文意在区分"理论认知和实践认知、推论认知和生生不息的认知、清楚认知和有效认知之间的区别"，②此文表达了门德尔松的基本观点，即认为人的理性不是检验一切的标准，人的感觉具有更为重要和根本的认识论意义。

门德尔松的《斐多》表面看来似乎是对柏拉图《斐多篇》的翻译，意即借用苏格拉底的形而上学手法来论证灵魂不死，但施特劳斯的探究表明，这实际上是门德尔松在为其常识哲学做论证，并在此基础上间接地批判形而上学的论证手法，这也是门德尔松在文中最终并没有"紧贴柏拉图原著"的根本原因。施特劳斯一开始就直言："门德尔松意识到，他撰写《斐多》的任务乃是：捍卫理性的灵魂不死学说，抵御以信仰为依据的怀疑，尤其是当时从西方涌进的强有力的无信仰思潮对这一学说造成的危险"，或者说"就是要记录不由启示引领的纯理性宗教：它标明：在没有启示的引领下，理性用自己的力量对灵魂不死究竟能认知到什么"。③ 但是门德尔松很快就发现，偏离或弃用苏格拉底的形而上学论证手法，同样也能达到确认灵魂不死的目的，甚至还更为有效地达成这一目的。灵魂不死对于我们的幸福来说不可或缺，只要我们依据常识经验就可以对之进行确认，完全不必经由纯粹理论的论证就可获取；较之以理性论证，常识能够更好地接近，或能够更为有效地确认灵魂不死学说，只要愿意追求幸福，常识所提供的达致手段足够：常识"这一信念更具原初性，在所有科学常识之前，并且是它们的根基"。因

---

① EMM,81.

② EMM,69.

③ EMM,90,91.

此,理性宗教要想发挥其效用,反倒必须要能够和常识进行联合,或渗入到常识之中。由此看来,门德尔松并不是纯然现代性意义上的哲人,他只不过是使用理性来为其幸福服务,常识所提供的达致手段倘若能够全然为人所用,那么理性这一工具就可不要。因此,对门德尔松而言,我们需要的是向日常生活回归,而不是用理性来改造生活——生活才是所有行动的旨归。由此出发,柏拉图的苏格拉底对灵魂不死的论证因过多地依赖形而上学的手法,门德尔松必然会对之疏远,更何况此种论证隐含的前提是灵魂乃是可以和肉身相分离的存在,这对门德尔松坚持现世的幸福来说更是不能接受。苏格拉底之所以采用对灵魂不死的形而上学论证,不仅是因为这一论证对于城邦共同体之维护来说有其必要,更重要的是这种论证本身就是真正可取的生活方式,也就是真理面向的生活方式,它漠然无视所论证的灵魂是否有死。所以,施特劳斯就此特别地指出:"柏拉图的苏格拉底在他对灵魂不死的兴趣中清楚地看到了从哲学上阐述灵魂不死问题的危险。"而门德尔松对形而上学论证本身并没有什么兴趣,他所关注的是这种论证对于确认灵魂不死、实现生活幸福的效用性。因此,当他看到苏格拉底论证过于"严峻",远离了生活,甚至本身对生活来说也是没有必要的,并且还存在危险时,就觉得有必要对之进行"缓和处理",宁愿采取简单的、常识层面的确认。这也就是施特劳斯所说的:门德尔松考虑到"如果能够简单地通过列举一系列颠扑不破的论据,能把我们引向真理的话,我们就可以期望对整个论据取得确信,并且永远都能回忆起",所以他"才汲汲于寻求尽量可靠尽量单一、前提尽量少、尽量通俗的论据","他想在最广阔的根基上进行论证,以便常识也能轻而易举地到达给人慰藉的确定性"。①

如果说在《斐多》中门德尔松对形而上学论证更多地采用的是温和的批判,那么,在与雅可比的论争中为莱辛所做的辩护则非常激烈地表明了他对形而上学纯粹理论论证的反对。门德尔松虽然热情地赞扬现代哲学对所有经验的摆脱,认为现代形而上学,即笛卡尔 - 莱布尼茨的哲学体系(其中

---

① EMM,98.

最为极端的表现就是斯宾诺莎的思辨哲学体系)能够把原先由"诗人和祭司"组成的大众认知转换成纯粹论证性质的知识,但他对现代形而上学的强势发展始终保持着足够的警惕。因为非常明显的事实是,现代哲学恰恰在语言方面比前现代哲学更远离常识的语言,逐渐变得不食人间烟火,因而完全没有能力取代"大众体系",最终也就无法胜任它所宣称的"启蒙"任务。①常识原本只是要让现代形而上学帮助自己,结果发现这个"保姆"自我封闭、脱离现实,于是常识就直接宣称自己完全能够独立胜任,不再需要形而上学了。现在面临的情形是,强势的现代形而上学甚至已经全面侵蚀到了伦理领域,以至于连伦理学也变成了一门论证性质的学科。于是门德尔松就提出如此疑问:形而上学本身是否真的具有可靠性?纯粹的思辨是否能够取代其他真理体系而成为所有善恶是非的唯一判断标准?倘若任由理性启蒙肆意推进,必然会走向斯宾诺莎主义,也就是彻底异端的、无神论的甚至完全宿命论、无政府主义,这是门德尔松所迎接的启蒙万万不能接受的结果。施特劳斯把门德尔松的疑问看作是现代哲学论证所产生的难题,认为门德尔松的整个作家生涯都围绕着这些难题而展开。门德尔松的思想历程表明,他的调和方案最终被其常识哲学所取代。在从早期的《论自明》到晚年的《晨时》的这条路上,门德尔松明显地越来越来接近常识的哲学,弃置形而上学的证明而更倾向于采用通俗的证明,正如施特劳斯所指出的那样,《晨时》与《致莱辛的友人》(《晨时》的下部)贯穿着一条红线,即阐释思辨与常识之间的关系,"两部作品都是具有笛卡尔 – 莱布尼茨特征的现代形而上学危机意识的文献。它们特有的内容是,门德尔松对如何摆脱这场危机的思考。"②门德尔松已经清楚地认识到:纯粹思辨论证所蕴含的无神论倾向(或前提)不仅包含着对实践生活的排斥(因为它将导向沉思的生活),而且本身就蕴含着对所有灵魂不死的否定。斯宾诺莎的思辨体系内在地就是所有信仰形式的共同敌人,甚至比唯物主义还危险。于是,当门德尔松从雅

---

① EMM,182.

② EMM,178.

可比处获知"莱辛在弥留之际是坚定的斯宾诺莎主义者"时,他是多么的震惊:因为斯宾诺莎主义的纯粹理论论证,将从根本上取消作为信仰的上帝学说,并且把人引向了沉思的生活而是不是实践的生活;虽然莱布尼茨－沃尔夫学说也有把人引向沉思生活的危险(例如把上帝的智慧置于上帝的权威之上),但是他毕竟还保留了作为信仰的上帝,保留了灵魂不死;正是在对莱布尼茨的共同依靠中,莱辛(他是基督教徒)维持了与门德尔松超越宗教信仰的友谊。倘若莱辛背叛了莱布尼茨而走向斯宾诺莎,这不啻是对门德尔松犹太的身份自尊的严重伤害,并且也是对所有宗教信仰的彻底清除。这对具有犹太身份的门德尔松来说,是万万不能接受的。

三、门德尔松与施特劳斯的现代性理论

如前所述,我们把门德尔松从根本上定位成一个德国犹太人。作为一个身处由传统走向现代急剧变革时期的德国犹太人,"凭借着扭曲的认同身份(即犹太人和德国人),门德尔松一方面积极地参与欧洲启蒙运动,进入有影响的启蒙思想家的行列;对于坚持传统信仰的犹太人来说,这是世俗化作为,有背叛祖先信仰的倾向。另一方面,他坚决地维护传统的犹太教信仰,面对来自于理性时代的、基督教社会的和犹太人生存困境的压力,他重新解释犹太教的律法,重新划分犹太教和基督角度界限,对于信奉基督教的德国人来说,这不仅仅是一种顽固的犹太教护教行为,而且还是对基督教的公然挑战。"[1]有着强烈民族身份认同感和犹太教正统虔诚感的门德尔松,意识到现代启蒙所带来的社会变革:因为整个社会的世俗化倾向不可遏制,犹太教如果继续维持其正统教义,则将缺乏世俗性而失去教众,也将被现代社会所排斥;为此他倾其全力以沟通犹太阵营和非犹太阵营,想使犹太价值观与非犹太世界达成共识。门德尔松用现代世俗化的世界观来开启犹太教封闭的律法生活,用现代形而上学的手法来论证实践取向的生活,努力使犹太人通过在思想上、生活上对现代世俗世界的主动融入来消解非犹太世界

---

[1] 刘新利:《门德尔松的生平与著作》,文载《耶路撒冷:论宗教权利与犹太教》。

对犹太世界的冷漠和隔阂,实现犹太人的现代解放。但是,历史发展的结果证明,门德尔松的良好愿望最终并没能转化成真切的现实,毋宁说现实的推进更加恶化了犹太人的现代处境。虽然天才的门德尔松对现代启蒙保持了足够的警惕,但他并不能完全预知犹太人的现代困境。

与门德尔松一样,同样拥有这双重身份的施特劳斯亲历了这一困境,他很能体会门德尔松的苦心,也很能明了门德尔松的无奈,他从其经历而把这一困境概括为理性－信仰问题,这不能不说是对门德尔松对现代形而上学保持将信将疑之态度的背后忧思的绝佳概括。作为施特劳斯现代性理论重要缘起因素的犹太人问题,在门德尔松所生活的启蒙时代,其内在困境并未能充分地彰显出来,而在 19 世纪至 20 世纪理性精神和权利意识充分展开的时代才充分彰显出来:犹太人仍然未能完全被接纳! 这也就引发施特劳斯的思考:犹太人问题在现代社会中是否根本就是无法解决的? 或者说犹太人问题在根本上说是完全超越现代理性的问题,亦或说二者本就是并立的问题? 纳理性于信仰之下,或纳信仰于理性之下,都不是问题的恰当或有效的解决方法? 又或者这一问题本身恰恰表明了这一问题是不可解答的?

单从两人思想之内在关联来看,施特劳斯接过了门德尔松所思考的问题,即如何摆脱笛卡尔－莱布尼茨特征的现代形而上学的危机,这也就是施特劳斯所概括的:"门德尔松关心的主要是面对基督教教条保卫自然宗教,以及面对信仰永恒真理的启示性而保卫理性的充足性。"①简而言之就是,理性和启示之间究竟应当是什么关系? 不同于犹太教传统和基督教传统,门德尔松和雅可比都相信"世界有一个理性的位格因",相信"终极因",这一"终极因"就是具有超验性的上帝(在这一点上极端的斯宾诺莎主义是他们共同的敌人);他们一方面都"认识到现代形而上学尝试用无信仰的思辨来为上帝概念立据最终失败了",而同时又认为"形而上学就是现代形而上学"。也就是说,现代形而上学与上帝之信仰之间确实存在着无法兼容的问题。他们双方都试图为现代人确立或挽救上帝之信仰,在这一点上两人之

---

① EMM,192.

间并没有分歧,他们之间的分歧在于:门德尔松把对信仰的论证"从过分精致的思辨歧路重新拉回到常识的康庄大道上来",而雅可比则是"从思辨的荒漠中折回到信仰平坦而安全的路上来"。此处的问题是:门德尔松的常识哲学是否能够化解现代形而上学的危机? 在这点上,施特劳斯同意雅可比对门德尔松的批判:在雅可比看来,门德尔松所谓的常识实际上和理性"根本就是一回事",它们的对立不是本质性的,唯有信仰才是与理性(即康德意义上的知性)从根本上相对立的:理性骄傲,信仰谦卑。① 施特劳斯承认,雅可比所理解的信仰对理性思辨的威胁远胜于常识对理性思辨的威胁,因为常识仍然有赖于某种推论证明和经验感知,虽然可能是模糊的或武断的,而信仰在雅可比那里则完全不同于感性感知之信念。如此分析,不难看出,门德尔松所给出的现代形而上学危机的解答方案并没有超出他所反对的内容,他的自然神学之证明在根本上采用的仍然是现代形而上学的框架——门德尔松也是现代人! 这也就表明,尝试像门德尔松那样诉诸常识哲学来摆脱现代形而上学的危机,根本上来看是不可取的。

对雅可比的认识论和门德尔松常识哲学所做的考察,留给施特劳斯对现代性关注的思考,或许还不仅仅在于他们提示了采用重建信仰或回归常识并不可行,更多地在于他们给施特劳斯提供了继续前行的路标:信仰和理性或许本就是两套真理系统? 与其化解两者之间的冲突,毋宁保留二者之间的冲突,这才是人类根本处境的正当状态。现代性的困境一如基督教,一味地尊己为大,或视己为一,结果只能是自取灭亡。就施特劳斯本人的思想进路来说,关注雅可比与门德尔松所带来的积极影响在于:第一,被引向对莱辛有问题意识的关注,第二,被引向对斯宾诺莎宗教批判的基础性考察。通过莱辛的关注,施特劳斯把目光转向了中世纪哲人,他们所提供的智慧将提示着理解现代性的诸多确切线索;通过斯宾诺莎的考察,施特劳斯详细考察了现代性的建构基础和前提预设,以及问题种种。

---

① EMM,194.

第三节 犹太人身份与现代性意识的缘起

论及施特劳斯的现代性问题意识的缘起,不能不关注到其德籍犹太人的身份,这一身份使其对犹太人问题有着至深的切己体悟,而犹太人问题虽然看似只是犹太民族在现代社会中的生存困境问题,但其深层次上却是现代性问题及其危机的集中展现样态,其中犹太人在现代德国的命运更具有典型性。德籍犹太人身份从以下几个方面主导着施特劳斯对现代性问题的反思:犹太人自现代以来自觉采用同化方案融入西方的努力并没有获取西方接纳;德国采用现代性观念所建构出来的魏玛共和国并没有能力确保犹太人的安全,而犹太复国方案则意味着犹太人将最终失去自我;犹太人问题在现代性方案之下的无解提示着现代性自身的困境(理论的和实践的),这在深层次上反映着启示与理性的冲突是根本意义之上的。

一、犹太人问题及其同化方案

声称自己是犹太人而不是德国人的施特劳斯,有着对其民族身份的深深认同,他曾在晚年之时明言其理论反思的关键论题就是犹太人问题。[①] 犹太人问题看似只不过是犹太人作为"无国之族"从而在历史上所招致的种种歧视、迫害甚至屠杀在现代的继续推进而已,但实质上它具有前现代犹太迫害史所不具有的全新内涵。在前现代的历史中,犹太人招致的种种迫害可以看作仅仅是宗教信仰内部的事情,其中核心的是犹太教信仰与基督教信仰之间的冲突。犹太教正统把对上帝权威的信视为第一要务,"宗教首先关心的是上帝而不是世人","上帝的存在是被信仰的而不是被安居的"。[②] 作为律法宗教,犹太教要求其信民绝对地信从上帝的威严,严守宣

---

① Leo Strauss. Jewish Philosophy and the Crisis of Modernity. Edited with an Introduction by Kenneth Hart Green. Albany: State University of New York Press, 1997. p. 312.

② Leo Strauss. Leo Strauss: The Early Writings(1921 – 1932). Translated and edited by Michael Zank. Albany: State University of New York Press, 2002. p. 70.

之于先知之口的启示律法,这是作为选民荣耀上帝的唯一正途。而基督教则视耶稣受难为其首务,信徒必须听从其内心的虔诚,凡有此之虔信即为上帝之子民。由此可见,犹太教极具封闭政治共同体的色彩,这与基督教所倡议的普世之国度显然有着迥异的气质。正因为如此,施特劳斯明确宣称"在犹太教和基督教之间没有和解;犹太教原则简直且纯粹就是反基督教的原则",①普世之国度的基督教在其捕获现实政治的过程中必然地要与犹太教这种封闭的政治共同体发生冲突,犹太人自有的上帝选民观念使其成为散居之地封闭的且异质的共同体,特别地为多数的基督教国家所不容,此一方面。另一方面,犹太教之正统的弥赛亚救赎观又阻断了犹太人对现实之迫害的行动反抗,甚至现实之迫害还成为犹太民族得以固化内心信仰、强化选民荣耀、获得终极荣宠的助益力量和必经之途。正因为有着如此的正统信仰观念,此时的犹太民族并无意于、也不屑于实现整体的同化以融入散居之地的民族。于是,犹太民族不得不开始其悲惨屈辱的命运:既然不能被寓居之国所同化,那么就只能被屠杀、被迫害、被歧视或被驱逐。

现代以来经由普遍的启蒙,无论是理性主义者还是信仰主义者都受到现代性方案的鼓舞,普遍地认为所有的人类社会事务都可以经由理性而加以彻底圆满地解决,犹太民族招致的迫害问题也只不过是"由纯粹人类内部的种种关系而生发出来的特定事实",②前现代试图通过流亡来获致上帝的拣选只是"通过闭上自己的眼睛而期望彻底予以解决"③的自欺欺人。在此现代性观念的鼓舞之下,诸如斯宾诺莎等犹太哲人开始设计犹太民族的同化方案,认为只要用理性来公约民族的差异,建构起具有普世性的自由民主制度,就可以一劳永逸地解决犹太人问题:前者通过给予犹太个体以公民身份而消除了犹太民族的异质性,后者则通过公权力而予以犹太个体以政治、

---

① Ibid. p.94.

② 施特劳斯:《犹太复国主义与正统(1924)》,卢白羽译,文载《犹太哲学与启蒙——施特劳斯讲演与论文集卷一》,第53页。

③ Leo Strauss. Leo Strauss: The Early Writings(1921 – 1932). Translated and edited by Michael Zank. Albany: State University of New York Press, 2002. p.86.

法律的保护。现代国家既然同属于基督教文化和现代理性的文化,那么,同化方案的实质在于使犹太人或者以个体的身份或者以群体的名义,要么放弃犹太教信仰改信基督教,要么只坚守公民的身份而放弃民族的身份,从而融入所寓居的现代国家。在普世国度这一致力目标上,基督教文化与现代理性文化并没有实质性的区别,所谓的现代性无非就是基督教的世俗化形式而已,它只不过是用主体之理性取代信徒之虔诚实现了对万民的公约。在施特劳斯看来,犹太人的现代同化方案的始作俑者是斯宾诺莎,他是"第一位既是民主派,又是自由主义者的哲学家。正是这位哲学家创建了自由民主制这一具体的现代政体"。① 斯宾诺莎首先基于犹太民族而面向人类,然后又基于人类而面向犹太民族,自由民主制是犹太民族在现代社会中摆脱屈辱悲惨命运的必由之路。与作为精神的、普世的基督教相比,犹太教则是肉身的、具体的,其核心是"作为一部排他的、部落性质的摩西律法,它只服务于犹太国世俗的或政治的福祉",②因此,犹太民族必须首先走出封闭的狭隘的犹太教才能被普世的国度所接纳。不过,斯宾诺莎并没有把对犹太人的同化最终落实到基督教之上,因为基督教虽然是精神的和普世的宗教但并不足以建构起普世的国度,它只拥有精神的力量而不拥有物质的力量,不足以形成对人间之邪恶的根本约制。唯有"把基督徒和犹太徒都转化成为人,转化成为一种特定的人,即有教养的人",意即只信奉科学和艺术的人,才能真正地建构起普世的国度。在完全由哲学科学所宰制的自由国家中,不仅犹太人问题、而且所有的人类苦难都可以得到终极性的解决。换句话说,斯宾诺莎解决方案所蕴含的前提假定就是:所有的人类冲突都是世俗性问题,完全可以通过理性的方式最终得以解决。

如此同化方案要想得以成功实施,首先需要作为个体的犹太人放弃犹太教徒的身份转而只依凭公民的身份而采取行动,借以成为政治国家的公

① Leo Strauss. Jewish Philosophy and the Crisis of Modernity. Edited with an Introduction by Kenneth Hart Green. Albany:State University of New York Press,1997. p. 154.

② Leo Strauss. Jewish Philosophy and the Crisis of Modernity. Edited with an Introduction by Kenneth Hart Green. Albany:State University of New York Press,1997. p. 160.

民而免于迫害或取得保护。在施特劳斯看来,就整个犹太民族来说,个体同化并不能够使犹太人得到足够的"诚实面对","犹太人的苦难只能通过犹太国家的建立、通过将犹太人个人的力量凝聚成犹太民族的力量的方式加以缓解",①民族整个地同化才是"唯一值得严肃对待的方法"。② 这就是犹太复国主义方案,其意在使犹太民族整个地取得在现代政治国家体系中平等的正当地位,通过犹太民族的自我行动重建家园,恢复荣耀。与其把希望寄托在强者不确定的他者宽容之上,毋宁把希望落实在当下的自强行动之中;与其闭上眼睛自欺欺人,不如拿起武器争取正当的权利;与其"流亡式地生存",毋宁"作为国家公民地生存"。③ "政治犹太复国主义的观点就是,要废除犹太人承受的困境,只有建立一个犹太国,将犹太个体的力量巩固为一个民族政权才能办到。"④以个体身份同化于寓居之国,在施特劳斯看来并不能使犹太人获得最终的生存尊严,"犹太人不能通过把作为个体的自己同化于他们生活于其中的国家而重树尊严,也不能像别的自由国家的公民那样成为其公民而重树尊严:自由主义的解决之道所带来的至多不过是法律的平等,而不是社会的平等;作为理性的命令,它对非犹太人的情感来说没有什么触动。"⑤与个体同化方案的将犹太人融入到寓居之国不同,犹太复国主义意在通过现实的行动建构起属于犹太人自己的国家,使犹太民族整个地同化于现代社会:"只有维护犹太国的尊严,才能保证犹太人的尊严;要真正地解决犹太人问题,[就要]要求犹太人变成与所有民族一样,要求犹太国融入国际社会,或者建立一个现代的、自由的和世俗的(但不必然

---

① Leo Strauss. Leo Strauss:The Early Writings(1921 – 1932). Translated and edited by Michael Zank. Albany:State University of New York Press,2002. p. 83.

② Leo Strauss. Jewish Philosophy and the Crisis of Modernity. Edited with an Introduction by Kenneth Hart Green. Albany: State University of New York Press,1997. p. 318.

③ Leo Strauss. Leo Strauss:The Early Writings(1921 – 1932). Translated and edited by Michael Zank. Albany:State University of New York Press,2002. p. 82.

④ 施特劳斯:《犹太复国主义之源(1924)》,卢白羽译,文载《犹太哲人与启蒙——施特劳斯讲演与论文集卷一》,第63页。

⑤ 施特劳斯:《斯宾诺莎宗教批判英译本导言》,汪庆华译,文载《西方现代性的曲折与展开》,第231—232页。

是民主的)国家"，①无论这种犹太复国主义是政治意义上的、文化意义上的还是宗教意义上的，因为文化意义上的犹太复国主义强调的是赋予这种国家以犹太文化的内涵，宗教意义上的犹太复国主义则进一步把犹太文化归结为犹太宗教而已。

二、同化方案失败与现代性的限度

施特劳斯并不看好解决犹太人问题的个体同化方案，因为这既有历史上不成功的实例，也有理论上不成功的逻辑。1492 年西班牙发生大规模的反犹骚乱和屠杀，为数众多的犹太人选择皈依基督教，希望能够借此免于驱逐或迫害。但他们的皈依行为并没有得到基督教徒的接纳，反倒使得他们皈依的动机遭到了普遍的审查，甚至被人为地贴上"新基督徒"的标签而依然保留犹太人的身份。② 施特劳斯童年时期所发生的俄国屠杀犹太人致使大批犹太人逃离俄国、途径基希海因(施特劳斯出生和成长于此)的事件给他留下了"侵入到其骨子里"的记忆，其父母收留的犹太难民之悲惨境况使他在五十年后谈及之时仍然情难自禁。③ 魏玛共和国采用现代自由主义的方案建立起完全符合理性的自由民主制，但却无力保护犹太人，它"是一个孱弱的政府"，"是一种无剑的正义或一个无力使剑的正义悲剧"。④ 自由民主本身所蕴含的极权主义种子一旦在特定的条件下生根发芽，开花结果，犹太人必将面临空前的灾难，且不说希特勒对犹太人的公然屠杀，单说以共产主义自居的斯大林也毫不含糊地反犹，"斯大林从希特勒那里学到两条宝贵的经验。其一，残酷清洗革命同志不仅是可能的，而且大有帮助；其二，相对于完全公正地对待犹太人，反犹政策如果得到明智的政治运用，将会使统治

---

① 施特劳斯：《斯宾诺莎宗教批判序言》，马志娟译，文载 LAM，第 265—266 页。

② 施特劳斯：《为什么我们仍然是犹太人(1962)》，卢白羽译，文载《犹太哲人与启蒙——施特劳斯讲演与论文集卷一》，第 231 页。

③ Leo Strauss. Jewish Philosophy and the Crisis of Modernity. Edited with an Introduction by Kenneth Hart Green. Albany：State University of New York Press，1997. p. 326.

④ 施特劳斯：《斯宾诺莎宗教批判序言》，马志娟译，文载 LAM，第 260—261 页。

俄国人和乌克兰人更加轻而易举。"①在施特劳斯看来,解决犹太人问题的
个体同化方案之所以不成功,根本的原因在于这一方案就其理论逻辑而言
是不通的,犹太人对此方案的信心只不过是一厢情愿而已。"自由民主意味
着有限的统治,意味着公私分离。私人领域不仅必须得到法律的保护,还必
须被理解为不受法律的干预",②如此一来,"国家也就没有能力或不情愿在
宪法上防止个人或者团体对其犹太公民进行歧视,这一点是确定无疑的",
也就是说,"自由民主国家并不能为犹太问题提供解决之道,因为这样的解
决办法要求对每一种歧视加以法律禁止,这等于是取消私人领域,否认国家
和社会的区别,毁灭自由国家。"③这也是犹太同化方案之创始人斯宾诺莎
所未曾预料到的:一方面把所有的人类问题都归结为世俗的问题并且在理
性的范围内都是可以得到解决的,这本就是理性的狂妄,人类在生活的幸
福、精神的高贵以及道德的善好等方面必然存在着种种差异化的理解和追
求;基于人性本身,人类无法创造出一个没有矛盾的世界。另一方面,人类
并不只是世俗意义上的存在物,根植于人类心灵深处对绝对安全的渴望使
得人类必然产生对上帝的信仰,而此却是远离世俗的、绝对无限的意义世
界。"有限的、相对的问题是能够解决的,而无限的、绝对的问题是无法解
决的。"④斯宾诺莎并未能通过理性的哲学创建出可以公约所有人类世界和
人类心灵的"世界和心灵"。在他那里,理性本身的正当性如同正统教义所
宣称的"上帝乃是存在的"一样,都是独断式的先在预设;把犹太人交付于
理性,如同犹太人对上帝的信靠一样,都是绝对的起点而非相对的终点。面
对犹太人问题我们只能到此为止,这也就是施特劳斯所宣称的"犹太人问题

---

① Leo Strauss. Jewish Philosophy and the Crisis of Modernity. Edited with an Introduction by Kenneth
Hart Green. Albany: State University of New York Press, 1997. p. 317.
② 施特劳斯:《我们时代的危机》,李永晶译,文载 PSM,第 8 页。
③ 施特劳斯:《斯宾诺莎宗教批判英译本导言》,汪庆华译,文载《西方现代性的曲折与展开》,
第 234 页。
④ 施特劳斯:《斯宾诺莎宗教批判序言》,马志娟译,文载 LAM,第 267 页。

最终是无法解决的"①这一表述的真实涵义。

犹太复国主义与其说给予了犹太人以获得现实拯救的希望,不如说它凸显了犹太人民族身份的丧失,从而也就是自我意识的丧失。政治犹太复国主义"只关注当前的紧急状态及其解决,它缺乏历史的视角","没有扎根于犹太传统的犹太文化,[所建立的]犹太国家只不过是空壳一具"。② 因此,要想使得复国之后的犹太国家具有灵魂,就必须向其注入特定的文化。而文化犹太复国主义把这种特定的问题确定为与其他高级文化相类的文化,意即"民族心智、民族天才的产物",这实际上并未能真确地把握犹太文化的真义,它只不过是依据现代启蒙而展开的现代文化的变种形式、未曾公开承认的新型无神论而已。③ 真正的犹太文化则是立足于"神的启示","犹太传统的基础以及其最权威的地层都表现出它是神赐的礼物,是神圣的启示"。④ 宗教犹太复国主义试图调和启示宗教与政治复国,这在施特劳斯看来也是完全不可行的。只要把犹太教信仰置于政治复国之前,那么对复国之诉求也就变得并不那么重要,甚至都没有必要,因为犹太教正统并不主张在弥赛亚来临之前有所行动或进行反抗,而是要求信徒静候和祈祷。政治犹太复国主义以现代自由民主为范本建立属于犹太民族的政治国家,只能是没有灵魂的躯壳,问题是失去了灵魂的犹太民族是否还能恰当地被称为犹太民族? 文化犹太复国主义则暗地里遵循现代启蒙的文化观念,这实际上是诉诸所谓的现代文化原则拒斥了犹太的文化遗产,把犹太民族混同于其他诸多民族而成为同质化世界民族之林的一员,且不说犹太民族将丧失其上帝选民的荣耀,单就犹太民族之自我特质又将往何处寻找呢? 宗教犹

---

① Leo Strauss. Jewish Philosophy and the Crisis of Modernity. Edited with an Introduction by Kenneth Hart Green. Albany:State University of New York Press,1997. p. 317

② Leo Strauss. Jewish Philosophy and the Crisis of Modernity. Edited with an Introduction by Kenneth Hart Green. Albany:State University of New York Press,1997. p. 143

③ Leo Strauss. Leo Strauss:The Early Writings (1921 – 1932). Translated and edited by Michael Zank. Albany:State University of New York Press,2002. p.64.

④ Leo Strauss. Jewish Philosophy and the Crisis of Modernity. Edited with an Introduction by Kenneth Hart Green. Albany: State University of New York Press, 1997. p.143.

太复国主义试图融合犹太教信仰和现代的宪政文化,其结果是发现二者根本不能共存,犹太教信仰把启示作为所有行动的起点,现代的宪政文化则把理性作为所有行动的起点,而这两个起点就其文化建构的作用来说都是始源性的,就各自所引导的文化轨道来说又都是独立的。犹太复国主义根源于用现代理性来涵摄、改造、否定具有独立性和始源性的启示信仰,这在根本上是行不通的,犹太人问题毋宁说折射出的是人类在"何种生活方式才是正当的生活方式"这一根本人类处境问题之上不得不面临根本选择这一困境。施特劳斯对犹太人问题所开出的药方是,既然不可能实现理性对启示的同化,那么,还不如保持启示自身的纯洁和自立,犹太人唯有"重新回到犹太人共同体,回到犹太教信仰和犹太人生活方式所构成的共同体"[1]当中才能真正地获取其生存的尊严,否则无论是个体的同化还是民族的同化其实都是仰人鼻息、企人施舍之举。

概而言之,如果说施特劳斯对雅可比和门德尔松的考察是从理论层面上开始有意识地反思现代性问题,那么,他的犹太人身份则从实践的层面验证了他所做出的理论反思,特别是在理性和启示冲突维度下对现代性之有限性的反思。

---

① Ibid. p. 144.

第二章 施特劳斯论现代性的预设及内涵

　　在施特劳斯那里,现代性是被他作为政治哲学的核心议题来进行处理的,因此我们也有必要跟随施特劳斯,把它置于政治哲学的视域当中,并把它作为政治哲学之核心议题,如其所理解那样来理解现代性。在施特劳斯看来,现代政治哲学之开创者们依据他们对现代社会的种种预设,在实现与启示真理系统完全决裂之后系统地建构起"现代性方案"。现代西方文明受此现代性方案的鼓舞,开始从系统的理论构建进入到系统的实践改造,并且"已经在相当程度上取得了成功",已经"创造了一种史无前例的新型社会"。① 施特劳斯把现代性视作为渗透和贯通于现代西方整体文明之中的一套观念系统和意识形态,由此观念系统和意识形态所支配的社会建构方案是由现代政治哲人们有意识地进行政治社会秩序建构所引发的,并在16－17世纪基本完成。因此,在施特劳斯的思想体系内,现代性作为政治哲学的核心议题包含着三重涵义:现代性是有现代政治哲人们所开辟的,诸如马基雅维利、笛卡尔、霍布斯、洛克以及斯宾诺莎等人前赴后继地完成着和完成了现代性方案的设计;现代性内在地是一整套政治哲学观念,这套观念成功地引导着现代人有条不紊地进行着现代社会的建构;现代性问题的产生源自于现代政治哲人对哲学的越界使用,因此,确认哲学的边界乃是理解现代性的前提和关键。本章着力于对施特劳斯有关现代性之前提预设和内涵特征进行梳理和解读,考察现代性在对启示宗教进行批判的基础上所实现的政治社会的建构。

---

　　① PSM,1。

施特劳斯早年并没有特别地看重马基雅维利对现代政治哲学的开创性地位,更多地把霍布斯看作是现代政治哲学的创始人,随着他对《论提图斯·李维的前十书》的研究,而后发现马基雅维利才应该真正享有这一殊荣。① 作为第一个现代意义上的政治哲学家,马基雅维利引领了针对古典传统的革命,引发了现代性的种种。正因为如此,理解施特劳斯的现代性理论,恰当的入手点也应被设定在马基雅维利之上,正如德鲁里所指出的:"如果没有首先把握施特劳斯赋予马基雅维利在这场革命中的核心地位,我们就无法理解施特劳斯所谓的'现代性'的真正意涵。"② 虽然基于霍布斯对"政治哲学或政治科学是可能的或必要的"信守而学者们很容易把霍布斯看作是古典政治哲学的现代继承者,但施特劳斯提醒我们,霍布斯所做工作与传统有着根本性的决裂,他本人非常清楚他自己与"过去的全部政治哲学实现了根本的决裂,其程度之彻底,远远超出了季蒂昂的芝诺、帕多瓦的马西利乌斯、马基雅维利、博丹甚至培根所作的决裂"。③ 霍布斯在马基雅维利所开辟的现实主义中贯注了理性主义情结,从"某种绝对无可非议的主观诉求出发",④追求一种理想的政治制度或社会秩序的建构。毫无疑问,霍布斯在拒斥古典政治哲学对"最佳制度"的追求这一点与马基雅维利完全一致,但两人有着完全不同的路数:马基雅维利更应被视为"国家理由"学派,他以"有效政府"取代"最佳制度",而霍布斯则可划入"自然公法"学派,他用"合法政府"取代了"最佳制度"。⑤ 在施特劳斯看来,如果说霍布斯通过自然公法实现了由马基雅维利所开辟的现代性在政治建构上的普遍化,那么,笛卡尔则通过转向方法论的探讨而把现代性在哲学运思上予以普遍化,由其所带来的现代性对整个西方社会的渗透比之霍布斯有过之而无不及。施特劳斯还着力从洛克的谨慎入手处理洛克如何在继承从苏格拉底

---

① 《霍布斯的政治哲学》美洲版前言。
② 《列奥·施特劳斯的政治观念》,第 215 页。
③ 《霍布斯的政治哲学》美洲版前言。
④ 《霍布斯的政治哲学》美洲版前言前言。
⑤ NRH,194 – 195.

到斯多亚学派、再到基督教的教父、托马斯主义以至圣公会的胡克尔这一外表的掩盖下实现对霍布斯所奠定的现代性思路的忠实继承。依照施特劳斯的考察,洛克对个人欲望的细致区分实际上使其成为最能引领现代性的思想家,洛克的精神气质更能恰当地成为现代性之特质的典型代表。

第一节 现代性的前提预设

在施特劳斯的语境之中,现代性本质上并不是一个年代学意义的范畴,①它标识了与传统西方文明根本上相区别的一种整体性的精神类型。现代性通过一系列种种的预设建构起完整的智识话语体系,引领着现代西方文明的前行。施特劳斯把现代性的预设看作是从马基雅维利开端、经由霍布斯直至洛克逐步完成的。施特劳斯通过对这三者思想的梳理,阐明了自己对现代性的看法。施特劳斯认为马基雅维利预设了人乃是纯粹利益取向的存在,霍布斯则说人就其自然而言乃是欲望的动物,洛克把欲望做了进一步的区分,认为唯有把人看作是由贪欲所支配才具有真正的革命性。施特劳斯认为现代性开创者们把自然状态看作是人性预设的支持性场景,自然状态的预设使种种预设的人性获得了充分展现其内涵的自由空间,这就是施特劳斯对于现代性的最原始预设;与此直接关联的则是个人优先性的预设,并视此为现代性进行政治国家建构的起步条件。

一、自然状态的设定

自然状态这一概念是施特劳斯现代性理论的基础性概念,施特劳斯认为这一概念并非凭空杜撰的,其根源更多地是从基督教神学中转引过来的。在施特劳斯看来,在基督教神学概念中,早就存在着自然状态和蒙恩状态的差别。蒙恩状态亦即耶稣基督代人类赎罪之后的状态。与此相应的是,自然状态意即尚未蒙恩的状态,其中又包含着纯洁的自然状态(亚当和夏娃所

---

① 施特劳斯:《进步还是回归》,文载 RCPR,第 315 页。

在伊甸园时的初始被造状态),又包含着堕落的自然状态(受蛇的诱惑,尝食智慧果之后的状态,并且世代无法摆脱的原罪状态)。这两种状态的区别恰恰就成为了西方政治哲学中自然状态的起源。而作为西方著名的政治哲学家的霍布斯并未就自然状态本身再做区分,而是以公民社会状态和自然状态取代了基督教的蒙恩状态和自然状态。蒙恩状态有赖于上帝的意志,而公民社会状态则出自人类理性的建构;霍布斯与基督教神学都认为要走出自然状态,所不同的是他把救赎落实在了人类自身之上。霍布斯的救赎所要实现的是人类自身的权利,而非出于对上帝的义务。施特劳斯认为,霍布斯从权利出发而不是从义务出发而对自然状态这一概念的再解读恰恰是其对现代性所做出的突出贡献。另外,施特劳斯还指出,霍布斯之所以提出自然状态这一预设与他最终要确立个人优先的现代性预设有着密切的关系。正是借助"自然状态"这一特殊的看法,霍布斯实现了最低层面上对古典宇宙图式所设定的共同体优先于个体的扭转。虽然"自然状态"这一称谓为众多的政治哲学家们所共同分享,但只有在霍布斯这里自然状态才真正成为了政治哲学的核心论题。自然状态标明的是人类进入政治状态之前的生活,这一概念的提出并强调意味着政治状态被置于次属之列:要么是为了自然状态,要么是经由自然状态。如此一来,古典宇宙图式中公民社会的优先性地位,借由自然状态的预设就被霍布斯从根基上颠覆了。

而在解读洛克的相关思想时,施特劳斯认为有一条清晰的红线将他与霍布斯紧密地联系在一起了,这就是洛克对霍布斯所论证的自然状态这一预设的无条件接纳。洛克本人确实曾强调地指出过所有人都天然地处于自然状态,但施特劳斯更进一步把自然状态认作是洛克展开他的其他政治学说的前提,例如人们应当把洛克的自然法观念看作是与其"在自然状态下,每个人都有自然法的执行权"的学说密不可分。施特劳斯解读到,既然自然法意在成为自然状态下的"法律",用于调整或规范人的自由行动,那么它就必须具有"制裁力"才能发挥如此效用。传统的自然法学说认为自然法所具有的制裁力是由良心的判断所供给,而良心最终由上帝的判断来作保证。但洛克却不以为然:良心无非是"私人的意见",不能作为指南,更不能成为依靠。君不见犯下滔滔罪行的那些人又有谁曾听从过内心良心的召唤？此种诉诸完全彼岸的良心本身全然是软弱无力的，自然法要想在此岸世界中发挥其效用就必须完全依凭现世的人自身，无论是自然状态亦或是经由战争状态之后的公民社会状态，必须把自然法的执行权交由每个人来实施，因为倘若自然状态中没有任何人有权执行那一法律，自然法就会如同所有其他关涉现世人类的法律一样，最终归于徒劳无功。洛克虽然把自然法归结为上帝法，最终由上帝所赐予，但这只是洛克对基督教这一时代背景所做的照顾，自然法作为法律实际上在当下所产生的效用，此决非源于上帝或良心，只能是实实在在源自人类自身。既然自然状态如同政治状态都处在秩序之下，那么这就意味着两种状态之中的自然法都确实发挥着约束效用。

施特劳斯还对洛克的自然状态概念进行了详细的分析。他认为既然自然状态被洛克描述为和平状态，而和平状态之维持实则又有赖于自然法的效用发挥，那么在自然状态之中，虽然自然法只是要求在与他的自我保全并无冲突时，每个人都应当尽其可能地保全他者，但这也应被看作是自然法所强加给每一个体的绝对义务。如若不然，欲望之个体任由其欲望的扩展，势必会危及甚至剥夺他者的自我保全，因为相对于主体的自我保全之权利来说，任何他者都只是具有手段的价值。既然自然状态被洛克规定为是和平状态，那么必须要能够满足两个条件：第一，个体之欲望存在边界，并且个人能够在此边界内活动，唯此人们才可能共同遵守自然法的约定。第二，满足个人自我保全的必需品必须足够丰腴，因此，自然状态是一个能够满足所有人之欲望的富足状态，而不是一个财富极度匮乏的状态。但施特劳斯考察后指出，自然状态显然并不是洛克所寻求的最终目标，随着洛克对自然状态论证的展开可以发现，洛克所呈现给我们的并不是所谓"和平、善意、互助和保全"的和平状态，而是"怨恨、伤害和苦楚"，其中充满了恐惧和毫无止歇的危险，争斗和麻烦无休无止。如此之结果，原因在于洛克所设定的自然状态的两个条件是不能成立的：第一，上帝植入人心的最初的和最强烈的欲望无有边界，并且越界之念无可遏制。因此，原先所设定的自然状态实际乃是一个社会状态,其中人们享受着普遍的自由,实际状况则是随时都面临着受到伤害的奴役状态。第二,自然所能提供给人类的物资十分有限,生活在自然状态之下的人们贫乏而可怜,个人为了自我保全在获取各类自然物资时完全无视对别人的关切,甚至对自己的子女也漠不关切。因此,施特劳斯表明,由洛克所建构的现代世界,人与人之间更多的是冷漠,而不是关切。如此说来,冷漠才是现代社会之常态,而关切则是奢侈之举,或者说是富足之举。这毋宁说才是现代性的真实状态。

洛克一方面明确表达自然状态乃是和平宁静,是令人向往的,另一方面又把它描绘成残酷的战争状态,那么洛克所说的自然状态究竟应是什么呢?施特劳斯细致地分析后指出,洛克的自然状态毋宁更应当被理解为公民社会状态,因为洛克认为处在自然状态下的人们有如下几个特征:1)没有共同的上级,2)是自然法的研习者,3)其理性已经培育起来。如此一来,不难看出,洛克对自然状态的描述实际上只能对应于没有暴君统治的公民社会状态,其中生活着颇有教养的绅士们,他们举止高雅,彼此关切,闲暇舒适,安静沉思,无有私心,充满公益。经由国家转化成的民约法对他们来说有而若无,因为自然法对他们来说已经足够了,他们知晓其权利内容和边界,互相尊重。因此,在施特劳斯看来,洛克的自然状态只能理解为人们服从于自然法、而不服从于现世任何共同上级的状态,此种状态只能理解为公民社会的状态。

概而言之,在施特劳斯的语境之内,自然状态对现代性意味着:1)由于人类初始阶段的并不完美,这反倒为人类征服和改造自然提出了先在的正当性或义务感;2)由于自然状态人类无有联合,这实际上为个体具有相对于共同体的优先性提供了立论的依据。

二、追求快乐的人性观

在对现代性的界定过程中,有一个十分重要的方面就是人性问题。而在施特劳斯看来,由霍布斯和洛克所引领的现代性其基本人性预设是:人是追求快乐的存在。因为这一预设与苏格拉底所开创的古典政治哲学传统存在着根本的差异,而又鉴于这一传统巨大的时代支配力,霍布斯等现代政治哲人不得不采取迂回且艰难的策略以实现与其决裂,这就使得他们所做的革命性工作的划时代意义晦而不明。施特劳斯指出,传统政治哲学认定,"高贵与正义之物本质上有异于令人愉快之物,而且就其本性而言比之后者更为可取;或者说,存在着一种全然独立于任何人类合约或习俗的自然正当;或者说,存在着一种最佳的政治秩序,它之所以为最佳是因其合于自然。"①在施特劳斯看来,传统的政治哲学是对于最佳制度或纯然公正的社会秩序的寻求,并且因之就是一种政治性的寻求;它之所以是政治性的,不仅是因为它所涉及的是政治事物,更要紧的是因为它贯注了一种政治精神,这种精神就是"理想主义"的精神。就传统政治哲学的这一基本持守来说(而不是所持守的内容),霍布斯的确与传统政治哲学保持一致,因为他同样追求一种理想的政治制度或社会秩序的建构。所以施特劳斯说,在以下意义上人们确实可以把霍布斯看作是传统政治哲学的现代继承者:霍布斯信守政治哲学或政治科学是可能的或必要的,虽然现代性的结果是对政治哲学的摧毁,但现代性的开创者们却依凭和信赖政治哲学。

但霍布斯呈现出的这一印象并不能说是他的真实面目,施特劳斯相信即便是霍布斯本人也非常清楚他所做工作与传统做了某种程度的决裂。例如霍布斯就曾直接宣称过传统政治哲学"更其是一场梦幻而非科学"。"科学的"政治哲学只能建构在新的人性观之上,施特劳斯判定,虽然霍布斯回避了(无论是有意还是无意)古典政治哲学中的另一个传统,即所谓的"智者学派"、伊壁鸠鲁和卡尼亚德,但实际上霍布斯所忠实继承的并不是苏格拉底传统而正是这后一个传统。其中,特别是伊壁鸠鲁主义传统是反理想主义的,因为"它并没有把正当的社会秩序当作因其自身的缘故就值得探求的东西来关系";这一传统只"关注个人的正当生活的问题",也即个人的"安逸舒适或者荣耀"。施特劳斯认为这一传统只是以个人角度去关注政治事物尤其是正义的性质,"个人为了其私人的、非政治的目的"才有必要

---

① NRH,171.

去关注"能够或应该如何利用公民社会的问题"。因此,施特劳斯认为这一传统看起来"根本就不作为一种政治哲学传统而存在",甚至在根本上它是非政治的或反政治的,所以人们几乎完全忽视了霍布斯对这一传统的积极吸纳。施特劳斯在对霍布斯进行一番详细的考察后得出一个结论,即霍布斯"同意苏格拉底的传统所持的观点:政治哲学所关切的是自然正当,甚至似乎可以把《利维坦》比作柏拉图的《理想国》,但就其学说的实质性内容和特质而言,《利维坦》只能恰当地比作为卢克莱修的《物性论》"。①

施特劳斯判定,霍布斯实际上暗暗采用了伊壁鸠鲁传统关于人的基本假定:意即人天生或者本来是非政治的、甚至是非社会的动物,并且还接受了伊壁鸠鲁传统的另一个假定:"善,根本而言等同于快乐。"②霍布斯之所以有这样的看法,施特劳斯认为,这是缘于他对理想主义传统在苏格拉底路线之下最终招致失败原因的分析。在霍布斯看来,苏格拉底传统的失败是从它对于人性的根本前提预设是错误开始的,人被视作为天生的政治或社会动物。施特劳斯就此认为,正是因为霍布斯把快乐主义引入到政治哲学的建构之中,所以他给现代性的开创带来了具有决定性的意义。霍布斯在苏格拉底失败之处前行,"他试图将政治理想主义的精神贯注于享乐主义传统之中",于是,"他成了政治享乐主义的创始人,这种学说使人类生活的每个角落都革命化了,其范围之广超过了任何别的学说。"③

就最终所呈现出来的现代性构建的成品来看,施特劳斯又认为,霍布斯实际上是在吸纳伊壁鸠鲁的精神内涵的同时又与柏拉图的方法论进行了融合,因为单凭对伊壁鸠鲁的亦步亦趋是无法完成现代性大计的,伊壁鸠鲁对现实政治的有意疏远使得霍布斯不得不通过接近柏拉图来完成其现代性的人性预设。伊壁鸠鲁是快乐主义哲学的开创者,他把"善"等同于快乐,认

---

① NRH,171－172.

② 在这一点上现代其他哲人也有着同样的判定,例如培根就认为:"善就是利人或利于人类,善恶是与利益相关的思想。"斯宾诺莎认为:"善是指一切的快乐,和一切足以增进快乐的东西而言,特别是指能够满足愿望的任何东西而言。"

③ NRH,172.

为并没有纯然的德性本身,唯有能够与快乐的达成或痛苦的消除进行关联才能恰当地谈及德性,也就是只有作为手段的德性,没有作为目的的德性。在伊壁鸠鲁的思想体系中,精神的愉悦和感官的快乐在性质上并无差异,所区别的只是持久与否,而诸如对名望和荣耀的向往容易使人身心俱疲,所以它们并不可取。霍布斯在对快乐的认可之上并无不同于伊壁鸠鲁,甚至对德性的理解也是如此,但他最终为了政治秩序的建构又保持了对伊壁鸠鲁的批判。首先,伊壁鸠鲁对快乐的追求其要件之一就是要脱离政治状态,因为在他看来公民社会是对追求快乐的严重妨害。因此,伊壁鸠鲁的哲学就其根本性质来看更为恰当地说乃是"自然哲学",而不是"政治哲学",在这一点上即便在古典时期也为诸如苏格拉底等政治哲人所不容,更遑论现代哲人霍布斯了。霍布斯着眼于现代社会的重建,其强烈的政治意图从根本上不能相容于伊壁鸠鲁的快乐哲学。其次,伊壁鸠鲁区分了必要的自然欲望和仅仅是自然的欲望,其中必要的自然欲望包含种种:有的有助于幸福,有的有助于身体摆脱痛苦,有的有助于维系生活本身。这就需要有所筛选。要想获取快乐只用满足必需的自然欲望即可,倘若追求非必需的自然欲望或者没有合理地安排必要的自然欲望,结果便可引发痛苦,这是与快乐的追求相悖的。被伊壁鸠鲁界定为"身体的健康和灵魂的无烦扰"的"幸福"的实现,不仅需要我们要首先能够选择那些可以满足必要的自然欲望的快乐,规避"花费无度或沉溺于感官的快乐",远离"无止境的宴饮狂欢"以及对美色的享受,而且还要我们能够"运用清醒的理性研究和发现所有选择和规避的原因"。① 因此,伊壁鸠鲁的快乐主义不仅包含着禁欲主义的倾向,而且还包含着导向进行纯然理性沉思生活的倾向。这在现代政治哲人的霍布斯看来无论如何是不能接受的。霍布斯固然有其理性主义的情结,试图建构美好的政治社会,但他自始至终如同马基雅维利一样是从现代的人性出发来完成这一工作的。"这种对政治的'现实主义'的研究路数,使得霍布斯除了那些为和平所必需的限制之外,将所有对于追逐不必需的感官快乐、或

---

① 《自然与快乐——伊壁鸠鲁的哲学》,第32—33页。

者更准确地说是对世界生活的诱惑的限制、或者对追逐权力的限制统统解除了。"霍布斯根本不同于伊壁鸠鲁对理性沉思本身的看重,而是把理性沉思导向科学研究,其目的是提供能够满足欲望之种种便利,统治者的职责亦为如此,"研究,就法律所及范围内,为公民们丰腴地提供能使人们愉悦的……一切美好的事物"。① 这一点,促成霍布斯最终面向柏拉图数学知识所蕴含的知识图式,来寻求现代性建构的武器,这就是自然科学。

作为其政治哲学基础的人性理论,施特劳斯把其归结为"两条最为确凿无疑的人性公理":第一条公理是自然欲望公理,即"渴望攫取占用他人皆有共同兴趣之物";第二条公理是自然理性公理,它"教导每一个人,逃避反自然的死亡,这是可能对自然发生的最严重的危害"。② 施特劳斯考察后指出,在第二条公理"自然理性公理"的引导下,霍布斯并没有把自然欲望的根源归结为"虚荣自负",而是归结为对"死亡的恐惧"。人们仅凭自己对死亡恐惧的激情就能确认死亡乃是人之存在首要的邪恶。施特劳斯认为,把握到这一点是理解霍布斯的人性假说的关键,因为依照霍布斯建构现代性的逻辑,"只有考虑邪恶,欲望才可能有个止境,人生才可能定位定向;只有凭借死亡,人才可能有个目标,因为只有凭借死亡,他才可能有一个胁迫性的目标,一个被死神的影子强加给他的目标,也就是逃避死亡的目标。"③换而言之,只有首先确定了首要的邪恶或最大的邪恶,人们才能断定任何的自我保全都将是快乐之源,既然只有快乐才是善的话。既然人之自然乃在于其存在,因此存在感乃是人之最为基础和最为前提的感觉,尽管这一感觉并不总是为人所知,那么,人之最为强大和最为根本的情感就是存在感丧失所带来的恐惧,简言之,"对死亡的恐惧"乃是"一切情感中最强烈的"。施特劳斯概括说:不是自然,而是自然的可怕对头——死亡,提供了人生行动的最终指南。④ 于是,在霍布斯那里,人的本性不再是理性的动物亦或利益的

---

① NRH,193.
② 《论公民》献辞。
③ 《霍布斯的政治哲学》,第19页。
④ NRH,184.

动物,而是情感的动物,或者干脆说,人在其本质上乃是贪生怕死的动物。怕死,成了人之行动的根本正当。在传统政治哲学当中根本不被作为一个问题的生命,却成为现代政治哲学所谓问题的源点。为荣誉而献身,或杀身以成仁,在现代政治哲学框架之内,从根本上来说都成了问题。"怕死"的另一表达就是"贪生",也就是霍布斯所说的"自我保全"。贪生怕死,作为所有欲求中最为强烈和最为根本的欲求,所唤起的情感乃是最为强大和最为根本的,这就是:对死亡的恐惧和对权势的渴求。既然人之自然乃是"贪生怕死",那么所有为此自然而采取的行动就都具有了自然的正当性,换句话说就是:人必然贪生怕死,人必需贪生怕死,人无愧于贪生怕死,甚至应该因贪生怕死而骄傲。不仅如此,施特劳斯还指出,把追求快乐作为人性的预设再进一步归结为对死亡的恐惧,这就意味着现代政治哲学对政治之正当性的论证最终落实在了主体自身之内。因为,当对死于暴力的恐惧和对自我保全的渴望被认定为是主体的最强烈、最根本的欲求,以及最原初、最自然的欲求时,对主体的这种初始的自然性就被赋予了根本的正当性,那么从此种自然性所出的自然法也就获取了基于主体内在的正当性。主体自身为了满足其欲求而采取的种种行动也就成为主体自然的权利,此种权利在道德上具有不证自明性。个体的人生无需为其他存在负责,其他存在也无需此一主体对之负责;如若要为他者负责,在道德上实乃为一种僭越。

同样是施特劳斯政治哲学的建构中的一个重要人物——洛克也将对于人性的讨论置于一个非常重要的地位。虽然洛克认为追求快乐是人性中的一个非常重要的特点,但是在洛克的语境中快乐一词的含义是与霍布斯存在重大的分歧的。洛克认为最大的幸福并不在于享受最大的快乐,而在于拥有那些产生出最大快乐的东西。施特劳斯认为,洛克对霍布斯的推进在于霍布斯把最大幸福看作是对最大快乐的享用,他指向的是行为的结果,或者说是一种静态的幸福观,而洛克则认为最大的幸福在于努力地去创造最大的快乐,他指向的是行为本身,是一种动态的幸福观。霍布斯把人的力量看作是他为获得某种将来明显可见的好处的当下可用的手段,而洛克则认为是否获得此种手段并不是关键,关键在于人们要不断地去获取手段,或创造手段,最大的幸福就在于持续的获取和创造之中。洛克快乐主义的鲜明特色在于,它毫不隐晦地承认,人就其本性来说,就不是安分的,不能安分的,不应安分的。现代社会就是要承认这种不安分,适应这种不安分,或者毋宁说,现代社会本就是不安分的产物。如果说古典社会所寻求的是安分守己,安时处顺,那么,现代社会崇尚的则是积极进取、无有懈怠。就此而论,现代性与其说是种种的制度设计,毋宁说是特定的精神气质。

施特劳斯发现,倘若说古典政治哲学把自然或上帝作为人之最大幸福的最终目标,并且以此来判定快乐的高下优劣,那么,洛克所开拓出来的现代政治哲学则彻底否定了这一理路的正当性:根本不存在最终的目标,人们也没有能力区分快乐的高下优劣,因为所有的快乐和痛苦都因人而异,于是,对快乐的高下优劣的区分实际上更是没有必要的。所以,洛克就批判古典哲人对至善究竟是财富的拥有、肉体的愉悦还是沉思美德完全是"徒劳无益"的,因为根本就没有所谓的"至善"。在洛克那里,虽然至善无法确定,但是人们却可以确定至恶,这就是死亡。正因为恐惧与死亡,人们才掀起最强烈的自我保全欲望,依恋生命,追求舒适。因此,洛克的快乐主义毋宁说实乃痛苦主义,人们追求快乐并不是因为快乐是值得追求的,而是因为人们急切地需要逃避痛苦,逃避死亡。正是因为死亡,才使得人们的生存显得无比珍贵,才使人们珍惜自己的生命。于是在古典政治哲学中对肉体的那种原罪感被清除了,肉体成为人们所有行为的出发点和最终归宿,现代人发出号召:好好珍惜你的肉身吧,尽情满足你的肉身吧,因为它转瞬即逝,终将毁灭,永不再生!

在古典政治哲学中,最大的幸福被认定为是对自然或上帝的无限接近,它预设了最终目标的存在。现代政治哲学则将最大的幸福看作是尽其所能地追求快乐,保全自我,其最终的目的却是回避死亡恐惧。施特劳斯据此认为,虽然古今政治哲学都可以看作是由明确目标所导向的学说,但很明显古典政治哲学是一种肯定性的学说,而现代政治哲学则是一种否定性的学说,现代人的积极进取毋宁说是建立在一种对人性的消极暗淡的预设之上,在现代人光鲜靓丽的外表之下包裹的却是一颗恐惧茫然的心。正如洛克相当精到的概括:"激励人类上进心和行动的主要的(如果不是唯一的)动因乃是忧虑不安。"①

欲求意味着缺乏,痛苦意味着不足。人之劳作,人之进取,不再是被看作追求完备的或完美的生活,而是在于供给缺乏,弥补不足。生活目标的设定从古典政治哲学的至善转至现代的至恶,这种恶根深蒂固,如影随形,使人于其存在的意义上饥饿和惶恐。人之权利就在于消除此种饥饿感和惶恐感,这是与生俱来的使命。霍布斯把自然状态看作是受恐惧支配的生活,人之权利就在于摆脱恐惧,而洛克把自然状态看作是受痛苦支配的生活,人之权利在于减轻痛苦。洛克用劳动取代了古典的模仿,劳动的真义既在于创造,显明自我,又在于回避、摆脱痛苦。既然自然所表明的是恐惧和痛苦,那么所谓的文明就在于脱离自然,幸福之路意味着脱离自然、否定自然、改造自然之路。现代性深深地隐藏着人类内心中那无可逃离的否定意志,如果说追求幸福将通往自由,那么最终的自由就是人的否定性意志的完整实现。

洛克对现代性内涵的极大丰富,正是由于对人追求快乐的本性之开拓性解释,而此被施特劳斯所敏锐地捕捉到了,他按照自己的理解把洛克人性学说中的这一特点推进至极端,贯穿到他对现代性之前提预设的解释当中,而此独特的解释所带给人们对现代性的想象力冲击是颇为巨大的。既然死亡(肉体的覆灭)无可避免,既然缺乏(匮乏的永存)难以消除,人类对死亡的逃离就必然始终伴随着恐惧,对缺乏的减轻也就始终伴随着痛苦,这种恐惧和痛苦将"至死方休"。于是,严格说来,根本就不存在纯粹的快乐,政治社会的构建只不过因其能够为人类提供多少可以预期、可以控制的安全感才为人类所接纳,政治社会并不能使人类彻底摆脱恐惧,消除痛苦,但至少可以使人类在其中享受到那暂时忘却恐惧的安逸和回避痛苦的舒适;政治社会并不创造快乐,但它保障了快乐,虽然这并不是纯粹的快乐。政治社会的唯一功能就是提供麻痹,它是与自然相对应的神话。在这一点上,古典政治哲学与现代政治哲学并无实质性的差异。人性是不变的,人类存在是残

---

① NRH,255.

酷的,或许现代人在科技和经济成就的鼓舞下自认为已经足够成熟,可以直面那惨淡的真相了,但冰冷的结果却是:当传统的神话已经被破坏殆尽时,人类不得不重新编制新的神话。

三、个人优先于社会

依据施特劳斯的概括,古典政治哲学的宇宙图式蕴含着人性需要完善这一具有先天性质的必然规定,这种规定乃是绝对的道德命令:它意味着人从其根本上说乃是一纯然的"义务主体",意即人存在的意义就在于不断地完善自身的本性,尽可能地接近宇宙图式所设定或所要求的那样。在此种宇宙图式中,人并无有"权利"。古典宇宙图式不仅设定了人之初的不完善性,还设定了人之自身缺乏使自己达致本性完美的能力,人仅凭自身能力无法实现人性完美。个人唯有在公民社会中并且通过公民社会,才能完成完善其本性这一先天规定的道德义务;公民社会是助益人们完成其道德义务的场地,离开公民社会,个人要么是禽兽,要么是神灵。公民社会乃是人之为人的唯一判定。公民社会所具有的唯一性和必要性则使其具有较之于个人的优先性。由此一来,在古典视域之内,个人始终应当且必须要围绕着公民社会而生活。

施特劳斯指出,古典宇宙图式给霍布斯带来的一个首要任务就是如何消解对共同体优先性的设定。依据霍布斯,如果要确立个人的优先性以及与此相关的公民社会秩序,首先必须要扭转或颠覆古典的宇宙图式:要么把宇宙图式更改为公民社会由个人所出、并始终围绕着个人权利的实现展开,或至少能够为此论说提供支撑,要么干脆把宇宙之外在的客观法则直接落实在主体之内在当中,并以此为出发点来规定或创造外在的世界。前者为初始任务,后者为终极任务。霍布斯提出了这一现代规划的蓝图,虽然他并没有足够的准备和力量完成他所提出的终极任务,但他完成了初始任务。施特劳斯指出,霍布斯在断定自然权利优先性的同时,强调个人在所有方面都先于公民社会:"公民社会或主权者的一切权利都是由原本属于个人的权利派生出来的。"①个人之优先,不仅使现代社会中对他人之自我保全采取默然态度在道德上变得允许(虽然不是提倡),而且国家的存在目的和履行职能也进行了根本的转变,这一转变最终在洛克的有限政府思想中得以充分地展开。

施特劳斯指出,霍布斯在处理个人与社会之间的关系这一问题时,将个体利益优先预设,并置于整个政治国家的建构当中,例如公民对国家要求参与战争和被处极刑时是否就意味他对自我保全权利的放弃。霍布斯所给出的解释是,对于战争,公民完全可以基于对死于暴力的恐惧而临阵逃跑,这并非不正义,而只是不光彩,但在霍布斯语境中,光彩与否无关紧要。施特劳斯指出,依照霍布斯学说逻辑的推理结论,在走向现代社会建构过程中战争还不能完全消除,当现代社会完全建构,那么战争也就能够完全消除,因为每一个体都经由理性的完全塑造,这时没有了国家或民族,有的只是一个完全同质化的世界,战争已经完全没有了存在的基础。所以,现代政治哲学就其实质来说,不是关于国家的学说,而是关于人类的学说,它超越了狭隘的民族情感,基于全体人类,为了全体人类,不再区分彼此。对于死刑,首先,被判处死刑的那些人是没有遵从理性的法则行事,这就意味着放弃了作为人的资格,对于作为公民的我们处死他们与处死禽兽并无不同。其次,被公正地判处死刑的公民仍然保留着自我保全的权利,国家并没有剥夺公民自我保全权利的权利。所以说,依据其学说的逻辑必然是国家必须要废除死刑的,死刑在根本上来说是不正当的。

施特劳斯认为,在处理个人与社会之间的矛盾时,个人优先这一预设对于现代性方案的设计具有巨大影响。首先,既然个人拥有进行自我保存的权利,那么他也就必然拥有为此目的的实现而采取必要手段的权利;换句话说就是,个人只有同时拥有目的与手段的双重权利,才是真正地拥有权利。"自我保存"这一目的,作为个人之初始性的权利,在此一点上人们并没有什么分歧。也就是说,在初始意义上,"自我保存"在个人之间虽不能说是

---

① NRH,187.

必须要相互兼容的,但至少可以说是能够共存的;或者说,在初始意义上,人的自我保存并不与他者的自我保存相矛盾,或并不以他者的毁灭为前提。这一点,人们并无分歧。但落实在手段之上则存在着种种冲突的可能,因为手段本身具有某种"公共性",并不天然地属于"个人的",在手段的选择和使用上很容易超出个人之间的界限,从而引发个人之间的冲突或争斗,这种冲突和争斗有时甚至是根本性的,即唯有你死才能我活。那么在此就需要对手段本身及其选择和使用进行"公共的裁定"。其次,每一个体成为最佳的裁决者而排斥古典的贤人;而又当作为现代人的霍布斯彻底悬置了上帝之后,那么能够充当这一裁定主体的唯有人类自身了。究竟谁来担任这一角色? 在这一点上现代与古典存在着根本性的差异。古典政治哲人把这一任务委派给最具有实践智慧的人,也就是"哲人";次优选择是委派给具有审慎美德的"贤人"。贤哲洞悉人性,洞察世事,他们最能够做出利益冲突双方的公正裁决。霍布斯彻底质疑的此种论调,对其自我保全的关切程度,任何贤哲都不比个体自身;因此,把裁定之权交给贤哲还不如把裁定之权交给每一个体,更能够维护这一权利。因此,真正切当的裁定者应当是每一个体;就每一个体而言,他们均可正当地宣称任何东西为自我保存所必需的。当众多个体就手段之正当与否争执不休之时,那么最为贴己的解决办法就是所关涉的每一个体都参与表决。

施特劳斯在此指出,当霍布斯把裁决归之于表决之时,这实际上取消了智慧的优先性(或德性的优先性),而赋予同意以优先性。这里的问题是,"同意"这一原则是基于什么而被所有个体所认可的? 显然,依照霍布斯的学说,是"理性"。但由于在霍布斯的学说内,"理性"并不是人之自然(只有激情和经验才是人之自然),"理性"是需要经历训练和培育的。所以,为了使人们了解到"同意"优先之必要和好处,就需要对每一个体进行训练和培育,这就是"启蒙"。只有当个体被普遍地启蒙,才有可能完全地建构公民社会的秩序。古典哲人也强调理性,并把遵从理性而采取审慎的行动视之为"智慧";因为理性乃是人之自然的高级构成部分,所以"智慧"乃是内在地与人融为一体的"美德",只不过只有贤哲才能完整地展现它并依从它,大众虽然拥有它但最终却依从欲望蒙蔽了它和泯灭了它。与古典政治哲人不同,霍布斯等现代哲人并不就认为人的本质乃是理性的存在(毋宁更准确地说乃是欲望的存在),因此,根本就不存在所谓的"智慧",而"审慎的行动"也是无稽之谈;如此一来,也就无所谓什么贤哲与大众。每一个体之所以愿意选择"同意"作为调处矛盾冲突的原则,毋宁说主要源自于若不采用这一原则,即将面临具有恐惧意味的惩罚,惩罚所带来的心理恐惧才是人们普遍"同意"的根本原因。

据此,施特劳斯就认为,霍布斯表面上似乎倡议了基于每一个体的理性而制定契约的主权者建构理论,实际上这只不过是他对现代人的启蒙,这一学说内在地隐含着国家必须是要能够从个体之自然的权利所出才能具有正当性和有效性,这就意味着作为主权者的国家实际上必须是一个欲望的主体,也只能是一个欲望主体。正是因为国家与个体在本性上是相通的,所以国家之意志行为(即命令)能够为个体所接纳,个体之自然也命令自身遵从与自身相通并更具权威的国家命令。就国家乃是欲望之主体而言,它并不异于个体,毋宁说,它只不过是一个扩大了的个体。因此,依据霍布斯的论证,主权虽是理性的结果,但其实质乃是意志的化身。自我保存之自然权利命令欲望之个体必须遵从欲望之国家,这没得选择。正如施特劳斯所指出的,在霍布斯那里,"主权之核心乃是命令或意志,而非审慎或推理;或者说,法律之为法律,不是出于真理性或合理性,而完全是出于权威。""按霍布斯的教诲,权威(而非理性)的至高无上,来自于个人自然权利的某种超常的扩展。"[①]

第二节 现代性的内涵特征

施特劳斯虽然把由马基雅维利所开启的现实主义取向看作是现代性的首要特征,不过,由霍布斯对伊壁鸠鲁快乐主义所进行的政治改造给现代性

---

① NRH,190.

内涵的展开所带来的影响更为巨大。在现代自然科学方法论的支持下,现代性充分张扬了主体性这一现代性内涵,激发了人类征服命运、征服自然的乐观自信,引发了洛克等人对个体权利之神圣不可侵犯以及进一步的财产之神圣不可侵犯的确定,最终使得现代性坐以成大,成为能够扫荡一切的力量,不可遏制。

一、现实主义取向

施特劳斯认为,马基雅维利是第一个发现现代政治哲学根基的现代人,他把政治哲学之恰当根基定位在现实的人类生活,而不是理想的人类生活。施特劳斯特别地强调马基雅维利对政治哲学之目标的降低处理:"古典政治哲学以探讨人应该怎样生活为己任;而回答何为社会正当秩序的问题的正确方式,是要探讨人们实际上是怎样生活的。"这种政治观念之所以降低目标的设定是为了增加实现它的可能性。马基雅维利如此的现实主义态度,促使他将古典政治哲学、从而是完全意义上的政治哲学传统视作徒劳无益而加以拒斥,"马基雅维利对于传统的现实主义的反叛,导致了以爱国主义或纯粹的政治品行取代人类的优异性,或者更具体地说,取代道德品行和沉思的生活。"[①]马基雅维利丢弃了善的社会或善的生活的古典涵义,而把"善"紧密地与国家建构这一目标的实现结合起来,完全用实际的政治效用来填充其内容。于是,在古典政治哲学那里,作为善的内容的人类之优异性——这种善的理想引导着人类不断超越自身的狭隘走向卓越——马基雅维利全然漠视,甚至还认为正是因为人类是狭隘的,政治行动才有可能,国家建构才能实现。人类不能依靠那莫测的上帝之权威,何况也没有什么可依靠的权威的上帝,对于古典政治哲学而言的命运女神,完全可以通过我们人类的努力加以征服。我们不再受制于命运,我们可以征服命运,甚至命运本就是我们所创造的。

施特劳斯还指出,马基雅维利的现实主义取向最终引导着把公民社会

---

① NRH,181-182.

的基础落实在了国家的建构之上，正是因为国家先行地赋予所有政治事物和政治行动以正当性，正义才能从此而出。正是因为全部的人类事物都变动不居，所以正义也就被判定其并没有什么超人的、也没有什么自然的依据，所有的正义都只是依凭于特定的政治情境，并没有什么纯然的正义。"决定了在每一个例中何为合理行动的，与其说是道德目的，不如说是势在必行的必然性。"因此，"公民社会甚至不能指望自己是纯然公正的"。"一切合法性的根据都在于不合法性；所有社会秩序或道德秩序都是借助于道德上颇成问题的手段而建立起来的；公民社会的根据不在于正义，而在于不义。""只有在社会秩序建立之后才谈得上任何意义上的正义；只有在一个人为的秩序中才谈得上任何意义上的正义。"①国家的建构是公民身份得以确立的前提，公民社会的建立是正义原则得以确立的基础。合宜的政治品行能够服从于国家建构，能够服务于国家维护，这才是真正的道德。② 如此一来，施特劳斯就提醒我们注意，马基雅维利不同于霍布斯，他充满为公精神，服务于意大利的民族统一；这种为公精神虽然并不直接论证人类普遍的政治状况，只是处理处在特殊情境中的政治状况，但却具有普遍的价值，也就是国家至上和国家首要，然后才有正义可言，正义着实有赖于人类的建构。在这一点上，霍布斯可以说是全盘接受了马基雅维利，他曾这样说过：自然状态下没有所谓的正义或不义，正义与否来自于主权者的意志。

虽然如此，施特劳斯仍然强调，马基雅维利毕竟是为了现实的政治需要（即基于爱国主义的统一民族国家建构的现实需要）才用"政治品行"代替"道德品行"，而无论如何这都不能赋予政治建构以普遍的合法性。由马基雅维利所给出的政治教诲极具场景性，可以说是政治状况之特例，而且还是极端的特例。如何把这种教诲转化为普遍的教诲呢？这就是霍布斯所要完成的任务，他推进了马基雅维利的现实主义取向，并与其理想主义相互容

---

① NRH，179.

② 疑问：依据不义原则是否能够建立起正义的国度？或者说，依据不义原则所建立起来的国度是否能够具有或推行正义原则？并且，何为正义？把正义与此时此地紧密相连，这不是历史主义吗？唯有摆脱了此时此地，政治哲学才有可能！

纳。政治要想具有普遍的合法性必须具有来自道德的支持,这就是政治的
"道义"。① 施特劳斯指出,这个"道义"就是霍布斯所引入的"自然法"这一
概念。通常人们会诉诸"习俗"来证成自然法,意即自然法是某一文化或文
明内人们所共同遵守的那些约定俗成的基本法则,但霍布斯并没有诉诸于
"习俗",而是诉诸于论证来完成对自然法的证成。也就是说,他认为,唯有
实现对自然法(即道德法则)理性的证成,以自然法为道义支持的正当社会
秩序才能够为世人所普遍接受,而且这种社会秩序也才能够说是"正当
的"。这里需要引起注意的是:第一,在此处,霍布斯并不是民主的支持者
(民主诉诸于同意的原则,而霍布斯则诉诸于理性的原则。问题是:现代的
民主观念是从谁那里开始的? 卢梭吗?)。第二,霍布斯肯定了人的存在具
有理性的维度,并且这一维度是普遍的;只有这样,由理性所证成的自然法
才能具有普遍性。

在霍布斯时代,由于传统政治哲学的观念对自然法的证成框架仍然发
挥着支配性的作用,因此,要想确立起现代的证成方法首先需要破除传统方
法。传统政治哲学(古典的和中世纪的)依托于"完满性观念"来证成自然
法。也就是说,先在地存有宇宙理性或上帝意志,这一存有乃纯粹的客观,
"自然法"就是宇宙之理性或上帝之意志的客观表达;因此,作为理性生成
之物或上帝所造之物的人类必须要依从这一理性或意志,是否依凭自然法
乃是判定行为之正当性与否的标准。传统的观念把人的目的或完美的人视
作理性的和社会的动物,这蕴含着如此的前提设定:人的完满程度与其和宇
宙理性和上帝意志的接近程度相关联,宇宙理性或上帝意志乃是人之完满
的终极性标准,人生的目的就在于无限地接近宇宙理性或上帝意志。马基
雅维利首先质疑了传统政治哲学的如此观念,把人之行动的正当性归之于
他所立足于其上的现实土壤,人们实际生活的现实情形既赋予其行动的必
然性,也赋予其行动的正当性。霍布斯认可马基雅维利对传统政治哲学之

---

① 隐含着如此前提:人之存在具有道德维度,那么属人的政治也就必须要能够得到道德的支
持才能得到建构和维持。

前提观念的质疑,但他并不认可马基雅维利把正当性归之于现实情形,例如马基雅维利所生活的意大利,因为现实性并不具有普遍性或永恒性,它是当下的,或转瞬即逝的。因此,在霍布斯看来,我们的确需要从人们实际生活的情况来证成自然法,这没有错,但问题的关键在于,倘若这种证成与实际上支配了所有人或多数时候多数人的最强大的力量相脱节,那么此种证成就不可能是有效的或有价值的。唯有当自然法是从实际上支配了所有人或多数时候多数人的最强大的力量中推演出来时,它才可能是有效的或者有实际价值的。因此,问题不在于"目的"(传统政治哲学,从目的倒推正当),而在于"开端"(现代政治哲学,从开端演绎正当),霍布斯承接马基雅维利完成了颠覆传统政治哲学自然法框架的大计。马基雅维利把开端落实在人根本上乃是利益取向的存在,人为了利益而运用理性和情感;而霍布斯则认为,马基雅维利并没有真正抵达开端,情感才是真正的开端,利益和理性乃是情感之工具。真正的自然法必须能够和人的最为强大和最为根本的情感相勾连才能焕发出其真正的普遍效用。所以,施特劳斯才指出,霍布斯远航的起点正是马基雅维利。

二、主体性的张扬

施特劳斯指出,若以霍布斯为经典个案,我们不难发现,现代政治哲学完全是以其自然哲学为基础建构起来的。霍布斯的自然哲学一方面属于以德谟克里特－伊壁鸠鲁物理学为经典代表的那一派,一方面他又实现了对柏拉图自然哲学中"数学乃是一切自然科学之母"的观点的吸纳。所以,施特劳斯就认为,霍布斯的自然哲学"乃是柏拉图的物理学和伊壁鸠鲁的物理学的结合"。[①] 施特劳斯的考察表明,霍布斯为了对现代性进行奠基,他需要一套全新的、可靠的方法来实现"综合":"要在传统遭到失败之处取得成功,人们一开始就得思考使智慧成为现实的必备条件:人们一开始就得思考

---

① NRH,173.

正确的方法。"①这套方法必须要能够经得起怀疑论的怀疑,并且最终能够肃清怀疑论,从而确立全新的有效"教条"。由于在所有已知的科学探究中,唯有数学能够经得起怀疑论的极端怀疑,所以新的教条主义哲学就必须按照数学的模式来建立。数学并不关心或预设目的,只是对"图形和运动"进行比较,这也就逻辑地排除了目的论的观念,而诉诸于机械论的观点。但是霍布斯很清楚,完全的机械论必然导向基于极端怀疑论的教条主义哲学观念,柏拉图和亚里士多德为此就曾批评过德谟克里特和伊壁鸠鲁的机械论的物理学:宇宙倘若果真如同他们的物理学所规定的性质,那么这将使得物理学成为不可能。因此,施特劳斯就说,霍布斯的首要任务就是要能够"发现或创造一个能够幸免于机械因果之流的安全岛"。霍布斯的努力表明,既然我们无法最终确知依据伊壁鸠鲁的物理学所假定的宇宙完全的独立自在,那么唯有通过我们自己的意志所建构的世界才是那个最终所要寻找的"安全岛":"总的来说,我们只有对于那些我们就是其产生原因、或者其构造在我们能力范围之内或取决于我们任意的意志的东西,我们才具有绝对可靠的或科学的知识。"施特劳斯就此指出,"安全岛的发现或创造确保了一种唯物主义的和机械论的哲学或科学的可能性,与此同时又没有强迫人们去设定一个不可化约为被动的物质的灵魂或心灵。"②霍布斯如此论证,毫无疑问把人的主体性地位置于宇宙之中心,因为可知的宇宙最终只不过是主体的产物。如此,霍布斯的确是忠实的笛卡尔主义者,论证方法的变更带来人之主体性开始急剧地张扬。

依据施特劳斯弟子肯宁顿(Richard H. Kennington)对笛卡尔的考察,作为现代性之重要开创者的笛卡尔已经开始有意识地把主体性与政治建构进行勾连,他认为古典政治哲人把政治权力的合法化诉诸于"命运",使得我们既无法判断管理公共事务的行动是否合法,也无法对每一个攫取权力的企图进行合法性判断。既然如此,政治权力之合法化就不能诉诸"命运",

---

① 　NRH,174.

② 　NRH,176.

相反我们必须要能够征服命运,才能真正地确立起合法性。笛卡尔把诉诸命运看作是一种"流俗的意见","我们必须抛弃这种在我们之外有一个决定着事物发生或不发生的命运之神这样一种流俗的意见",我们要清楚的是,操控自然的决不能是所谓的命运女神,只能是我们人类自己。笛卡尔对现代性的奠基很是明确:通过"对自然的征服和占有",人类就可以发明出"无数的人造物品,它们将使我们能够没有痛苦地享受大地上的果实和一切在那里可以发现的令我们舒适的物件"。原先在基督教神学中因食用智慧果而堕入黑暗王国的人类发现,正是因为我们享用了智慧果而创造出了人间天堂。笛卡尔续接培根,赋予了医学(而不是灵魂学、道德学或政治学,当然更不是神学)以基础性的重要地位,因为它是产生"智慧"这个最终果实的科学:"心灵在极大程度上依靠着性情和身体器官的倾向,以致我认为如果存在着可以发现能一般地使人们比以往更加聪明更加灵巧的途径的话,我们就必须以研究医学为己任。"①

霍布斯对主体的彰显可谓尽得笛卡尔的真传,他进一步从主体性的张扬中引出现代政治无神论,在施特劳斯看来这将彻底弃绝人类对上帝或诸神的信仰和崇拜,使得人类最终只相信个人的正当及其欲望的正当,除了个体及其欲望之外什么也没有,个体之正当无需上帝来担保,个人就是自己绝佳的担保。为了欲望之满足,个体无需有什么敬畏,无需对什么负责,不用有什么担当,只要行动便是正当。依据主体性哲学,现代人应当且必须无所畏惧,这就是现代人的担当! 施特劳斯引用伯克的话来说明这一切:"鲁莽草率原本并非此类无神论者的品格,倒毋宁说他们有的是相反的品格:他们原本像是老伊壁鸠鲁派,毫无他进取之心。但是晚近以来,他们变得积极主动、狡猾诡谲、野蛮狂暴而富于煽动性。"②

霍布斯的理论哲学是关于自然权利的学说,实践哲学则是关于国家建构的学说。无论是其理论哲学还是实践哲学,张扬主体性都是其贯通性线

---

① HPP,424 - 425.

② NRH,172 - 173.

索,其中主体性得以张扬的有力武器便是理性。但施特劳斯认为,在霍布斯哲学当中,他对理性的态度看起来似乎是矛盾的:理性既是无能的,又是无所不能的。因为缺乏来自宇宙论的支持(或上帝的支持),理性似乎没有足够的底气;但在霍布斯看来,恰恰理性没有来自外部宇宙论的羁縻,所以它才能够由人所完全掌控。充满自由创造的理性赋予人类以绝对的信心,使得人类不仅获取了能够支撑起自身进行无畏创造的支点,甚至获取了能够撬动整个地球的支点。正是因为理性,现代人才真正确立起征服自然、改造自然的豪情壮志,并奋勇前行。如果说理性对于人性的辉煌来说只是手段的话,那么人性的辉煌来自于内在于自身的那死亡恐惧和生存意志,理性本身无所谓伟大,只有与人性之澎湃的激情全力对接才能释放出绚烂的光芒。现代人的无所不能是得益于澎湃的激情与绝然的理性的相融合,正是因为我们失去了上帝的眷顾,我们才发现了我们自己的力量,正因为理性没有自家充实的灵魂,我们才能以之为护甲和长枪去攻城掠地,并无往而不胜!在施特劳斯看来,霍布斯全部政治哲学都是围绕着人性之最强烈的那个激情而展开,作为现代人,我们应该"感谢自然的仁慈,最强烈的激情乃是唯一能够成为庞大而持久的社会的源泉的激情,或者说最强烈的激情乃是最合乎理性的激情"。① 施特劳斯的意思很明显:只要我们从霍布斯的奠基出发,我们就必然会走向霍布斯的结论。倘若撇开霍布斯的自然哲学不说,单就其人事哲学而论,人类必须创造国家,而且完全能够创造国家,我们只能信任我们的创造之物,因为我们能够全然了解并支配我们的创造之举。就理性而言,只要我们处在霍布斯的道路之上,激情就始终是支配理性的,理性始终都是服务于激情的;从此,我们不再需要倾听自然,在理性的辅佐下自然可以被我们所倾听,自然只有被我们所倾听。

施特劳斯把洛克看作是霍布斯的忠实继承者,他手持来自霍布斯的接力棒,"通过将重心由自然义务或责任转移到自然权利,个人、自我成为了道德世界的中心和源泉,因为人——不同于人的目的——成为了那一中心

---

① NRH,206.

和源泉。"①施特劳斯指出,洛克以主体性张扬为基础的财产学说比之霍布斯的政治哲学,是霍布斯所带来的根本转变的更加"先进"的表达;不仅如此,洛克的政治学说还根本地背离了圣经传统,背离了古典政治哲学传统,他的革命性是彻底的。在传统政治哲学中,所有的价值或本于上帝,或本乎自然,人只是作为被造,或只能趋近之;而作为现代政治哲人的洛克则把人、人的劳作作为几乎所有有价值之物的源泉,人成为自然动力之源,甚至成为赋予自然以价值之所在,自然依凭人类而获取其价值,否则将只是本身并无任何价值的原材料。在传统政治哲学中,顺从自然是美德,能否遵从自然的教诲而生活乃是人性高贵与否的标志,所谓的"天人合一"乃是人要能够合于天,其预设是人在本性上属于天。现代政治哲学把人作为独立的价值所出之源,因此,"成为人类高贵性的标志的,不是感恩戴德和有意识地顺从或模仿自然,而是充满希望的自强自立和创造性"。② 固然也要天人合一,但意图是天要相合于人,未经人类创造的事物是没有价值和意义的,天只有经过人的改造才能成为人的对象,天之在有赖于人之造。天之生生不息,源自于人之造作不止。施特劳斯进一步辨明,在洛克的主体性构成中不仅包含着基本欲望(基本欲望仅满足于自我保全),还包含着扩展欲望(意即贪欲,它追求舒适的生活)。自然状态之下,自然法虽然允许人们追求舒适的生活,但更多地仍然把人们限定在满足自我保全,因为此时的丰足还只限于自然,人们面临的现实还是匮乏,还不足以支撑其人们对舒适生活的追求。在扩展欲望(贪欲)受到抑制的情形下,基本欲望的满足所需要的劳动量还较小,劳动作为价值源泉的效力还不能充分发挥出来。但人类的高贵需要把劳动的无限潜能给激发出来,这就必须要能够尽可能地释放贪欲。人的解放,外在地看是从自然的束缚、社会的束缚中解脱出来,内在地则是从基本欲望的满足感中解脱出来,后者才是现代性的真正标志。正如施特劳斯所说,"通过释放人的具有生产效力的贪欲,人们实际上从自然的束缚中解

---

① NRH,259.

② Ibid.

放出来,并且个人也从先于一切同意或协约而存在的社会束缚中解放出来。"①因此,贪欲的释放才是现代社会生生不息的秘密动力,是社会财富扩展性累积的秘密源泉。古典政治哲学把人类看作是依附于自然或上帝的,于是,由自然而出或上帝而出的自然法(上帝法)成为人类行动的依据和准则,自然法所具有的客观性使人类匍匐在自然或上帝脚下。在现代政治哲学看来,如此之举反映出来的并不是人类的高贵,恰恰相反,而是卑微,是尊严的丧失。真正的高贵应当源于自我内在的人性,它由人类经自我本性创造出的规则所判定;真正的尊严应当是由人类自我所给予,是由能够凝聚自我所创规则之物所衡量。人们创造了规则,并借由规则把金银转化成货币,于是人类可以高声宣称:我们获得了真正的高贵,真正的尊严!"人类的创造性活动成了最高主宰的世界,实际上就是习俗的统治取代了自然规则的统治的世界",真正属于人的世界建构起来了,所有的价值都经由人而出,"自此之后,自然仅仅提供本身并无价值的质料;赋予其形式的是人,是人的自由的创造。"②主体性的张扬不仅使自然匍匐在自己的脚下,而且最终使人类实现了真正意义上的"天人合一"。

三、个人权利至上

个人优先的预设,主体性的张扬,必然的结论之一就是对个人权利至上的强调。古典政治哲学的宇宙论图式先在地赋予人类以绝对的道德义务,亦即人类先天地担负着遵从客观之自然法则抑或上帝意志的使命和责任,所有人类行动之正当与否最终唯有诉诸此种义务才能得以判别。因为个体的存在无法在其自身的意义上自觉地和完全地达致义务所强加给人类的最终目的,所以就需要借助共同体的建构来完成这一先在义务。由于古典政治哲人认为共同体更为接近自然秩序或上帝意志,因此,共同体较之于个体而言就具有优先性。在现代政治哲人看来,古典意义上的义务始终是一种

---

① NRH,259.

② Ibid.

强制性的力量,它加诸义务主体的只是一种外在的责任或使命,而这种责任或使命无论如何都是在于主体的规定,这在根本上是与主体之自然相排斥的,或者说这并不是人之存在的初始欲求。因此,倘若把自然法建构在此种外在规定之上,那么它对主体之在来说无论如何就是缺乏生命力的,由此而出的规定不但不能对主体之行动带来自始至终的有效约束,甚至还自始至终都伴随着痛苦,而这绝对是与人之自然相违背的。正是由于古典自然法缺失与初始人性有机勾连的内在奠基,因此,其所诉诸的共同体的建构必然是乌托邦式的美好遐想:首先,这种共同体的建构是不可能的,其次,即便是可能的也是不确定的,最后,即便是可以确定的但必然始终面临着解体的威胁。所以,现代政治哲人们就尝试抛弃古典自然法对义务之首要性的强调,转而把人之欲求的满足作为首要的正当,并转换成自然之权利以赋予其权威性,甚至神圣性。在他们看来,人只有为其欲望的满足和权利的实现才会真心地激情澎湃、矢志不渝。在施特劳斯看来,正是因为霍布斯"直截了当地使一项无条件的自然权利成为……基础",所以他实现了自然法从古典到现代的根本性质的变化;并且正是因为霍布斯对此种变化予以了"最为清晰有力的表达",所以"他是明确的现代自然法学说的经典作家和创立者"。①现代政治哲人如同古典政治哲人,同样认为人类需要共同体生活,但他们割断了共同体生活与先在义务的联系,而把共同体生活与自然权利相联系。人类之所以能够对政治国家心悦诚服或给予厚望,原因就在于政治国家能够为个体欲求之满足或权利之维护提供必要保障。任何神圣的目标,最终只有与个体之欲望相兼容才具有其存在之正当性,或者说任何目标的设定唯有与个体之欲望相兼容,才能具有其存在之神圣性。由于目的落实在了个体之自然欲望之上,因此,具有手段性质的共同体较之于个体而言则是次要的,个体才具有优先性。

　　在现代政治哲学语境之内,相对于主体自身,尽力满足自身的欲求乃是主体作为存在的根本规定,唯有在此意义上才能谈及义务;相对于他者来

---

① NRH,186.

说,在道德上不允许干涉主体为满足自身欲求而采取的种种行动,权利就是在此意义上使用的。就此来说,在霍布斯那里,权利较之以义务,因其是对他者而言的称谓,所以是第二位的,而义务则无关乎他者仅在主体自身之内,所以是第一位的。这一点似乎与古典政治哲学并无二致。但因为政治社会谈及的总是主体之间的关系,这反倒使权利成为了第一位的东西。具体来说,因为就主体自身的层面而言,义务乃是绝对的和无条件的,并且在道德上也是无可厚非的,甚至是必需的;而绝对的义务意味着人之自然强加给主体以绝对的命令,它要求主体必须要存在着,根本没有必要去探讨是否要存在的问题。在这一点上主体没有自由意志,这也是现代政治哲学之内在机械因果论世界观图式的反映。但自然法所具有的这种义务涵义,只具有论证政治社会之基础的价值,一旦进入到政治社会之具体建构时,自然法所投掷出来的首要和最终的涵义乃是"权利"。在政治社会中,权利取代了义务成为绝对的和无条件的,权利成为政治社会建构和存在的根本依据。权利并没有给主体自身强加以任何的义务,反倒是给其他主体强加了种种义务。因此,在现代政治哲学中,义务实际上可以分为两种:第一是仅在主体自身之内的义务,它是由主体之自然而来的,我们可以称之为初始义务;第二是在政治关系当中的义务,它是由他者权利而来的义务,我们可以称之为衍生义务。在现代政治哲学的语境之内,"有罪"更多地指向主体对其初始义务的不履行,而不是主体对其衍生义务的不履行。或者说,对主体而言,对衍生义务的不履行并不比对初始义务的不履行更有罪。尽管如此,现代政治哲学并不特别关心初始义务——它是现代政治哲学论证的前提设定,而更关心衍生义务,因为衍生义务才是现代政治社会之合法性论证的关键。换句话说,现代政治国家的建构并不是基于衍生义务的规定,而是保证衍生义务能够对主体发挥其应有的功效。主体之存在所受到的最大的威胁来自其他主体,也就是暴死于他者之手;衍生义务规定了主体对他者之权利的认可和尊重,甚至某种程度上要予以保护。这也是现代道德的全部内涵,或者说权利构成了现代道德之目标。这是现代政治哲学与古典政治哲学的核心差异之所在。

对权利至上的强调意味着自然法根本上就不是那么的"自然",毋宁说自然法之"自然"只是因其能够合于人之"自然"。换句话说就是,至上的权利乃是自然法所从出的依据。人之"自然"所指向的是对人而言最为切近、最为贴己的东西,它"是在所有人身上、在所有时代都可以屡试不爽地观察到的",因此它能够实现与无需艰苦研习即可获致这一大众习性的完美匹配。唯有从与人最切近和贴己的此种存有所引出的法则才能成为"铭刻在心灵上的一种义务",才能"永无休止地持续作用和影响我们的一切行动",自然法也必须要是以此存有为基础。施特劳斯明言:洛克在此紧随霍布斯,人之天生的实践原则乃是对于幸福的渴望和对于痛苦的厌憎,这才是放之四海而皆准的并且永无休止地发挥作用的最根本原则。此种渴望和厌憎对人而言并非什么绝对的义务,恰恰相反,乃是绝对的权利、根本的权利,简言之,乃是人之"自然的权利"。义务,意味着始终是派生性质的;而权利,则意味着对人而言乃是生而有之的、无可剥夺的。用洛克的话来讲就是:追求幸福乃是一种"必须得到容许"、"不能被阻碍的"权利,它先于一切义务,是一切义务的正当性依据。如此一来,既然自然法给人以某种强加的义务,那么无论如何它也就必须要能够和此自然权利相衔接,以此自然权利为依据。失去自然权利作为依据的自然法也就没有任何的正当性可言。正因为如此,施特劳斯才指出:"既然自然权利是生而有之的,而自然法却不是,那么自然权利就比之自然更为根本,而且是自然法的基础。"①

四、财产的神圣性

施特劳斯指出,在现代性的支配下,西方文明的目标之一便是追求"普遍的富裕",认为由科学所带来的普遍的富裕会带来普遍的且完全正义的社会,就像一个完全幸福的社会,并且在这种状态下没有谁再会觊觎侵略其他人或其他民族,这将是一个永久和平的状态。② 早期的马基雅维利和霍布

---

① NRH,231－232.
② 施特劳斯:《我们时代的危机》,文载 PSM,第 2 页。

斯都没有意识到人类和平秩序的实现与普遍的富裕之间存有什么关联,他们更相信强大统一的民族国家的建构以及合法的契约政府的成立对于永久和平的作用。施特劳斯认为,是洛克第一个发现了两者之间的关联,并对之做了清晰的论证,尽管他的论证多少采取了显白－隐微的写作手法。这就是洛克的财产学说。通过洛克的论证,财产的神圣性得以确立,并引领着人们对财富追求的全新看法。这种全新的看法给予现代人以无限的信心,使之充满了积极进取、自信乐观的蓬勃朝气。时至今日,毫无节制地获取财富,随心所欲地聚敛货币,不仅被普遍地许可,甚至还为人们所公开倡导,在施特劳斯看来这都是洛克的贡献,洛克的财产学说在今天已被人们看作是有关"资本主义精神"的经典学说,或关于公共政策的主要目标的学说。虽然洛克囿于其时代所普遍持守的认为毫无节制地获取财富是不正义的,在道德上也是错误的观点而不得不有意地隐藏其学说的革命性,以至于他的财产学说呈现给读者的是"思路纠缠不清,难以理解"以及严重的从众印象,但我们经过细致的解读仍然能够感受到洛克"清楚明白的暗示":"他论财产一章的主旨是,贪婪心和色欲远非本质上就是邪恶的或愚蠢的,如果用之得当的话,它们会是大有裨益于人的和合理的,比之'悲天悯人之心'更其如此。一旦将公民社会建立于自私的'低下的但却稳固的基础'或者某种'个别的恶'之上,人们就会比之徒劳无益地求助于德性——那是自然所'未赋予人'的——而获得更大更多的'公共利益'。人们的认识必须着眼于人们事实上是如何生活的,而不是他们应该怎样生活。"① 施特劳斯指出:洛克的财产学说,实际上差不多是他政治学说中最核心的部分,当然也是其中最具特色的部分。

　　依照施特劳斯对洛克的文本解读,人之基本的自然权利是自我保全,扩展的自然权利是追求幸福,对财产的权利只是基本权利的推论,而不是公民契约的衍生。既然每个人都有自我保全的权利,那么获取食物等就成为必需,于是对于基本自然权利的保障来说的必需之物,个人也就对之拥有自然

---

① NRH,252.

权利,并且此种自然权利还可以转用于扩展的自然权利,因为追求幸福同样必需诸如食物此类必需品。所谓的财产也就是非经公民契约而由根本自然权利推论所出的、并可以应用于扩展的自然权利之上的、具有排他性的"私人管辖物"。财产本身不是权利,但财产标示着占有者的权利;既然与个人基本的自然权利相关联,成为基本自然权利维持的必需,那么,对之占有的个人就正当地排除了他人对之再行占有的权利。财产不是自然的物品,而是一个标志所属权利的概念。自然状态之下,财产的占有有两个基本限制:其一,不得危害人类的和平,因为这与人所共有的基本自然权利相冲突;其二,不得夺走他人之财产,因为他人已经宣示了对该财产的所有,夺取意味着是对他人的基本自然权利的侵犯,无论这种夺取是通过强力还是劝导。财产占有的唯一正当方式是转化未有所属的自然物品(或者通过他人自愿且知情地转让),转化的正当办法就是通过自己的"劳动"。既然个人乃是其肉体的所有者,那么,通过肉体之劳作所获之物已经蕴含了其所有者的劳动,因此,如果个人将其劳动结合在无主之物上,此物就自然地成为其财产。用洛克的话说就是:"人类乃是他自身的主人和他的人身及其活动和劳作的所有者,在他自身之中就[有着]财产的重大基础。"①正因为如此,施特劳斯才说,财产的创造者不是社会,而是个人。

在洛克那里,每个人都可以凭借自己的劳动多多地占有对其自我保全来说是必需的或有用的东西,但是自然法同时也限制了所占有财产的数量,也就是说,只有占有对于自己所能用完的财产才是正当的,超出此范围之外的财产,倘若通过交易以换取自己必需之他物则是正当的,倘若任其腐烂在手则是自然法所不允许的。因为诸如土地、黄金、白银等物既不会腐烂,也不没有"真正用途"(意即不是根本自然权利之必需),所以个人可以随心所欲地占有,即便堆积如山也无不当。自然法所谴责的不是欲壑难填,而是暴殄天物。因此,在洛克自然法所规定的道德体系中,浪费而非奢侈才是首要的恶,但并不能反过来说简朴而非节约是首要的善。

---

① NRH,242.

洛克认为,自然法规定个人只要努力劳动占有必需之物,此即为最高的正当,至于他人的利益或需要则应保持沉默,因为这是"万物之母"的事情。施特劳斯指出了洛克之所以如此持论的依据:首先,"自然的供应丰沛充足",他人之需无需我们去关切;其次,只要个人努力劳动,就能获得充足的财产用以自需。不关切他人之所以合理,在于这是自然法所允许或所规定的。起初时期,人们普遍生活在现实的匮乏之中,此时需要个人全力以赴进行自我的保全,而不是关切他人,只有当自己的自我保全不成为问题时,去关切他人的自我保全才具有些许的正当性。即便原初的自然供给丰沛充足,人们也无需首先去关切他人,因为此时自然所供给的只是物品,还不是财产,必须首先要勤劳工作以便把物品转化为财产用以自需。另外,因为自然的供给丰沛充足,他人通过自身的勤劳工作便能满足自需,这也无需我们为之关切。自然法只是规定了浪费是值得谴责的行为,而没有规定不关切他人也是值得谴责的。劳动之所以必要,原因在于"自然的供应"只是一种"潜在的丰足","自然和大地只提供了本身几乎没有价值可言的原料",而不是"面包、酒和衣服"。① 自然的丰足,对人类而言仍是现实的匮乏,这就需要人们全力以赴地勤劳工作,用以获取和占有自我保全之所需的财产。劳动,既是个人自然权利之规定,也是个人自然权利之必需。

依据施特劳斯的考察,洛克认为,在自然状态中自然法对财产的规定所设定的前提条件(诸如自然的供给丰沛充足,人们不再单纯满足自我保全而是追求舒适生活,金银等物也不再是没有价值之物),在公民社会中变得越来越艰难:几乎所有的物品都有了所有人,土地资源与日俱少,金银成为货币稀缺且珍贵。于是,自然的推论似乎应当是:在公民社会之中,对财产应予以更为严格的限制,否则贫穷者或后来者终将无立锥之地。但他认为,洛克的教导恰恰相反:应受到更多限制的是自然状态下的财产而非公民社会下的财产,因为公民社之下秩序获得了实在法的保障,金银成为货币,反倒使人们获取更多的保障和自由,人们在不伤害他人的情况下拥有比之他自

① NRH,243.

己所能利用的更多的东西具有根本的正当地。换句话说就是,货币的发明使人解除了自然的限制,获取了自由,而公民社会的建立又使得此种自由获得切实的保障,因此限制不应变多,而应减少。于是,施特劳斯指出,正因为如此,洛克才对货币革命所带来的种种灾难未置一词。自然法所允许的随意敛聚金银的自然权利,在公民社会中不应被限制,公民社会之中人们仍被允许随心所欲集聚财产,特别是货币。并且,人们获取财产不再局限在劳动一途,通过实在法人们被允许可以采用各种途径,只要在实在法所许可的范围之内。在此情况之下,甚至禁止浪费的禁令也变得无关紧要。如果说自然状态中人类所能和所应满足的是基本的欲望的话,那么,公民状态下仅维持此种水平的欲望就不被允许,它需要我们提升基本的欲望为扩展的欲望,意即不仅要自我保全,而且更要追求舒适。这就是"贪欲"。是否释放贪欲,就成为洛克为古典政治哲学和现代政治哲学所划定的标界。据此,我们可以把洛克对现代性的贡献归结为一句话:公民们,积极培育和尽情释放你们的贪婪吧,这是伟大的自然的命令,它将受到国家的法律强力保障!

施特劳斯指出,虽然财产权与贪欲之间存在因果关系,也就是说,之所以要确保财产权的目的是满足基本欲望,但洛克并没有赋予财产权以绝对性,用以反证贪欲之合理性。在洛克看来,之所以要释放贪欲,毋宁说那是有利于共同利益、共同幸福或社会的现世繁荣的,而不是说,因为不存在绝对的财产权,所以对待贪欲就不应有任何的限制。事实上,自然状态因为其是"现实的匮乏"状态,故而还需要对贪欲进行适当的限制。相反,在公民社会状态无需对贪欲进行限制,既因为有了丰足的供给,还因为贪欲造就丰足。自然状态所给人类带来的收益较之于公民社会不足一道,公民社会之下虽然穷人可能困窘得无立锥之地,但绝不是贪欲释放的结果,恰恰相反,而是未能释放贪欲所致。公民社会下不受限制地释放贪欲,不仅是因为由普遍的丰足予以保障了,而且还因为由此才能获取普遍的丰足。此前自然状态之下对他人的漠不关心,在公民社会状体下仍然需要保留,因为只有心无旁骛地释放自己的贪欲才是正当之举,于是,对他人真正的仁慈乃是对他人之需漠不关切。

在自然状态下,依据自然法劳动赋予了劳动者拥有财产的资格,原因是财产的价值乃是由劳动者劳动的转化。推而言之,"劳动创造了我们在世间所享有的事物的价值的绝大部分"。公民社会下,拥有财产的资格是由实在法所赋予和确认,占有和劳动都不再担负这一任务,但劳动作为财富的源泉这一点没有变。劳动并不是人们的目的,劳动只是满足欲望的途径,"人是被他的欲望、他的自私的欲望驱动着去工作的"。由于欲望可区分为基本欲望和扩展欲望(即贪欲),仅为了其基本欲望的满足,人们并不需要很多的劳动;换言之,人若要填饱肚子、穿暖衣服,只要些许劳动即可。在公民社会之中,绝大多数人都属于此。但若要满足其扩展的欲望,就需要很多的劳动;但欲望的扩展需要启蒙心智、开阔视野,这只能属于那很少部分之人。他们已经超越了基本欲望,生活在扩展欲望的层面,他们不再埋首于满足基本欲望的艰辛劳作中,他们的心灵已经得到解放,他们可以追求他们所想要追求的事物。但正因为他们的心智已经启蒙,视野得到开阔,所以更多的劳动对他们而言并非是强迫的,毋宁说是愉快的,"劳动"成为了"工作",他们为了将来的便利和舒适,能够甘愿当前艰辛劳作。所以,洛克最终就论证到:公民社会之下,财富的真正创造者或主要的创造者不是绝大多数人,而是那些很多部分的人。他们努力工作,吃苦耐劳,富于理智,能够基于财富的生产要求引导和迫使懒惰的和思虑不周的绝大多数人来工作,他们是创造财富的发动机。另一方面,因为勤奋和理智,他们"通过占有尽可能多的他们可以利用的东西",从而减少了对社会财富的消耗,间接地实现了财富的创造。另外,少数之人的努力工作,尽可能多地占有,客观地造就人为的匮乏,这样迫使多数之人辛苦劳作,于是不断地促成社会财富的普遍积累。只有少数人的贪欲充分地释放,才能造就真正的社会丰足;否则,人类将陷入普遍的懒散无为,满足于稍作劳动即可温饱无忧的状态,这无疑是面向自然状态所做的退步。此外,金银的货币化也使得贪欲的释放有了充分的保障,它可以使所积累的财富以货币的形式保存下来,并为进一步的扩展欲望提供条件。这也就是施特劳斯所概括的,在洛克的政治学说中,"劳动是丰足的必要条件,却不是充分条件;创造了真正的丰足的劳动,其动机乃是贪欲——拥有比自己所能利用的更多的东西的欲望,而贪欲是在货币发明之后才出现的。"①

第三节 现代性与政治国家的建构

区别于古典意义上由德性所统领着的城邦国家和中世纪语境之中作为通向彼岸世界之暂时寓所的尘世国家,由现代性种种前提预设所引致的必然是政治性的国家,首先它是由人力所独立建构,其次它是为人之自然而服务。在施特劳斯看来,政治国家的建构既是现代性内涵特质的逻辑展开,也是实现这些预设的必然选择。理解政治国家建构的关键是自然法。自然法这一进路指明了现代政治国家建构所着力要解决的问题是政府的合法性,虽然不同思想家对合法的政治究竟采用何种政体形式存在争议,但在施特劳斯看来这并不是政治哲学的核心议题。在道德层面之上,政治国家所依凭的道道原则被现代政治哲人简化为宽宏和正义,使得现代政治国家的建构显示出无比的清晰简洁,在很大程度上反倒促成了大众的喜闻乐见,或许这正是现代启蒙的手法之一。现代政治国家的建构似乎显示出很大的成功,但施特劳斯却为此忧心忡忡,合法政府对合理政府的取代所造成的对目的追求的缺失,不仅使我们怀疑,缺乏共同信仰联结的个人权利是否可以单凭外在的制度而得到最终的保障?洛克对财产权的极度看重,是否显示着政治国家有着在现代性范围内不可克服的应用限度?

一、政治国家的缘由

现代性的开创者们预设了自然状态,无论是把自然状态看作是战争状态还是和平状态,都无一例外地导向对自然法的依赖。施特劳斯发现,对自然法的把握是理解国家建构缘由的关键。无论是霍布斯还是洛克,都设定自然法乃是"理性的诫命"。在霍布斯那里,因为理性能力对人之存在来说

---

① NRH,245.

并不是原生性的,而是有赖于培育的;同时人之存在的自由意志维度并没有得到彻底清除,所以,取决于主体的理性能力和主观意愿的衍生义务并不总会是有效的,这就需要引入和诉诸其他手段来限定主体之行动,这就是国家的建构。国家的建构并不高于道德的建构,国家也不替代道德,国家乃是平行于道德的一种强力,它与道德一样具有相同的目标指向,并且为实现此种目标,国家乃是人们所能诉诸的最后的手段,毋宁说是补充性的手段。洛克同样把自然法看作是理性的诫命,但他关心的主要是谁来保证这一诫命的实施。首先,理性告诉人们不要相互伤害;其次,理性告诉人们伤害必受惩罚和补偿。这些只属于规则的制定,规则的执行尚属另可。洛克最先是把涉事者看作裁判者,但很显然这对人性过分乐观了,或者说是对人性过分限制了,只有假定人是完全理性的存在才可行。但人不是天使,战争依然。自然状态持续不断的冲突,使得理性的教导进展至更高层次:唯一的弥补方法就是政府或者公民社会。于是理性同时充当着自然秩序的维持任务,还担负着公民社会的建构任务。后一任务不仅容纳了前一任务,而且还说明了权利的边界。如此说来,理性任重道远,它必须坚忍弘毅:第一,说明自然权利的内容或边界;第二,告诫人们之间不能互相伤害;第三,提出公民社会建构的原则。此种理性诫命的自然法所提出的建构公民社会的原则是:一切社会的或政府的权力都必须由本然地属于个人的权利派生而来,个人之间关注其自我保全的契约创造出社会的全部权力。霍布斯也把此作为国家建构的理由,正如施特劳斯所指出的那样:"国家的职能并不非去创造或促进一种有德性的生活,而是要保护每个人的自然权利。国家的权力是在自然权利而不是别的道德事实中看到其不可逾越的界限的。"①他认为,在政治社会的证成上,把自然权利置于首要地位,并由此强加给其他主体以衍生的义务,霍布斯乃是第一人;在政治国家建构的目的上,把自然权利的有效实现作为其目的,从而舍弃对道德义务的依附,霍布斯也是第一人。就此来说,霍布斯确确实实地乃是现代政治哲学的开创者。倘若我们把现代政治

---

① NRH,185.

哲学进一步看作是自由主义的,那么我们也可以说霍布斯乃是自由主义的真正创立者(而不是洛克)。正如施特劳斯所说:"倘若我们把自由主义称之为这样一种政治学说,它将与义务判然有别的人的权利视为基本的政治事实,并认为国家的职能在于保卫或维护那些权利,那么,我们必须说自由主义的创立者乃是霍布斯。"①

霍布斯认为,自然法只是有利于人们针对他人而保全和维护自身的结论或原理,但是由于理性并不是人性之原初构成,所以作为理性诫命的自然法就不能属于人之自然,如此一来,经由自然法而获得建构的政治国家就不能说是自然人性的必然衍生。洛克为此就曾指出,自然法所致力的首要目标是和平得以维持的条件,而不是和平得以维持的缘由。在公民社会建构起来之前,理性的诫命只能说是一部"自然的宪法"或"理性的公法",它的有效性只能被局限在那些严格遵守自然法的人们之中。此时的自然法就像一只没有武装的军队,没有爪牙的狮子,虽有其威势尚不能作战,它对于那些不遵守自然法的人们全然无效,"强梁群盗……并非虚弱的正义之手所能摆布"。② 因此,我们需要武器来武装军队,需要爪牙来配备狮子。国家意在如此,所以霍布斯就暗含地直接把国家看作是力量的化身,是主权者意志的体现。随后马克思以及韦伯就是在这一层面来理解政治国家的:国家乃是暴力的机器,意在合法地提供暴力。正义,只是严格遵守自然法之人的期盼,对于不能遵守自然法的人们即便不说他们是反正义的,也是非正义的(反正义意味着有意为恶,非正义则只是意味不服管教)。既然自然法只是针对部分人群自然有效,那么我们就不能说自然法乃是人之自然。如此,不难理解施特劳斯对洛克所做的概括:自然法"更是理智的产物而非自然的作品";它"只在于人心",是一种"概念",而不是"在于事物本身之中"。③ 自然法之"自然"是相对于公民社会之"人为"而言的,而非意味乃是人之自然。由此说来,正义,只存在于正义之士的心中,正义的国度,只能由正义之

---

① NRH,185.

② NRH,234.

③ Ibid.

士所建构,并为正义之士所安居。正义,对于那些非正义之人来说,即便不是邪恶,也是可憎之物,或虚假之物。因此,在洛克的学说中,自然法虽不是基础性的,但却是关键性的,它是由自然走向政治的枢纽。

借助自然法来论证政治国家的建构,它所要解决的问题是"合法政府",而非"合理政府"。施特劳斯在古今比较之中进一步考察了现代政治国家建构的缘由。古典政治哲学同样也承认"合法政府",但认为并没有所谓的"普遍的合法政府",有的只是与特定环境相匹配的政府,他们对政体的探讨并不特别地与逻各斯相关联,而是特别地与空间相关联,也就是说,他们把"合法政府"更多地与特定的环境相联系,认为唯有与环境相匹配的政体才能成为"合法的"政府形式。另外更为重要的是,在古典语境之下,所谓的"合法"意即某种政体形式最能适合此种环境下的公民品性,从而最能生成助益公民品性得以完善的预期效果,如此的"合法"才能称为"合理的","合法政府"往往意味着对"最佳政府"的追求。对于现代政治哲人来说,与特定环境相匹配的意味着"特殊的",尽管有着与特定环境相匹配的"合法"但它并不能成为普遍的。因此,寻找"普遍的"合法政府始终是现代政治哲人自觉的追求。霍布斯诉诸自然公法来实现。自然公法乃是对人性的如此预设:人性是相同的或相通的,都围绕着自然欲望之满足而展开,这与某时某地没有特别的关联。霍布斯就想尝试从这一普遍的人性预设前提出发一劳永逸地解决以往古典哲人所未能完成的政治秩序建构的任务,既然自然公法是从普遍的人性前提而来,那么据此就能对所有政治问题给出普遍有效的解答;而且自然公法所依凭的是纯然现实的人性,那么由此而出的解答也就能普遍落实在现实的实践当中。自然公法基于普遍的人性为政治生活确立了基础性的行动原则,每一个体只要谨遵理性根据这一原则都可以解决所有的争端与冲突。在霍布斯所做工作的基础上,我们可以说现代性引导的政治国家建构既是基于普遍同质化人性的预设,也是努力实现普遍同质化人性的需要。

二、政治国家的类型

霍布斯的"自然公法学派"尝试以"合法政府"来取代"最佳政体"。不同于霍布斯,马基雅维利采用另外一条路径来探讨政治国家的建构问题,施特劳斯称之为"国家理由学派",他尝试以"有效政府"来取代"最佳政体"。施特劳斯指出,他们共同展现着现代性在政治秩序建构领域中的品格,共同地反对古典政治哲学对最佳政体的寻找,反对把最佳政体诉诸于偶然机运的古典做法,而是选择能够实现并且给人所能控的政府形式,这是二者所共享的精神类型。这一精神类型通过有意地降低政治的目标来实现政治的建构,无论采用的是现实主义路径还是理想主义路径,他们都不再把政治的实现与命运相联系,而是与人为相联系。其中,对"权力"在政治建构中核心地位的强调,成为他们展现现代性最为精彩的阐明。

虽然马基雅维利已经非常明确地把权力的获取和维护作为君主最重要的活动,但施特劳斯认为霍布斯对"权力"的阐释更值得关注,霍布斯使"权力"第一次成为政治哲学的主旋律,"考虑到在霍布斯看来科学本身也是为着权力而存在的这一事实,人们可以把霍布斯的全部哲学称作第一部权力哲学。"[1]施特劳斯认为,霍布斯以权力来架构社会秩序,既意味着这一秩序内在与身体相切,又意味着这一秩序具有着外部法定的权威。霍布斯有意对权力(power)一词进行含混使用,该词就其词源来看有着双重涵义:potentia("身体"的力量),potestas("法定"的力量)。"身体"意指人类需要"权力",身体就是"权力",而"法定"意指此种权力乃是不可违抗,也是不敢违抗的;前者说明权力主体能够(can)去做,后者则说明权力主体可以(may)去做。在霍布斯这里,权力体现出来的是乃是对做与不做条件的掌控,与做什么或不做什么无涉。权力,就是在行动中所表现出来的人之在的意志,既指向自我的意志,也指向他者的意志。施特劳斯还更进一步地把霍布斯所谓的身体的权力更多地与其所谓的自我保全的权利相关联,权力实乃生存

---

① NRH,198.

意志之表达;法定的权力更多地与死于暴力的恐惧相关联,权力的有效实乃因人之激情的缘故。于是,霍布斯的"权力学说"与其"欲望学说"实乃一体两面。施特劳斯还阐述说,取代古典政治哲学中的"审慎",霍布斯采用"精确"来描述权力的使用。身体力量的"精确",既是必需的又是可以达到的,它应当服从于数学上的严格性,遵循数学严格性的身体权力,并不关心所有者行动之内容或目标。法定力量的精确性则要求对政治权力进行通盘分析综合,设计建构,优化配置,这当然也无关乎它究竟为谁所有和为何而用,而只是关心那自然的权利是否能够得到充分地维护或施行。既然权利本身已经被充分认肯,权力所要做的就是全力保障此种权利。为了能够使现代政治秩序的正当性完全由人所出,我们不必分散精力再去关心权利本身的正当性与否,只用集中精力于权利的维护上即可,此即权力的配置与优化工作。因此,就其关注的主要内容来说,现代政治哲学实可恰当地被称之为"权力哲学",而非"权利哲学"。施特劳斯认为,霍布斯既然把自然状态设定为极端糟糕的状态,并且把理性看作并非人性之自然构成,由此对原初人性的极度不信任,再加上对权力的如此看重,最终得出专制政府的结论就不足为怪了。

在施特劳斯看来,洛克意在表明,依据自然人性我们所能得到的应当是有限政府,因为既然我们承认自然权利,那就意味着我们应当承认人们在自然法允许范围内能够自由地实现它,否则这种自然权利就不能成为真正的自然权利。在霍布斯那里,同意原则只限于人们的首次约定,国家产生之后同意原则就不再有效了,或者说就不再需要了。洛克在此追随了霍布斯,施特劳斯为此指出:任何与自我保全的基本权利不相容之物,并且因此任何一个有理性的生物不会自由同意之物,都不可能是正义的;由此,公民社会或政府不能以强力或征服合法地建立起来,唯有同意才可以作为合法政府的开端。如同霍布斯,洛克同样把"同意"看作是政府之合法性的开端,但不同于霍布斯,在公民社会建立之后同意原则并没有被放弃,它始终是判定公民社会之正义的标准,这一标准内在地是理性计算的标准。而霍布斯则把判定标准付诸于主权者,因为主权者被霍布斯认定为意志的主体,所以,实际上判定正义与否的标准内在地就转化为意志(无论君主的意志还是人民的意志),而不再是理性。因此,不难理解洛克对霍布斯绝对君主制的指责:无论是一个人还是多个人掌握专断的绝对权力,其实质都是没有稳定可靠法律的政府。霍布斯的做法不仅是对自然法的否定(意志取代了理性),而且最终还是对自然权利的否定(欲望没有了理性的保障)。在国家乃是由民人契约而成的"利维坦"这一点上,洛克并无不同于霍布斯。民人让渡出他们的自然权力(注意:不是权利)而进入公民社会,由民人所订之契约和其所遵从的契约乃是同一个契约,这一根本性的契约(之所以是根本的,乃是因为它是由自然法直接所出,也就是民约法之中的宪法)强加给民人以必须服从的义务,包括以此契约所做出的裁定。如同霍布斯,政府的原初形式(即依据根本契约而建构的政府)必然是"民主制",唯此才是合法的政府,但洛克不同于霍布斯的是,他认为此种民主形式的政府应继续存留下去,而霍布斯则认为应当转化为君主政体。施特劳斯在此指出,两人的这种差异其实并不算是个问题,因为社会契约最终所要导向的是建构一个可以依靠、必须服从的"权力主体",无论霍布斯的"主权者"还是洛克的"最高权力"都实现了这一导向。换句话说,对于公民社会的民人来说,更为重要的是"权力"而非"契约",契约只是说明权力的合法与否,它并不能直接地成为民人依靠服从的对象和社会秩序维持的手段。因此,虽然洛克认为在权力运行之下,民人保留了反抗暴力的权利,也就是保有革命(推翻或变更现行政府的"最高权力")的权利,但他并不就比霍布斯更加认为此种权利的保有会给现行的主权者或最高权力带来什么实质性的限制。虽然权利产生权力,但权利与权力的较量,胜出的永远是权力。虽然民人拥有反抗权力的权利,但最终击败权力的仍然是权力,而非权利。这就是现代政治的逻辑:社会产生国家,但国家高于社会,并建构着社会。

三、政治国家的道德

在施特劳斯看来,现代性还意味着是一个与传统政治哲学有着根本不同倡导的道德法则体系。既然现代政治国家的建构内在地是由现代性做支配,那么要想最终地建构政治国家,就需要先行地改造或破坏基于古典宇宙图式所衍生的道德法则体系。在古典道德法则体系当中,德性的类型繁复多样,相互之间不可化约,这无疑为现代人进行世界体系重建设置了种种障碍,如何突破层层古典道德的障碍,就成为现代性开创者们所面临的重要任务。在施特劳斯看来,现代政治哲人主要是"企图以一种单一的德性或者所有其他德性都可由其导出的一种单一的基本德性,来取代杂乱无章、繁复多样的种种不可化约的德性"。他们把以亚里士多德为代表的古典政治哲人所推崇的种种德性归结为两种根本的德性:宽宏(Generosity)与正义(Justice)。前者"构成了使个人具有优异性的所有其他德性",后者"构成了使人们能够服务于别人的所有其他德性","笛卡尔完成了前者,霍布斯完成了后者"。①

　　古典政治哲人把灵魂区分为诸部分,其中,某些部分能够遵从理性或本身就是理性,借助于它们,在灵魂内部便能够建立并维系一个自然的等级秩序,唯有合于此种秩序才能被视作根本上是道德的。依据施特劳斯学派肯宁顿的解读,笛卡尔抛弃了这种论说,认为实际上理性(意即心灵)对激情或者"身体器官的倾向和脾性"存在着极端的依赖。笛卡尔用最终善的激情、恶的激情的区分取代了古人对激情和美德的区分,或简言之用激情取代了美德,也就是说并不存在所谓的美德,有的只是种种激情:善的激情和恶的激情,有用的激情和无用的激情,高尚的激情和卑下的激情等。在这些种种激情当中,存在着一个"总括性的激情",它能够为其他激情提供一个秩序原则,因此也就是能主导其他激情的激情,这个最有用、因而将是最高尚、最完善的主导激情就是"宽宏"。宽宏首先是主体"自己之内的这样一种坚定而恒常的决心……它总能成功地按照自己的意志从事和执行其判定为最好的事情……也即完完全全地追求美德"。如此理解的宽宏,实际上也就是人类对内在于自身的理性能够独立地使用,意在服从于意志的安排。把"宽宏"作为主导性激情,其原因在于它能够很好地彰显人类自身之"理性"对

────────────

①　NRH,191.

于"人们的好处"所具有的效用。笛卡尔之后,"人们的好处"被明确地指向所有的人所一直寻求的东西,即欲望的满足、舒适、健康和长寿,所有的美德都依此而得到判定。笛卡尔还把宽宏看作是这样一种"认识","真正说来,除了人类的意志的自由倾向外,人就没有其他东西了,而且除了因为他对这种倾向做了好的或坏的使用外,我们也没有其他的理由表扬或责备他。"自由意志纯然从属于激情,激情所施加给意志的无非是使其朝向能够满足身体欲望的种种事物:"人类所有激情的主要效用在于:它们激发他们的灵魂去意欲它们使身体为之做好了准备的那些事物。"宽宏意味着"个人在他的意志或决心等品质方面对于自己的身份的觉悟",意即能够充分觉察到到自我的力量,从而认可这种力量并以此力量为基来安身立命。这里还蕴含着更为基础的内涵:个人具有自由的意志去觉悟,也就是说,个人具有觉悟的可能与条件。自由意志"在某种程度上使我们有如上帝一般:只要我们没有因为懦弱而丢掉了它给予我们的权力,意志自由就能使我们成为我们自己的主人"。这样,"宽宏"这一美德经过笛卡尔的阐释,就开辟出现代性的双重特征:个人必须要觉悟,这是人生的使命;个人可以觉悟,我们完全有能力觉悟。笛卡尔赋予"宽宏"这一德性原则以主导性地位,原因是因为这一原则乃是人类之生理性质的激情,它不是通过教化获取的,而是与生俱来的先天激情,因此"宽宏"应当成为也必须成为人生之主宰。这一美德不仅自然地是个体之主宰,还通过医学(即身体物理学)实现对个体的主宰,并且人类还能够通过数学物理学使其主宰外部之自然。宽容引发、蕴含、开启了其他所有的德性,是"通向所有美德的钥匙"。①

霍布斯把道德化约为"正义",使德性学说和道德法则学说(或自然法学说)等同起来,消除了古典政治哲学中对内在于个人的德性所做出的种种规定,使个人面向他者以追求自身,使道德走出狭隘的自我走向社会。因此,古典哲人那里诸如勇气、节制、恢弘大度、慷慨以及智慧等这些具有内在道德特性的美德不再成为现代意义上的德性,唯有涉及到那些能够实现自

---

① HPP,417—437.

我保全的美德才能够成为德性。既然每一个体都祈求自我保全,那么,真正的德性也就是对那个能够使每一个体之自我保全得到维护的公共契约的遵从。所谓的"正义"并不是个体对他者所承担的义务,而是对所定契约的履行所形成的习惯。如此一来,我们也就可以摆脱种种内在义务的束缚,使自身面向外部世界敞开,可以任意的索取、占有,只要能够遵从契约。这就是正义。古典政治哲学中落实在客观秩序之上的正义,被现代没有任何内在义务要求的正义所取代,若从古典哲人的角度来看,现代意义上的正义根本就不是德性,因为它完全独立于人类的意志,它没有内在的有效性。实质性的义务指向的是公共契约,而公共契约乃是每一个体同意的结果,同意则是他们共同的生存意志的表达,因此,正义实乃意志,乃是主权者之意志的表达。这种意志首先是一种自我保全的意志,然后是一种获取和平的意志。在现代政治哲学视域内,作为唯一德性的正义已经失去了任何客观的标准,它毋宁说乃是生存欲望的体现。在古典哲人那里,德性标明了个人不断得以提升的进阶路径,而在现代哲人这里,德性则标明了根本就没有这种进阶路径,因为个人根本就不需要提升,我们所要做的就是如何使得此种初始状态能够在相互关系之下得到维护和持存。正义并没有表明人类有多么的伟大,它只是表明人类有多么的卑微。

就现代性之开辟来看,笛卡尔与霍布斯一致,都认为理性是服务于激情的,并且认为人类与兽类根本上并无差异,只不过是二者在是否使用理性这一"全能的工具"上不同而已。笛卡尔赋予"宽宏"以主导性的地位并以此来看待政治社会,而霍布斯则赋予正义以主导性地位并以此来看待政治社会,他们在人之在乃是激情之在和欲望之在上别无二致。在笛卡尔那里,"宽宏"作为政治激情或美德,不仅能够使人类控制自然以便为所有人类带来好处,而且重要的是它能够教导人类成为激情的主人,以至于自然的主人。人类必须品尝甜美,人类应当品尝甜美,人类可以品尝甜美,因为甜美全部是由人类自身所创造,而且也是人类所能创造的。笛卡尔着眼于人类普遍性的激情,由此所规划出的社会改造蓝图也就具有了普遍的人类意义。虽然每一共同所追求的"有用"可能不尽一致,但激情这一最终的美德和为求荣誉所需的手段是相同的,这也是所有社会所共需的,只因所有的人都为激情所支配。笛卡尔把哲学转变为如何控制自然的规划,把美德转变成为引发激情的科学,通过古典哲人所划分的理论美德和实践美德为"宽宏",从根本上为现代性的设计提供了前行方向和思维框架。而在霍布斯那里,既然德性被定位成自我保全和获取和平,那么不义当然就是主动损及他者生存、破坏和平的激情。如此一来,不义就不是一种行动,而是引发行动的激情,也就是根本上就要存心冒犯别人的那种激情。这就是霍布斯所界定的"虚荣"或"骄傲"。与古典政治哲学中把不义看作是放纵和软弱不同,现代政治哲学并不认为放纵和软弱有什么不妥,甚至还认为需要放纵和软弱,实际上唯有在放纵之中才能体验到欲望得以满足所带来的愉悦,而胆小懦弱也是自我保全的正当之举。

四、政治国家的限度

施特劳斯展开对现代性之考察,其目的是要引出现代性所导致的种种危机。在他看来,现代性的危机深埋于它的前提预设当中,由此种预设而出的政治国家不仅不可能消除产生危机的预设,甚至只能随波逐流,抑或推波助澜。现代政治哲学预设了欲望之个体的正当性,但这一正当性却不具有任何的公共色彩,完全属于个人之私事,这是现代政治建构的前提。现代政治建构所关心的是如何保障和实现此正当性,而不是不关注此正当性是否正当;也就是政治建构的任务在于不断地提供实现此种正当的种种保障性条件。就此来说,我们着实可以把现代政治看作是"形式政治"。

在施特劳斯看来,霍布斯的自然公法只关心那一主权契约是否能够得以建立,而对采用何种方式建立无动于衷,甚至漠不关心。因此,霍布斯的政治哲学实际上造成了对古典政治哲学中所无法绕开的政体问题的否认,也就是说,究竟采用君主制或僭主制、贵族制还是寡头制、民主制还是暴民制等都无关紧要,他只关心统治者的合法或不合法,而不关心统治究竟是好的还是坏的;在寻求合法统治当中,关心何为好的统治或坏的统治没有太多的意义,最多在与"合法性"问题相关联时才能勉强论及好与坏。因为现代政治哲人即便不是把好与坏看作是在政治秩序建构层面上完全没有意义的,也是把好与坏完全归结为个人的私事。简而言之,好与坏的问题在霍布斯政治哲学当中并不是一个"公共理性"的问题。霍布斯的自然公法从根本上否认了对好的亦或坏的制度进行区分的合法性,他只是认定,若要能够完整地跟从自然的欲望,就需要赋予拥有主权的君主或人民以不受限制的权利,任何民约法在根本上应由自然法来进行判定,为了自然之权利,任何的民约法都是可以废止变更的。法律听凭主权,而至上之主权依从更上之权利,最终服务于欲望的满足,于是自然公法先天地就置民约律法以随心所欲之境。这是自然公法给主权学说所带来的先天的缺陷,亦即享有不受限制权利的主权者(无论是君主还是人民)可以随心所欲地置一切法律的或宪法的限制于不顾。霍布斯虽然最终导出了主权者应当由君主来担任,但遵从他的学说的逻辑得以充分展开的现代政治哲学所唯一能够接受的政体形式实际上只能是"民主制"而非"君主制"。霍布斯之所以选择"君主制",对于我们而言既要能够与其所处时代相联系,又要与其所在英国的场景相联系起来进行理解。

施特劳斯认为,古典政治哲人虽然探讨政体问题,但他们的着眼点却是政体所服务的德性培育这一目标。固然德性的培育离不开共同体,即与特定的政体形式密切相关——这是德性培育所必需的土壤,但如同农人一样在土地上撒播种子,重要的是收获粮食而不是整饬土壤。此一目标实现,既有赖于有德者居位施加教化,还有赖于确立正确的体制,后者是确保有德者居位的必要措施。但无论如何,体制问题较之于德性问题始终"只有第二位的重要性"。古典政治哲学中把政治建构与诸如勇敢、节制、智慧等美德紧密联系,不仅要提供实现美德的条件,而且还规定何种美德以及缘何如此。现代政治哲学消解了德性培育这一内在目标,或者是降低了这一目标,把这一目标归结为个人之私事,需要抑或不需要完全由个人做主。现代政治哲人关心的是如何平整土地、修筑浇灌,之所以播种与否以及是否良种他们并不关心。你愿意选择做天使,还是愿意选择做魔鬼,完全是你的自由,只要你别来烦我就成。倘若对何种德性做出规定,显然就被认为是对个人之权利的侵犯。如此一来,对于霍布斯之自然公法所要建立的正当的社会秩序来说,关键的问题就是如何进行恰当的体制设计,而不是公民品格的培养。现代政治哲人相信,通过制度的设计,哪怕是一群魔鬼也能使其秩序井然。现代社会之下,难道不就是一群魔鬼吗?我们既然认可了人性中之兽性一面的正当性,我们还有什么资格来指责这一兽性发作出来的种种暴行呢?这只能说明你还不够兽性,所以你见不惯更加的兽性。提高你的心理承受能力吧,否则你会崩溃的!在此一点上,当我们今天对现代性之种种危机进行责任归咎时,就不能让作为质料的公民来承担,而只能让作为"创造者和支配者"的政治哲人来承担。所以,当施特劳斯把现代性危机归结为政治哲学的危机时,确实有其内在的道理。①

洛克最终追问的是,政治国家(无论是采用君主专制政体还是君主立宪政体)能否成为个人权利的最终保障者?施特劳斯就此指出,虽然洛克辩称他所建立起来的利维坦较之于霍布斯的利维坦,能够为个人权利提供更多的保障,但如同霍布斯,他们所声称的个人对反抗政府权利的保留实际上蕴含着他的担忧:政治国家并不能始终有效地保障个人的权利。他们都认为,为了保障自然权利,必须要替代自然状态(意即纯粹的无政府状态),唯一可行的替代物就是人们将他们全部的自然权力都让渡给他们所进入的社会,把自然人转化成公民,而唯有赋予这一公民社会以能够压制这些成员的权力才能真正有效地保障个人权利。公民社会的建构因其是自然法的要求和必然,因此才是合法的;也正是因为是自然法的要求和必然,政府才拥有合法的力量,正是因为政府拥有力量,它才值得人们去托付自身。也就是说,对个人权利的保障来说,在"需要政府"这一点上,洛克并无不同于霍布斯。但洛克并不认同霍布斯所推导出的君主专制政体,倘若把全部的合法

---

① 现代政治哲人与古典政治哲人一样,都是以"教化者"的面目出现的,柏拉图教化德性,霍布斯教化权利,他们并没有什么不同。真正清明的是苏格拉底,他并不想对现实政治做出什么改进,他感兴趣的知识"言谈"。不过,按此思路来说的,即便是苏格拉底也是在僭越,真正守本分的哲人应当是伊壁鸠鲁,那个在雅典城外的花园中静静思索的哲人。若此,施特劳斯的政治哲学最终寻求的就是摆脱政治的哲学,而非进入政治的哲学。

力量赋予某一个人是相当危险的事情,极有可能会对个人的权利带来致命的威胁。因此,政府的合法力量只能维系在由宪法所确立下来的制度之上,如施特劳斯所概括的那样:"几乎所有的内政事务上都严格地是执行权(那一定是很强大的)隶属于法律,并且最终隶属于有明确界定的立法议会。"①这一机构与其交由可遇不可求的明君,不如交由多数的人民来执掌。洛克此言所指向的是采用宪制的民主政体,宪制的本质就是把最高权力置于出自多数人之手的法律之下,依法而治。当然,洛克并不认为多数人的统治就全然不会给个人的权利带来威胁,只是多数人的统治较之于一个人的统治更少威胁而已。所以,施特劳斯的概括相当精到:洛克把多数人的权力视为是对坏政府的制约,以及反对暴虐政府的最后凭借;但他并不把它视为政府的替代物,或者就等同于政府。换句话说就是,洛克对多数人统治的强调并不必然就会导向最好的政府,但起码能够保证它不至于导向最坏的政府。由此来说,现代民主政体只是消极意义上的政府形式,它只能抑恶,但不能扬善。洛克甚至认为,公民社会就其不平等这一实质而言,它是与平等的自然权利根本相冲突的,政府只是我们所不得不采用的邪恶。而从古典政治哲学的角度来看,民主政体因为不能扬善,这本身就是邪恶的。

洛克既然认为霍布斯委身于君主统治的暴力来保障自然权利哪怕是最低意义上也是不可行的,而诉诸多数人的民主政体也并不必然地就能实现对自然权利的全然保障,甚至公民社会本身就是与自然权利相冲突的,那么,在他看来究竟什么东西才能真正地保障个人的自然权利呢? 施特劳斯考察表明:洛克隐含但明确地指出,既然所有的自然权利(追求幸福和自我保全)都是以财产的拥有为前提,那么倘若离开财产,自然权利必将无所保障。因此,对于个人而言,努力劳动,获取财富,你才能够真正切实地保障自身的权利。既然权利的可靠保障需要普遍的丰足,而普遍的丰足既需要和平与安全,还需要释放贪欲,而财产既是贪欲的结果又是对贪欲的认肯,如果贪欲的释放不能给勤于工作者带来财产及其财产保障,那么贪欲必然萎

---

① NRH,238.

缩调零,必然的结论就是政治国家必须要"保护财产",或者说公民社会存在的唯一理由就在于它能够保护财产,意即它能够提供和平与安全以使人们持续地增加其财产。政治国家建构的真义只能是意在保护社会中富有的成员免于贫困者的索要,保护勤劳而富于理智的人免于懒惰而惹是生非的人的侵扰。由此,施特劳斯就认为,洛克自然权利学说最终导向的与其说是现代国家的建构,毋宁说是对财产观念的启蒙;他告诫人们:你们想使你们的权利得到保障吗? 那么就请尽情地释放你们的贪欲,尽可能多地拥有财产、占有财富,尽情地聚敛金钱货币吧! 不要依靠国家,它给你的保障实在是非常有限的。施特劳斯指出,洛克的这一核心论断其真正意图在于为人们持续地扩大他们对财产的占有做论证,而不是仅限于财产的保护这一狭隘意图,扩大财产,而非保护财产,这才是与欲望主体之欲望真正相契合的政治国家之使命。

第三章 施特劳斯论现代性的进阶及危机

  相较于传统,现代性确立起一整套全新的研判正确与否的价值标准,其开创者们对之充满乐观和自信,他们相信人类可以在此之上建构起"普遍社会"(the universal society),这样的社会通过科学技术对自然的征服能够使人类获致普遍的富裕,从而将彻底清除人类之间的冲突,实现人类的永久和平。如此完美的设计,并且看似完全可行的方案,的确使得现代人为之心潮澎湃,心力俱往。如今,现代性的这个初始信念借助民族国家的政治建构日渐深入人心,逐步成为世界历史范围内的支配性观念系统。不过,众所周知,越是完美的事物越是令人怀疑,尤其在以好奇为本性的哲人那里,现代性不仅其具体的设计方案值得怀疑,甚至其初始预设都是值得推敲的。对于哲人而言,似乎不必等到现代性引发种种危机时就完全可以对之进行质疑,因为既然现代性首先是理论设计的话,那么完全可以通过对理论本身进行反思以审视其基础的可靠性。但是,也完全有可能的是,哲人先行的反思会受澎湃激昂的时代潮流暗中支配,不知不觉之间从更为基础的层面又增添了所要反思的对象的扩展力量。在施特劳斯看来,这就是卢梭、柏克等人有心无意之举,他们自身对现代性的存疑虽然在很大程度上引发了人们对现代性所蕴含危机的警醒,但遗憾的是包括他们在内反倒在极大程度上推进了现代性从更基础的层面上对自己进行证成或包装。

  当现代性的弊端在实践层面完全显露之时,由"西方的没落"此种普遍悲观情绪所支配的反思更具有整体性和彻底性,正如施特劳斯所说,如今已经有很多人开始怀疑整套的现代性方案,①对现代性之种种内涵甚至前提预设心生质疑:普遍社会的目标是否可以实现? 富裕果真是幸福的充分条件亦或至少是必要条件? 科学技术果真能够完全为我们追求富裕服务吗? 普遍的富裕果真能够彻底消除人性邪恶的特质、实现最终的永久和平吗? 个人优先于社会是否根本上正当? 追求快乐是否真就是人性本然? 简而言之,现代性所持守的自然正当是否真的就如其宣称的那样完全可靠? 质疑本身并不会引发危机,由质疑所支配的社会成员开始对其所质疑的对象不再保有足够的信心才会引发严重的危机感,此即终极层面上的无意义感和无价值感。现代性的危机指的就是这种终极层面上的虚无感,人们失去了判断正确与错误、良善与邪恶的根本标准,在好与坏、是与非面前莫衷一是,无所持守。施特劳斯对现代性危机担忧的真正关键在于,历史主义和实证主义不仅提出了现代性创者们所依凭的自然正当是否可靠的问题,而且还侵入到自然正当本身,以至于引发人们对自然正当本身的质疑:是否压根就没有所谓的自然正当? 在施特劳斯看来,如此发力才是历史主义和实证主义的真正危害之所在。唯有进展至此层面,施特劳斯的真正忧心才能为读者所知:倘若失去了自然的正当,这不就意味着人类将彻底地丧失获取高贵的可能吗? 为了重拾高贵,施特劳斯所做的工作首先就是对历史主义和实证主义进行反驳,实现对现代性本身的质疑,从而打通走出现代性、寻找获取高贵的道路。

第一节 历史人性观与现代性的推进

现代性有没有可能本身就是一场错误? 当人们开始如此发问之时,现代性的危机就开始显现。如此发问的关键在于是对整个现代性方案所建立在其上的人性预设的质疑,现代性开创者把人性设定为"欲望"构成,无论是霍布斯的自我保全欲望还是洛克的追求舒适欲望,他们都把人看作是由

---

① 施特劳斯:《我们时代的危机》,文载 PSM,第 1—19 页。

欲望所充斥的个体,欲望乃是人之自然本性。如若从人性是否具有自然之规定这一角度来看,现代性的人性设定与古典政治哲学并无实质性的差异,它们均认可人就其自然本性来说乃是一开始就已被规定。换言之,古典与现代在人性观上所共同持有的观点是"先在人性观"。现代性的第一次危机是以对古今人性观的改进开始起步的:根本就没有自然的人性,人就其自然的本性而言根本就是无有任何规定的,人性毋宁说乃是历史的产物,无论其是偶然的亦或是生成的。令施特劳斯所痛心的是,以"历史人性观"为基的建构方案不但没能撼动现代性的事业,反倒为现代性的腾挪转移解除了最后的束缚,提供了远比洛克借释放贪欲所能提供的自由更加广泛的自由,它彻底清理了现代性建构所已完成了的宗教批判之后遗留下来的废墟,它完全赋予人类以充分的自信使其足以感到成为历史主人的使命和担当。这正是施特劳斯所深感遗憾的地方:本来对现代性如此深刻质疑颇有希望使人们可以藉此走出现代性的迷局,始料未及的是,此种质疑恰恰是现代性品格的另类展示,它只不过是宣称了现代性可以在更为深刻的层面上展现自己,可以在更为基础的层面上开疆拓土。现代性的第一次危机,毋宁说是现代性的更深刻的胜利。

一、现代性的初次危机

施特劳斯选取卢梭、柏克为代表人物展开其对现代性推进的阐述,他首先关注的是,现代性在卢梭、柏克等人眼中存在着什么问题,这些人又是如何展开对现代性的批判的。现代性所引发的道德的普遍堕落、社会的整齐划一以及越来越多的自以为是和固执己见,对于18世纪那些具有敏感心灵的哲人来说,不啻为一场灾难:道德与政治被技术化之后人类社会还能留下什么? 对社会发起纯粹的哲学改革是否只有可能带来恐怖而非幸福? 当把关注点落实在现代性的基础之时,卢梭、柏克等人带给施特劳斯的思考是,现代性的基础还能做更为稳定更为可靠的何种加固? 施特劳斯显然把卢梭与柏克的批判看作是对现代性基础的进一步论证。

现代性及其所支配下的政治国家建构遗弃了古典意义上的德性,现代的政治家们崇尚的是"贸易、金钱、启蒙、解放贪欲、奢侈、信仰立法万能"，他们只谈论贸易与货币，远不像古代政治家沉浸在对风俗和德性的滔滔不绝之中。就其中的公民而言，现代社会中的公民更多关心的是他们的私人或家庭事务，而古代社会的公民则以献身祖国为荣，他们气象恢弘，远不像现代社会的公民充满了市民味道。卢梭之所以推崇日内瓦并不是因为它就是一个古典意义上的城邦，毋宁说它比起其他现代国家来说似乎稍稍有些城邦气息而已，但它并不就如古罗马、斯巴达以及雅典那样充满为公精神。但施特劳斯指出卢梭的真实意图并不在此，单纯从德性角度来批判现代性并没有太多的可圈可点之处，卢梭对现代性的批判真正具有釜底抽薪之功效的是在于他从自然的角度所做的攻击。无论是现代意义上的政治国家还是古典意义上的政治城邦，在卢梭看来都属于公民社会，而公民社会就其本质上来说乃是对自然状态的背离。卢梭终其一生所要寻求的是对纯粹自然的回归，也就是任何政治状态之前的"自然"，他想要做的是"自然人"，而非"社会人"。因此，即便卢梭借助德性充盈的古典城邦来批判现代性，古典城邦也并不是他所要回归的终点。古典城邦与现代国家之间的对立，远不如社会与自然的冲突更为基础。虽然卢梭似乎在究竟是返回自然还是返回古典城邦之间游移不定，例如，"有时他诚挚地为个人或心灵摆脱一切限制或权威的权利而辩护，有时他又同样诚挚地要求个人完全顺从于社会或国家，站在了严苛的道德或社会戒律的一边"，但施特劳斯认为，卢梭对"某种类型的社会"（意即古典城邦）的偏爱并不是他最终的选择，他的最终选择应当是"告别社会、权威、限制和责任，或者说返于自然"。① 施特劳斯认为，社会与自然的冲突，反映的是社会与个人之间的冲突，对这一冲突如何解决不是问题的关键，作为思想家的卢梭所关心的是如何看待这一冲突。现代性的创始者们通过使自然状态向公民社会过渡已经给出了明确的答案，但现代性的推进者们却认为公民社会的建构并没有解决掉这个问题，只不过是通过牺牲掉其中一方搁置或压制了这个问题。

---

① NRH,255.

现代性之所以能够产生如此功效,焕发出如此力量,一方面它充分迎合了社会大众的欲望本性(包括基础性的和扩展性的),另一方面当然与其所使用的工具十分得力有关,这一工具就是科学技术。施特劳斯把其对卢梭之现代性的批判焦点全力集中在科学与艺术的考察之上,既然德性与自由社会彼此相属,那么只要证明了科学与自由社会不相容,就能证明科学与德性不相容。这也是现代性所极力回避却始终存在的问题。在施特劳斯的政治哲学语境之中,"德性主要地乃是政治品德,爱国者的品德,或者是一整个民族的品德",对于任何的公民社会来说,"德性乃是唯一要紧之物"。①德性作为公民社会的联结纽带,很容易被科学(或哲学)所破坏,实际上科学或哲学并不是公民社会恰当的凭藉工具:1)公民社会本质上是一个特殊的、封闭的社会,有其独特的制度和习俗来实现共同体的凝聚,而科学或哲学本质上是普遍的,必定会削弱公民社会的凝聚力。2)公民社会是针对其他国家的封闭社会,为确保共同体就必须崇尚好战,防止被侵犯或被消灭;而科学或哲学追求平静,注定要破坏好战精神。3)公民社会要求公民献身公共利益,而科学或哲学则追逐私人的快乐。4)公民社会要求其成员对宗教信仰或公众意见坚定不移,而科学或哲学关注的是真理本身,无视它所能带来的功效,力图用知识代替意见,用探究代替信仰。5)公民社会要求服从,将自然人转变成公民,牺牲自然的自由换取习俗的自由;科学或哲学则真诚地依循自己的天资,无视公意或共同的思维方式。6)公民社会以习俗的平等取代自然的不平等,而科学或哲学则认为人就其自然来说本就是不平等的,个人都需要对各自的天赋悉心呵护。既然科学或哲学无助于公民社会的良性运行,那么,现代性把其建构大计全然托付给科学或哲学所带来的后果必定就是人心涣散、德性沦落。

施特劳斯又引入柏克对卢梭所做的现代性批判的推进。在施特劳斯看来,柏克表面上似无纯粹的理论阐述,常常随具体情势而变换话题,其实他有着内在理论的一致性。他接手了卢梭的工作,直接断定现代性是以科学

---

① NRH,256.

家的品性为其品性,法国大革命正因为试图把这种现代性的品性贯彻到底,所以从其根本上来说就是一场邪恶的革命。法国大革命的理论家们抛弃了"节制"的德性,他们只认可"自由"的德性。此种人道主义的哲学基础是,"最根本的道德事实就是与基本的肉体欲望相对应的权利;一切的社会性都是派生而来的,并且就事实而论,是人为的;公民社会当然彻头彻尾是人为的。"在此种人道主义被神圣化的条件下,公民之自然的情感就必须要为之让道,"法国革命的理论家们的极端人道主义所必然导致的是兽性大发",他们放荡不羁,他们麻木不仁,所有的人类只是实验室里的小白鼠,为了最终试验的目的,这些小白鼠随时都可以被牺牲。"法国的革命者们通过以科学家、几何学家或化学家的态度来处理人类事务","正是法国革命者们和他们的导师们的这种'科学'态度,部分地解释了为什么他们的放荡不羁——这是他们作为某种自然的东西提出来以反对更早期的骑士风尚的——成了'迂腐和放浪的粗鲁无文、陈腐可怖的杂绊儿'"。① 在此意义上,施特劳斯辨明了法国大革命与此前的人类革命之间的区别:法国大革命不同于任何的前现代的那些建立于政治原则基础上的革命,反倒更接近宗教改革,因为他们都是由特定的教条所引导;但又不同于宗教的教条,支配法国革命的教条是纯粹的理性教条;而且这场革命还延伸到宗教领域,侵入到人类的心灵,因而他是人类历史上首次"彻底的革命"。法国革命究其实质乃是第一场"哲学革命","是雄心勃勃的精神与思辨的精神相互联系起来的"第一场革命,是第一场由文人、哲学家、"纯种的玄学家们"所发动的革命,他们"不是叛乱的附属工具和鼓动者,而是主要的策划者和经营者"。法国革命之所以成功,其重要的原因之一就在于它所依凭的原则有着强大的感染力,"最能迎合没有头脑的大众的天然倾向"。② 科学并非必然要与大众的欲望相结合,但现代政治哲人发现唯有和大众的欲望相结合,科学才能充分发挥出其改造世界的魔力。另外,结合了科学的大众欲望也获得了

---

① NRH,308.
② NRH,307 – 309.

前所未有的力量,他们被唤起了无比巨大的主宰自我命运的热情。法国革命,既是哲学家领导一场革命,也是大众推动着的一场革命。现代性乃是哲学家与大众奇异混合的一场革命。

对现代性的初次批判最有价值的成果是把批判的焦点转移到了理论本身的批判,施特劳斯借柏克之口表达出他对现代性的特别不满,"从政治哲学的角度来看,柏克关于理论和实践的问题的论述,是他著作中最为重要的部分。"①柏克眼中的那些无论使用法学的方法,还是历史学家的、玄学家的、神学家的和数学家的方法的学者都已严重受"思辨论"魅惑,他们用理论的模式处理现实的政治事务,应对日常的实践领域。思辨论认为"实践所需要的一切光明都由理论、哲学或科学提供了",思辨家们不愿给偶然性留足空间,即便不得已要面对偶然性也是把偶然性看作是受某种必然性内在支配的,他们过分地关注了"普遍物或一般物",宁愿面对"特殊的和独一无二的事物"时茫然无知。为了应对澄清和应对复杂情势时的困难,思辨家们采用"律法主义"的方法,制定具有普遍性的法律,以便确定所谓的客观公正,柏克直接将律法主义的路数称之为"思辨的"或"玄学的"。实践所关注的是特殊和可变之物,这与理论所关注的普遍和不变之物全然不同。首先,实践缺乏理论的简洁性。理论有着简洁性、一贯性或精确性,无论是最佳秩序还是自然状态的理论都是此种简洁性的呈现。但实践总是出现例外,要不断地修正、平衡、折衷或混合,缺乏类似于理论的简洁性。因为社会目标有着最大可能的复杂性,倘若一味地坚持在现实中寻求类似于理论的简洁性,必然是没有收获的。实践的智慧所需要的最精妙复杂的技巧只能在漫长多变的实践中才能养成。其次,实践是切己的,理论是疏离的。实践依存于某人自身,依存就意味着对之关切、在意,受其影响,与其休戚与共。行动者主要关心自己现实利益的所得所失,无论此得失是否优异。但理论却不偏不倚,冷漠无情,毫无活力,理论家站在优异性一边,不关心此时此地。再次,实践是紧迫的,理论是闲暇的。实践应对的是当下必须马上要解决的事

---

① NRH,309.

情,常用的表达是"我很忙"、"我要赶时间"。实践者们不能回避意见或悬置判断,他们必须要做出决断,因此必定就不能追求理论的那种明晰性和确定性。但理论的思考却闲暇舒适,时间是理论者的必需品,而对于实践者来说则是奢饰品。任何的实践都是不可逆的,而理论却允许不断地重新来过,假设,验证,推翻,假设,验证……。实践必须受制于原有的决断和既定的事物,而理论却可以完全摆脱过去。最后,思辨本质上追求私人的真理,而实践却要考虑公众的意见。思辨关注的是对错,而政治关注的却是善恶,它们往往与秩序、便利相关联,经常使用的词汇是信任、同意、一致和妥协,这些全然是公众的意见。形而上学上固然是真确的东西,但在政治上可能是谬误的。那些公众的意见虽然并非不犯错误,甚至本身就是错误的,但对于现实的政治或国家举措来说可能恰恰是非常有用的,"理论要拒斥错误、成见或迷信,而政治家却要运用它们",现实的政治必须姑息偏见。①

施特劳斯对现代性的理论品性的不满与其说是对现代性所带来的灰暗前景的悲情式表达,毋宁说是依凭其理想生活对当下世界现状的理智反观。古典政治哲学就认为,理论不能够成其为实践的唯一的或充分的指南,特别是在亚里士多德那里。古典政治哲人很清楚的是,政治生活要求那些超越了既定体制的根本性的原则本身要保持在一种蛰伏状态。对于持久问题的临时权宜的解决之道一定要"避人耳目",或者一定要给听它们盖上一层"政治性的、精心织就的面纱","要给所有政府的开端都盖上一层神圣的面纱。哲学追求推陈出新,而实践则尊古守旧,"古老的风俗……乃是世间一切政府的伟大支柱"。② 社会所依凭的同意原则,也是传统存留下来的惯例或成见。遵从惯例,是政治常用的原则,维新变革,也是政治常用的原则。但现代性却揭开了这层面纱,全然没有了古典哲人的温良清明。说到底,现代性乃是科学家的品性,而非古典哲学家的品性。现代性的实质在于政治的哲学化。就从哲学乃是科学之母来说,即便古典哲学家们也具有某种科

---

① NRH,313－318.

② NRH,317.

学家的品性,只不过他们把此种品性隐藏起来或限制起来了。现代性意味着原先被隐藏和被限制的科学家的品性从哲学家的品性当中分离出来,并使此种品性成为人类的主宰性品性,甚至唯一(正确的)品性。于是在现代性语境之内,没有了古典意义上的哲学家了,现在有的只是以不同面目表现出来的"科学家",他们无非是些"全无精神或睿智的专家与毫无心肝的纵欲之徒"罢了。①

二、历史的人性观

现代性的创始者们把人性看作是"自然的",也就是说,人之本性在其出生之后便已经是被规定了的,虽然尚不完善。在这一点,创始者们似乎并不不同于古典哲人。施特劳斯把霍布斯、洛克等人的人性归之于自我保全以及追求舒适,认为他们根本上都是伊壁鸠鲁学派快乐主义的继承人,现代政治哲人们追随伊壁鸠鲁学派,认为自然的人性是不完善的,但不同于伊壁鸠鲁学派消除欲望以求安宁的做法,他们认为恰当的途径应该是尊重欲望(释放欲望)以求满足。为了对此种自然的人性观进行正当性论证,他们引入了自然状态这一概念。在运用自然状态对自然正当进行证成之后,这一概念随之成为现代性得以确立的轴心性概念。现代性的推进者们同样也在此概念框架之内展开其人性论的阐述,例如卢梭就同意必须返回到自然状态才能确立自然正当,作为"社会性阙如"的状态,自然的法则必须从其中引出,以能够作为公民社会建构可以依凭的初始法则。但卢梭非常不满霍布斯所理解的自然状态下的人性,虽然霍布斯主张回到自然状态,但他所说的自然状态实际上仍然是一种社会状态,他是参阅人的社会阅历来确定自然人的特征,由此所出的人性毋宁说更是社会性的而非自然性的。霍布斯把自然人视同为野蛮人,但其实他所说的"野蛮人是被社会所塑造了的,不再是严格意义上的自然人了"。卢梭提出要通过"思索人类心灵中最初的和最单纯的运作"的方法来获取自然人的禀性,要彻底地把人看作是"天然

---

① NRH,44.

地离群索居的",清除掉一切社会的侵染。其次,霍布斯既然把自然正当归之于激情,那么他就不该把自然法看作是理性的诫命,还把它看作是"由定理推论的结论"。卢梭认为,倘若尊崇霍布斯的前提,那么自然正当、自然法以及人的自然义务或人的社会德性也都必须经由人类的激情而出,它们必定对激情有着更为强烈的依赖。"依据自然,自然法'必定直接道出自然之声';它一定是先于理性的,是由'自然情操'或激情所驱策的。"卢梭认为,霍布斯把自然人看作是受骄傲心(即虚荣心)所支配,但他的这一看法与其前提"人的天性是非社会的"相矛盾的,骄傲心已经是社会的产物。卢梭则把自然人看作是"被自爱心或者说对于自我保全的关切所支配着",正因为受自爱心支配,自然人对别人的受难是无动于衷的(这一点多少与洛克相似)。自然人当然会为了自我保全而伤害他人,但决不会为了伤害而伤害,此谓之同情心。而霍布斯的骄傲心则使人会为伤害而伤害。正因为被同情心所缓解,自然人在任何习俗性的限制出现之前得以生存下来。自我保全的本能包含两个方面的涵义:生殖的愿望和同情心,后者是一切社会德性的来源。简言之,"在卢梭看来,人天性善良,因为他天生是被自爱心和同情心所支配,而与虚荣心和骄傲心无缘。"①

　　毫无疑问,施特劳斯借卢梭之口断定现代性的筹划看起来似乎所托非人,但如若仅停留在对卢梭的此种考察之上,施特劳斯的论断并无特别的新奇之处,卢梭的真实意图又是什么呢? 对此问题的回答就是施特劳斯所理解的卢梭对现代性所做的推进。卢梭意在"发现与自然正当相吻合的那种政治秩序",这一秩序必须要能够和自然的人性相温和协调。最初他遵从笛卡尔的二元论形而上学来对人进行定义:人异于动物在于其灵魂具有精神性,这就是"人进行选择的能力和他对于此种自由的意识"。但他发现这容易引起纷争,于是他转而用"可完善性"替代"自由"来表明人的独特性。②在卢梭看来,"理性是与语言相伴而生,而语言又是社会出现的前提:在社

----

① NRH,276.
② NRH,271.

会之先,自然人是在理性之先的。""既然自然人是前理性的,他就完全不可能得到任何有关自然法(也即理性的法则)的知识",因此,"自然人都是前道德的:他全无心肝。"所以卢梭干脆就称自然人为次人(subhuman),次人也就意味着既可为善亦可为恶,人本于自然几乎是可以无限地完善的,具有无穷的可塑性。换言之,如果把人性看作具有确定某种规定的话,那么只能说根本就是没有所谓的人之本性。既然人就其本性来说是无有规定的,只是潜在地具有无限的可完善性,那么人性的获取也就必定是由偶然事件所引发。① 自然的人性既然得以消解,那么人性就只能是交由后天的人类历史,成为历史的生成。卢梭种下了历史人性观的种子,柏克对之精心培育,使之发芽生长。施特劳斯对柏克的重视也就在此,在他看来,柏克接替卢梭未尽的论证任务成功地与其后的历史主义实现了续接。

既然把人性从自然的层面推进至历史的层面,那么,德性之序列就必须发生调整以便能够与此人性相适应。霍布斯把自我保全为最作为根本的自然权利,于是自由(意即每个人作为有利于自己的自我保全的手段的唯一裁断者的权利)就被看作是从属于自我保全的,是次优于自我保全的。卢梭实现了对霍布斯人性观的改造,使自由成为比生命更高的善,事实上,卢梭干脆直接就将自由等同于德性或善,自由成为创立法理、服从法律之源。据此,卢梭就用自由而非理性重置了对人的定义。所以施特劳斯说,"自由的哲学"的开创者乃是卢梭。伊壁鸠鲁主义把自然的善等同于快乐,并且更多地是肉体的快乐,所以"个人本然地乃是摆脱了一切社会约束的而自由的",基于此种自然,无休无止的奋斗就被视为是有悖于自然的,人之自然被认为是尽量的少,而不是尽量的多。霍布斯对伊壁鸠鲁主义的改造,把个人从社会和自然的双重束缚中解放出来,善的生活在于不断满足无有休止的权势欲,这种追求被视为是合理的或正当的。洛克更是全力论证释放贪欲的必要性和正当性。此种追求最终必然导向"有条件的义务和唯利是图的德性"。而卢梭则认为,霍布斯与洛克用功利主义理解道德并不恰当,道

---

① NRH,276 – 280.

德必须还应有更稳固的基础,或者说,德性必须是无条件的或无关功利的才可能是最为稳固的。他把这一基础落实在霍布斯和洛克所提出的自由或权利优先的观念之上,不过,不同于霍布斯对生存权优先性的强调和洛克对财产权优先性的强调,卢梭"倾向于把根本的自由或者根本的权利,视作是建立在无条件的义务(而不是别的任何事情)时所发挥出来的创造性活动:自由本质上就是自我立法"。卢梭"此种努力的结果就是自由取代了德性,或者是这样的观点:并非德性使人自由,而是自由使人有德性"。① 自由作为首要的德性,对于现代性的推进具有重要的意义,对"自由"概念的强调不仅使在卢梭思想中被严重边缘化的自然状态概念变得多少有了点价值,而且还成为了判定公民社会良善与否的根本标准。虽然卢梭似乎区分了自然自由、道德自由和公民自由,并且把自然自由看作是自由的"样板",但在施特劳斯看来这些都无关紧要。

三、现代性的推进

施特劳斯一开始想当然地认为,既然卢梭把人类的特质看作并非自然的赐予(或者说人类在其开端时期缺乏人之为人的特质),而是人们为了克服或改变自然而有所作为(或被迫有所作为)的结果,意即人性乃是历史过程的产物,那么,依据卢梭学说的逻辑展开必然要全盘抛弃掉在自然、在人性中找寻权利的基础的图谋。于是,看起来似乎就能自然而然地得出这样的结论:历史过程似乎比自然状态更可取,或者说历史过程是有意义的。但令施特劳斯颇感诧异的是卢梭对此予以了坚决的否认,卢梭的观点反而是,历史过程既然是偶然的,那就无法给人类提供标准,我们也无法探知历史的目的。历史过程的意义有赖于"对于真正的公共权利的完美的知识",只有此种知识才能给人类提供真正的标准。

现代政治哲学的开创者们之所以引入自然状态,其目的是要从中引出人之所必然要遵从的自然法,从而推演出义务和权利;也就是说,他们是把

----

① NRH,287.

自然状态作为理论推演之必要的假设,而非作为是否曾在历史上存有的事实。但卢梭却区分了两种自然状态:人类原初状况的自然状态和人之为人的法理地位的自然状态。在施特劳斯看来,卢梭虽然认可政治哲学家们回返自然状态的必要性,但是他似乎压根就没有意识到他们之所以回返的目的是要探知"正义的要求是否以及在何种程度上具有某种独立于人类立法之外的支柱"。就此来说,卢梭的自然状态概念已经偏离了现代政治哲人在法理意义上的使用,意即抛弃了"人性的考虑",他构建了"公意"来取代现代政治哲人所使用的自然状态:正义就是对通过每一个人欲望所过滤而存留下来的相同欲望的认可所获致的,正是由于获得了或通过了普遍的考验,所以这就证明了所存留下来的欲望是合理的并且从而是正义的。于是,在卢梭这里毫无疑问"同意"的原则实际上就取代了"智慧"的原则。或者说,卢梭不再把理性的法则确立为自然法,而是把共同的欲望作为自然法的依据。霍布斯虽然已经对此有了某种意识,但真正确立同意原则为正义之根本判定依据的乃是卢梭,据此可说卢梭是现代民主政制的真正创始人。

在施特劳斯来看,卢梭一方面认为把现代性的判断标准确立在公民社会当中并不妥当,另一方面又认为现代性开创者们尝试从他们所界定的自然状态来寻求标准也是成问题的,因为他们所界定的自然状态实际上已经是社会性的。卢梭借用了自然状态,但赋予自然状态以无有任何规定的纯粹自由状态,在施特劳斯看来,如此一来就彻底消解了任何从人类自身出发为判断标准确立基础的企图。施特劳斯在此指出,卢梭的尝试倒是显示出了某种对古典自然正当回归的可能,意即转由人类之外的某种客观出发来寻找判断标准。现代政治哲学的开创者们即便不是把自然状态看作是邪恶的(霍布斯),也是看作矛盾四伏的(洛克),作为一个"消极的标准",自然状态是必须要被克服的。而卢梭则把自然状态看作是真正自由的,个人可以完全独立的因而是最为幸福的状态,作为一个"积极的标准",人类进入公民社会之后固然不再可能返回到此种状态,但它可以作为公民社会所努力的目标,可以在公民社会所允许的限度内最大可能地接近。①

于是,卢梭就引出了他著名的社会契约论:契约社会就是在公民社会所允许的范围内所能达到的最为接近自然的状态。自然状态之下的同情心,在进入到公民社会中逐步削弱,人们开始依赖于他人,不平等开始出现,自由就丧失了,在此状态下自我保全日益困难;但关键时刻,根本的自我保全要求用某种人为替代品来取代自然的同情心,用习俗性的替代品取代自然的自由和自然的平等。卢梭在此与霍布斯、洛克的论证并无不同,他同样认为公民社会的根基在自我保全,对资源先行占有的富人与唯有依凭暴力才能实现自我保全的穷人之间为了各自的自我保全,通过协议或契约,寻求和平保障,公民社会就此产生。虽然契约的本质是富人欺瞒穷人的骗局,法律的虚伪性也是无论如何都无可避免的,但毕竟使人们有契约可依从,从而确立了秩序,避免了直接的暴力相向。契约状态之下由协议产生的公民团体进行立法,取代自然的同情,可以使人们之间达到近似于自然状态下的自由而又独立。公民丧失了自然的自由,却换取了同胞习惯性保护的自由;看起来公民拥有更少的自由,他们不能再仅依凭自己的判断,但因为他只服从法律(或公意)而无须服从其他,所以实际上拥有了更多的自由。但公民自由的前提是,所有成员都服从于公意,让渡自己全部的权利,使自己由完全的自然人转变为完全的社会人。实现集体化或去自然化是公民获取自由的前提之一。契约社会中,因为实在法实现了对自然权利的吸纳,因而所有个人(尤其是政府)都能够服从于公意。这种接近于自然状态的公民社会,卢梭

---

①　柏克续接了卢梭的工作,尝试向前现代回归,他似乎认识到阅读古代作家的必要性,较之于今人,古人具有"健全的"心灵。柏克也承认自然状态,认为自然状态下未订立契约的人们拥有自然权利,其中自我防护的权利乃是自然法的第一要义,甚至还保持对所有事物的权利。自然状态乃是"我们赤裸裸、摇摆不定的天性"的状态,或者说是我们的天性为受到我们的德性的任何影响的状态,或者说是原初的野蛮状态。但是,柏克很明确,自然状态并不能给文明生活提供标准。施特劳斯对柏克的考察所得出的结论是惊人的:由于人类的天性向往脱离自然状态指向公民社会,又因为我们既然把人性付之于历史的生成,因此公民社会才是真正的与人性相符和的自然状态,意即不是粗鲁无文而是文明开化;公民社会虽是习俗性的产物,是契约的产物,但所有的德性和一切美好事物都在其中孕育。这和卢梭简直如出一辙:既然自由是首要的德性,那么为自由所充盈的自然状态就是理想的生活状态。

称之为"民主制",它比任何其他政体形式更接近自然状态。民主制也需要"明智的调和",一人一票,且投票方式应利于穷人。

公意固然不可能犯错,因为它始终意愿着人民的利益,但由于人民并不是总能看清自己的利益所在,所以公意需要启蒙。要让人民放弃一己之私的优先性完全选择公共利益,非经非凡之立法者不可能完成,他赋予由其发明的法典以神圣的起源或以自己的智慧给众神增添荣耀(意即有效的公意启蒙必须有赖于共同体乃是一个宗教国家),如此一来人民才能够相信公意是为自己好,并自愿改造自己为公民。但公民一旦被启蒙,他们觉醒了的理智必然会怀疑公意所依凭的众神的真实性,这就需要社会使公民淡忘掉社会之基础的问题。但对社会之基础的关注乃是政治哲学的主题。卢梭的意思非常明确:自由社会的建构固然需要政治哲学,但政治哲学必须被保持在狭窄的立法者圈子之内,禁止大众接触政治哲学。如此一来,立法者就责任重大了。但卢梭放弃了古典立法者观念,因为它容易导致法律的优先性取代人民的充分主权,自由的观念要求卢梭必须把法律置于自由之下。那么由谁来代替立法者呢?卢梭将原先托付给立法者的功能转交给公民宗教来承担,他认为唯有公民宗教才能够产生公民所需要的情感。但毫无疑问,由科学精神所培养起来的"危险的怀疑主义"必然威胁任何的公民宗教,倘若民众受科学所支配就会不服从公民宗教,那么由其所维护的社会秩序也将面临瓦解的危险。另外,契约社会的维护还可借助民族风俗,民族风俗所起到的作用和立法者一样,能够将个人的意志给社会化。在公民社会之先,风俗维系着民族,由于风俗产生于特定民族的自然,因此有着较之公民社会中公意更大的作用,较之自利盘算和社会契约,风俗更是公民社会的深厚根基。因此,公民社会的建构,需要尽可能地与民族的风俗进行衔接,吸纳民族风俗。

以上的契约之论似乎老生常谈,施特劳斯所关心的是,卢梭真的以为契约社会就是其所理想的最佳状态?因为无论如何,即便公民社会是对自然状态的尽可能的接近,但终究不是真正的自由状态,因为公民社会意味着"义务",它是由公民社会固有的"德性"所强加给个人的。"德性要以努力和习惯为前提;它首要地乃是一种负担,它提出的要求是严厉的。"真正的自由意味着"善"而非"德性"。"善,也即为善的愿望、或者是至少完全没有为恶的愿望,纯粹是自然的;善的愉悦直接来自自然;善直接与同情心的自然情感相联系;它属于心灵而非良知或理性。"①卢梭虽然教导说德性比善更优越,但依照他的学说的推理,如此教导肯定是可疑的。卢梭最终似乎还选择了走向爱的生活,夫妻之爱、父爱和异性之爱,爱比任何人为的纽带更加神圣。在他看来,"爱比公民社会、义务和德性更加接近原初的自然状态","通过爱,人们在人道的层面上比之他通过公民生活或道德生活中所能达到的要更加接近自然状态"。②当我们经历公民社会的洗礼而不可能再回到自然状态时,通过走向爱的生活,可以使我们比公民社会本身更加接近自然状态。

虽然爱的生活更接近自然状态,但它仍然是社会性的生活状态,无可避免地与反社会性的人的本性相冲突。本性是离群索居的人无论如何在公民社会当中只是接近而永远不可能达到自然状态。这也就是为什么施特劳斯把对卢梭的阐述最终归结到孤独遐思的原因。卢梭晚年直接放弃爱的生活,徜徉于孤独漫步中的遐思生活。他所谓的"孤独的遐思"完全不同于哲学的思考或观察,而是导向"存在感","亦即一个人感受到自己存在的愉悦之情"。"正是通过使自己完全沉入这种感悟之中,文明人才完成了在人道层面上向着原初自然状态的回归。"对存在的感悟是"人们最初的情感",它比自我保全的欲望更为根本,存在本身天然地就令人愉悦。虽然孤独遐思是对自然状态的复归,但原初自然状态下的人们是无法体会遐思生活所带来的对存在的感悟,更非愚蠢的动物所能达到,它是只有文明人中最优秀的部分才能获致的最终幸福。于是,"公民社会最终的合理性的根据就在于,它允许某种类型的个人通过从公民社会中退隐、亦即生活在其边缘而得享至高无上的幸福。"③卢梭对遐思生活的追求,其目标不是智慧而是情感,是

---

① NRH,297.

② NRH,297.

③ NRH,299.

同情而非德性,或者说他要成为艺术家而非哲学家。由于公民社会往往将无用的人看作是危险的,所以沉浸于遐思生活的人经常受到迫害,但真正有危险的应该是哲学家而非艺术家。相对于公民社会的德性而言,沉浸遐思生活的人的确是良知败坏的。于是,卢梭接受自然状态,进行契约社会建构,其真实意图在于经受文明人的洗礼,以更高境界复返自然人,他对科学艺术的激烈批判实质上蕴含着他认为真正的自由唯有在科学艺术中才可享有的意图,显然这一意图不足为外人道也。卢梭所论的自由目标虽然非常明确但其特质却极其不确定,意即自由无法界定。既然所要回归的自然状态无所规定,那么终极的自由便没有任何明确的人道的内容。但在施特劳斯看来,正是因为终极的自由没有任何来自人道的规定,它才能够作为真正的自由,因为任何为着某种目的的自由必然是受到限制的自由。卢梭清楚地意识到,终极的自由与公民社会的要求之间存在着根本的冲突,化解这一冲突只能是从公民社会中退隐,走向孤独遐思的生活,这也意味着个人对社会的抛弃。卢梭的探究之路表明,试图在社会的层面上化解个人与社会的冲突终将是不可能的。

柏克固然也明确宣称公民社会的宗旨是要维护人权,尤其是追求幸福的权利,而且政府的基础源于人权并在人权之内,但这些在施特劳斯看来并不重要,重要的是柏克认为只有经由德性对所有激情施加限制,人们才能获致幸福。人并不是彼此彻底独立的,不可能挣脱道德纽带,人的意志必须置于理性、审慎或德性的主宰之下。因此,柏克实际上反对公民服从政府的义务源自于同意或契约,毋宁说是源自于特定情势及其所造就的道德纽带。现代性的开创者们把政府的基础落实在自我保全的权利和裁决权利上,柏克也承认诸如自我保全或追求幸福这些自然权利,但只有当个人拥有判断权和裁决权之时这些自然权利才能真正有保障。经由契约而产生政治权力并不能够对个人权利的实现提供决然正确的判断和裁决,因此,此种政治权力诉诸多数人的同意,这本身就是对差异化的欲望需求的掩盖。多数人主宰的政府并不等同于"好政府"。人们确确实实是从他们的情感、也能够从他们的情感来进行判断,好的政府是能够与此种情感相匹配的政府。实际上,苦楚往往是由理性和远见所导致,多数人往往并不能领会那遥不可及的思虑,因为它们是各种情势的巨大混合。柏克把政府的基础落实在"满足我们的欲望、服从我们的义务"之中,自然的正当并不是宪制合法性的依据,只有最适合于满足特定情势中人类的欲望、提升此情势中德性的宪制才是合法的,是否"适合"只能交由经验来判断,而不能交由自然的正当来判断。

不仅如此,施特劳斯还进一步把柏克所说的政府基础归结于在于"当下的便利"。柏克承认权威来自于人民,原初的契约确立既定的宪制,这是最高的权威,但他认为当下的人民并不关心那些所谓的终极真理,人民之所以愿意忠诚于宪制,就在于既定的宪制能够给人民带来"当下的便利":"既然公民社会的职责在于满足欲望,那么既定的宪制的权威就更多地来自于它在许多世纪中的造福人民的工作或者说是它所取得的成果,而较少地来自于原初的约定或者说是它的起源。"对于当下的人民来说,"在原初契约的基础上形成的习惯,尤其是德性的习惯,比之原初的行动本身有着无与伦比的重要性。"共同体中"那些暂时的拥有者或终生的租赁者们""对于他们从他们的祖先那里继承来的东西无所萦心",他们也必定对于"理应归于后世的东西"无所萦心。人民大众所关心的只是他们当前所能获得的和所已获得的利益,在他们看来政府的基础就在于能够给他们提供"当下的便利"。①

施特劳斯认为,柏克把政府的基础归结于历史的情势,进而又归结为当下的便利,于是自然的正当也就无以立足,这将使现代性成为无根的浮萍,因为历史的情势和当下的便利都是变动不居的。虽然现代性的推进者们如同开创者们一样,都试图把现代性建立在人类的自我决断之上,但是柏克又明确地指出人类并没有足够的能力实现对实践事务的理论设计;于是,现代性所依凭的"正确"就只能交付给历史进程。施特劳斯认为,柏克之所以对理论的智慧以及自然的正当如此的悲观,根源在于他没能区分理性主义的两种形式,以至于在对现代"理性主义"反对的同时,几乎在不经意之间变成了对"理性主义"本身的反对。现代理性主义的确来自古典,但在古典那

---

① NRH,306.

里理性主义有着更为宽宏的涵义。例如,古典派认为,最佳宪法是由睿智的立法者理性的发明,因其满足人性的完满性要求而合于自然,这意味着最佳宪法乃是立法者对自然之模式的效仿;最佳宪法是一个存有目标优先序列的体系,其中最高的目标是单一的,并且是自然本身。柏克把对理性主义的反对极端地推至宪法不能"制定"只能"生成"的境地,反对所谓睿智的"立法者"建构最佳社会秩序的观点,最佳宪法的自然只能是对自然过程的模仿,而非理性的设计作品,它只是在漫长的历史过程中生长出来的,以"最丰富复杂的目标"为其鹄的。既然任何的人性只能被看作是偶然的因果关联的作用而获得的,那么毫无疑问,任何健全的政治秩序归根结底也只能是偶然的因果关联的意外产物。在柏克看来,一切好的东西都是继承而来,人们需要的不是"形而上学的法学",而是"历史的法学"。柏克就是这样为"历史学派"做好了铺垫。[①] 施特劳斯尖锐地批判柏克,长久因袭性究竟不能成为判定正当与否的依凭? 柏克的政治理论把英国的宪法看作是一部长久因袭的宪法,因而是具有唯一权威和最高权威的宪法。施特劳斯指出,长久因袭性并不能作为宪法的唯一权威来源,除非长久因袭性本身就等同于善。柏克把正当的标准内化在了过程之中,实际上意味着对超越的标准的弃置,他所遵循的前提是"现实的与当前的就是合理的",这实际上也是为黑格尔做了铺垫。现代政治哲人把所有的理论都看作本质上是服务于实践的,即知识就是力量,柏克等人在对理论形而上学怀疑的基础上区分了理论与实践,最终使理论遭到贬抑而实践得到推崇。作为最高点的实践形式,政治社会的奠基或形成不再被看作是受反思控制的准自然过程,政治理论作为对这些实践的产物或现实之物的理解,最终也是服务于实践的,它不再面向政治之应然。形而上学一旦把人类活动及其产物作为最终的目标,它本身就成为了历史哲学。历史哲学虽然首要地乃是有关人类实践并且从而必定是有关已经完成了的人类实践的理论,但它已经预先假定作为有意义的

---

① NRH,325.

人类活动的历史已然完成,理论只不过是追随历史实践的说明或论证而已。① 于是,古典意义上对应然之物的寻求,以大全或完满作为最高主题的政治理论则被完全遗弃。

第二节 现代性的虚无危机

施特劳斯把现代性看作是与古典政治哲学完全不同的精神类型,与古典政治哲学的主张不同,现代政治哲人抛弃了古典政治哲人把终极判断价值归结于客观的自然或上帝,他们拒绝承认自然比之任何人为的产物具有更高的尊严,所有的人类规范只能由非自然的领域的人类自身所出,这就潜涵着把人的世界或人类所创造的世界看作远比自然世界高超的多存在。在施特劳斯看来,当现代性的开创者们把自然的正当归结为欲望个体的欲望之时,就已经开始进入困局,当现代性的推进者们在现代性的前提之中发现了现代性基础不够稳固之时,这本可以引发人们走出现代性,但是令人遗憾的是,他们只是在更高或更低的层面上加固了现代性的根基。卢梭、柏克等人历史生成的信靠已经开始显露出虚无主义的气息,促使人们做如此的思考:是否还存在着某种稳固的东西能够成为我们幸福生活的强而有力、自始至终的支撑? 在他们之后,对此问题的回答有两种声音:的确存在着所谓的终极价值,但不是一个而是多个,但在这些终极价值之间无法做出高下优劣的判别;的确存在着所谓的终极价值,但它们都只在特定的历史片段中有效,不存在超越历史片段的唯一的终极价值。施特劳斯把前者称之为实证主义,把后者称之为历史主义。在这两种观念的推动下最终引发了现代性的虚无主义危机。

一、历史主义的困局

在施特劳斯看来,历史主义认为所有的人类思想,包括正义观念或正确

---

① NRH,327.

观念,在本质上都属于某一历史世界、某一文化、文明或世界观。较之于古典时期的习俗主义者把所谓的"正确"归之于某一特殊的城邦(空间决定逻各斯),历史主义对自然正当的批判前提则可以归结为,所谓的"正确"则应更进一步归之于某一特殊的历史情形(意即时间决定逻各斯)。① 习俗主义可以看作是历史主义对自然正当的挑战的预演和前奏,它基于"特定的空间"(即城邦)向自然正当发起挑战,而历史主义则扩展空间注入了"特定的时间"(即历史),从而把"正确"归之于特定的时空。历史主义所拒斥的自然正当,在施特劳斯看来可以在两个层面上理解:经验层面上,确确实实可以发现存在着有关正确与错误的种种观念;理论层面上,可以对这些观念本身进行分析,而不涉及其特殊的内容,也就是如此发问:是否存在着纯粹的"自然的正当"。既然自然正当的理解是在两个层次上进行的,那么历史主义要想对自然正当形成彻底的批判或真正的挑战,也需要在两个层面上展开。第一,依凭"历史证据"展开的批判,这是经验层面的批判;第二,依凭"哲学抽象"展开的批判,这是理论层面的批判。施特劳斯把前者称之为"理论的历史主义",把后者称之为"激进的历史主义"。事实上,施特劳斯认为探究现代性危机的恰当进路不是经验层面,而是理论层面。正因为把自然正当看作是纯粹抽象且普遍的理性原则,其关涉"根本的"正义原则,而不是"某种"正义的原则,所以施特劳斯才认为,仅凭历史证据而对自然正当做出的挑战并不具有真正的威胁,真正的威胁来自于对理论分析之不可能做出断定的"激进的历史主义"的挑战,也就是所谓的"哲学批判"。

(一)理论的历史主义

历史主义的前身是历史学派,它的表现形式被施特劳斯称之为理论的历史主义,它属于历史主义的第一个阶段。在历史主义之前,自然正当的信念还得到人们的承认,即"对于永恒的知识、或者至少是对于永恒的预测乃是可能的"。② 但历史学派在19世纪的突如其来动摇了这一信念。历史学

---

① 由此可见,在古今比较视域当中,逻各斯中心主义这一基本点仍然没有改变,改变只是以何种方式决定逻各斯。

② NRH,14.

派认为有必要保存或延续传统的秩序,倘若接受了任何普遍的或者抽象的原则必然造成现实的灾难。对普遍原则的认可会造成人们对现实社会化秩序的疏离,成为社会的"陌生人"。历史学派反对从抽象的理论出发来规定历史现实,而是通过历史现实的统计来制定政策。历史学派反对任何的普遍或抽象原则,虽然现代之前的自然正当并不一味地诉诸自然或理性的秩序,但历史学派对任何的普遍或抽象原则的反对实际上从根基上侵蚀着自然正当的基础,他们把此时此地的时空现实看作是必然和合理的,认为唯有此时此地的生活才是真切的。

历史学派的第一个论证是在对革命派的批判(法国大革命的批判)中展开的,其核心观点是:它承认存在着抽象原则,但这些原则的有效性是和特定的历史时空相联系的,不存在超越特定历史时空而普遍有效的抽象原则。历史学派认为,革命派受某种自然观念的鼓舞,设想自然的永远都是个人的,因此,整齐划一是不自然或习俗性的;但革命派的逻辑内在是矛盾的:一方面倡导个人的解放,以使每个个体都能够自由地追求自己心目中的幸福;一方面这意味着又设立了某种整体划一:每个个体的自然正当就是同样地属于每个人之作为人所应具有的权利。革命派在消解抽象权利的时候无疑又在更高层面上推进了抽象权利。历史学派认为应当继续反对整齐划一,实际上革命派所坚称的要将权利个别化到完全对应于个体之间的自然差异的地步,显然是不可能的。于是,唯一既能与社会生活相容,又不整齐划一的权利就是"历史的"权利。历史学派认为肯定存在着抽象原则,但这些原则绝不是超越历史时空的,而是和特定历史时空相联系。也就是说,在特定的历史时空之内,抽象原则是普遍的;在不同的历史时空之间,抽象原则又是特殊的。最终,历史学派特别强调特定时空的东西比之普遍物具有更高的价值,于是一切的普遍都被看作是历史的某个瞬间:在历史长河当中,一切都又变得无足轻重,但在当下的历史时空中,一切都又显得无比重要,无论是美好的抑或是丑恶的。如此一来,历史学派也就消解了任何的必然性价值或终极性关怀。施特劳斯指出,历史学派表面上作为保守派,与革命派为对手,但实际上他们只是变相地推进了法国大革命的抽象原则:他们承认各个时空都绝对有其抽象原则,然而这些绝对原则却绝不是超越各个时空的。这同样是一种绝对判断。

历史学派的第二个论证仍然是从对革命派的批判中展开的,其核心观点是:虽然人确实具有超验性的追求,但人的存在乃是和特定的历史时空相关联的,必须把自身保持在此岸世界(即特定的历史时空之内),以获取存在感。古典政治哲学追求普遍和绝对价值,本就蕴含着某种超验性因素。但在 18 世纪为革命派所崇尚的"进步"观念修正了古典政治哲学的这种意蕴,即过去落后于现在,现在又落后于未来,用"进步"的价值观念取代了古典时期的静态的"德性"价值观念,使得"进步"成为那一个超验性的观念了。革命派反对一切彼岸性和超验性,毋宁说革命派反对古典意义上的彼岸性和超验性,而树立了现代意义上的彼岸性和超验性(抽象理性原则的建构)。历史学派认为,革命派所坚称的纯粹抽象理性原则不应当具有或不可以具有重构现实的意义。这样一来,历史学派也就抽空了任何超验行为的现实指向,也就是说,你可以进行超验的建构,但不能用之于现实。就此来看,历史学派可以看作是比法国大革命更为极端的现代此岸性形式(革命派试图用纯粹抽象的理性原则来建构此岸世界,因此是一种现代此岸性形式),它崇尚历史原则而贬斥普遍原则(历史主义实际上是把历史原则给普遍化和绝对化了)。由于历史学派所崇尚的具体与特殊是属于特定时代和特定民族的,因此它可以使人们在此岸真真切切地获得家园感,从而最终消除了由于彼岸性和超验性所造成的人们对此岸世界的疏离感和陌生感。

简言之,历史学派的断定的融通性需要抽空其具体的历史经验的内涵,而成为超越历史时空的绝对判断;也就是说,历史学派观点的有效性需要这种观点必须是"理论的分析"才能得到保证。历史学派所做出的断定是,所有的人类思想都是和特定时空相联系的,当历史时空发生变化或前移,这些思想必然会陈腐朽落。施特劳斯正式在此发问:历史学派本身就是一种人类思想,它也产生于特定的历史时空,那么这也就注定了其衰亡朽坏的命运;历史的断言就蕴含了其自身也必然会在特定时空下被否定或被替代的命运。故此,历史学派本身就面临着自身存在是否正当的困境。历史学派为了摆脱自身的困境,就只能把自身提升为"绝对判断":除开历史主义之外,所有其他的人类思想都可以看作是和特定历史时空相关联的"融通的世界观",它们都能够对世界做出某种合理的解释,虽然这些解释之间并非没有冲突;但历史主义已经超越了这些所谓"融通的世界观",而是在更高的层面上对之进行分析,判定它们均和特定的历史时空相关联。由此来说,历史学派实质上就把自身界定为一种绝对的和中性的理论思想,它无涉具体的历史场景,而实现超越了特定的历史时空而对整个历史进程的判定。

历史学派论证所采用的工具手段是历史研究。由于历史学派只是认定历史进程中那些属于特定时代和特定民族的具体和特殊的原则,那么就有必要对此进行研究以便发现它们。这就赋予历史研究以重要作用,历史研究的目的是要发现历史进程中的、和特定的历史时空相关联的种种原则。历史研究表面看起来与实证主义非常相像。实证主义拒斥神学和形而上学,认为真正的知识只能是由经验所提供,强调采用实证方式进行研究(实际上是在用自然科学的程序来界定和筛选"经验"的),这种研究隐含地把对人的研究降格为与其他实在研究处在同一水平。但历史研究内在却不属于实证主义,它并不认定自然科学研究方法的权威性,而且历史研究也并不专注于那些琐碎的历史经验。历史研究的恰当甚至唯一的对象就是"人",无论历史进程中人的表现是辉煌还是悲惨,它都蕴含着对人的研究要高于对其他实在的研究。

(二)激进的历史主义

激进的历史主义可以看做是对理论历史主义不彻底性的矫正。理论历史主义因为其"理论特性"为自然正当的存续保留了"后门",而激进历史主义则要实现对这种"理论特性"的彻底拒斥。激进的历史主义是在回应因历史学派自身困境所招致的种种对历史主义的批判中展开的,它通过把种种批判归之为"理论命题"而予以回应:既然各种融通的世界观正是因为它们与特定的时空联系,所以就不能再对它们进行纯粹的理论分析,因为理论分析本身就是超越特定历史时空的。另外,对于人生的现实存在而言,进行理论的分析本身其合法性就存在着问题。因为生活于某历史时空之中的人们,必须要对此时空有所担当或有所承诺,而理论分析却拒绝担当和承诺。也就是说,人生本身的行动要想得以展开,就必然需要在特定的历史时空之内,而理论分析试图采用超越历史的观念寻求真实与不变,无视这一时空外壳,甚至有意打破这一外壳,这必然会对特定历史时空造成破坏,动摇于其中生活的人们对此时空的信仰。

在施特劳斯看来,对理论分析的批判导源于尼采对 19 世纪历史主义不彻底性的攻击,他认为 19 世纪的历史主义作为一种理论观念,为自然正当论的存在保留了空间,最终使得自身成为问题。要想使人生生活摆脱危险,可采用两条路径:其一,倘若坚持理论分析,那么就应把这种理论分析限定在特定的人群当中,并采用秘传形式探究,防止扩展至普通大众。若不得已必须扩展至普通大众,那么也只能采用柏拉图"高贵的谎言"回应大众,不得对大众宣告真相或进行启蒙。这条路径蕴含着这样的前提:理论分析是必需的;理论分析是高于大众生活的。其二,直接否认理论分析的可能性,把历史上出现的所有的思想观念看作是屈服或依赖于生活或命运。这一路径蕴含着另外的前提:理论分析是必需的;理论分析是低于大众生活的。很显然,尼采之后选择的是第二条路径。

激进历史主义认定,所有的理解和知识都依托某个融通性的观念背景,这一观念背景作为理解和知识的参照系,是一切理论分析得以进行推理的大前提;倘若再对这些观念背景进行理论分析,就是不合法的。真实历史中存在着的多个如此这般的观念背景之间是无法进行比较和取舍的,选择任何一个背景观念都同样是合理的。这里面有这几层涵义:第一,人类必需某种观念背景,其行动才能得以合法地进行,行动的合法性来自于某种观念系统本身,而不是来自于诸种观念背景之间的比较;第二,人类之选择某种观念背景,不是出于人类的自由行动,而是由于某种外部不可预知、不可控制的因素导致的,此即所谓的命运;第三,人类要么只能在某种命运所加诸在身上的观念背景中生活,要么是选择与命运对抗,但无所依持地生活,最终只能导致在虚幻的安全感或绝对中丧失自己。

每一种有所担当的观念背景都需要借助其他有所担当的观念背景才能

彰显自己,正是在这种有所担当的观念背景的不断地彰显中,人类的思想才呈现出"历史性",似乎是一个不断更新或进步的过程。虽然诸种人类观念之间无法逻辑地进行通约,它们之间存在着冲突战争也无法彻底地消除,但是它们都能够对那些选择于其中生活的人们的行动予以圆融性的合法论证和辩护。历史主义自身之所以会出现逻辑的悖谬,原因在于试图对极具历史性的历史主义本身做出超越历史的理解,使其成为无所担当的观念,这在根本上是与历史主义的志趣宗旨相悖的。历史主义的志趣宗旨是:所有的人类观念在无所担当或孤立无援的思想层次上都是无法得到其当表达的;所有的人类观念都是依托某种观念背景而有所担当的。正是因为这些观念背景及其支持的思想在本质上乃是属于某一特定的历史情形,所以对历史主义的批判也就不能超越历史地进行。

激进的历史主义认为,"所有的自然正当论都声称,正义的根本之点在原则上乃是人作为所能知晓的。因而他们预先就假定,某个最重要的真理在原则上乃是人之作为人所能知晓的。"①自然正当论的这一声称实际上蕴含了两个前提假设:第一,存在着根本的正义原则;第二,人之作为人是能够认识这个正义原则的。激进的历史主义在自然正当论的第一个前提假设上持认肯态度,但它把这一原则规定为"一切人类思想在本质上都是具有有限性的根本洞见"。但对第二个前提则持否定态度:"根本性的洞见并不是人之作为人就能够知晓的,也不是人类思想的进步或艰苦劳作的结果,而是深不可测的命运所赐予的不可预见的礼物。"②激进的历史主义坚信:相对于古人来说,我们今天的进步就在于认识到了思想在本质上依赖于命运;但之所以能够认识到这点,也是命运的赐予,而不是人类自我努力的结果。命运为什么赐予我们知晓,天晓得!也许哪一天它就又给收回去了。作为一种人类思想,历史主义并不就比其他思想形式更高或更优,它自身也依赖于命运;历史主义自身的逻辑困境,似乎显示着它自身的缺陷,但这一缺陷根源

---

① NRH,30.

② Ibid.

于现实的无常,而不是历史主义自身的无能。也许历史进程中确实存在着某一关键时刻,这一时刻是历史主义的断言将大白于天下的时刻,这一断言就是:"对于思想对命运之无可逃避的依赖性以及人生的根本性质的洞见,是将来人们在思想取向上任何可能出现的变化都不能动摇的。"历史主义所祈求的最终时刻不同于黑格尔的历史的终点:黑格尔认为,"绝对的时刻就哲学或者对于智慧的寻求变成了智慧本身的那一刻,是那些根本之谜得以充分解决的时刻",而历史主义的看法则是,"那绝对的时刻必定就是根本之谜不可能求得解决的这一特性完全彰显,或者人类精神所陷入的根本性的骗就得以驱散的那一时刻"。① 黑格尔就其根本的理论宗旨来看,他就是一个自然正当论者,而激进的历史主义则是要在根本上否定自然正当论。激进的历史主义是要否定一切的理论形而上学、哲学伦理学或自然正当论的所有可能性,人生最终所依凭的命运无论如何是不为人所知的,人类自身在终极意义上只能依凭不可预知、不可控制的命运。

不能否认的是,虽然知晓根本之谜无可解决但仍然存在着还去追求的人们,激进的历史主义认为这种追求"只不过是以某种非历史主义的和怀疑论的哲学来取代某种非历史主义的和教条主义的哲学",既徒劳无功又荒诞不经:哲学本身就是建立在意见之上的教条,其本身就是意见,试图用所谓的知识来取代意见,这就是某种教条主义的痴迷。哲学试图以对于整体的知识取代对于整体的意见,它预设了整体是可知的或可理解的。于是整体本身就被等同于那可被理解的整体,整体被客体化了,不能被客体化的东西均被漠视或排斥了。哲学追求蕴含着这样的前提:整体存在着永恒的结构,所以在原则上我们是可以认知的;"是"被等同于"永远是"。而激进的历史主义却使哲学的这种预设和前提曝露于天下,使人认识到:"所谓的整体实际上总是不完全的,因此并非真正的整体;整体实质上发生变化的方式使得它的将来是人们所不可预料的;整体就其自身而论是人们永远无从把握也无从理解的;人类思想本质上依赖于某种不可预料、永远不能成为课题或者

---

① NRH,31.

永远不能被主体把握的东西;是在其最高意义上并不意味着——或者,无论如何,它并不意味着——永远是。"①历史主义的功绩在于揭露出哲学追求的前提是教条武断的,根本上就是意见而非知识。激进的历史主义认定只存在某种正确与错误而不存在所谓非正确与错误本身;在没有人类的情况下,仍然可能有"在者"但绝不可能还有"在";人类今天对过去思想的理解才是对过去思想的真正理解。历史主义认为,自然正当的观念预设了在完全的和原初意义上的哲学的可能性,但这种预设并不就是其所宣称的"客观",毋宁说是一种彻彻底底的主观独断。

历史主义对自己极端自信的必然结果就是:它认为它"发现"了历史的维度,即今胜昔。施特劳斯把此种信念称之为"极端的历史主义(extreme historicism),他也意味着历史主义走到了尽头。但历史主义的这种"自信"会否就是一种"独断",历史主义的最终"发现"会否就是一种"发明"?历史主义既然排除了理论分析的正当性,它也就无法确证自身的主张。因此,历史主义并不能排除这种可能性,即它的发现完全有可能只是解决某一问题的虚假的权宜之计,这也就意味着"末日来临"。

二、实证主义的困局

现代性是建立在对古典政治哲学之自然正当观念的拒斥之上,虽然历史主义试图清除自然的正当观念,但在把真正的正当与特殊的民族特性相联系的同时,又认为人类历史乃是可由人类理智把握的必然性所主宰的过程,这实际上是"在历史的面具之下保留了、而不是拒斥了自然正当",因为自然的正当最终只是被化解在了历史进程之中。在施特劳斯看来,这是历史主义所具有的根本性的理论缺陷,这一缺陷如果无法弥补,那么,历史主义试图建立起"既是特殊的和历史性的、又仍然是客观的标准"的目标就无法实现。历史主义的遗留问题展开来讲,主要是两个内容:第一,历史主义虽然把自然的正当消解在历史的进程当中,具体到每一特定的历史片段仍

---

① NRH,32.

然还有着自然的正当,也就是说仍然还能够确定具有终极意义的判断正确与错误的标准。但历史主义没有看到的是,事实上,即便在同一个历史片段之中,还存在着根本上相互冲突的价值观念。倘若历史主义不能成功应对这些冲突,那么即便把正当归结在历史之上也无法认定其为"自然的"。第二,历史主义既然把现实看作是合理的而加以接受,认为任何历史片段都可以经由整个历史进程而得到合理性辩护,那么古典的自然正当也就能够得到合理性辩护,至少是历史性的合理辩护,于是,作为当今时代整体价值系统的现代性又有什么依据来判断古典的自然正当是应当被淘汰的东西呢?看来,历史主义只是把正确与否简单地归诸历史并不能化解价值的冲突,在此,那些心灵敏感的思想家们难免就会产生这样的疑惑:价值冲突是否原本就是无解的? 甚至还可以说,价值冲突不仅是不应被化解的,而且还是必需的? 在施特劳斯看来,这就是实证主义者所面临的问题,这一问题构成了实证主义的基础。通常实证主义这一基础更多地会被人们从形而上学的意义上予以关注,事实上对这一基础的关注应当被赋予更多的政治哲学的意义,发现实证主义在此问题上的基本态度是理解现代性之危机的关键环节之一。施特劳斯选取马克斯·韦伯作为实证主义者的代表来展开对这一问题的探析,他认为韦伯的社会科学实际上就是在这一层面上展开,也唯有进展至这一层面,实证主义之于现代性的终结作用才能充分得以理解。依照施特劳斯的看法,正是因为韦伯看到了历史主义所遗留下的这一基础性问题,于是着手建构起能融合古典观点和历史主义在内的更高层次的正当学说,这也就是施特劳斯所概括的"社会科学的基本问题",正是看到了韦伯对此问题颇为深刻的关注,他才直接赞誉韦伯"堪称最伟大的社会科学家"。①

在施特劳斯看来,实证主义并不是不承认价值,而只是认为价值与事实乃是根本不同质的事物,现实中存在的各种价值固然可以成为社会科学的研究对象,但社会科学研究本身却不应该有价值偏好,或者说必须价值无涉地进行社会科学的研究。首先,我们从事实之中无法抽绎出价值,也无法从

---

① NRH,38.

某物有价值而推断出它具有某种禀性。价值和事实的完全异质性要求社会科学必须保持价值判断上的中立地位,社会科学本身无法回答价值问题。虽然社会科学的对象是由"价值关涉"事先选择,但社会科学本身却无法对这些选择对象进行"价值判断",它只是追溯缘由并予以解释。对选择所依凭的价值进行澄清,尽管可以看作是社会哲学的任务,但即便是社会哲学也不能对所依凭的诸种价值做出优劣高下的评判。例如,我们可以分别对自由和平等这两种价值进行澄清,却不能判断自由更好抑或平等更好。其次,社会科学之所以采取这种研究态度,从根本上来说是这些实证主义者认为我们不可能对于"应该"能有什么真正的知识。价值无涉或道德中立从根本上来看是由"是"与"应当"的对立引起,实证主义者强调价值无涉,是因为他们根本上否认对于"应当"我们能够具备真正的知识,"真实的价值体系并不存在,存在的只是一系列不分高下的价值观,它们的需求彼此之间相互冲突,而此冲突又非人类理性所能解决"。① 因此,社会科学的任务不再于解决冲突而在于澄清冲突,或许解决冲突最好还是交由个体自决。施特劳斯认定价值无涉必然引发虚无主义:"韦伯的命题必定会导致虚无主义或者是这样的观点:每一种取舍,无论其如何地邪恶、卑下或无辜,都会在理性的祭坛前被判决为与任何别的取舍一样合理。"韦伯虽然看到了现代性所蕴藏着的弊端,即"被一种突发性的自鸣得意感掩饰起来的机械的僵化",整个社会充斥着"全无精神或睿智的专家与毫无心肝的纵欲之徒",②但他认为,我们无法在此种生活方式与苏格拉底所倡导的生活方式之间做出判断,或者说两种生活方式同样的合理。

任何的社会问题都具有价值相关性,在这一点上实证主义者并不否认,但为施特劳斯所不能接受的是,这些实证主义者把这些相关的价值看作是由个人自决的产物,因而缺乏具有普遍约束力的绝对道德命令。例如,韦伯提出了"人格"的概念,认为人必须自主地设定其存在的终极价值以作为行

---

① NRH,43 - 44.
② Ibid.

动的永恒目的,此种设定赋予个人以尊严,并据此理性地选择实现的手段。人格就是此种设定所带给个人的特质和个性。所以,施特劳斯这样概括实证主义者在基本价值问题上的态度:人的尊严就在于他的自律,也就是说,在于个人自由地选择他自己的价值或理想,或者说在于服从"成为你之所是"的诚条。在实证主义者那里,绝对命令是"你应当有理想"而且"你应当自行设定你的理想",施特劳斯认为这一绝对命令只是纯然形式的,因为它无关乎你应当有什么理想。正是因为实证主义者看到了人们行动所赖以为凭的价值之间存在着无法解决的冲突,所以才提出要如此的纯然形式的绝对命令。施特劳斯概言到:韦伯的绝对命令实际上意味着:"追随你的守护神,不管他是善是恶。"或者如同韦伯自己的表述:"按照你的意愿去追随上帝或者恶魔,但是不管你做出何种抉择,都要付出你全部的身心和力量。"①

施特劳斯对此不能接受。在他看来,无论如何,倘若一味地"追随人的欲望、激情或一己之私,对理想或价值、神祇或恶魔都淡然于心"绝对都是"卑下不堪的"。② 但是实证主义者既然把"按照你的意愿去追随上帝或者恶魔"当作绝对的命令,那么这一命令就成为了判定高尚或卑下的根本依据。于是在实证主义的语境之内,高尚和卑下就失去了它们传统的意义,如今"高尚意味着献身于某一事业,无论它是善还是恶;卑下则意味着对所有的事业都淡然于心"。③ 这种理解超出了传统理解的层面,无涉行动之内容,只关是否有所行动。正因为如此,施特劳斯把实证主义的绝对命令看作是对行动世界的纯粹理论的态度。施特劳斯又遵循他一贯的推理逻辑,把实证主义这一态度应用于实证主义自身:既然认为唯有行动才是正当,那么对世界的纯粹理论态度也就必然是卑下的了,因为任何的理论探究多少都是对现实行动的某种远离。不过,转回来思考,施特劳斯想以子之矛攻子之盾,但却不得要领:难道理论探究不就是一种实际的行动吗?韦伯的绝对命令意味着,无论我作出了何种取舍,我都必须理性地行动:我必须忠实于自

---

① NRH,46–47.

② NRH,47.

③ NRH,48.

己,我必须对我的根本目标坚持一致,我必须理性地选择我的目的所要求的手段。施特劳斯追问道:既然取舍本身就是非理性的,缘何要认真地看待手段的理性?既然取舍本身是很随意的,缘何要求很认真地去行动?韦伯是典型的前后不一,他的论断无法用于他的论断自身。另一方面,韦伯既然承认所有的价值都无法做出高下优劣的判别,但他说出"你应当有理想"时不就意味着其他的所有价值都是低于这个绝对价值命令的吗?或者说,既然所有的价值无法做出高下优劣的判别,那么,缘何就必须要坚持"你应当有理想"这样的价值命令呢?于是,施特劳斯就得出结论说,韦伯之所以要求理性的自觉,之所以要求理智的诚实,没有其他的理性的原因,只是他自己对理性的非理性喜好而已。实证主义者间接地指明了所有的价值在根基上无非都是主体某种自律性质的设定,他们要求人们必须设定目标价值并作为根本价值而为之全力以赴,至于所设定的价值本身高贵还是卑下不是关键问题,甚至就不是问题。所以,施特劳斯就称由韦伯的命题所引出的虚无主义乃是"高级的"。韦伯的虚无主义超出了对高贵和卑下之实质性内容的关注层面,把高贵与卑下的实质性内容给抽空了,或者说他把高贵与卑下给提升了一个层次,以致于使它们失去了传统意义上的实质性内容。

在施特劳斯看来,实证主义把相对主义贯彻到底,最终使得虚无主义不可逆转,他们不仅把终极价值归结为主体完全的自决,而且还认为不同主体之自决所带来的价值冲突根本是无法解决的,人类社会本就是诸神之战场。例如,人们之所以谴责妓女而赞誉良家妇女,就是因为他们不能对所有的性行为保持漠然中立。世界本就是冲突遍布的世界,试图化解伦理和政治之间的冲突根本上是和实际情况相违背的。冲突是必然的,而和平只是虚幻的。人生本质上就是无法逃避的冲突。既然世界本质上乃是冲突,政治的实质也就是权力的斗争,那么与此相一致,也就必须要求把人生看作在本质上是冲突,被争斗折磨的世界需要被争斗折磨着的个人,否则就会陷入悖谬:个人与自身是和平相处的,而世界却是由战争主宰着。如此一来,才会使人把战争看作是绝对的邪恶或罪孽,从根本上把人类和世界看作是有罪的;唯有如此,才能驱使人们产生为民族生存空间而斗争的绝对责任感,也唯有如此才能促成人们产生追求普遍和平的绝对责任感。这两种责任感都是绝对的,它们之间的冲突也是根本的。依据实证主义的论调,根本不存在什么价值的等级制:所有的价值都在同一等级上。通常的观点认为,能够兼顾到更多价值要比只坚持一种价值而排斥其他价值的做法要更可取,但实证主义者的韦伯却认为,"中间路线在科学上一点都不比最极端的右派和左派的党派理想来的更正确",甚至还"更低劣",因为中间路线"更加含糊"。① 施特劳斯指出,韦伯如此持论显然没有任何的现实考虑,或者说直接就是与现实中的实际行为严重背离的;倘若仅按照韦伯自己的学说,他最起码应当把中庸之道和极端主义等量齐观,而不是对二者进行高下判别。施特劳斯的意思很明显,韦伯如此持论实际上是对自己所持之论的反对。

实证主义还必须面对理性与信仰之间的冲突,要想把其理论主张贯彻到底,就必须认定理性和信仰之间的冲突乃是人类之根本的冲突,既无解也无需解。例如韦伯非常确信的是,现代社会已经从过去的各类幻觉中解放出来(祛魅),人类已经理智地知晓了自身的处境。祛除巫魅后的现代世界乃是漫无节制的"此岸性"世界,是非宗教的世界。但是受历史主义的影响,韦伯所不能确定的是我们所知晓的处境是否只是我们这个时代的处境,而对于人之作为人的根本处境仍然无法知晓。如果只是我们时代的处境,那么这一处境是否也只是一种时代的幻觉呢?或者说它只是具有特定的时代有效性而缺乏超时代的普遍有效性? 他甚至明确地表示对现代世界的深深忧虑:"一切对事业或理想的献身都以宗教信仰为其根基,因而,宗教信仰的式微终会导致一切雄心或理想的消亡。"②这样,一方面看到是世俗的扩张对宗教的排斥,一方面又强烈地感受到人类之伟大需要宗教信仰。韦伯所担心的是,人类生活毫无疑问需要善的指引,但问题是人类是否有能力获得关于善的知识。哲学认为人类完全凭借自身就可以获取,而圣经则把此归之于上帝。面对善的问题,人的指引还是神的指引就成为最为根本的

---

① NRH,68.
② NRH,75.

冲突,前者导出自由见解的生活,后者导出顺从的爱的生活。历史上曾多次试图调和这两者,但都是以牺牲其中一者为代价的:"本该做女王的哲学,成了天启的女婢;或者正好反过来,本该高举王位的天启,成了哲学的女婢。"①历史的翻转并没有判定哲学的胜利,毋宁说它只是表明了哲学与圣经的冲突所反映出来的乃是人类的根本性冲突,天启与理性都无法驳倒对方。不过,施特劳斯指出,实证主义的努力留给我们的最大的启示是,对天启不能全然驳倒本身就表明了理性具有有限性,理性对其有限性的知晓,这就意味着天启必然有其存在的可能,哲学甚至得承认天启乃是可能的。韦伯虽然主张人类需要仅凭自身的自主自由的理性发起对真理的追求,但他也非常清楚理性自身的有限性。由于信仰凭借其外在于人类的价值系统反倒能够实现对世界的融贯性解释,因此实证主义最终表明的是,我们要想获取对世界的融贯性解释,就必须摆脱对理性的全然信靠,回归信仰。实证主义的虚无主义表明,理性只是纯然的形式或工具,内容的空洞和目标的丧失才是最为要命的。

第三节 现代性的初步辩驳

在施特劳斯看来,古典语境中的哲学乃是与现实的政治相分离的沉思,哲学无意于政治行动,更无意于现实改造。哲学首先是承认存在着某种与历史上变动不居的视域或洞穴截然不同的绝对的或自然的视域,它为判定人类行动正确与否提供自然的标准;其次,认定存在着与人类思想相伴随的基本问题,它们是对于整体的智慧或完全的理解,并且这些基本问题永远是一样的,即超越特定时空的限制;最后,哲学有赖于人们的自觉:人类必需明了真正重要的问题就在于追求此类基本问题,但又必须明了我们尚未获取对此类基本问题的解答,也就是自知自己无知。古典意义的哲学表明了如下事实:其一,对基本问题的追问乃是人类保持永恒动力的必需;其二,人类

---

① NRH,74-75.

在其存在根基上是无有规定的,人类必需完成自我规定,这是人生的职分。作为哲学之分支的政治哲学,参考哲学的基本规定其可能性在于"人们能够理解那些在政治上所能作出的根本性的抉择"。① 施特劳斯如此论说包含着几层意思:其一,人类的完善必需根本性的抉择;其二,此种抉择不能由旁人代劳,只能自我做出;其三,根本抉择成为所有其他行动的原初规定,并为此承担责任。政治哲学的功能便是引导我们去思考这样的根本性抉择,并提供现实政治行动之正当性的判定依据。所有的自然正当论者都认可根本的政治问题能够得到最终的解决,他们之所如此认定乃是因为他们相信苏格拉底之问能够得到我们的解答。苏格拉底告诉世人,在最根本的问题上我们尚是一无所知的,既然明白到我们对最根本问题是一无所知的,这就需要我们要努力地去寻求解答。智慧也就是对最根本问题的解答。虽然对智慧的成功寻求也许最后只是表明我们其实并不需要智慧,但这毕竟是我们努力寻求的结果。倘若我们连努力都没有付出过,又有什么资格说了解最根本问题或知晓最根本问题呢? 倘若我们根本不了解最根本的问题,我们又如何判定我们所做之事的价值呢?

但是,施特劳斯却提醒着人们,在现代性的浪潮推动之下,一方面,现代政治革命和国家建构凭借自然正当获取其合法性,于是哲学就被政治化,其结果就是政治与哲学的双重扭曲:政治的封闭性和更迭性引发了对哲学之无限性和永恒性的质疑,而哲学的无限性和永恒性则引发了对现实政治的怀疑。历史主义既然直接源发于"对法国大革命的反动",那么,由此引发对纯粹的普遍原则和抽象原则的质疑和否定就不可避免,虽然这种原则更属于已经得以改造的现代自然正当,但是最终必然会诱发人们对原本意义上之自然正当的质疑和否定,从而造成人类在根本问题上的虚无状态。另一方面,苏格拉底对根本问题的回答在历史上不断招致反对,这就引发人们怀疑苏格拉底的答案会否也是一种武断呢? 由于冲突自古至今一直存在,是不是表明苏格拉底之问本就是无可解答呢? 今天自然正当之遭到拒斥,

---

① NRH,37.

其一是人们认为并不存在永恒不变的自然正当,所有的人类思想都是历史性的,或者说都只是具有历史性的意义;其二,的确存在着种种永恒不变的自然正当,但不是一而是多,因而相互之间并无优劣高下之分,而是相互平行的。现代性在实证主义的探究之下,其正当性也不仅招人疑惑:会不会现代性本身也是一场梦幻? 如果现代性本就是一场错误,它缘何还值得人们信靠并全身心地投入其生命热情呢?

一、对历史主义的辩驳

施特劳斯从历史主义自身的逻辑入手指出历史主义面临着严重的理论缺陷。对于激进历史主义而言,它否定了任何理论分析的可能性,把自己的基础归之于历史事实,而历史事实究竟如何又是完全不可测知的,只能是由变幻不定的命运来决定,于是历史上出现的所有的思想观念,包括历史主义本身都是屈服于或依赖于生活或命运。那么,历史主义也就逻辑地排斥了对自身进行理论分析的正当性和可能性。既然理论分析不可用,历史事实也不可信,那么,历史主义对自己的自信就无法获得任何的确证;我们完全可以说:历史主义的"自信"只能是一种"独断",历史主义的最终"发现"实则只是一种"发明";历史主义并不能排除这种可能性,即它的发现完全有可能只是解决某一问题的虚假的权宜之计。其自身的成立与否就大成问题,那么据此对自然正当所做出的挑战也必定大成问题。

历史主义断定,所有的理解和知识都依托某个融通性的观念背景,这一观念背景作为理解和知识的参照系,是一切理论分析得以进行推理的大前提,其本身是不能再进行理论分析的。由于"历史主义"本身也是不能进行"理论分析"的,那么历史主义自信它自身就是一种这样的"观念背景"。但问题是,人类之选择某种观念背景,不是出于人类的自由行动,而是由于某种外部不可预知、不可控制的因素导致的,此即所谓的命运。施特劳斯把历史主义的结论推至极端:既然历史本身受控于偶然性,那么人们对历史主义的选择也应是极具偶然性的行动,而此就意味着历史主义完全可被任意地替换。历史主义认为,人类必须要选择某种观念背景,否则将无所依持地生活,最终只能导致在虚幻的安全感或绝对中丧失自己,唯有经历选择其行动才能得以合法地进行,才能获得某种坚实的存在感。但历史主义根基于不可测知的事实和黯淡多变的命运,那么,选择历史主义作为生存的观念背景实非明智之举;为了能够获得坚实的存在感,就必须要抛弃历史主义,或抽空历史主义。前者意味着历史主义是多余的,后者则意味着历史主义将无法避免被分析。激进的历史主义试图通过否定理论分析来回避理论历史主义所出现的逻辑悖谬,最终结果是理论分析反倒成了不可回避的命运。历史主义要想让自身不是"多余的",他就必须对自身进行"理论分析",必须面对"逻辑悖谬"。虽然激进的历史主义把这一"逻辑悖谬"试图归之于"现实的无常"来规避,但这一行动本身仍是成问题的。

激进的历史主义试图通过认定根本正义原则上的不可知以实现对自然正当的拒斥,但其并不成功:首先,激进的历史主义也认定某种自然正当的存在,"一切人类思想在本质上都是具有有限性的根本洞见";其次,它并没能为"根本洞见"的不可知提供有效的论证,而只是断定"根本性的洞见并不是人之作为人就能够知晓的,也不是人类思想的进步或艰苦劳作的结果,而是深不可测的命运所赐予的不可预见的礼物"。① 既然"理论分析"是不可能也是不合法的,我们凭什么能够做出如此的绝对判断? 倘若没有理论的分析,如何能够断定存在着某一绝对的历史时刻,"那绝对的时刻必定就是根本之谜,不可能求得解决的这一特性完全彰显,或者人类精神所陷入的根本性的骗就得以驱散的那一时刻"?② 我们又如何能够合法地否定一切的理论形而上学、哲学伦理学或自然正当论的所有可能性? 施特劳斯从历史主义所依凭的论据中得出了恰巧相反的结论:即便是确知了根本之谜是无可解决的,但仍然存在着还去追求的人们,这本身就说明了人类确实具有某种追求根本之谜的原始冲动。施特劳斯隐含地指出:哲学追求必然是非历史主义的,对根本之谜的追求无论是任何时代都存在着的人类行动;只不

---

① NRH,30.
② NRH,29-31.

过是在坚信根本之谜可以解决的时候,哲学追求教条主义的;而在知晓根本之谜无可解决之后,哲学追求则是怀疑论的。即便是在历史主义盛行的时代,哲学仍可依凭其怀疑论倾向去追求绝对,在这里的怀疑是积极性的,其对象是"根本之谜无可解决"这样的论断,经过怀疑追求的仍是某种积极性的绝对建构。激进的历史主义认定,所有的哲学追求都先在地预定了整体是可知的或可理解的,所以才有"试图以对于整体的知识取代对于整体的意见"的哲学行动。但历史主义判定哲学追求的前提是教条武断的,根本上就是意见而非知识,这并没有触及哲学追求的根本;因为哲学追求完全还可以预设整体是不可知或不可理解的,而这种预设本身仍然是肯定性的行为。换句话说,激进的历史主义所触及到的仅仅是哲学的某种对象,而不是哲学追求的本身。

在施特劳斯看来,对于自然正当的重建来说,历史主义的功绩只能算作是消极的,它只是指出了原有建构对象的脆弱,却无法进阶至这些建构本身。首先,虽然历史时空的转换过程中所出现的各类"正确"与"错误"等观念并不能就被看作是超越历史的绝对判断,但只要诸如"正确"与"错误"等观念存在,建构自然正当论就是必要的也是可能的,这些观念是存在着自然正当的哲学立场的底蕴之所在。其次,自然正当论者确实承认"在者"与"在"之间不能化等号,但是"在者"与"在"之间确确实实可以分开,在完全不触及"在者"的情况下畅谈"在"。换句话说,历史主义是在"在者"的层面上展开的,而自然正当则是在"在"的层面上展开的,而自然正当确实能够且合法地在"在"的层面展开自身。第三,尽管我们对过去思想的理解都隐含着我们自身的主观特性,但并不能就说我们无法达到对过去思想的客观理解;因为历史主义无法否定这样的可能性:今天的理解与过去的理解其对象是相同的,这些根本问题在历史变迁中始终保持一致,它们也无需那些不同的解说来论证自身。所以,施特劳斯就明言:"原初的苏格拉底意义上的哲学无需什么更多的东西来论证自己的合法性"。"哲学就是对于人的无知的知识,也就是说,哲学是关于人们不知道什么的知识,或者说是对于那些基本问题、因而也就是对于那些与人类思想相生相伴、为解决问题所可以做出的基本选择的意识。"①

就理论的历史主义而言,施特劳斯认为:第一,其论证本身是成问题的。理论历史主义面临的问题是根本性的:它是不融通的或不自洽的,它所做出的断言无法应用于自身。历史主义的断言无法正当地应用于自身,为了规避自身的困境,就只能把自身提升到理论层面;也就是说,历史主义的断言只是针对特定的历史情形来说是有效的,或者说,其恰当的对象只能是非理论性质的历史事实。如此一来,历史主义就自觉地把自身定位成一种"理论分析",它的有效性来自于其断言的绝对抽象性和普遍性;历史主义毋宁说揭示出人类必须要超越历史,而且人类也能够超越历史。历史主义把除自身之外的所有其它的人类思想都看作是和特定历史时空相关联的"融通的世界观",它们都能够对世界做出某种合理的解释,虽然这些解释之间并非没有冲突。但历史主义已经超越了这些所谓"融通的世界观",而是在更高的理论层面上对之进行分析,判定它们均和特定的历史时空相关联。由此来说,历史主义乃是一种绝对的和中性的人类思想,它超越了特定的历史时空而是对整个历史进程的判定。所以说,历史主义并没有成功拒斥自然正当,其本身就是一种自然正当论,或者说自然正当论在历史主义这里以否定的形式仍然顽强地存在着。

第二,历史主义所依凭的历史证据是成问题的。历史主义乐观地认为,历史证据已经表明了历史主义所坚称的真理:历史过程中存在诸多的思想和信仰,并且思想和信仰不断地消散和产生,从未有任何思想或信仰能够经久而不衰;另外,所有的思想和信仰都依赖于特定的历史时空,而此特定的历史时空则完全以人类所不能预料的方式盛衰兴亡。所以,所有的思想和信仰也都必然地随着历史时空的盛衰而被不断地替代。所有的思想和信仰无非是特定历史时空之中存在着的人类的任意决断行为造成的,并没有必然之因素发挥作用。古典时期的政治哲学家们对如此明显的证据为什么会视而不见呢?源自于他们缺乏我们今天的洞见,或缺乏历史的意识。施特

---

① NRH,34.

劳斯辨明道:仅依凭历史证据,并不能证明古典政治哲学家们不如现代政治哲学家们更富于智慧和洞见;其次,即便某种思想或信仰被另外的思想或信仰所替代,也不能因此就说这种替代乃是合理的。因为历史主义所依凭的历史证据的前提只是一个断定:现代胜过古代,未来又必定胜过现代,即历史主义所持守的进步观念仅仅是一个独断而已。施特劳斯借用人们对亚里士多德的批判来反驳历史主义的"独断":历史主义者断定亚里士多德不可能看到奴隶制的非正义性,但这种断定显然与事实不符,因为他确实思考过这个问题;历史主义者还断定亚里士多德不会设想一个世界国度,但事实上他能够设想,不过他更为清楚的是"世界国度"不应得到鼓励,因为"科学在本质上乃是理论性的,而将技术从道德和政治的控制之下解放出来,将会导致灾难性的后果","科学与艺术的溶合,再加上不受约束、漫无节制的技术进步,已经使得普遍而持久的暴政的出现具有了严重的可能性"。亚里士多德并非没有洞见,而是真正具有洞见之人。所以,判定亚里士多德落伍与陈腐显然"对于根本问题之完全缺乏清醒的了解"。① 历史主义认定现代以前是教主义盛行的时代,特别是宗教的教条;而历史经验已经表明,所有的学说都需要修订。既然历史主义缺乏来自历史本身的证据的确证,那么,出现在现代的历史主义,是否也是一种教条主义? 施特劳斯暗指:我们无法排除"历史主义乃是教条主义在现代的翻版"这种可能性。就此来说,历史主义对自然正当的拒斥甚至还没有怀疑论带来的威胁有力度:历史主义断定不同时代和不同文明所做出的断言在特定的历史时空中完全是确定的和有根据的,这一根据就是人类能够知晓与特定历史时空相联系的"历史经验",关于这一"历史经验"我们可以形成真正的知识。就此来说,历史主义仍属一种"自然正当论",只不过这种"正当"是和特定时空相联系的。而怀疑论在原则上把自己视为与人类思想同在,认定人们所做出的所有的断言都是不确定的和任意武断的,于是所有的"自然正当论"都是成问题的。另外,就从历史发本身的过程来看,历史证据毋宁说反倒确证了历史主义的对手,

---

① NRH,24.

即自然正当论持守的观念,即"一切人类思想,而且当然地,一切的哲学思想所关切的都是相同的根本主题或者说是相同的根本问题,因此,在人类知识就其事实与原则两方面所发生的一切变化中,都潜藏着某种不变的结构"。① 施特劳斯明言:倘若存在着共同的根本问题,那么即便有着各个不同的追问方式,即便这些追问努力最终都归于失败,但人类思想仍有可能超越其历史局限或把握到某种超越历史的东西。

第三,历史主义的论证手段是成问题的。理论的历史主义需要借助历史研究来发现它所认定的历史进程中那些属于特定时代和特定民族的具体和特殊的原则。历史主义断定,通过历史研究可以发现历史进程中的、和特定的历史时空相关联的种种原则。但是,施特劳斯指出,历史研究作为历史学派的手段工具最终无法满足历史学派的要求。虽然历史研究蕴含着对人的研究要高于对其他实在的研究,但是由于它只关注具体和特殊的经验,因此就无法实现对其研究对象的超越。而历史主义却信奉而且还试图去发现历史演化的一般法则,哪怕这种法则仅仅指明任何特定时代和特定民族都有其特殊的原则,它也认为对真正的历史的理解必然具有其超验的特征。这就决定了历史研究最终是无法满足历史主义的要求的:相较于历史学派对高位原则的追求,历史研究所探寻的原则最多只能算作是第二位的;历史学派非常清楚历史研究所处的层次是较低的,而历史研究自身无法明白它所探寻的原则是第二位的。失去历史研究这种论证手段,历史主义也就没有恰当的工具手段来验证自身了。由于历史学派无法借助历史研究来获取对第一位原则的追求,它自身又动摇了或消解了普遍的或抽象的原则,因此最终也就无法确立起自身的普遍性原则。但是,唯有借助某一普遍的原则,特殊的或历史性的标准才能具有权威性;普遍原则拒绝认可历史性的标准,也不在传统、现在、未来之间做出优劣判别;在普遍原则看来,所有历史指向的标准都是含糊不清的。但是,历史学派消解了普遍抽象原则,把历史过程看作纯粹由偶然性所决定,并无终极层面上的意义;即便存在所谓的历史标

---

① NRH,25.

准,也只不过是特定历史时空中的存在所任意选择的主观标准,舍此种选择还有其他诸多的选择,而每一选择都是任意的,无可评判的,于是没有任何的神圣或权威,哪怕是历史主义本身。于是人类的存在就失去了高尚与卑劣之分,良善与邪恶之分;在失去了存在的根基之时,也就成为了此岸世界无家可归的流浪者。

二、对实证主义的辩驳

实证主义认为进行社会科学的研究必须拒斥客观的规范,诸如价值、理想等术语就不能再用来描述社会科学的研究本身。施特劳斯反驳到,任何社会科学研究都不可能回避价值,倘若把社会科学定位在单纯的事实之上,它们也就无法得出任何的结论,唯有价值判断或任意取舍才能得出结论。仅立足于事实与价值的分野,作为理论追求的社会科学是否还有可能? 或者说,不能得出结论的社会科学还有什么存在的价值? 只开花不结果,要它何用? 当韦伯说出现代性是"机械的僵化",认定现代社会充斥着"毫无精神或睿识的专家和全无心肝的纵欲之徒"时,难道不正是在做价值判断吗? 要想忠实地呈现社会现象不可能不关涉价值判断,社会科学所谓的事实描述必然地蕴含着特定的价值判断,例如对纳粹集中营的描述,即便社会学家不使用任何的诸如残忍、暴虐等词汇,读者也能判断所描写的内容是惨无人道的。社会科学家甚至根本不可能不使用诸如贪婪、寡廉鲜耻、虚荣、执著、均衡感等价值判断的词汇来展开其社会学的研究,政治科学也不可能不辨明狭隘的党派精神、财阀统治、压力集团、政治家、腐败甚至道德败坏等现象。

社会科学的研究需要先行设定概念框架,而之所以如此设定而不是其他设定本就蕴含着特定的价值取向。例如,要想解释政治家和将军们的行动,社会学家就必须要先建构用以做参照系的行动模式,这样就能判断出政治家们行动是否智谋果敢亦或愚笨不堪,而参照系本身就已经是一个价值判断的框架了,依据此框架才对其行为的合理性予以判断。实际上,任何的社会科学家在研究之时不可能仅仅满足于对那些被某一社会之中人们所接受的特定现象做出解释,他们必然地要做出筛选,从而做出判断。即便我们只是要求社会科学家只做理解而不做褒贬,也不可离开价值判断,因为理解的前提是特定的概念框架(参照系)。在实证主义看来,倘若用从某一社会所出的概念框架去评价其他社会必然会使其削足适履,丧失客观。但施特劳斯却认为,固然要强调评价的客观性,但是如果不能跳出每一种社会进行横向的比较,我们也就无法恰当地理解所处的社会。所以有必要放弃评价的客观以期判断其是否健全,这对研究而言完全合情合理。韦伯很清楚他所运用的概念框架是根植于他的时代情势,他也相信社会学科所运用的任何概念框架都是从特定的时代情势中提炼出来的,并因而只是具有"短暂的有效性"。据此,韦伯似乎就应当继续追问用某一时代情势中抽取出来的概念框架去理解所有时代的所有情势是否妥当,但是他对此却完全视而不见。例如韦伯从 19 世纪的情势中得出法理型权威和习俗型权威,随后他便把它应用于其他时代,虽然他添加了魅力型权威以弥补解释力的不足,但无论如何此种概念框架的基础是相当偏狭的。施特劳斯对韦伯的视而不见表示相当的疑惑。例如,韦伯认为加尔文教的神学乃是资本主义精神的一个主要导因,虽然加尔文本人坚决拒绝对预定论进行肉身化解释,但加尔文派教徒却对预定论进行了肉身化解释,于是导致了资本主义精神的产生。简言之,正是加尔文神学的堕落或败坏导致了资本主义精神的出现。施特劳斯指出,实际情况恰恰相反:由于资本主义精神已经被社会所普遍接受了,加尔文派教徒为了迎合此种精神而对预定论进行了肉身化解释的改造,虽然加尔文本身坚决拒绝对预定论进行肉身化解释。由于韦伯所采用的方法限定了不得对加尔文教进行价值判断,所以他就用已经被社会所普遍接受的价值观念来评判加尔文教,并把这些价值观念看作是由加尔文教的败坏所引致。韦伯受困于他自己的方法,即对价值判断的拒绝,结果反倒牺牲掉了事实。价值与事实分野的本来目的是要保证社会科学研究的客观性,结果反倒使我们丧失掉了客观性。实证主义对价值判断的拒斥最终使得历史本身的客观性面临着危机,首先它使得人们不能直言不讳,其次它危及到了那种合理地要求放弃评价的客观性,意即解释的客观性。既然现实社会充斥着各类价值判断,也就是说价值判断在现实中的确是客观的,那么一味地坚持客观的价值判断乃是不可能的,必定本身就是不客观的。即便某种社会思想是基于某种根本谬误,社会研究也应该对此谬误予以正视而不是漠视了之,唯有如此才是如其所是的研究。

在施特劳斯看来,实证主义的社会科学研究对其前提性的理论设定根本就是漫不经心的,他们并没有有力地论证他们的这一核心观点:终极价值间的冲突是人类理性所不能解决的。例如,韦伯认为这两种根本冲突的观点彼此都是可以说得通的:一方面,对成就大、贡献大的人,人们应该更多地感恩戴德,其论据是人们应该给最有才智的人们以最多的机会;另一方面,对成就大、贡献大的人,人们应当更多地向其索取,论据是人们应当提防才智之士利用其高人一筹的机会以剥夺其他的人。施特劳斯反驳到:凭什么要给予才智之士以最多的机会,或者防止才智之士利用其高人一筹的机会?难道我们还要把这推卸给自然本身的不正义吗?如果在纯粹的"道德法庭"上我们无法判定,那么就不能用"便利或功用的法庭"来进行审判吗?韦伯认为采用了正义的标准就不能再采用功用标准,但正义难道是可以完全脱离社会的善以及那些被社会视为有价值的活动来进行自身界定的吗?既然认为两种观点都是合理的,那么任何的固执一端都是应当被谴责的。韦伯还提出,一方面,人们只能够从某人可以预见的行为后果来评判他的行为正当性,所以责任伦理是正当可取的;一方面,人们只能根据某人行为的内在意图来评判他的行为正当性,所以意图伦理是正当可取的。施特劳斯反驳到:例如,韦伯认为对工团主义者的评价就应当采用意图伦理,判定其革命行动只能依据他们的内心真诚和道德态度,哪怕在可预见的范围内会对工人生存造成破坏。但是,在施特劳斯看来,持守意图伦理的工团主义者所追求的只能是"彼岸的王国",这将走向工团主义的反面,因为工团主义意在用此岸的手段将此岸的工人解救出来。韦伯又认为在社会行动层面意图伦理和责任伦理相互补充,共同构成真实的人类。而施特劳斯则辩驳到,既然意图伦理本质上属于彼岸的伦理,那么就不可能与责任伦理在社会行为上相互补充,也不能够作为真实人类的构成,因为责任伦理和真实人类意指的乃是此岸世界而非彼岸世界。

施特劳斯还认为,尽管韦伯提出了此岸伦理和彼岸伦理的不相容,但是他最终并没有对此进行证明。在韦伯看来,社会科学只是从此岸的角度来理解社会生活,试图为社会生活寻找理性的解决方法,所以此岸伦理与彼岸伦理的冲突对社会科学来说无关紧要。因此,站在彼岸的立场对此岸的生活所做出的理解和解答,必然都是令人生疑的。在这里,施特劳斯所关心的问题是,虽然韦伯坚称社会科学能够理解社会生活,但是我们又缘何能够接受社会科学对社会生活所做出的理解呢? 或者说,我们缘何认定社会科学的理解就是"善的"? 这就是社会科学自身的正当性问题。韦伯把社会科学的基础归结为"信仰";不过,因为"信仰"超越了科学或哲学本身,所以是科学或哲学所无法回答的问题,科学或哲学面对自身的基础时他们也就无力证成。虽然科学或哲学被韦伯限定在了获致极其有限的真理(即此岸的真理),但是科学对真理的寻求不但仍被认为是有实际效用的,而且还被认为其寻求本身也是有价值的。施特劳斯在此发问:科学的效用固然能够给人类带来力量,但这种力量既有可能是善的力量,也有可能是恶的力量;另外,虽然可以认定科学对真理的寻求本身就是有价值的,但如此认定的依据又是什么呢? 在施特劳斯看来这些发问才是要紧的,但韦伯本人却没有进展至这一步,他只是说科学或哲学的确"是自由生活的基础",它"拒绝牺牲理智,敢于直面严峻的现实生活",它所"关心的是可知的真理,无论我们是否喜欢它,它都是有效的",[①]仅此而已。

三、走出虚无危机的方向

在历史主义和实证主义的双重浪潮之下,现代性取消了人类对于根本问题的反思,把正确与错误的判定归之于历史的片段或任意的个体,自然的正当被相对主义所完全化解,深重的虚无主义灾难就此而来,西方文明由于缺乏判定正确与错误的终极性标准而最终只能随波逐流,莫衷一是。现代

---

① NRH,74.

性所设定的原初目标(意即"普遍社会")也因长久未息的各种冲突变得十分可疑,普遍的富裕并未能消除人性的邪恶,反而使得邪恶因获得更多的凭藉而尤为肆虐,只具有工具价值的科学技术看起来也没有如现代政治哲学所预想的那样完全地服务于人类良善的增益。现代性深入推进的结果使人类丧失了对根本问题的信心,这已经严重威胁到人类自身存在的正当性。施特劳斯既然把现代性的虚无危机与历史主义、实证主义勾连起来,那么,破解现代性困境的出路也就只能从对历史主义和实证主义的辩驳中开辟出来。破解现代性困境的关键就在于是否能够把正确的根本判定从历史片段和任意个体之上给拉扯出来,重新建构真正自然的正当。

首先,如果不能有效地应对历史主义的挑战,自然正当论就无法真正地建构起来。而要想有效地应对挑战,就不能从历史主义的立场出发,因为历史主义是建基于现代政治哲学,而现在政治哲学所持守的自然权利与原本意义的自然正当存在着根本性的差异;因此,要想有效地重建自然的正当就必须回复到历史主义产生之前的古典哲学的立场。虽然在古典时期,诸如智者学派和斯多葛学派也都曾把"历史过程"认定为终极的毫无意义,甚至还认为就没有所谓的"历史过程",历史向来都是碎片而不是整体,是片段而不是连续,但是诸如亚里士多德、托马斯等古典意义上政治哲学家们对此类论说予以了坚决的、全面的反击,并且成功地建构了普遍的原则,无论是德性的还是神圣的,这在很大程度上和较长时期内使得人类具有了终极层面上的价值依托和意义归属。古典时期人们通过信仰普遍的、永恒不变的原则使自己脱离了虚无的处境。自然正当首先是关于正义原则的问题,不容许对此问题存有相互抵触的答案,并且其中存在着有着优先性排序的多个原则。其次,自然正当还意味着人类思想能够以真正的、普遍有效的方式来解决正义原则问题,自然正当乃是人类的思想观念,不仅仅是客观的事实存在。尽管人类思想本质上是不完备的,但必须在正义原则之上获得真正的、普遍有效的、终极的知识。换句话说,自然正当论乃是人类在正义原则问题上所获取的真正的、普遍有效的、终极的知识。自然正当既然是对根本正义原则的关注,而这些原则在历史的变迁中始终保持一致,因此,无论它面临的历史上对于正义之类的根本问题的解说或否认有多少,这些对自然正当都无关紧要:自然正当无需那些不同的解说来论证自身。古典意义的政治哲学家们明智而温良,虽然身处城邦共同体,但与之保持着适当的距离;虽然以真理的追求为志向,但又保留对城邦的尊崇。他们寻求政治的正当,但又不干涉城邦事务;他们对习俗进行质疑,但却把此质疑限定在有限的圈子内。政治固然是哲学进阶的必需,但哲学决不以政治的改造为目的:哲学固然不能政治化,政治也决不可哲学化。在这些基本点上,真正的自然正当论者始终保持了清醒。

其次,就从实证主义所开辟的道路来看,倘若在方法论层面上考察社会科学研究,意即对社会科学研究所遵从的程序正确与否进行判断,进而对社会科学所获知识可靠与否进行判断,那么在科学范式被实证主义者看作是人类知识的最高形式的前提之下,对其所采用的方法论的关注也就是对人类知识自身限度的反省,进而也是就人之作为人的处境的反省。今天人们对实在本身的看法没有太大的差异:"实在是一无限的、无意义的序列或混沌,它们由独特的、无限可分的事件构成,那些事件本身并无意义:所有的意义、所有的表达都是由认知主体或评价主体的活动而产生的。"①实证主义者也持如此观点,但施特劳斯认为关键不在于"实在本身的特性",而是实在被型构的方式。韦伯等人采用科学理解的方式,用理性类型的人为建构来形塑实在,并据此对实在进行融贯性的分析,此举显然未能深入到人们对实在的初始理解层面之上,科学理解的方式完全有可能偏离社会实在的内在意义,而且本身就是历史的产物,其结论也缺乏无时间的普遍性。施特劳斯认为,实际上,"在所有的科学表达之前,就有了一种对于实在的表达:亦即我们在谈到日常经验世界或对于世界的自然理解时心中所具有的那种表达或诸多意义。……只有对于我们在现实生活中所知晓的、人们自从存在有公民社会以来就一直所了解的社会实在有了完备的分析,我们才能恰当地讨论一种评价性的社会科学的可能性。这样的分析才使得本质上属于社

---

① NRH,79.

会生活的那些根本选择能为人所理解的,也才能提供一个基础,使得人们能够负责任地判断,这些选择之间的冲突在原则上能够得到解决。"①简而言之,人们的生活主要或更多地依赖对实在的常识表达而非科学表达的基础,常识表达是科学表达的基础,并为科学表达提供终极性的判断标准。韦伯赋予科学表达以基础性地位,并以此来剪裁常识表达,甚至形塑社会实在,这在施特劳斯看来无疑是头足倒置。科学的兴起使得人们对"常识"的理解大大改变,如今,"常识"被视为是个人感觉的绝对主观的世界与为科学所发现的真正客观的世界的混合产物。一如古典政治哲人,现代性的开创者们同样把科学或哲学的理解看作是对自然世界的一种完善化理解方式,但他们与古典政治哲学所不同的是,他们推进了这一看法,将科学或哲学看作是对于世界的真正自然的理解。如此一来,他们也就否定或取代了常识的地位,而传统上把常识看作是对世界的真正自然的理解。现代性又促成了科学与哲学的分离,结果科学作为其中成功的部分,不仅成为哲学的权威,而且还成为了理解世界的权威。哲学作为其中不成功的部分,现在被人越来越多地等同于思辨的形而上学,它即便不是胡言乱语也是意识形态。现在人们越来越觉得有必要区分对世界的科学理解和自然理解,固然要接续传统把科学理解看作是对自然世界的完善化理解,但还需要把科学理解的基础落实在自然理解之上,科学理解必须以自然理解为前提,以对自然理解(意即常识的世界)的分析为基础。"自然世界、我们所生活和活动于其中的这个世界,并非理论态度的对象或产物;它并不是我们纯然地当作对象来孤立看待的世界,而是我们要着手面对的事物或事情的世界。"②但是令人遗憾的是,在科学理解已经成为时代的潮流或背景的情况之下,自然世界已经遭到科学理解的严重污染。因此,要把握住本质上先于科学或哲学的自然世界,人们就得回到科学或哲学初露面之前。这就是向古典哲学的回归。"要重新建构起自然世界的本质特征,古典哲学就其起源所提供给我们

---

① NRH,79 - 80.

② NRH,81.

的信息就足够了,尤其是当那种信息再补充以对于《圣经》最基本气质的思考之时,更是如此。"①施特劳斯在这里实际上指出了两种走出现代性危机的路径:其一是回归圣经传统,其二是回归古典传统。

---

① Ibid.

第四章 施特劳斯对现代性根源的回溯

现代性通过在现实功用和体系内容两个层面发起对启示宗教的批判，并且理所当然地认为它已经成功地拒斥了启示宗教对人们的支配，成功地将人们从启示的魅惑中解放出来，换句话说就是，现代性已经完成了启蒙的任务。但施特劳斯认为现代性非但没有完成启蒙的任务，甚至提出启蒙这一任务本身就是不恰当的。倘若说启示宗教无论是正统派还是革新派都根本质疑人类理性的能力并据此把理性置于启示之婢女的地位是对启示的严重越界使用，那么现代性力图基于对理性绝对的信任而发起对启示宗教的批判，并拒绝在理性和启示之间进行任何的调和，那这本身也就是对理性的严重越界使用。现代性尝试通过对启示宗教的批判为自己奠基，这本无可厚非，为了能够争取更多的人们居住于自己所要建造的真理大厦之内，不仅需要极力宣传这一理性建筑的完美宜居，而且也需要贬低甚至诋毁启示大厦的粗陋不堪。现代性奠基于宗教批判，根源于对启示的弃置和对理性的信任，施特劳斯正是在此处发现了现代性问题之所在，现代性如同其设定的对手一样武断，认为理性与启示根本对立不可调和，因此，要么理性，要么启示，没有第三条道路。施特劳斯重新捡拾了迈蒙尼德，迈蒙尼德对理性与启示所做的协调或许能够给我们走出现代性的危机带来非现代性语境的启示。

第一节 现代性与宗教批判

在施特劳斯的解读中，传统政治哲学中人们总是把目光投射到外部客观的宇宙法则或上帝意志,并且唯有如此才能做到内心的道德宁静,古典自然法所内含的此种道德义务使得人们认为若听从自我之欲望的感召就会随之唤起强烈的有罪感。因此,对现代政治哲学的开创者们来说,就必须要能够首先清除这种有罪感产生的基础(宇宙图式和心理图式),现代大厦方能真正地建构起来,巍峨而立。这一任务就是"启蒙"。在现代性的历程之中,尽管启蒙的任务并非是霍布斯一人之力所能完成,但霍布斯对启蒙这一任务的彰显却功不可没。启蒙所要完成的是两大任务:第一,对柏拉图路线的政治哲学思维图式的拒斥,亦即对古典政治哲学的批判;第二,对基督教政治哲学思维图式的拒斥,亦即宗教批判或宗教改革。启蒙所要完成的直接目标是确立现代科学意义上的宇宙图式以及心理图式(自然图式),最终目标是落实现代自然权利,也就是施特劳斯所概括的:"要使得现代自然权利论发挥实效,需要做的不是道德感化,而是启蒙或宣传。"[1]

一、现代性的启蒙任务

施特劳斯认为马基雅维利就已经提出启蒙的任务,他把现代性奠基在对基督教传统和对古希腊传统的双重否定之上,只不过人们过于看重马基雅维利对基督教的反对而普遍忽视了他对古希腊传统的否定。施特劳斯表明,事实上就现代性与基督教的不解之缘来说,对古希腊传统的否定才更是启蒙的核心任务,因此,马基雅维利在其著作中显白的教诲是激烈地反基督教观点,而隐微的教诲则是古希腊贵族政治传统的反抗,在这一点,他只不过是继续推进了基督教神学对古典拒斥的工作。[2] 由此看来,现代性真正的开端应当是基督教而非马基雅维利。由于施特劳斯把马基雅维利对古代的反叛当作现代性本身,现代性的启蒙任务其实质就是把古典政治哲人的隐秘教诲向公众散播。施特劳斯的考察表明,马基雅维利认为无论是古典政治传统和基督教的传统,还是现代政治哲学,在教导的内容上并没有实质

---

① NRH,187.

② TM,206.

性的差异,所不同的是教导的方式迥异。① 古典政治哲人认为真正的教诲只能由那些有哲学禀赋的少数人所掌握,面向大众所进行的教诲只能由绅士(贵族)借用"高贵的谎言"来实施。基督教则建构一个启示的真理系统来尝试实现对大众的教诲,由于这套真理体系直接就是面向大众,或者说直接就是大众的,因此,它就成为古典传统贵族政治的直接反对。马基雅维利对基督教所不满的不是它对古典传统的反对,恰恰相反,在这一点上他与基督教是一致的;他所不满的是基督教采用的神学方式实际上并没有达到反对的效果,反倒引发了诸如分裂秩序、人心怠惰的恶性后果,在这一点上他是不能容忍的。施特劳斯就此认为,基于马基雅维利的考察,启蒙的核心要旨不仅仅在于从基督教的神学论证方式中惊醒,更多在于从古典哲人的隐秘写作方式中惊醒,使真正的教诲内容公开化,直接面向大众。因此,作为现代性最卓越的方案,启蒙的目标乃是与黑暗王国的斗争。倘若用霍布斯的利维坦体系,我们就能很能清楚地看到,施特劳斯所指出的黑暗王国究竟指的是什么。

依据施特劳斯学派学者的考察,笛卡尔作为现代性的开创者,他从方法论层次上启动了启蒙这一任务,只不过相当的隐晦。笛卡尔尝试树立人类对自身的自信,他力图把人们从对经由自己双手所创出的东西(意即启示宗教)的惊奇中解脱出来。他认为,由于每一个体从幼时成长开始就受各种"欲望和教导"的影响而无法完美地使用其独立的理性;因此,要树立人类对自身理性的自信,首先需要清除这些意见,或对这些意见进行改革。另一方面,意见不仅总是以各种方式左右着个人,同时还左右着国家或民族,一旦哲学质疑被公布于众,它就必然会侵蚀社会赖以生存的意见这个要素,导致社会秩序的瓦解。那么,如何既能通过清除意见、树立自信,而又不破坏秩序、维系社会呢? 笛卡尔努力表明他是一个政治上的循规蹈矩者之时,为了回避政治上的风险,笛卡尔把他对意见的清除和理性的确立这一任务转化成了纯然方法的探讨。这种探讨关涉所有社会的最根基部分,但却能够

---

① TM,10、78、88、139.

保持对社会当下的超然。笛卡尔的著作乃是"对哲学的通俗化表达",虽然他的沉思和谈论"首先是以现存国家的改革的必要性为前提的",但它呈现出来的却是"以哲学和公众之间的关系的恒常改善的必要性为前提"。笛卡尔所处当下的政治社会当然存在着诸多不尽完善而需要加以改进甚至否定的地方,但无疑所有的政治社会都是如此,与其把谈论聚焦于"当下",毋宁聚焦于"所有",既然个性能带来破坏,不若落脚于共性,这样既能实现目标,又可避免迫害。笛卡尔并没有关心公民彼此之间或君主之间的关系,他把目光落实在更为基础性的哲学或科学与社会的关系之上,意即"哲学或科学必须是主要的捐赠者,而社会是效用的受益者"。① 笛卡尔如此之举,正是要从方法论的层面上为现代性的开辟做出奠基;就此而言,他远比霍布斯等纯粹的政治哲人更具革命性。

把启蒙大众提升到现代社会建构的层次,这是现代性之重要任务。施特劳斯相当看重霍布斯的启蒙之举,"霍布斯的学说是第一个必然无误地以一个完全启蒙的、亦即非宗教的或无神论的社会,来作为社会或政治问题的解决之道的学说。"②首先,霍布斯的"启蒙"就是要告诉人们这样的事实:把所有的争斗和冲突都归之于超出自然欲望之界限的野心和贪婪,这实在是误解和谬见,事实上正是因为存有超出自然欲望之外的野心和贪婪,人类也才焕发出勃勃的生机,这并不是坏事。欲望的膨胀,快乐的追求,这正是我们建构伟大利维坦之万里征程的基本信念,这也是霍布斯建构现代政治科学的依凭公理。施特劳斯还把霍布斯对大众的启蒙看作不仅是基于完成其学说的融贯性而提出的任务,而且更是现代政治哲人之权力意志的集中表现,因为他们已经不再满足于对世界的解释,而是要雄心勃勃地开始主动改造这个世界。在霍布斯那里,作为构成这个世界质料的个人如果能够得到如同数学那样精确的知识改造的话,人们就会安于其自然的欲望,实现其野心和贪婪的满足,人类将永享和平。倘若民众普遍徜徉在哲学当中并时时

---

① HPP,417 – 437.
② NRH,203.

处处都以哲学为其方法来行动,那么,这将是一个完全理性的世界,或至少激情能够受到理性约制的世界;既然我们不可能实现对质料的同时又能整个地改造,那么,首先一步进行理性制度的设计和建设就成为启蒙民众的必需。如果说在柏拉图那里,通过哲学家做王以实现智慧与权力的完美结合,从而达到共同体的良性运作和个人德性的持续提升,那么在霍布斯这里问题就转化成:只有把所有人都培养成哲学家,才能实现共同体的良性运作,从而使个人自然权利的实现得到持续的保障。柏拉图那里的德性提升问题被霍布斯消解于无形,倘若仅依凭道德训诫来实现人们的相安无事,简直是痴人说梦。

洛克在启蒙任务上紧密跟随霍布斯,但他同时指出启蒙这一任务的艰难。施特劳斯认为,传统的自然法学说设定了"自然法的诫令"乃是由大能的上帝或莫测的宇宙"植入人们内心"或"书写在人们心中"的这一前提,因此,人们只要听凭内心的良心就能自觉依从自然法而行动;但洛克对此前提却直接予以了否认:没有任何道德原则是"铭刻在我们心中"、"写在[我们]心上"、"烙在[我们]心灵"或"植入"我们内心的。纯粹靠良心的召唤来让人们遵从自然法根本靠不住,因为这在根本上是与个人乃是欲望之主体相冲突的。施特劳斯表明,在洛克那里,作为道德法则的自然法乃是经由理性论证而得出的,绝非仅通过良心召唤就可以全然明白的。为此施特劳斯指出:"自然法只有通过论证才能为人所知。"为了了解自然法,需要人们成为艰苦的"研习者"。不过,洛克深知对大众的启蒙相当困难,"人类中的最大部分想要有闲暇或能力来进行论证……你可以像指望所有那些短工、生意人、纺织女和挤奶女工成为高明的数学家一样,指望他们在伦理学上也同样精通娴熟。"①对于大众而言,他们更需要的是生活的舒适,而非研习的艰苦。

---

① NRH,230-231.

二、现实功用的宗教批判

可以对施特劳斯的考察这样概括：马基雅维利和霍布斯更多地是从现实功用的角度发起对宗教的批判，之所以一定要批判宗教，原因在于宗教如同国家一样发挥着特定的且有效的社会秩序建构的现实功用，为了实现现代政治国家的建构以满足现代性的预设和展开现代性的内涵，那么就必须向宗教阵地发起进攻，争取更多的群众。因此，对于马基雅维利和霍布斯来说，并非基督教本身罪不可恕而必须要被打倒，而是因为它具有同样的抓取人心的现实功效，这反倒使其成为现代政治哲人进行国家建构的敌人。换言之，要想使人民大众忠诚于政治国家，前提就是必须先使他们放弃对宗教国家的忠诚。

就马基雅维利的学说而言，施特劳斯并不认为马基雅维利关于政治和道德相分的教诲有什么不妥，毋宁说马基雅维利的教诲才是对政治真正本质的正确揭示，他只是震惊于马基雅维利的如此直白。马基雅维利的宗教批判服务于他的启蒙任务，意在继续推进基督教对古典贵族政治传统的反抗，他所要做的事情是扯掉基督教所披着的那层启示真理的面纱，剥开对政治本质的宗教遮掩，实现政治教诲的公开化。所以，施特劳斯考察马基雅维利的宗教批判时直接指明，马基雅维利实际上"对宗教本质漠不关心"，[1]他所关心的是基督教对政治秩序的建构是否能够如同人们所期望的那样发挥着完全积极的正向功能。施特劳斯指出，马基雅维探究的结果表明，基督教因其强烈地命令人们对上帝的绝对顺从，以及圣经教义的歧义丛生，往往造成人与人之间的敌视和对抗，并使人们普遍地对现实的政治秩序形成蔑视和反抗，这在实际上造成的是对政治秩序的建构的反向作用，并倾向于促成现实已有秩序的瓦解和分裂。在施特劳斯看来，马基雅维利的隐含意图非常明确，倘若我们着力于政治秩序的建构，基督教并非一个有益的助手，甚至抛弃基督教还更有利于目标的实现。其次，人性就其自然面目而言其欲

---

[1] TM,12.

望是没有穷尽的,渴求的满足是不可能的;但基督教的教诲却与此相反,这在根本上蕴含着冲突的种子。对于普通民众而言,他们所期盼的并不仅是"他们的生命财产有所保障","他们的女人的荣誉受到尊重","他们对于自己或多或少业已得到保障的所有物,必然感到不能满足","他们受到自然天性的驱使,渴望得到一种他们所不可能得到的满足"。对于上层贵族来说亦为如此,他们"渴求得到不可能得到的满足,其焦虑难耐,亦不亚于民众",另外,他们提供所谓诸多慰藉,诸如财富、声望和荣耀等,反过来会造成普通民众的"望洋兴叹"。作为对诸神的尊崇膜拜,宗教既可以培育人们对统治阶层的尊重依从,因为统治阶层被认定为受到"诸神的特殊青睐眷顾"之人,还可以使人们的欲望受到制约,使他们可以"满足于仅仅提出那些在原则上可以通过政治手段来加以实现的有限要求"。① 但施特劳斯认为,马基雅维利的真实意图并不在此,他看重的是宗教的如此意图所产生的普遍的道德堕落,"我们的宗教认定谦虚、卑微和对人间事务的轻视为至善",这是对我们所应有的品格的抛弃。施特劳斯认为马基雅维利更为看重的是"古代的宗教",它们"认定心智的伟大、身材的强健以及所有适于人类变得强大起来的其他事物为至善"。② 总之,基督教使我们变得柔弱、怠惰,不思进取。③ 最后,还有一点是比较关键的。施特劳斯指出,马基雅维利认为无论是古典传统还是基督教传统,他们都认为人们起初之时普遍"受着恐怖和畏惧的折磨,即受原初的和根本的恐怖和畏惧的困扰"。④ 基督教建立了一套基于恐惧的启示信仰系统,力图通过使大众"被宗教畏惧所震慑"从而结束"永久的动荡状态"或"永久的普遍压抑状态",达到秩序建构的效果。⑤ 但马基雅维利认为基督教会的"伤风败俗、道德败坏"早就使这一信仰系统千疮百孔,而且教会还不断地制造事端,导致分裂。也就是说,运用

① TM,317-318.
② HPP,296.
③ TM,152,206.
④ HPP,297.
⑤ TM,231.

宗教、利用人性恐惧来制造恐惧建立暴政、维系暴政,并不是一个很好的建构秩序的方式,我们完全可以舍弃宗教来获致这一效果。因此,萨莫奈人利用军人对敌人的恐惧与对诸神的恐惧的结合来稳固军心,但马基雅维利指出"宗教并不是使得士兵们坚忍顽强的最好手段",罗马人的做法表明:"对于人的恐惧,可以造成跟对于诸神的恐惧一样的切实效果",或者干脆说,"一个人为使他的士兵们坚韧顽强,最现实、最好的手段,就是将他们置于一个必须诉诸战斗、必须诉诸征服的必然性面前,或者就是使他们意识到一个事实,即能够拯救他们的,只是他们自己的德行才干,而不是神明"。① 施特劳斯表明,马基雅维利的宗教批判指出了这样一种人类自我拯救的出路:宗教并不是我们最好的凭藉,我们只能依靠我们自身来获得拯救,这是最为可靠的途径;而且重要的是,我们自身已经具备拯救我们自己的各种储备。这难道不是现代性特征绝佳的表白吗? 现代性不就是人类对自身能力的信心吗?

倘若把信仰看作是对所谓某种外在之客观对象的绝对信念,那么我们只能说现代性不是信仰。在施特劳斯看来,霍布斯的宗教批判毋宁说就是无信仰人类的自我宣示,对霍布斯宗教批判的高度重视也唯有放在信仰与无信仰之争这一论域之内才能得到恰当的理解。② 在施特劳斯看来,霍布斯作为现代政治学的奠基人,他是通过对"以苏格拉底为创始人的哲学政治学传统"和"基于启示的神学政治学的传统"的双重反驳来实现对政治科学的奠基。在这一点上,霍布斯和马基雅维利并无特别的不同,他甚至也把后一个反驳看作是前一个反驳必要的前提。但霍布斯显然更看重宗教批判对现代政治科学建构的基础性意义。由于人们往往对未知之物的恐惧有甚于对已知之物的恐惧,宗教为了确立信仰的权威,实现人们的信服,塑造了齐备的虚拟世界,诸如地域、魔鬼、黑暗等给人们带来的恐惧效果极其惊人。这样,一方面现代政治的建构需要我们唯一恐惧的是死于暴力,一方面基督

---

① TM,316.

② RH,82.

宗教的虚拟世界还紧紧攫取着对人们恐惧的支配。因此,必须要首先消除掉后一恐惧才能为建构现代政治奠定良好的基础。施特劳斯就此指出:"霍布斯找到了他解决这一冲突的办法:只要人们还信仰不可见的力量,也即只要他们还受到对于实在的真实性质的幻觉的支配,对于不可见的力量的恐惧就比对于死于暴力的恐惧更加强烈;一旦人们得到启蒙,对于死于暴力的恐惧就会充分发展起来。"①于是,霍布斯的政治学说,其首要的任务之一就是对宗教进行"祛魅",《利维坦》的通篇都贯穿着对宗教的批判是为明证。无论霍布斯的宗教批判是否彻底,他点燃了宗教批判的大火,斯宾诺莎彻底的宗教批判无非是彻底完成霍布斯的任务而已,法国随后的启蒙运动亦为如此。

施特劳斯指出,霍布斯认为宗教对人"死之后还有一种生存"的设定支持了最大的恶不是死亡而是永罚,而如此设定所依凭的并不是理性而是启示,因此,宗教批判这一任务就转而成为对启示宗教的批判。所以,霍布斯把启示看作是对其政治哲学的"唯一威胁",这也就是在《利维坦》中霍布斯用十六个章节的内容讨论启示宗教,而只用两个章节讨论自然宗教的原因。施特劳斯回溯了霍布斯进行启示宗教批判的背景:基于宗教改革的推动,人们已经认识到神学政治学并不能导向秩序与和平,而是导向宗教战争之暴行,因此,要想最终建立秩序与和平就需要惟独从人的独立自主思考出发的政治学。虽然古典政治哲人设计了此种政治学,但他们对神学的若即若离最终反倒使之成为神学政治的婢女,并为其提供某些最危险的武器。于是,要想建立新的政治学,那么就必须在根基上与神学(启示)彻底断绝关系,首先就是要实现对启示的心理断奶。传统政治哲学之所以失败,似乎表明人类没有能力提出和解答共同生活的正确秩序问题,而只能由启示提出和解答。霍布斯一开始就排除了这种观念:首先,启示并不具有明证性,因而也就不具有权威性,而若没有权威性就不可能为人类生活和共同相处提供约束性的规范;其次,只要掌握了正确的方式,政治科学完全可以提供这种

---

① NRH,202.

权威,也就是说,人类完全有能力自行提出并解答共同生活的正确秩序问题。正是因为缺乏恰当方法,方使得人类自我信心全无,于是不得不求助于启示。在霍布斯看来,启示信仰不仅仅是偶然的个人错误或时代错误,毋宁说是人性本身所固有的障碍,它最终阻碍了人类认识真理和建构国家。据此,施特劳斯就指出,就实际功效来看,"启示批判对于霍布斯的政治学具有建构性意义","在启示批判中蕴含着霍布斯政治学乃至蕴含着对他全部哲学的根本奠基"。①

三、体系内容的宗教批判

施特劳斯指出,霍布斯的宗教批判初看上去只是对神学的批判,因为神学尝试将"圣经的纯朴与希腊的思辨结合起来",结果不仅"使哲学降格为它的婢女",而且还使自身成为"宗教战争的发动者",②简言之,神学既玷污了哲学,也败坏了宗教。于是他呼吁返回圣经,以圣经作为唯一的根据。霍布斯给人的印象确实如同基督徒一样,把圣经不仅看作是认识上帝命令的首要来源,甚至是唯一来源,并且认为圣经是上帝之言,这是不证自明的。但是施特劳斯表明,霍布斯认为在神迹消灭之后我们只能"根据自己的理性判断来解释圣经"的这一主张,实际上就从根本上重置了上帝启示和人类理性之间的关系,把圣经置于理性之下来进行解释,这无疑是把上帝引入到理性法庭面前进行审判。霍布斯对圣经传统中圣灵和天使、上帝之国与永生的解释,都是此种审判的逻辑展开。既然取消了非物质实体和独立于躯体的灵魂的存在,那么,所谓的天堂的永福和地狱的永罚也就没有存在的基础了,于是,天国与尘世的二元国度、精神和尘世的二元权力等也就不再成立。霍布斯的宗教批判并不是要从圣经中寻求建构人类生活秩序的依据或原则,而是表明依据圣经传统我们根本无法寻找到这种依据或原则,他的目的是要"确立一种不依赖于圣经的关于人类生活的人性秩序的观点"。③ 施特

---

① RH,88-89.

② RH,94.

③ RH,126.

劳斯指出,霍布斯的宗教批判表明,可靠的秩序建构只能依据权力一元论建构,而权力一元论的基础则是实体一元论;就这个基础乃是"一种人的自然关切,一种统一而又基本的思想态度",由于"只有在伊壁鸠鲁的哲学中才能找到这种思想态度的经典表达",所以施特劳斯就干脆称之为伊壁鸠鲁主义。伊壁鸠鲁主义"在巧妙衡量呈现给人的苦乐机运的基础上,事先认真消除或避免一切令人不安、困扰人和令人痛苦的事物,从而过上一种真正幸福的生活"的思想态度,"使由此思想态度所决定的人的关切转向解除对诸神和死亡的恐惧",它"不仅预先确定了批判宗教的愿望,而且预先确定了宗教批判的框架"。① 通过此一基础,霍布斯认为完全可以建构出完整的框架体系用以取代启示宗教的框架体系,或至少形成对启示宗教框架体系的真正有力的批判。首先,人类确实受恐惧支配,但恐惧的对象是死于暴力;第二,借助理性的设计,不仅可以使人摆脱对宗教的虚幻恐惧,而且可以确保人们免于死于暴力的恐惧;第三,"自然根本没有奥秘可言","所有事件都是确定的、不可改变的、有规则的和稳定的",而这一切人类的理性完全可以把握。② 不仅如此,霍布斯还借由对圣经的解释,彻底消除了圣经自身的权威,"圣经只能通过世俗当权者的权威才能变成律法";至于圣经启示既缺乏"教会无谬性"的保证,也缺乏"圣灵的内在见证"的保证,因此根本就是不可能的。另外,霍布斯还藉此否定了神迹的可能性。所以,施特劳斯就不失时机地向读者说到,"既然霍布斯不信仰启示,从而也不信仰圣经,他便没有理由信服一种仅仅由圣经而非理性所担保的教义"。③ 霍布斯凭借唯物论的实体一元论对宗教的批判可谓是全方位的体系性批判,虽然他仍然保留了宗教的某种外壳,但填充进去的内容却是全新的。他的这种批判策略多少遭到洛克更为谨慎的使用,但由斯宾诺莎接手时就全然无所顾忌,连霍布斯所有限保留的外壳也彻底给抛弃了。

施特劳斯选取洛克对耶稣神圣使命的证明为例来说明洛克证明的表里

① RH,129.
② RH,130.
③ RH,130.

不一。洛克的谨慎使得他一方面认为应当把《新约》中的教诲视为真理加以接受,因为他们是得自上帝的启示并被证明了的,由其所传达的行为准则是完整的理性法的最完美的表达;一方面他又认定孤立无助的理性不仅是人类"唯一的星辰和指南",而且也足以引领人们走向幸福,所以可以完全撇开或弃置启示真理。洛克认为,尝试通过证明某一特定现象乃是超自然的就认定其为神迹是说不通的,因为这需要证明者具有超越自然的限度,而这又显然是不可能的。因此,他最终就诉诸了如此论证:神迹的最终证明实际上依凭的只是一种比较,也就是说,对某一现象的验证力量若能够超过否定它的力量即可被视为有效的证明。如此论证显然颇为粗糙。耶稣及其使徒的神迹之所以能够使人信服,其原因在于它"从没有、也不会被基督教的任何敌人或反对者所否认"。[①] 施特劳斯就此指出,当理性的论证已经成为支配性话语方式的时代,洛克如此言说令人惊异:他的论证太不够严密了!霍布斯和斯宾诺莎等人已经诉诸严密的科学方式来进行普遍的宗教批判,作为同时代的思想家,洛克难道完全不知晓霍布斯和斯宾诺莎的划时代之举? 而且,洛克论证的缺陷显而易见,神迹没有招致否认难道就意味着神迹得到了承认? 再者,依照洛克的逻辑,承认神迹即为基督教徒,那么岂不是凡是阅读过《新约》之人都是铁杆的基督教徒? 洛克不可能不知道他所处的时代,阅读过《新约》的大有人在,而这些人并非个个都是基督教徒,还存在着大量的"自然神论者"。就此来说,施特劳斯认为,洛克极为粗糙的论说,实际上是在给那些有悟性且可被觉悟的阅读者提醒,基于《圣经》的政治学说是不能被接受为普遍有效的真理体系的;或者更为显白的说法是,基于《圣经》的政治学说只是仅可推行于这个时代的,即便此种政治学说能够经由理性论证得以确立也不能改变它的时代命运。

洛克仍然认为来自上帝启示的真理之所以被认定为真实不妄,源自于我们的"信";与此相关,对于人类灵魂永生也同样出于我们的"信"。"信"不需要什么理由,也不需要什么证明。对启示真理的确认,恰当地说,乃是

---

① NRH,215.

信仰之域,而非理性之域。基于此种"信",启示真理就获取了其先在的权威,从此而出的律法也就能够成为绝对的命令,无关乎它是否得到了理性的论证。由启示真理所出的律法,完全不需要理性的辅佐即可自足。谨慎的洛克虽然表面上保留了启示真理,但施特劳斯表明,他实际上所要引出的是不依靠启示作保证的理性真理的自足性和正当性,经由理性真理而出的法律完全可以独立自存,它并不需要启示的保证,"倘若要有一种为自然之光所能知晓的法,也即不必求助于明确的启示,那种法也必然是一系列其有效性无须假设来生或对于来生的信仰的规则所组成的"。① 施特劳斯还提醒读者要做如下思考:与其说洛克是在进行启示真理的论证,毋宁说他是在利用启示真理,来论证其理性真理,我们完全可以利用圣经的广播宏富来从中寻找出对劲的论据。例如,我们完全可以假定《新约》中包含着全部的自然法,洛克还特意从中归纳出两条:第一条,政府未经人民自己或他们的代表表示同意,不能对人民的财产征收赋税;第二条,征服者没有权利和资格占有被征服者的财产,即便是在一场正义战争中,征服者也不能处分被征服者的财产。显而易见,洛克如此的归纳始终是围绕着其现代性之核心内容展开的,即财产权利。尽管《新约》中还存在着许多对洛克自然权利学说不利的言辞,但洛克却采取漠然视之的态度,或者不置一词。所以,施特劳斯就指出,洛克很清楚的是,完全撇开启示真理不用,我们同样可以达成目的,之所以时用启示真理,只因我们处处都生活在启示真理的世界中。

就从体系内容的宗教批判来看,洛克可谓招招致命。施特劳斯提请我们注意以下的内容:

1)洛克政治学说的基础是政治社会起源的自然法学说,而圣经学说中政治社会的起源则是非自然的起源,即上帝"指派"了政府。洛克全部的政治学说建立在自然状态这一假说之上,而圣经则全然不同。圣经区分了伊甸园的纯真状态和受到引诱后的堕落状态,而洛克的自然状态绝不能被比附为圣经中的纯真状态,最多能对应于堕落状态也即大洪水之后,因为在此

---

① NRH,217.

之后上帝才赋予人类对其他物类的权利。但是洛克对自然状态的描述则使人感受到那是一个"贫乏却有德性的时代",人们"天真无邪",而不是什么堕落的状态。另外,公民状态下之所以需要惩罚,只是为了人类便利的生活,并不是什么"原罪"。洛克如此之举,明显有违圣经的教诲,毋宁说洛克的政治学说乃是与圣经学说有着实质性差异的全新体系,就其自身的完整性来说它可以完全不用圣经学说来佐证。正如中世纪之时的宗教神学,乃是完全不同于古典宇宙论的全新学说,它完全可以不用理性真理来说明自身。现在理性真理体系已经茁壮成长起来了,它可以完全独立行走了,已经不再需要启示真理体系的照顾了,此时的启示真理反倒成了在需要时发挥情感慰藉作用的心理映像了。

2)圣经学说中,把诸如通奸、乱伦和鸡奸等行为看作是"罪恶的",因为圣经已经预设了婚姻乃是一种神圣的制度,因此,唯有夫妻之间的性行为才是上帝所允许的。但在自然法的话语体系之中,此类行为又当如何评判呢?洛克的自然法对之保持了沉默,甚至此类行为如果首先并不影响人类的社会秩序,其次并不损害人类的生活便利,都应当是被允许的。依照自然法,夫妻关系并不必然就是必需的,之所以存有夫妻关系主要是因为能够使"人类的男女比之别的生灵结合的更加长久",从而使得人类的生育和教养更加有保障。言外之意就是,倘若人类有比之更好的方式进行生育和教养,完全可以不要夫妻关系;因此,究竟是采取一夫多妻,还是采取一妻多夫,对自然法而言根本就无关紧要。洛克甚至对乱伦行为保持了惊人的沉默。只是人类不时会出现的"出格"行为会扰乱到自然的秩序,所以才需要建构公民社会来规定何种行为为"出格",并决定施之以何种惩罚。在洛克这里,我们无法察知到任何的上帝的踪影,无法感受到任何的信仰的力量。就此来说,洛克完完全全是一个理性主义者,而决非一个信仰主义者。

3)圣经十诫中教导应当孝敬父母,这是上帝给选民的诫命。施特劳斯指出,洛克对"应当孝敬父母"的论证完全没了宗教的意蕴,他基于自然法的逻辑对此诫命所做的论证赋予了圣经学说以完全没有的意义。为什么要孝敬父母?成年之后子女愿意服从父母,原因就在于是否能够得到财产继承完全取决于父母的意志。倘若没有此种觊觎之心，子女并没有什么义务要服从父母——自然法并没有就此做出任何的规定。洛克一再强调子女有着"孝敬父母的永恒义务"，而且父母也有享有子女孝敬的权利，但他认为倘若父母在生养和教育子女上"漫不经心"则会失去对权利的享有，倘若子女从父母那里未能获得生养和教育也就没有克尽孝敬的义务。"父母得之于子女的孝敬是一种永恒的权利，子女的尊重、崇敬、扶助和顺从的多寡，恰如父亲对他教养的关切、付出和仁爱的多寡。"①简言之，由"孝敬"所联结起来的子女与父母之间的关系被洛克转化为权利和义务之间的双向关系，而权利和义务的关系其实质更是一种利益关系，而非一种情感关系。洛克所带来的对社会的改造，遵循的乃是纯粹理性的法则，这必将形成对情感的绝对排斥。在此一点上，洛克对现代性的贡献并不比霍布斯差。

于是，施特劳斯最后得出结论说，洛克的自然法是与圣经的教诲完全不同的全新学说。倘若说上帝把自然法的全部内容都写在了圣经当中，那么，洛克所说的自然法根本就不同于圣经的教诲，根本就不能权宜地看作是上帝写进圣经之中全部自然法的部分内容。洛克的自然法自身就足以规定现代国家的完整建构。施特劳斯明确地指出，倘若说唯有上帝所传授的、并写进圣经之中的自然法才是"严格意义上"的自然法，那么，我们只能说洛克的自然法学说不是这种严格意义上的自然法学说。施特劳斯提醒洛克作品的读者注意，由于人们并没有对洛克的身份予以充分的重视，只是从作为哲学家的身份来看待洛克，认为其文本著作都是纯然的哲学表述，于是所看到的是"充满了不合逻辑的瑕疵和前后不一"。但实际上，洛克在写其主要作品时，他的身份是"英国人"或"基督徒"，他主要是面对"英国人"而非"哲学家"来表述其思想的，这就使得他的表述必须力求"与大众一致"。所以，洛克的著作呈现出浓烈的公众见解、甚至圣经原则的气息。正如洛克自己所指出的那样："绝大部分人无法理解，因此他们必须相信"，即便哲学所传达的理性真理能够像数学一样给予我们清晰明白的教导，最好也还是"由福

---

① NRH,220.

音书中的原则来指引大众"。①

第二节 现代性根源的深度辩驳

通过在现实功用和体系内容两个层面展开对宗教的批判,现代性似乎已经完满地完成了启蒙的任务,使人们从启示宗教的魅惑中解放出来了,但果真如此的话,那就意味着现代性所发起的对启示宗教的批判已经实质性地驳倒了启示宗教,现在唯一合法可靠的真理体系就是现代科学体系。施特劳斯在现代性为之信心满满的地方提出了疑惑:启示宗教真的被现代科学推翻了吗? 现代性的确建立了科学的真理大厦,但问题是,我们凭什么能够断定科学的真理大厦是建立在启示宗教的废墟之上,而不是在另选的地基上进行建构的? 或者说,现代性针对启示宗教所发起的批判是否真的如同其所期待和宣称的那样有效? 在施特劳斯看来,无论是马基雅维利、霍布斯抑或洛克,他们的宗教批判在现实功用和体系内容层面上所发起的批判都是"外在的批判",这种批判并没有触及到启示宗教的"灵魂",而且作为现代性的开创者,他们最为重要的贡献不在于对宗教的批判,而是现代性的理论建构。对启示宗教发起最为全面、最为激烈之批判的是斯宾诺莎,他从现代性开创者们所奠基的科学真理观入手,同时从体系内容和现实功用展开对启示宗教的批判,尝试建构以圣经为对象的科学。施特劳斯把斯宾诺莎看作是从现代性角度进行启示宗教批判的集大成者,在其之后人们就想当然地认为宗教批判的时代任务已经完成。因此,倘若斯宾诺莎所发起的批判的确如其所期待的那样成功,那么,我们就可以断定现代性的确成功地驳倒了启示宗教;倘若斯宾诺莎的批判并不成功,那么,这就表明启示宗教具有某种应对现代性危机或可以带领我们走出现代性危机的真理内容。

---

① NRH,225－226.

一、启示宗教的整体判定

依据施特劳斯的考察,在斯宾诺莎的现代性视野之下,自我保全的本能使人们倾向于将自然万物视作为己之手段,既然工具可由人类创造,那么自然万物也就被类比为神的创造。科学的真理观念认为,正是因为对真正原因的无知使人沉溺于"想象","想象"又回应了人的诸多感受,从而产生了激情,在想象和激情的共同作用之下,启示宗教得以形成。启示宗教源于人性的原始倾向,也就是说,当人们无力科学地解释世界之时,便会移情类比,假设"万物甚至上帝自身都按各自的目的,以人类的方式行事"。人之自我保全的本性导致诸如贪婪、野心、贪欲等激情,但种种激情并未使人得到保全,反倒将自身置于险境。激情所指向的财富、荣誉、感官快乐诸事物似善实恶,它们幻生幻灭、转瞬即逝,人们强烈地感受到依凭这些事物无法确保自身,唯有把自我保全交付于永恒事物才能获取至福。在此出现了根本性的选择,这就出现了两条根本上不同的道路:启示之路和理论之路。那些不能做出自我决定的人则选择了启示之路,他们把自我保全交付于由想象所构造的上帝所确保的永恒,被动地听从来自上帝的启示。这些本性上倾向于愿望式思考的大众自甘接受先知们妄言谵语的奴役。那些受无有休止的贪婪和虚荣支配的人也不能做出真正的自我决定,他们在遭受恶运打击之后也会投身到信仰当中。在人之状态上来看,信仰其实是意见或想象,它开始于自我决定的放弃,因而是无力且不愿受到严格检验的"轻信"。信仰之人摇摆于希望和恐惧之间,一旦恐惧支配了希望宗教就产生,因为此时他不再相信自己的理性能力而情愿相信想象的上帝。正是由于人们感觉到单靠自己的力量不能实现拯救、无力获致自己的欲望,一言以蔽之,由于人们对自己的能力感到绝望,他们就放弃理性而紧紧抓住启示不放。[①] 源自于恐惧和想象的宗教往往又被那些受权势欲和虚荣欲支配者们的工具,以便他们能够猎获更多地受困于激情而又容易轻信的俗众。

---

① SCR,298.

而具有自我决定的人选择了理论之路。他们认为,对永恒事物之爱的条件和要素乃是关于永恒事物的知识,于是,自我保全的兴趣最终就被提升为对永恒事物知识的兴趣,自我保全的追求就被转换为纯然理论的探求。选择理论之路的人真正理解了自我保全本质上乃是自我决定,这是一种内在于自我的主动要素,是持久永恒的精神。能够认识到自我决定并追求自我决定的生命"将摆脱激情的束缚,成为纯粹的知性"。[①] 真正彻底了解这一生命意图的人是自由而坚强的人,"因他既不抱有希望亦不怀有恐惧:他热爱命运,在沉思中感到欣悦,因为沉思是确定的善,拥有沉思使他认识到无尽的欣悦"。[②] 理论之路就是所谓的哲学之路,依照施特劳斯的理解,这条道路有两种形式:古典理性主义的形式和现代理性主义的形式。对两种形式的理性主义进行比较不是本节的主题,这里所要关心的是斯宾诺莎如何站在理论之路上批判启示之路。

二、宗教怀疑论批判的辩驳

施特劳斯认为斯宾诺莎着力于批判启示宗教的两种立场:其一是怀疑论者的立场,即要求理性服从于圣经,其二是独断论者的立场,即要求圣经成为理性的婢女。这两种立场不仅贯穿在犹太教内部,而且也贯穿于整个欧洲的基督教历史,其中犹太教的迈蒙尼德是独断论立场的代表,而正统教派(包括犹太教和基督教)则是怀疑论立场的代表,特别是加尔文主义。因此,斯宾诺莎的宗教批判指向的就是正统批判、迈蒙尼德批判和加尔文批判。

1. 正统批判及其失败

正统批判指向的是持守怀疑论立场的那些神学家们,他们认为理性必须作为神学的婢女,因此,正统批判的原初意图是"把人的精神从神学家们所灌输的成见中解放出来",能够走向自由思考的哲学之路。[③]

---

① SCR,294.
② SCR,297.
③ SCR,163.

斯宾诺莎认为,正统批判包含两个层面,其一是基于圣经的批判。既然正统把上帝的启示看作是通过先知之口所传达出来的超越理性的诫命,那么,为了防止人们对此众说纷纭、意见相左,我们就只能依凭圣经文本来达成共识。但问题是,圣经文本本身就有诸多的自相矛盾,这说明圣经不足以作为权威,启示不足以成为信靠。即便我们仅着眼于圣经中能够达成共识的文本,那么,我们发现唯有理性的道德才是圣经通篇中所能达成共识的部分,而非任何启示的东西。另外,既然圣经自始至终都在教导要虔敬地信从上帝,彼此相爱,那么,奉启示为信靠的神学家们愤怒地迫害哲学就是僭越圣经之举。施特劳斯以子之矛攻子之盾,指出了基于圣经批判的不成功之处:既然启示被认定为是超越理性的,那么运用只具有理性正当性的矛盾律来研判圣经文本就是不正当的;既然圣经教导人们要彼此相爱,那么神学固然不可以凭借圣经迫害哲人,哲学当然也没有理由凭借圣经驳斥神学;圣经中存在的矛盾完全可能是上帝为了能够照顾到人类的不同禀性而做出的随宜指点,看似自相矛盾其实正是上帝的大能之所在。启示宗教的批判认为,为了能够信仰首先就要能够解释矛盾,而施特劳斯则反驳道,实际上唯有真正地信仰才能对矛盾做出解释。以上种种表明,斯宾诺莎针对启示宗教的批判实际上根本就没有击中要害。

其二是基于理性的批判。启示宗教往往借助神迹来说服不信者以信从,其现代性的批判者认为所谓的神迹毫无例外都是"纯粹经验的",以"纯粹经验"为依据是无法为启示的主张提供充足的理由的,因为从纯粹理性的经验出发无论如何不可能推导出超越理性的启示。但施特劳斯指出,既然神迹是被启示认定为超理性(而非反理性)的以显示上帝的大能促成不信者以信从,那么,这也就逻辑地排除了任何经验性地对之加以解释或理性地加以把握的企图。因此,对神迹的理性批判全然失当。启示批判认为建立在经验性的神迹之上的圣经教诲必然只是经验性的,而经验性的教诲必然意见杂呈、矛盾丛生,如何能够成为最高的权威呢?施特劳斯认为,倘若把矛盾存有与否作为是否值得信从的标准,那么哲学同样也无法让心信从,因为历史已经表明各类体系哲学也处于"无政府的状态",因此,在自身还成问题的前提下,凭借自身展开对圣经教诲的批判,如何又能令人信服呢?启示批判还言之凿凿地宣称摩西根本就不是《五经》的作者,《五经》所载也根本不是历史事实,因此摩西律法也就无法被判定为是有效的,经文肯定就是后人杜撰的。施特劳斯指出,依据圣经,摩西律法的有效性取决于它被认定为是上帝的诫命而非摩西的创制,五经所载之历史正是经由了上帝启示的确认已被认定为确定的和真实的,圣经的实际文本根本就是从其启示的源头而流传下来的。因此,这种语文学 – 历史学的批判非但没有破坏圣经的权威,毋宁说这种批判所提出的证据反过来更加证明了上帝的大能与神秘。在施特劳斯看来,激进的启蒙运动所依凭的理性根本就不是启示的对手,启示宗教把一切合乎理性的和不合理性的全部都诉诸于上帝之全能,如此一来它就能承受任何的攻击,使其根本上无法反驳。

所以,施特劳斯提醒读者注意,在激进的启蒙者所发起的对启示宗教的批判中何以嘲笑扮演了很重要的角色,"启蒙运动不得不通过嘲笑将正统驱逐出局,因为舍此之外别无他法"。① 现代性发起对正统的批判意在将理性从对启示的服从中解放出来,解除人们头脑中的成见桎梏,为此所要做的就是要批判圣经的基础以及圣经本身,而这种批判必然地就是以经验理性为凭借,这就是实证性的批判。为了能够进行实证性的批判,需要把批判的对象限定在圣经文本的字面意义上,这在施特劳斯看来,正因为如此最终造成了批判的失败,因此,启示宗教从未把圣经的全部权威仅落实在圣经文本的字面上。或许在实证批判所限定的范围内,实证批判的确能够发动凌厉且有效的攻击,但是超出限定范围之外呢?信仰者之所以高于不信者在于他们既有信仰者的体验也有不信者的体验,而不信者却完全没有信仰者的体验,即便信仰者的体验无法由实证经验所予证明。于是,正统批判在实证之外不得不借助嘲笑来达到其效果,这不能不说是对自身无能为力的认可。所以,施特劳斯就直接判定斯宾诺莎正统批判的失败:"启蒙运动的所有自我意识都无法隐藏的事实是,这种批判、这种启蒙运动所固有的批判——虽

---

① SCR,203.

然曾经起过历史作用——仅仅是对某些结果的批判,它并没有触及到启示宗教的核心,因为问题重重。"①

2. 加尔文批判及其失败

由于怀疑论立场在现代性的语境之内更多地指向基督教新教改革派的正统立场而非犹太教的正统立场,因此没有比选择加尔文主义作为批判的对象更为合适的,施特劳斯认为唯有在加尔文批判中正统批判所犯的严重的批判形式问题才能得以充分的显示。

加尔文依据"圣灵的内在见证"确立起圣经的权威,在把圣经确定为上帝之言辞的情况下就可以确立起对圣地的真知。据此,他一开始就认定单凭人的理解力尚不足以获得对上帝的真正认识,甚至理论本身的正当性根本就值得质疑。既然加尔文一开始就摒弃了理论,那么他的立场也就是一个理性所无法批判的立场。当现代性基于对人类之理解力的绝对信任发起对启示宗教的批判时,在施特劳斯看来就是试图越出理性的立场来评判自己所不能胜任的非理性立场,"斯宾诺莎的立场和加尔文的立场彼此扦格不入,无法取得共识,甚至无法相互容忍对方",它们既不可能被对方驳倒,也不适合向对方进攻,就从对唯一且永恒的真理追求来说二者同处一个水平之上。②

在现代性的开创者那里,他们想从人对上帝的依赖中推导出对罪的否认,从而确立起人具有完全的自决能力,因此他们并不否定上帝的存在,甚至还坚称上帝的先在性。但要命的是,现代性所声称的人类对上帝的依赖并不是圣经意义上依赖,毋宁说是霍布斯意义上的依赖:由于宗教产生于现实的功利,因此实际上不是人对上帝的依赖,而是人类创造了上帝从而对其依赖。如此一来,现代性对上帝的留置实际上恰恰是人类单凭理性尚不足以完全自决的一个证明,现代性所发起的对正统的批判只不过是以批判的形式反证了正统的怀疑论立场而已。当加尔文彻底关闭了理论批判之可能

---

① SCR,206.

② SCR,265.

性的大门之后,斯宾诺莎基于理论的立场所发起的批判又怎能威胁到加尔文的启示立场呢? 因此,施特劳斯就说,斯宾诺莎的宗教批判只是表明了"以非信仰的科学为基础,人们只能得出斯宾诺莎的结论",①他只不过是自己在玩自己所创制的游戏而已。

在施特劳斯看来,现代性和正统一样设定启示和理性的互不相容,因此任何基于理性而发起的对启示的批判都是不可能成功的,因为这种批判无论如何都是以对批判的靶子先行扭曲为前提的。启示宗教假设上帝乃是不可测知的意志,上帝在特定时刻以特定方式显示自身,人类可以通过此种显示确知上帝的威严和荣耀,虔敬地信从上帝。实证批判认为依凭显在的世界秩序或者神迹推导上帝不足为信,圣经中存在的诸多自相矛盾与其说显示着上帝的威严,不如说削弱了上帝的威严。现代性尝试着把人们对启示的兴趣归之于恐惧,把启示的内容归之于想象来实现对启示宗教的体系性理解,但施特劳斯却指出,如此理解的启示根本就不是启示宗教原本意义的启示。把对上帝的恐惧等同于人之心理意义上的恐惧,这根本上就是对启示宗教的严重误解。在启示宗教那里,不是对上帝的恐惧使人产生对上帝的信从,而是对上帝的信从产生对上帝的恐惧,恐惧毋宁说乃是对上帝绝对忠诚的情感。现代性则把恐惧理解为蕴含功利算计的理性,这与启示宗教完全是两码事。

现代性发起启示宗教批判的意图之一就在于促成人们内心的平和与慰藉,增进并改善人们生活的安全,为此就必须要能够消解"上帝乃是恐惧的"这一设定,因为对上帝的恐惧乃是所有恐惧之源。但施特劳斯认为启示宗教批判也恰恰在此点上出了严重或致命的问题。既然确保心灵宁静的关键在于确立那些无可质疑的绝对确凿的事实,但是这种事实最终被现代性交付于自然冷酷无情的必然性,这实际上意味着具有自由创造的人类意志有着深深的无能为力,这就要求人类必须对命运有着深深的爱。殊不知,启示宗教本身也是建立在命运之爱的基础之上的,上帝必然能够完全掌控他

---

① SCR,286.

所创造的这个世界,作为被造之物的人类因其有限性已经被限定了无力完全掌控命运。现代性如同其批判的对象,都有着对命运的绝对认肯和接受的前提预设,正是因为"命运之爱"使人要么匍匐在自然必然性的面前,要么匍匐在拥有无限威严的上帝的面前。人类可以摆脱经验性的恐惧,但却摆脱不了终极性的自我存在恐惧。

施特劳斯认为,正是因为现代性的正统批判是建立在对正统的完全误解和扭曲之上的,所以这场批判无论如何都是不可能成功的。既然宗教是在超越理性的启示立场之上,那么试图对此进行实证性批判都无助于批判任务的完成,因为它无法触及启示宗教的核心预设,即上帝乃是不可测知的意志。认为神迹与自然法则相违背,并不能证明上帝的无能,实际上与自然法则相违背的神迹恰恰能够证明上帝的大能,神迹指向的并不是人的拯救,而是上帝的任意施为。实证批判蕴含着如此预设:唯有经过精密的观察和严格的分析予以确证的事物才能正当地被人们所接受,而神迹却无法通过此种审查所以我们也就不能接受,从而也就不能接受上帝。但是在启示宗教当中,神迹并不是因为经由人的观察和分析才具有其存在的正当性的,而是因为它是上帝的施为而获取其正当性的,这根本与人毫无关系。就此而言,施特劳斯就得出结论说,斯宾诺莎所展开的宗教批判不仅没有击溃启示宗教,甚至压根就没有击中启示宗教。

三、宗教独断论批判的辩驳

宗教独断论者基于理性科学的时代背景要求圣经成为理性的婢女,试图调和理性与启示。例如,迈蒙尼德在已经接受了科学这一理论分析框架的前提下,即便不是要把启示完全置于理性的统治之下,也是要把启示调整到与理性相一致。现代性不是要把启示置于理性的统治之下,而是基于理性的立场要彻底清除启示,因此,激进的批判立场坚决不容许独断论者所做的调和:在现代性的眼中,启示根本就是完完全全的谬误,我们怎么还能把谬误置于理性的统治之下呢? 因此,斯宾诺莎对迈蒙尼德所发起的批判其第一个靶子就是即便依据迈蒙尼德所依凭的科学也无法实现理性与启示的调和。

迈蒙尼德认为神法《托拉》①的目的与哲学的目的是一致的来完成调和的任务。在他看来,人法(即哲学)仅着眼于肉体的完善,而神法则既指向灵魂的完善又指向肉体的完善。灵魂的完善在于认知理性的完善,它是非社会性的,并不依存共同生活;而肉体的完善则是健康,健康的达至需要在共同生活之中实现,共同生活意在完成对他人暴力行为的防止和对成员施加道德教化。归纳起来,迈蒙尼德的神法其目的有:暴行的防止,道德的教化和知识的完善。斯宾诺莎认为应该把《摩西五经》与神法区别开来,为此他批判迈蒙尼德把神法与人法相调和的做法。他的论据是:其一,神法意在所有人类个体,而摩西律法仅指向犹太人;其二,神法意在个体的每一个人,而摩西律法则强调社会全体成员。施特劳斯认为斯宾诺莎的批判只有第一点认为摩西律法乃是特殊主义的才真正有说服力,第二点则不然。斯宾诺莎认为摩西律法仅具有对以拯救为目的的仪式法的意义,因此也就没有神圣启示所赋予的真实性,以及与至福相关的价值。施特劳斯指出,就此来说,即便斯宾诺莎认为摩西律法不具有至福的价值而只具有政治的价值,实际上他仍然是在迈蒙尼德学说允许范围内进行探讨的,因为迈蒙尼德认为神法是能够涵涉人法在内的,把摩西律法归结为仅具有人法的意义并不与其学说的整体相冲突。迈蒙尼德把上帝看作是最终的立法者,这一设定为哲学与神学、真理与虔敬的共存相容提供了保证,也为人法与神法的统一提供了保证。斯宾诺莎则直接判定,认为把上帝看作立法者是有违理性的,神学与哲学、虔敬与真理根本对立,并无相容之处,除却人法之外并无所谓神法的惩罚。迈蒙尼德认为想象力和理智通力合作使预言式的认识得以可能被描述,斯宾诺莎则认为想象力和理解力二者是此消彼长的关系,因此预言根本就缺乏充分的论据支撑。施特劳斯断定,斯宾诺莎以上的批判本质上

---

① 犹太经书,英文:Torah。犹太希伯莱文经卷中最为重要的经书,犹太人一直视托拉为经典中的经典。托拉广义上指上帝启示给以色列人的真义,亦指上帝启示给人类教导与指引。狭义上指《旧约》的首五卷(犹太人不称旧约),又称律法书或《摩西五经》即《创世记》、《出埃及记》、《利未记》、《民数记》和《申命记》。

都属于"循环论证":他本来是通过对迈蒙尼德的批判来建构起哲学体系的,但现在却是基于其哲学体系而展开了对迈蒙尼德的批判。斯宾诺莎提出要以科学的、无成见的态度对待圣经,据此来进行批判,这一态度无疑已经是笛卡尔科学革命的展示。当斯宾诺莎基于科学革命其内心已经决定要疏远犹太教时,那又怎么能够通过对犹太教的疏远来证明科学革命的正当呢?斯宾诺莎的迈蒙尼德批判以及圣经批判已经预设了对犹太教的疏远以及新兴科学的正当性,而这些本应该是他的批判所要达成的目标。正因为如此,施特劳斯才得出结论:"斯宾诺莎的评论无甚至重要",不值得我们为之"浪费笔墨"。①

斯宾诺莎对迈蒙尼德独断论的批判重点落在对启示的可能性的批判上,也就是施特劳斯所说的哲学批判。哲学批判在两个层面上展开,实证性批判关心的是从现实世界秩序的分析是否可能上升到神学与启示,而形而上学批判则根本怀疑从现实世界秩序的分析是否正当。② 施特劳斯认为,启蒙对启示的实证性批判根本上来说都是不成功的,当然也是不可能成功的。现代启蒙把启示作为一种成见来批判,殊不知启蒙自身就是一种成见,启蒙对启示的批判只不过是用新的成见取代旧的成见而已。其次,由于"启示在宗教本质上诉诸于一种先于人们的所有判断而存在的事实,亦即诉诸作为世界之王的上帝的启示",③就此来说,它是超越于任何的以经验判断为基础的实证精神的,因此,启蒙对启示的批判实际上就是犯了试图比较原本不可比较之物的错误。第三,实证精神存在于"经验在场","是且希望的是直接的经验","渴望尽可能接近被经验的对象",这在实质上迥异于启示精神。启示精神意在"唤醒一种对非在场状态的渴望",它乃是抑制直接经验的意志,是"对某种中介的渴望"。就此来说,"所有对成见进行的批判,甚至所有从经验的角度对启示宗教传统的严格性进行的批判,都无法触及

---

① SCR,240、241.

② SCR,242.

③ SCR,244.

到意志的严肃性与深度——那是一种渴望通过中介而间接聆听的意志"。①启示所要求的品格是忠诚和虔敬,任何对启示之物的思考或解释都被视为背弃,因此,对启示而言服从具有先在性。实证精神所要求的则是,服从只是结果,服从的前提是可信,因此,没有思考或解释就去"由衷地忠诚和服从简直就是愚钝,就是甘心被囚禁于成见当中"。施特劳斯就此认为,若依凭实证精神,斯宾诺莎大可不必为其判教行为做种种的辩护,既然没有探究而接受被视为成见,那么,在未能理解其真实意图的前提下就一味全然地批判启示宗教,这还能被视作为是实证精神的表现吗?

在施特劳斯看来,如果说启蒙只是依凭实证精神来破除启示成见,那么,斯宾诺莎的宗教批判则可以看作是基于近代形而上学来破除一切成见的努力。这种努力乃是"哲学的",意即"对所有假象和意见的斗争",也就是笛卡尔的决断:"为一劳永逸地摆脱所有成见,他决意怀疑一切"。形而上学问题是经院神学和近代哲学共同的主题,经院神学与近代哲学乃是处理形而上学问题的两种不同方式,斯宾诺莎对迈蒙尼德的批判就是基于笛卡尔式的处理方式。如果说实证精神还多少具有宗教启示的限制的话,那么笛卡尔式的形而上学处理方式则已经突破了所有的限制,他通过用纯粹物理学的方式来寻求最为根本的、不可置疑的要素(这就是斯宾诺莎所谓实体概念,意即上帝概念),然后据此来建构体系的世界。因此,就从近代形而上学的路径入手来看,当迈蒙尼德尝试在启示的世界观这一背景之下来论证其学说时,毫无疑问乃是基于现实世界秩序的分析来寻求最终的确定性(即启示)的行为,这在斯宾诺莎看来俨然刚好弄翻了。但跳出斯宾诺莎来看,斯宾诺莎基于近代形而上学的批判实际上已经完全背离了迈蒙尼德的立场,两人之间已经失去了对话的共同平台,那么这场对话还有意义吗?从迈蒙尼德的立场上来看,大可对斯宾诺莎的批判会心一笑,然后束之高阁。

概而言之,在施特劳斯看来,迈蒙尼德试图调和理性与启示其意图并不

① SCR,244–245.

是彰显理性,毋宁说是在理性彰显无可遏制的时代背景中为其既定的犹太立场进行辩护,他无意于把启示作为唯一的那块人类神圣之领地,而只是认为人类若要达致至福固然必需理性,但若离开启示单凭理性则是不足以达致至福之域的。斯宾诺莎的批判则意在消除至福对启示的依附,他对理性充满自信,因此,他完全见不得迈蒙尼德对启示的固守,他试图要从迈蒙尼德那里把启示所占据的领地给夺取过来,宣示对该领地的主权。但为斯宾诺莎所不知的是,迈蒙尼德原本的领地足够大,以至于他所宣示过主权的任何领地都在迈蒙尼德的领地之内;因此,为了建构自由的哲学思考大厦,斯宾诺莎假想了迈蒙尼德这一论敌并进行论战,他的论战其结果并没有打倒这一论敌,而只是表明他所要建立的理性大厦也能够和迈蒙尼德的启示大厦一样为人居住,只是为了能够更多地争取人民居住,他就不得不诋毁启示大厦。据此来看,斯宾诺莎既没有能力、也没有必要拆除与其理性大厦遥相呼应的启示大厦,因为启示大厦和他的理性大厦一样有着同样深厚的根基,也有着同样的建造意图。

四、神权政制论批判的辩驳

施特劳斯把现代性支配下的国家学说看作是现实主义取向的,这种现实主义是对现实人性无条件的肯定,其原本是一种理论态度。在将这种理论态度挪用于政治建构时,就必然主张国家应建立在对各种激情实际上的主导地位的承认之上或对人类不可救药的愚蠢之必然性的认知之上。受此种现实主义取向支配,现代性就必然要求摒弃宗教,因为宗教建基于愿望之上而非现实之上,不是要求控制命运而是要求等待幸运。纯然沉思的理论态度使现代政治哲人不可能成为大众生活的参与者,在本质上智慧者必然都是大众生活的旁观者。

在自我保全与自我决定的立场上,斯宾诺莎的主动进取对现代性的意义来说丝毫不弱于霍布斯,但不同于霍布斯落实在现实功用之上去批判启示宗教和建构国家宗教,斯宾诺莎则是立足于自由生活来展开其神权政制批判,根本上拒绝任何形式的宗教。施特劳斯在此所问的问题是:人类真的能够摆脱宗教的宿命吗？

　　斯宾诺莎把人的一切力量和权利都归结为上帝，他从上帝开始推演人的自然权利。既然上帝又被视为最高的实体或作为整全自然秩序的最终必然性，那么，人之自我保全就被区分为两种：仅由激情所导引的大众方式，由理性所导引的智慧者方式，前者是对真正上帝的无知，而后者则是洞察到上帝的真谛。虽然这两种方式都具有自然权利，但政制却不能采纳智慧者方式，因为这种方式不是现实主义取向的，所以唯有大众方式才是政制的恰当选择。虽然从整全的自然秩序来看，大众的方式并不违背上帝的理性，但在现实政制层面来看，理性的方式的确是被禁绝的，可靠的依凭只能是激情，使大众受冲突的支配、憎恨的支配以及愤怒的支配远比使其受理性的支配更能达到政制的目的。那么基于此，既然大众考虑到其激情而拥有敬重契约的权利，当然考虑到好处也拥有违背契约的权利，如此一来，政治国家确保大众的秩序就成了问题。在斯宾诺莎看来，可以借助"试图统治的激情"来激发具有统治之心和统治之能的"统治者"实现对大众的统治，维持激情活动的秩序。但自身受虚荣心支配的大众并不甘心受制于那些地位与其相等同的人，于是为了能够实现统治，就只有采取神权政制：统治者创制和利用宗教使其臣民确信他们高人一等。所以说，"神权政制就是与基于想象－激情的生活最匹配的国家形式"，其发挥效能的前提条件是"普遍盛行的迷信"。①

　　施特劳斯指出，理解斯宾诺莎的神权政制批判所存在的问题，需要先行确定他对权利的划分。既然每个存在的个体都具有其自然的权利，那么，能够超越激情－想象生活的智慧者也就没有权利要求那些受控于激情－想象生活的不智者进行自我超越。由于国家的创建只能依凭物理上的力量而非心智上力量，所以，尽管智慧者是真正的强者也不能作为国家的基础，国家的基础只能落实在受激情奴役的大众之上。既然斯宾诺莎的自然权利学说完全是从整全的自然秩序（从而政治秩序）来构思的，那么在建构政治国家

---

① SCR, 319.

之时,他就不能给予智慧者过多的考虑,只能把更多关注落实在不智者身上。在权利等同于力量的前提之下,一方面,既然大众拥有更多的力量,那么也就意味着他们拥有更多的权利,另一方面,既然孤立的力量弱于联合的力量,那么联合的力量也就具有更多的权利,作为最多联合的国家也就拥有最高的权利。国家的权利不同于个人的权利,前者是认肯激情并听由激情的自然权利,后者则是控制激情满足激情的理性权利。在斯宾诺莎看来,国家理性在于统治者施行统治的能力之中,在于被统治者接受统治的能力之中。和谐的激情生活并非是由智慧者创造,而是由政治家创造;不同于智慧者,政治家也是由种种激情所支配的个体。

但施特劳斯在此发现了斯宾诺莎政治学说所蕴含的内在矛盾。基于斯宾诺莎的哲学学说,如果把自身的持续性作为真正的善,那么受制于激情的生活就是应该被舍弃的生活,以此生活为目标的神权政制也就应该被舍弃。虽然神权政制是与此激情生活最相匹配的国家形式,但由于这种国家形式本身无助于真正的善,所以无论如何它都是应当被抛弃的。斯宾诺莎把力求自由作为是内在于民族的意志,他的政治学说就是为那些关心自由、守护自由的民族而作。在他看来,唯有当某个民族睁开眼睛去关心真正的善和真正的恶时才有可能彻底摆脱神权政制。不同于霍布斯将政治国家仅仅落实在实定的欲望之上,正是因为斯宾诺莎把政治国家与自由的获取连结起来,所以,虽然斯宾诺莎的确也将政治国家的力量奠定在大众的种种激情之上,但理性的国家只有在充分考虑了大众之内在的追求自由的意志才能获取比武力统治更为强大的力量。不过,在施特劳斯看来,这恰恰也是斯宾诺莎政治学说的问题之所在。因为既然把追求自由当作人之内在的意志,那么无论政治国家多么地有助于人之激情的保障或实现,始终都是对人之自由本性的限制或束缚。因此,基于人之激情的政治国家以及神权政制无论多么地合乎人之自然,这种国家形式终究也只能是手段,并且对于人之真正的自然来说甚至是坏的手段。以神权政制做支撑的政治国家所能实现的仅仅是社会的外在自由,它漠视个体的内在自由,甚至还要牺牲个体的内在自由,因为后者作为真正的自由乃是个体"不受任何外部事件的影响、能够自我决定、过着超然的沉思生活、热爱命运、不为成见所束缚的自由"。① 既然斯宾诺始终坚持两种自由的区分以及相应的智慧者与不智者的区分,那么,作为与激情生活最相匹配的国家形式的神权政制所具有的正当性就不可能遭到彻底的质疑,对神权政治所展开的批判最终必然变成对其政治学说的否定。这是第一层次的矛盾。第二层次的矛盾则是,斯宾诺莎的神权政治批判要想取得胜利,并且他的政治学说要想能够与其哲学体系相融通,那么就只能抛弃对两种人类的划分以及对两种自由的划分。但是倘若把大众视为如同哲人一样地追求自由之时,不仅将会使得政治国家的建构成为不可能和不必要,甚至也将取消人之为人的本质,恐怕唯有"神"才能真正地符合斯宾诺莎对人的期待。既然人之为人,那么就需要国家,唯有生活在国家之中人才可能有人的力量和人的生存,这一点即便是智慧者也不可能例外。虽然由自由大众所组成的国家强于借助武力实施统治的国家,而且理性的国家也才是更高程度上的真实的国家,②但在斯宾诺莎看来这种国家只能是"乌托邦",这又与其现实主义取向的政治学说根本背离。

斯宾诺莎意识到他的学说所存在的二元分裂,一方面是智慧者,他们醉心于对整体且永恒事物的哲学追求,一方面是大众,他们受控于与部分且短暂事物相连的迷信。哲学乃是"依存于永恒、普遍、整合的理性真理",而迷信则是"依存于部分易逝的个体之短暂而片面的经验"。由于大众不可能以追求真理为己任——否则就不需要构建政治国家,其本性使之沉溺于激情成为必然——为了此种激情生活得到保障才需要建构政治国家;又因为迷信是"制造仇恨与分歧的力量"而不可依凭,那么为了实现可靠的保障,斯宾诺莎就引入了"宗教"。依据他的理解,宗教因其设定存在着为一切人所共有的关于上帝的原初知识而与哲学坐拥共同的基础,又因其设定由想象–激情所支配的生活乃是大众之必然而与迷信坐拥共同的基础,因此宗教就成为哲学与迷信的"中间地带"。宗教以爱与和平为其事功,这与大众

---

① SCR,301.

② SCR,328.

的理性相一致,其实现的方式则是对上帝的虔敬和信从以及由此所出的对行为规范和教义框架的承认与遵守。宗教的此举此行是超理性的甚至是反理性的,这一点与大众的生活经验也相符合,大众很容易为设想作为最高统治者和最高奖惩者的上帝的存在。就此来说,宗教只能诉诸上帝的意志为自己担保,却不能诉诸理性的真理来为自己辩护。但斯宾诺莎却又竭力把宗教表现为理性和迷信的结合以实现对其二元分裂的弥合,宗教的目的来自理性,但其手段却来自迷信。在施特劳斯看来,既然在斯宾诺莎那里,激情－想象生活作为大众生活的基本层面,而理性纯思的生活只能维持在少数哲人那里,那么其宗教构想无论如何就不可能实现与其学说原则的相协调。实际上,无论是少数的哲人抑或多数的俗众既然都为自我保全之欲望根本驱动,那么必然也就享有深深内在于自身的生生不息的精神,"精神生活的观念无论多么微弱都依然存活于所有人的心中",[①]它先在且永恒地命令人们去爱他人和爱和平,这就是真正宗教的种子。因此,宗教乃是人之为人的宿命,人类从其内在欲望和精神来看根本无法摆脱宗教的宿命。

第三节 律法之路与现代性的初步矫正

现代政治哲人有着强烈的用纯粹的沉思来规制实践生活的意图,但他们这种规制的出发点并不是人性的完美,而是人性的实现,无论何种人性。为此,他们无视意见,摒弃启示,而听由理性。现代性既然因为纯粹静观生活的自由释放而造成无可回避的虚无危机,那么,唯有实现对此纯粹静观的生活予以恰当有效的限制方能从根本上解决危机。现代性的危机从其根源上来看乃是理论的危机,那么唯有以实践予以中和才能恰当有效地予以解决,在施特劳斯看来,这种实践的解决路径有两条:其一是律法之路,其二是习俗之路。律法之路上,先知扮演着施特劳斯理想当中的政治哲人,他们不同于古典政治哲人之处在于借助启示、从而借助律法来实现对大众的教诲,

---

① SCR,334.

并创制秩序以实现人性的完美;而古典政治哲人则凭借习俗或意见来实现对大众的教诲,并创制秩序以实现人性的完美。无论是中世纪的政治哲人还是古典的政治哲人,他们首先或根本上都不是沉思者,而是实践者;实践者的立场使得他们非常清楚,虽然实践的生活的确需要借助沉思的成果以实现不断的提升,也就是人性的完美,但却绝不能用沉思的形式来规制实践的生活。

一、启蒙批判与现代性解答

施特劳斯把现代性的源头直接追溯到启蒙运动,"如果我们不为现代的种种表面景象和借口所欺骗,则现代所特有的全部现象,都可以追溯到作为其源头的启蒙运动,即追溯到十七、十八世纪的思想运动,此运动是由笛卡尔的《沉思录》和霍布斯的《利维坦》所开创的。"①启蒙运动之于现代性的重要意义,在施特劳斯看来,它不在于为现代性设定了基本的理论框架,而在于它基于笛卡尔、霍布斯等人所开创的理论框架而掀起的对启示宗教的批判,或者说启蒙运动的功绩不在于"立"而在于"破",它力图通过对启示宗教的批判为现代性建构自己的真理体系清扫前行的道路。启蒙毋宁说是依据现代性已经基本确立的理论框架而展开清扫地基工作的,施特劳斯把理想主义和现代世界观作为现代性理论框架的前提设定和支撑背景。现代性所持守的理想主义首肯作为主体的人的创造性地位,基于主体这种独立的创造性,人类完全可以对世界做出自足的理解,甚至可以建构出自足的世界。现代性直接宣称:"无需假定深不可测的上帝,世界和生命照样完全可以得到理解。"施特劳斯把现代启蒙的这种基于主体创造性而世界所做出的自足的理解称之为"文明化":"启蒙放弃了不可能成功的对正统的攻击,致力于务本,致力于世界和人的文明化。"②"文明化"的实现路径是,通过将上帝置换成人,最终使人成为世界的主人和自己生活的主人,以此建构完全属

---

① PL,10/4.

② PL,14.

人的世界,这就是"人类及其文化自治的自由理想"。① 现代人普遍认为自由将不再由外在于人的自然或上帝所出,而完全是由人自身所出,人不仅可以通过为自身立法获取自由,而且还可以通过向自然立法以征服自然。此种自由观与理想主义相互鼓舞,互为支援,信心满满地试图重新建构世界观,这就是由伽利略、笛卡尔、牛顿等人最终所建构起来的新的自然科学世界观。现代性的开创者们认可并主动地建构科学世界观,乃是因为现代自然科学被看作是实现其建构属人世界这一理想的必要且充分条件,科学的世界观能够为属人世界的建构提供强有力的支持。现代世界观极大地提升了理性的地位,甚至以理性作为唯一的衡量是非与好坏的标准。理想的强调与主体的任肯互为表里,共同支撑起现代性对人类品质的绝对要求:现代性不容许人类心灵的软弱,从而进入宗教的王国寻求精神的慰藉,启蒙哲人告诉世人要勇敢地面对残酷真相,坚强勇敢才是人类正当的尊严,谦卑顺从则是对人之尊严的侮辱;现代人的品性就是"正直",正直的核心要求则是智识上的正直,意即完全听凭理性,服从理性,符合理性,唯有坚持智识上的正直才能使人类真正地敢于直面惨淡的人生,勇于担当荒芜的真理。

施特劳斯把前现代启蒙时代的世界观概括为自然世界观,无论是古典时期亚里士多德的世界观还是圣经的世界观都属于这种自然的世界观。既然在现代性开初阶段自然的世界观还依然强有力地在支配着人们的观念,那么就需要先行战胜宗教正统,这样就能够为建构属人的世界清扫道路。这就是启蒙所要完成的一个任务,现代启蒙正是凭借着现代自然科学这一前提手段,基于"人类及其文化自治"的自由理想发起对正统的批判。自然世界观并不必然地要反对或拒斥科学本身,甚至还往往自觉地接纳科学。例如,圣经世界观以信仰统领科学,在上帝的整个教导之中保留了科学的正当地位,也就是说,在向那些未能直接感受上帝之启示的民人宣示上帝教诲之时,说理、论证的科学方式也是可以采用的恰当有效的方式。但在经过现代启蒙之后,自然世界观中的这种和谐遭到了破坏,现在,启蒙不再满足于

---

① PL,16.

对正统的防御性批判,即把正统的前提越来越认作为只可信仰不可认知的东西,而是借助已成功建构的现代世界观直接拒斥、否定圣经世界观。于是,在科学世界观越来越成为唯一正确的世界观的时代背景之下,正统要想获取其立足的正当性,就需要在科学面前证明自身具有科学性,如此才能被接受为科学世界中的合法成员。这也就是所有对正统进行"内在化"解释的根本缘由。现代启蒙哲人选取伊壁鸠鲁派作为其理论先驱,因为一方面他们认为伊壁鸠鲁派所发起的对宗教的批判与他们对正统的批判本质上乃是一致的,另一方面犹太教正统也把伊壁鸠鲁派视为敌人而加以批判。犹太教正统把律法置于哲思之前,伊壁鸠鲁派远离城邦栖身花园,在犹太正统看来其哲学自由的获取因是以背离律法为先在条件的,甚至伊壁鸠鲁派的本质就在于对律法的背离,因此,为了捍卫犹太正统就必须要批判伊壁鸠鲁派。于是,为服务于现代性的理想规划,启蒙哲人就把伊壁鸠鲁改造为理想主义者和无神论者。在施特劳斯看来,这种出于"理智的正直"的无神论乃是启蒙的极端成果,它以对知性的最为真诚的信念抛弃了任何试图调解启蒙与正统、理性与信仰的企图,它容不得任何的在根本信念之上的模棱两可。施特劳斯认为,以"理性的正直"为其论证的现代性理想规划如同启蒙所坚决予以否定的启示正统一样偏执,它们都是那么地容不下对方,双方共同的品性在根本上乃是一致的,这就是仅执一端而不顾其余。如果我们把现代性定位成此种品性本身,那么我们可以说,现代性乃是人类之宿命,启示信仰乃是现代性的第一波浪潮,而由启蒙所开启的理性时代则是现代性的第二波浪潮,我们今天仍然被裹挟在现代性的浪潮之中,或者说,自启示信仰取得支配性地位以来,现代性就已经成为人类生活之背景性观念系统,并且越来越多地把更多的人类裹挟进来。

施特劳斯把启蒙运动区分为激进的启蒙、温和的启蒙以及综合的启蒙等几种形式。激进的启蒙以斯宾诺莎为代表,包括霍布斯、培尔、伏尔泰、莱马鲁斯(Reimarus)等人,他们基于现代科学实证精神自认为比较成功地质疑了旧约的创世学说、圣经中神迹的真实性、摩西律法的绝对约束力和本质确定性,这似乎已经冲垮了犹太教传统的根基。温和的启蒙以迈蒙尼德、门德尔松为代表,他们设定启示与理性双方互不相属,彼此不能驳倒对方,因此就试图调和正统与激进启蒙、启示信仰与理性自足信念。如今,人们鄙视弃置了温和启蒙的折衷方案而继承并推进了激进启蒙的理性立场,坚持从"反思性"的前提出发,试图采用"内在化"的方式使启示宗教统一在启蒙理性之下。如果说激进的启蒙只不过是站在理性的立场上一味地拒绝或否定启示,那么,现代的人们则显然是立足于"更高"的水平来实现理性与启示的综合,他们与温和的启蒙所实现的目标不一样,后者意在调和启示和理性,而前者则是基于彻底的理性自信而实现对启示的理性改造。在施特劳斯看来,现代的综合通过"内在化"实际上剥夺了譬如创世、神迹和启示等概念的传统内涵,这无疑是对启示宗教的完全误解和扭曲。不同于激进启蒙的单纯否定,现代综合是以改造的方式实现否定,其前提是启蒙运动所基于的、所继承的或所推进的思维方式的完全认肯和信任。事实上,在犹太教传统之中,根本就不存在能够实现如此"内在化"的任何可能。"内在化"之所以被现代的人们所崇信完全是基于两种观念:可以诉诸现代理性思维方式来反对正统的、"外在的"表达;犹太教传统中本就有如此的理性思维方式的极端表达。施特劳斯就此指出,这两种观念实际上本就是错误的:首先,现代理性思维方式较之于启示宗教之完整体系,只能是一种尚未发展成熟也不可能发展成熟的信仰建构,其本身的正确性或正当性都是成问题的;其次,犹太教传统中的极端表达唯有置于启示的语境之中才能被恰当地理解,而且也不能把这些极端的表达视作为启示宗教的基础性表达。因此,启蒙运动所发起的对启示宗教的批判,一方面其所赖以为基的立场是臆想的或自称的,一方面其所批判的立场也是臆想的或自称的,如此之批判无论如何都不可能取得所谓的成功。既然折衷、以至综合都站不住脚,那么为了能够明了现代性之根源,施特劳斯就把读者引导到启蒙与正统之争的开初阶段,也就是说,"我们必须首先或至少下降到启蒙与正统的经典传人之争的水平,正如下降到为一种永恒的真理而斗争、并且能够为一种永恒的真理而斗争的水平,因为,[此时]对真理的自然渴望,尚未被更新的教条——宗教和科学各有各的真理——所窒息"。① 另外,单纯为了能够明了犹太教的现代处境,也有必要恢复启蒙与正统的论争,犹太民族要想在现代实现真正的复归也有赖于对启蒙和正统之争的根本反思。柯亨、罗森茨威格等强烈主张犹太复归运动的思想家实际上是在现代启蒙的立场上提出其复归主张的,在施特劳斯看来,追随他们的复归主张实际上也就不可能真正地解决犹太人的现代处境;要想解决犹太人的现代处境,就需要探明导致这种处境出现的启蒙批判在其开初之时所持守的批判原则是否的确如期所宣称或坚信的那样可靠正当,这也就是对启蒙和正统之争的根本反思。

施特劳斯对启蒙运动的关注直接导源于他对犹太教的现代处境的把握,既然启蒙运动直接以启示宗教作为批判的靶子,而且启蒙作为一个时代显然已经过去了,那么现在人们也就必然想当然地认为启蒙运动已经成功地驳倒了启示宗教,现代性的基础已经完全得到奠基,因此启蒙与正统之争议也就无需再提。施特劳斯在此发问:启蒙运动真的如同所期待的那样完成了它的初始任务了吗? 现代性的基础真的就如同预期的那样稳固可靠吗? 上一节通过对斯宾诺莎宗教批判的考察可以发现,施特劳斯表明启蒙运动并未能成功驳倒启示宗教,启示宗教通过预设"上帝是全能的"以及"上帝的意志深不可测"等前提,已经关闭了任何的基于理性而对之进行批判的大门。话说回来,即便只是基于理性自身的立场,其对启示的批判只不过是通过绕道而行似乎达到了驳倒启示的效果:启蒙试图通过认定神迹和启示是不可能的或不真实的来驳斥犹太正统,但事实上即便激进的启蒙也未能对此加以有效地证明,甚至根本对此就没有证明。施特劳斯跟随莱辛认为,启蒙与其说是采用它所应当采用的"论证的方式"来批判启示宗教,毋宁说它是采用了"嘲笑的方式"来实施对正统的斗争。这也就是表明,任何凭借圣经的证据或理性的证据实际上都不可能有效地发起对正统的批判,嘲笑的方式实际上成了启示宗教不可反驳的一个间接证据。

启蒙想当然地认为,只要能够成功建构起现代科学的世界观,那么圣经

---

① PL,8.

的世界观也就不攻自破,无需虑及。而施特劳斯认为,启蒙意在通过驳斥正统为现代世界观开辟道路,但实际上启蒙恰恰是基于现代世界观而展开对正统的批判的。正是基于现代科学的世界观,启蒙才判定诸如世界是由全能的上帝所创造、神迹是可能的、人需要启示来引导其生活等圣经世界观是不可认识的,既然不可认识也就是荒诞不经、应当抛弃的。这在施特劳斯看来正是启蒙对正统批判的失败之所在,循环论证并不能真正地击溃对方。就从现代性本身所秉持的逻辑来看,施特劳斯认为,现代性高扬作为主体的人的创造性最终必然会诱发所谓的"历史性",真理亦或正当只能依托于特定的历史场景,如此一来,为现代性所采纳的现代自然科学本身也只能是一种受到历史制约的真理形式,这种真理形式只是在启蒙以来的现代世界中才有其有效性。施特劳斯并不认为现代的世界观已经成功地驳倒了自然的世界观,它只是通过宣称自然的世界观已经过时而断定其无效,虽然依托现代的自然观可以宣称神迹是不可认识的,但这并没有断定"依托于自然的世界观神迹是可以得到恰当地认识"本身是成问题的。施特劳斯还发现,现代性所依凭的自然科学并不能够为现代性的建构提供足够的支持:现代自然科学可能根本就不是现代之理想的充分条件,因为现代之理想乃是"目的性的和价值性的",而现代自然自然科学则根本上要求"目的和价值中立"。在施特劳斯看来,情况完全有可能是这样的:正是在现代之理想的支配下才诱发了现代自然科学,前者才是后者的基础,而不是相反。

施特劳斯认为,现代人之所以为此"人类及其文化自治的自由理想"所鼓舞,正是因为他们混淆了两种"自由":自治的自由与良心的自由,也即哲学的自由和政治的自由。自治的自由(或哲学的自由)根本上乃是属于个人性质的自由,唯有良心的自由(或政治的自由)才具有可以公共化的性质,现代性之根源之一就在于试图用本质上属于个人性质的哲学自由来改造或建构政治的自由。

在具体的启蒙策略上,施特劳斯判定,现代启蒙哲人把伊壁鸠鲁派视为其进行正统批判的理论先驱,实际上犯了根本的错误。伊壁鸠鲁派之所以批判宗教乃是因为宗教所开启出来的恐惧幻觉着实不利于人类灵魂的安宁,而启蒙哲人发起对正统的批判则是因为宗教对幻觉的宣称阻碍着世人对现世快乐的追逐。在伊壁鸠鲁派看来,倘若宗教的幻觉有利于人类灵魂的安宁,那么就没有对宗教进行批判的必要;而在启蒙哲人看来,无论宗教所宣称的幻觉多么地有利于人类灵魂的安宁,着眼于现世快乐的追逐,任何的幻觉都是必须要加以批判的,宗教之所以必须要遭到批判正是因为其所宣称的幻觉的的确确吸引着为数众多的世人趋之若鹜,从而对现世之快乐熟视无睹,置若罔闻。伊壁鸠鲁派批判宗教乃是因为宗教以恐惧攫取了人类的灵魂,启蒙哲人批判宗教乃是因为宗教是他们争取民人的重要对手。

　　针对犹太人问题本身,施特劳斯对启蒙所提出的疑问是:在启蒙宣示的真理系统日渐弥散的背景之下,采取政治复国主义的路径是否真正能够解决犹太人问题? 随之,他就发现犹太人问题所反映出来的乃是人类之根本问题:我们究竟应当采取何种方式来生活? 犹太正统乃是与现代启蒙有着根本不同基础的生活方式,其正当性唯有依凭其所依凭的正统根基才能得到解释,现代启蒙没有资格对犹太正统的正当与否做出判定,正如犹太正统也没有资格对现代启蒙的正当与否做出判定一样。施特劳斯发现,问题并不是如此就得到了圆满的解决,正如现代启蒙无法遏制其越界的冲动,犹太正统同样也无法遏制其越界的冲动,双方都偏执自我而枉顾他者,都想宣布自身为唯一正确的真理。倘若我们把这种"仅执一端而不顾其余"的品性看作是所有问题的人性根源,那么,解决问题的关键就在于使人能够从此种品性的固执中惊醒和抽身出来,执两而用中。令施特劳斯颇感欣慰和惊异的是,被现代人所无视的中世纪哲人早对人性的这种固执明了于心,并着手于制定解答策略。施特劳斯指出,为了能够从中世纪哲人那里汲取解答现代性危机有益的思想素材,需要先行掀起一场小范围内的古今之争:现代哲学与宗教哲学重新再做比较,以较出高下。

二、有启示信仰的理性主义

　　中世纪的宗教哲学同样具有强烈的理性主义取向,不过在施特劳斯看来,这种理性主义乃是"有启示信仰的理性主义",诸如迈蒙尼德等中世纪哲人把真理区分为理性真理和启示真理,但他们并没有把理性真理等同于启示真理,同时也不认为理性有能力获致启示真理。有启示信仰的理性主义从一开始就判定理性并不能充分地认识真理。施特劳斯断定,正是如此判定才使得中世纪哲人们对启示始终保持兴趣。唯有真切感受到理性的不足才能真正地把自身置于启示信仰之下,同样唯有真切地感受到需要启示并依赖启示才能真正地认识到理性自身的不足。例如,在迈蒙尼德那里,哲学只能获取人之所属并遭遇的"下界"的真理,而启示则不仅包含下界的真理,还包括关于超自然之物以及"上帝和天使"的"上界"的真理。启示真理乃是最高的和完满的真理,人的理智受制于人的天性无法跨越下界去认知上界,因此有必要停留于边界之内听命于启示的教诲。启示通过先知传达给世人,先知是能够知晓上界知识的人,而哲人则无法获知上界知识,需要启示的引导。古特曼秉持双重真理观,宗教意识和科学意识都具有各自的独立性,启示权威和形而上学并行不悖,因此双方在原则上根本无法取得一致,只有相互协调以适时。迈蒙尼德看似如同古特曼一样来调节理性和启示的冲突,但他从根本上把真理区分为启示真理和理性真理,分别对应于上界和下界,认为哲人只能停留在下界,而先知不仅停留在下界,还能停留于上界,正是通过先知,信仰的真理(世界乃是受造的,并且世界的受造性乃生活之所绝对必需)才为世人所知以及为哲人所知。通过理性,人们能够认识他所属的下界,而通过启示,人们则能够体验理性真理之上的信仰真理,并且真切感受此信仰真理乃是人之生活所必需。迈蒙尼德从根本上规定启示真理超越理性真理,二者所标明的根本就不是同一个真理,毋宁说理性真理只是启示真理较低的构成部分而已。实际上,中世纪所有重要的宗教哲人也都没有认同启示真理与理性真理的同一性。

依据施特劳斯的考察,如果说中世纪的宗教哲学还是以古代的形而上学(意即目的论式的形而上学)为基调,那么现代的宗教哲学则毫无疑问是以现代的世界观为基调的,这种基调并不是从宇宙出发或从自然出发,而是从人的存在出发,从人类的意识出发进行建构。诸如古特曼等现代哲人正是基于此种论调从而认定唯心主义更能够容纳创世学说的原初含义,保存信仰的内在世界,因为就世界和自然乃是外在于人的存在、而上帝直接或间接地被指向人以及人的意识而言,唯心主义哲学无论如何都无法回避对上帝与世界的关系以及上帝与自然的关系的处理。但是,在施特劳斯看来,在解答由上帝统治的内在世界和外在的自然世界的本质关系这一问题时,现代哲学通过把上帝置换为人类显然没有直接把上帝视作为绝对现实的真实存在有力度。因此,施特劳斯判断,现代哲人的如此作为毋宁反倒向我们表明,完全有必要向中世纪哲学求教,或者至少要实现中世纪哲学对现代哲学的有益补充,虽然现代哲学更为彰显犹太教传统的核心观念,但中世纪哲人却更为清醒地知晓犹太教传统作为真理权威系统的确当性和效用性。面对现代思想的缺陷以及由此所造成的时代困境如何得以解答,与其用现代哲学来改造犹太教传统,不如把犹太教传统作为现代思维的裁判者,如此或许能够有助于实现对现代思想根本缺陷的诊断,为终结时代的困境提供可资的思想资源。

施特劳斯判定现代哲人并不认为启示信仰属于犹太教的核心观念,那么,为了能够接近犹太教的核心观念,现代哲人必然就需要先行穿透或抛弃启示信仰。但实际上,犹太教本质上乃是"信仰一神的启示宗教",无论中世纪哲人采取何种研究路径,他们始终都是在这一前提之下进行的,无论如何他们较之于现代哲人也就更为接近犹太教。虽然现代哲学沿着施莱尔马赫所开辟出来的宗教意识分析之路,的确可以更好地确证圣经宗教的特征,意即启示宗教乃是关于上帝意识的伦理性的人格主义,但正因如此现代人非常隐秘地、更为彻底地破坏了犹太教传统。中世纪哲人在承认启示权威这一自明的前提下运用哲学来为此前提进行辩护,因此,宗教哲学在中世纪哲人那里有着与现代哲人所完全不同的应用目的,他们运用古代形而上学的世界观(意指柏拉图和亚里士多德等人所开辟的哲学)来论证圣经宗教的人格主义特质,他们对古代哲学的"根本重构"与其说是基于哲学的意图,毋宁说是基于宗教的意图,启示权威不仅不是中世纪哲学的建构性来源,而且还在根本上约制着哲学的处境。因此,"在所有情况之下,中世纪哲学都与古代哲学不同,也与现代哲学不同,这是由启示的现实性所导致的处境所致。"①宗教哲学之所以是中世纪的独特成就,原因在于宗教哲学既不同于古代哲学也不同于现代哲学,乃是以承认启示权威先于哲思为其前提的,启示权威是所有哲思行动的先在律法。正是由于这种先在的律法,使得中世纪哲学有着完全不同于古代哲学和现代哲学的特质,"中世纪哲学知道自己受启示束缚并且有启示授权,它首要并且最紧迫的关切,是通过一种哲学的律法奠基为哲学奠定基础"。② 在中世纪哲人那里,哲学的律法奠基所要处理的首要事务是责成并授权适合从事哲学的人在启示律法的权威之下从事哲学研究以便为启示权威做论证,而律法的哲学奠基则属于哲学体系的构成部分,它是哲学面对启示时的自我辩护。就后者而言,这种自我辩护在古代哲学那里并不是哲学的首要或核心主题,它只是在中世纪哲学那里才成为主题之一,倘若不说是核心主题的话。

施特劳斯表明,以上所述的把理性收纳在启示之中还并不是中世纪哲人的最终意图,对他们而言,探究启示的真正内涵和目的与其说属于宗教哲学,毋宁说更属于政治哲学。中世纪哲人把启示作为上帝通过先知所给予的律法归之于哲学研究主题之一的预言学说之中,而预言学说又被认作是政治学的研究对象,因此,对律法的哲学奠基的探讨所要处理的问题实则是形而上学的最终归宿问题,这就是人之身体的幸福以及人之灵魂的完美,前者的实现需要人性的律法,后者的实现则需要神性的律法。律法作为上帝的启示是通过先知给予世人的,因此先知实际上就扮演着立法者的角色;另外,要想唤起并教育适合从事哲人的人来研究哲学,先知必须先成为哲人。哲人作为人乃是政治的动物,因而需要律法,但哲人却不能提供律法;也就是说,哲人不能充任立法者,除非哲人本身还兼任先知。正因为哲人不能充任立法者,因此哲人依赖启示,哲人的职责在于借助理性去认知先知所传达的启示真理。由此可以做出断言:中世纪哲人之所以宣称启示,其真实的意图在于为共同体奠基或为国家奠基,也就是说,出于政治的意图。施特劳斯

---

① PL,39.
② PL,40.

为此指出,诸如古特曼等现代宗教哲人采用的则是"理智主义"的进路,这实际上是向现代哲学之"内在性"的回归或倒退,"内在性"最多能够为人类共同确立最为普遍的道德原则,意即自然权利,但却无法为判断这些原则是否正当提供标准。由于中世纪哲人并不受现代的自然权利观念的支配,他们能够借助对启示真理的认知而受原初的、古典的、作为统一而又整全的人类生活秩序的律法观念的引导,从而能够对现世政治秩序所遵从的道德原则做出正当与否的判断。正是因为一方面律法的目的在于使共同生活成为可能,并最终指向人的幸福特别是人的完美。而另一方面先知作为律法的宣告者(意即立法者),因此先知实则致力于真正完美的社会秩序或理想的国家,施特劳斯就把先知更多地等同于柏拉图的哲学王,而中世纪哲学也就被他认为更接近柏拉图、亚里士多德等人的古典政治哲学。如果说古典政治哲人还孜孜以求最好的律法以建构真正完美的社会,那么,对于中世纪哲人而言则无需为此前提而孜孜以求,因为"理想的律法已然由启示给予了",①并因上帝的无上权威而获取了毋庸置疑的前提地位。在此,中世纪哲人同古典政治哲人一样把律法视为以人所特有的完美为旨归,为使此旨归获取其绝对的权威性,他们都把此律法溯源至"神圣":中世纪哲人归之于上帝,而柏拉图在其《法义篇》中也赋予最初律法以神性。虽然柏拉图并没有最终诉诸启示信仰,但他以哲学的方式追溯至神性,毫无疑问为中世纪哲人以哲学的方式理解启示开启了端绪。就此来说,迈蒙尼德乃是最得古典政治哲学之真谛的中世纪哲人,他的先知论处处都透露着政治的倾向,启示具有理性所不能完全做到的传达教诲的功能,意即教诲人们要实现其作为人而特有的灵魂的完美或理智的完美。与此同时,其他诸如勒维等伊斯兰先知论者却无视启示真理以及启示的政治性,而把一切归之于天命,并认为既然现存的世界乃是天命所为,当然也就是理想国家了,那么也就没有必要再对理想国家本身孜孜以求,这实际上也就从根本上消解了理想国家在古典政治哲学中作为重要甚至核心论题的必要性。因此,勒维、门德尔松等

---

① PL,56.

人毋宁说是放弃了古典政治哲学中的"责任导向的自然正当",而投降于现代政治哲学的"权利导向的自然正当",并以此来重构古典政治哲学。在施特劳斯看来,唯有经由柏拉图的政治哲学才能真正确切地理解中世纪哲人的形而上学问题,这就是其政治的取向和人性的旨归。诸如古特曼等现代宗教哲人的功绩在于标明了途经古人以理解今人的关切之处就是政治哲学。

三、律法生活与哲学的自辩

　　施特劳斯认为,"有启示信仰的理性主义"这一基本定位使得无论伊斯兰哲人还犹太哲人都把启示以及启示律法的现实性自觉地看作是他们进行哲学思考的决定性前提,在全部哲学思考之前必须先行确认启示这一事实。诸如伊本·鲁西德、迈蒙尼德等中世纪哲人都无一例外地认可以下规定:律法确实是头等大事,从事哲学是律法的命令,哲学由律法授权;哲学的自由以对哲学的束缚为条件;哲学之职在于理解和证明已然由律法所传达的真理。[①] 伊本·鲁西德认为,从对律法字面的解释可以不受字面的束缚而言,哲学是自由的,但就解释只能是在承认律法的原则这一前提之下进行而言,哲学是受到束缚的,"哲学的自由以哲学的束缚为根据"。而迈蒙尼德非常明确地给人的理性划定了界限,它只能探究自然的领域,即上界之下的世界,或人的世界。这就意味着,在迈蒙尼德那里,人的理智是不充足的,其尚不足以完全回答"世界之受造亦或世界之永恒"这一根本的问题,因此,人的理智有着对启示的深深依赖。施特劳斯表明,远较迈蒙尼德激进的勒维拆除了迈蒙尼德对科学所设下的篱笆——迈蒙尼德警告人们谨防渴求根本问题之解答的诱惑,而认为正是人们始终保持解答根本问题的渴求才使得根本问题具有原则上可以解答的可能。正是因为理智的不充足才使得迈蒙尼德运用比喻和谜语等方法谈论上帝,以便弥补理智表达的不足;而勒维则摒弃模棱两可的表达,要求毫无顾忌地研究并明确公开地表达,能够向尽可

---

　　① PL,73.

能多的公众传授哲学真理。虽然如此，勒维始终没有触及律法乃是头等大事这一自明的前提，这一前提在他那里一样，如同在阿威罗伊和迈蒙尼德那里，是确定无疑的。"律法确实是头等大事"这一绝对的命令，指明了正确生活的判定标准就在于是否遵循律法，无论是大众还是哲人都必须服从这一命令。回归律法生活意味着为现代性所迷狂的理性不得不受限于律法，也就是受限于经由先知所出的启示。律法生活并不排斥理性，只不过表明理性需要受到约束，受到约束的理性才能显示出温良清明的品性，也才能够为人性的完美所用。正是基于此，施特劳斯就特别认可柯亨把迈蒙尼德看作是犹太教"理性主义的经典传人"，他甚至认为给予迈蒙尼德更多的赞誉亦不为过："迈蒙尼德的理性主义是真正天然的典范，是必须小心保守以免任何歪曲的标准。"①通过对迈蒙尼德学说的关注，可以使我们从现代性的迷途中知返，想要彻查现代性根源就绕不开迈蒙尼德的学说。在此，施特劳斯把理性主义区分为两种形式，他认为与现代理性主义相比，中世纪的理性主义可以作为判定理性主义真假的标准。据此标准，现代理性主义实为虚假的理性主义。处在现代理性主义迷途之上的我们，必须首先要能够从此迷途中惊醒才能踏上真理之路。

回归律法生活首先必须要回答如下问题：作为现实的被给予之物的律法缘何被中世纪哲人判定为在哲学上因其是正确的从而能被接受的？也就是中世纪哲人究竟是如何理解律法以至于把哲学置于其后？施特劳斯选取迈蒙尼德来探讨这一问题，他把其视角落实在迈蒙尼德的先知论之上。在施特劳斯看来，无论何种时代的哲人都在某种程度上赋予静观(theoretischen)生活以优先地位，这也是哲学之为哲学的固有要求，但中世纪哲人对静观生活之优先地位的赋予，既不同于古典哲学也不同于现代哲学，他们认为静观生活意在去认识(认识的对象是所有存在者，特别是上帝和天使)，这种生活理想以启示为其前提，也就是说，静观生活被置于启示生活之中或之下。启示作为上帝的神迹，因其唯有通过先知这一中间原因才能为作为受

---

① PL,3.

造物的人所理解,故此,先知论就成为辨明律法生活之正当的关键因素。①先知是具有相应天赋且训练有素之人,他们因其达到了人性的完美而被上帝拣选。首先,先知在理智上必然完美,因此他们必然也是哲人,因为唯有先行认知了其所传达之真理才能有效地向世人传达这些真理。哲人虽然人数较少,但其意在认知,采纳静观生活,是以理智的完美为其旨归的。但是,由于哲人只能据守特定的前提而得出相应的结论,只能获取启示真理的间接知识,而先知则可以获得纯粹的哲学认知所不可能达到的对启示真理的直接洞见,因此,先知既是哲人又必然超越哲人。其次,先知还必然拥有完美的想象力,因为启示要求对所有的人具有约束效力,面向不能过静观生活的多数大众,唯有采用形象化的方式去传达真理才能与大众的理解能力相符合。先知之所以能够超越哲人,在迈蒙尼德看来正是因为想象力,"想象力的加入奠定了先知之于哲人的超越性",②这也是先知和哲人之不同的关键所在。迈蒙尼德区别了"上界"和"下界",上界乃是等级更高的世界,人的认识恕难接近,下界则是由生成和败坏的世界。因其固有物质性的阻碍,世人无法完成认识上界(即认识上帝和天使)这一真正的至高使命。最后,先知在道德上也必定完美。道德的完美是指先知不仅摆脱了对感性感知的依赖,还摆脱了所有感性欲望的依赖以及对物质世界的依赖,他除却认识上界别无他求。这显然唯有先知能成。施特劳斯就此概括到,在迈蒙尼德那里,"先知是有着完美理智和完美想象力的一种人,他完全为认识上界的热望所支配。只有这种人能与上界直接关联,能直接认识上帝及其天使。这种超越了所有其他人类认识的认识,使得先知有能力当人类的导师,而导师也是哲人;尤其是下述事实赋予了他这种能力:先知的想象力完全为关于上界的认识所支配,从而使他以形象化的方式来描述他的认识,并以此教诲大众。"③

施特劳斯把迈蒙尼德同伊斯兰哲人进行勾连,以辨析迈蒙尼德对先知

---

① PL,85.

② PL,89.

③ PL,92 – 93.

和哲人在层次上的区分,从而将哲人纳于先知之下的缘由。在中世纪哲人那里,理智与想象的完美得益于由上帝所赋予人的能动理智,这种超越于人的能动理智不仅将人的理智天赋现实化,而且还对想象力产生影响。预言在其本质上就是发自于上帝的"流射"(Emanation),它借助能动理智流向理智能力继而是想象力。想象力不仅充任理智现实化的条件,还是认识未来的基础。例如,伊斯兰哲人阿尔法拉比就把想象力区分为保留可感之物印象的功能、结合这些印象的功能以及摹仿可感之物的功能,其中,预言就是摹仿功能的展现。清醒状态下想象力主要依赖感性感知获取材料并将之形象化展现;想象力还可经由能动理智获得静观理智或实践理智的内容(分别表现为理智之物和特殊之物),并将摹仿理智之物予以感性化。这样一来,认识(或想象式理解)就表现为三种层次:最低层次是梦中的未来认识,它只是对清醒状态下所获的感性感知材料在梦中进行形象化摹仿;更高层次则是在梦中以图像的方式理解理智之物;最高层次是在清醒状态下既能获得特殊之物,还能获得理智之物的图像。迈蒙尼德同意阿尔法拉比,认为在能动理智的作用下,先知不仅能够获致理智之物,而且还能够获致特殊之物,并且还能够将理智之物以感性形式展现出来,后者绝非仅能获致理智之物的哲人所能获致。在迈蒙尼德看来,未来认识是对特殊之物的认识,此属实践理智之事务,大众均可获致;而静观式洞见则是对理智之物的认识,此属静观理智之事务,唯有哲人才能达致。先知则既能获致静观式洞见,还能予以形象化描述,也就是说,先知同时拥有(完美的)静观性认识和实践性认识,"静观性认识是关于理智之物的纯粹智性的理解;对理智之物的感性表达,与静观性认识毫无关系;这种感性表达的意义只在于:通过这种感性表达,可以向大众传授某些教诲,若无这些教诲,社会就不可能存在"。[①] 施特劳斯更为在意中世纪哲人对先知和哲人在这个方面的区分:中世纪哲人显然把承担教诲大众、创制秩序的政治职能归之于先知而非哲人或大众,大众只在实践性层面生活,而哲人则只追求静观生活;先知之所以更适宜承担

---

① PL,104.

政治职能,乃是因为先知能够在能动理智的影响下结合静观的完美和实践的完美,"能动理智必定影响先知的理智,从而使先知能够向人们传达静观的真理,也从而使先知能成为人类的导师,所以,能动理智也必定要影响先知的想象力,从而使先知能够履行其实践的使命。预言同时是静观的和实践的;先知是集导师和管理者于一身的人。"①

　　施特劳斯最终表明,中世纪哲人把理智和想象力同时受能动理智的影响看作是预言的必要且充分条件,这也就能够理解他们为什么实际上更多地看重的是预言对纯粹静观理智的形象化或感性化表达,因为这种表达的最终旨归在于实践行动。如此一来,先知自然就享有比哲人高得多的优先位阶,因为哲人的最终旨归乃在于静观沉思。迈蒙尼德等中世纪哲人一如古典政治哲人,他们基于人就其本性需要协作这一判定从而把人看作是政治动物,但同时也看到个体人性的分歧差异,这就使得他们同样强烈地感觉到人类需要强有力的"管理者"才能实现完美。因为无论是由立法者制定行为规范来实现的管理方式,还是由统治者强制人们遵行规范来实现的管理方式,都需要先行"立法",所以由谁充任立法者就成为比较关键的问题。立法者所立之律法意在使共同体生活成为可能,它既可以只局限于较低的身体完美,也可以致力于较高的灵魂完美(即理智的完美)。因为灵魂的完美乃是人所特有的完美,以此为指向的律法就是"神法"。毫无疑问,唯有先知才能充任这神法的唯一宣示者,他乃是以人的灵魂完美为旨归的社会的缔造者。哲人虽然也致力于理智的完美,但不足以缔造完美的社会,他没有能力立法,因为哲人仅属于人,只能且必须生活于律法之下。人类之所以依赖先知,原因是先知作为立法者能够为人类共同生活的社会秩序提供公共的正义,先知既属于人类又具有世人(包括哲人)所不具备的特质,从而使人们感觉他的高超并愿意信任他、服从他。预言不同于纯粹的政治事物,后者仅仅以身体的完美或感性世界的幸福为旨归,预言着意于实现人的理智完美,这才是真正的灵魂完美。

---

① PL,104 – 105.

　　施特劳斯最后所关心的问题是,律法必然排斥哲学吗? 既然律法先在且能够保障人独特的完美,缘何还需要哲学? 倘若哲学在律法面前不能为自我辩护,那么,中世纪哲人岂不如同现代哲人一样的仅执一端而不顾其余,与启示宗教的正统一样绝对地容不下正直的理性? 中世纪的理性主义之所以能够成为现代理性主义的裁判,其典范性就在于,它能够兼容启示律法与理性哲学,"执其两端而用其中于民"。"有启示信仰的理性主义"不仅标明理性的确需要受到启示的约制,同时还标明即便启示本身能够自足的情况下仍然需要理性,中世纪哲人提出的"有启示信仰的理性主义"本就可以被看作是哲学的自辩,这当然是古典意义上温良清明的哲学而非现代意义上的狂妄肆虐的哲学。伊本·鲁西德(Ibn Rochd,即阿威罗伊 Avrros)把"确定律法和哲学的关系"作为其宗教哲学的目的,认为哲学之所以必要乃是律法的命令使然:"律法的目的是召唤人们追求幸福;幸福在于认识上帝;但人只能由存在物出发方能认识上帝;因为,这些存在物作为受造物指向其创造者上帝;思考指向其创造者的存在物——这并非其他审美行动,而正是从事哲学;因此,哲学的目的与律法的目的是同一的;从而,最高等的愚蠢和背离上帝——而不仅仅是一种应受惩罚的行为,就是妨碍适合从事哲学的人从事哲学。"[1]与伊本·鲁西德的思路一致,在迈蒙尼德那里,律法召唤人们对启示真理的信仰,而信仰的完满离不开哲学,哲学的任务就是响应律法的召唤对启示真理进行理解和证明;律法不仅召唤人们去信仰,还命令人们去认识世界,认识世界是人民爱上帝和畏上帝的唯一道路。对于迈蒙尼德而言,由于律法的目的和哲学的目的从根本上来说最终都在于幸福的生活和人性的完美,二者所满足的对象不尽相同,因此,律法固然不可缺,但哲学同样也不可缺。迈蒙尼德甚至还认为,召唤和教育人过静观的生活被迈蒙尼德视作启示的最高目的,启示和神法的独特之处就在于传播关于"上帝和天使"的正确看法,教育人追求对所有存在者的真知,这显然非哲人而不能任之。迈蒙尼德之后的勒维甚至干脆拆除了迈蒙尼德对理性所做的限

---

[1]　PL,64.

制:"相信后人能够认识对于前人而言一直隐藏着的事物,相信时间使探明真理成为可能,从而相信科学进步的可能性。"①勒维根本无视迈蒙尼德所作出的不要受渴望解答根本问题之诱惑的警告,而是认为正是人们始终保持解答根本问题的渴求才使得根本问题具有原则上可以解答的可能。迈蒙尼德因理智的不充足才运用比喻和谜语等方法谈论上帝,以便弥补理智表达的不足,勒维根本不耐烦如此模棱两可的表达,要求毫无顾忌地研究并明确公开地表达,能够向尽可能多的公众传授哲学真理。

---

① PL,75.

第五章 施特劳斯对现代性危机的解答

从根源回溯来看,现代性被施特劳斯认作是说对中世纪颇具清明温良品质的理性主义的抛弃。中世纪政治哲人并没有否认理性,但他们把理性置于启示之下,用信仰的力量平衡和约制理性的力量。除却伊斯兰哲人和犹太教哲人之外,作为基督教之神学集大成者,托马斯·阿奎那的政治哲学与现代政治哲学的联系更为紧密,可以说,现代政治哲学正是在对托马斯反动的基础上开始远航的。自然正当在柏拉图和亚里士多德那里,多少还摇摆于纯然的自然之善和庸常的习俗之善两个极端当中,他们或多或少地尝试用政治生活和日常生活以软化哲学生活的爱欲与癫狂。例如,柏拉图赋予哲学生活高于政治生活的地位,虽然如此基本定调并不能化解自然之善和习俗之善的根本冲突,但他仍然尝试以政治的力量来对纯正高洁的自然之善予以软化。亚里士多德把纯然的自然之善消解于政治生活的具体情势之中,在很大程度既间接地取消了自然正当的独立自存,还直接造成了自然正当的流变不居。进展至托马斯·阿奎那,自然正当(或自然法)就彻底摆脱了其思想导师的犹豫不决和含混模糊,在其整个法的构成等级序列之中,自然法被他置于永恒法之下,自然法固然仍被视为辨别是非善恶的"理性之光",但其终归源自于永恒法,它是上帝的智慧,体现的是上帝的理性,绝非人类的理性所能达致。托马斯把人之自然目的规定为道德的完满和理智的完满,并且认为理智的完满有着更高的价值,其实现并不必然地依赖道德的完满,但他很清楚的是,通过道德的完美、甚至理智的完美都无法最终实现人的自然目的,政治生活、哲学生活并不是全部,唯有与此同时还把自己交托给上帝,才能使得自然法完备,人之自然目的最终实现,人生才至完美。

如果说在柏拉图、亚里士多德那里,自然正当虽然多少被政治生活和日常生活所中和稀释,但他们都信心满满地认为人之自然理性本身具有足够的力量实现人生的完美,那么在托马斯这里,人之自然理性的能力遭到了动摇和质疑,离开对上帝的信靠人生根本无法实现完美,在启示信仰之下实现人生的完美,人之自然理性甚至可有可无。因此,在托马斯意义上,我们虽然很难判定自然正当是否还真正重要,或者所谓的自然正当是否还是严格的自然正当;但这都不是问题,即便是否定的回答也不能引发类似现代性所引发的危机,因为启示信仰从最高意义上给予了判定是非善恶的终极性标准,这足以保证人类从根本处境上远离虚无。现代性通过启蒙首先所做的是对中世纪哲人对理性所做出的启示限制的打破,但令施特劳斯深感遗憾的是,现代性在打破这一限制的同时并未能回返到被托马斯所改造的古典自然正当的清明温良的立场之上,而是索性连柏拉图、亚里士多德等人用政治生活和日常生活对哲学生活所做的软化工作也给反动了,最终所释放出来的则是沉溺于哲学生活之中的爱欲和癫狂。由此来看,除却信仰律法之路外,施特劳斯其实已经颇为明确地还指出了克服现代性危机的另外可以尝试的出路:习俗之路和政治之路。如果说以上几条路都是群体意义上的解救之道,那么哲学之路则是个体意义上的解救之道,施特劳斯似乎并不愿与庸常民众为伍,他选择了哲学之路。

第一节 习俗之路与危机解答的限度

现代性试图直接从对政治事物的"科学"理解出发来确定自然的正当,为人类如何生活提供最终的答案,但其最终的结果却是丢失了自然的正当,使得人类陷入相对主义和虚无主义的泥潭,不仅不再能够辨识自然的正当,甚至连辨识自然正当的能力也开始怀疑。施特劳斯就此认为,现代政治哲学实际上为现代人创制了"第二洞穴",这距离真正的生活不是更近了,而是更远了;与其这样还不如通过向日常政治生活,也就是向"第一洞穴"的回归来察知普通民众对政治事物的"自然"理解更为可取。在他看来,任何的日常政治生活形态其实都蕴含着某种正确(right)观念并珍视之为"自然的",虽然并非每种日常政治生活形态都能对此正确观念是否"自然"产生自觉的意识。我们可以通过向日常生活的回归,通过辨识政治大众所理解的正确观念在一定程度上克服现代人所面临的虚无危机。这就是解答现代危机的习俗之路。不过,施特劳斯最终却没有留驻在"第一洞穴"之中,在他看来,习俗生活最终需要依凭于外在权威才能得以正常运转,而无论何种权威最终都无法向人们提供"自然的"正确。这是因为,首先,任何的共同体都是特定意义上封闭的群体,被其视为自然正当的习惯或方式都只是具有相对于该共同体的特殊意义;其次,不同的共同体之间必然存在着为对方所不能共享的习惯或方式,在此情况之下,被视为自然的正当也就必然将失去其特殊的意义。如此一来,人们也就会从"权威=正确"这一等式的约制中惊醒,仅仅出于习俗而"好的"并非本然就是"好的",自然的正当必然根本上不同于习俗所认定的正确,现代性所导致的人类根本处境之上的危机也只有落实在对正确最为根本的回答之上才能得到真正的解决。

一、习俗主义基本观点的辨析

习俗主义的论证可简略地归纳为:"正确"在本质上属于城邦共同体,而任何的城邦共同体都是习俗性的;因此,"正确"全然是习俗性的,并不存在所谓"自然的"正确,有的只是"习俗的"正确。具体而言,习俗主义认为:正确或正义要求关心公共利益,这与人总是追逐自身的利益的自然欲望是根本冲突的;即便正确或正义必须有效力,也只是对城邦内部的成员而言;正确或正义所指的公共利益通过具体化才具有真实涵义,而任何的具体化必然都是习俗性的,因而正确或正义归根结底都是习俗性的。据此可以得出结论,并不存在所谓的自然正确,只有习俗正确。

习俗主义被施特劳斯看作是历史主义对自然正当挑战的预演和前奏,与历史主义通过把正确时间化来消解自然不同,习俗主义基于"特定的空间"向自然正当发起挑战。习俗主义则把正确或正义的基础归之于各城邦共同体,认为正确和正义都具有与特定城邦的特定生活相一致的习俗性,它们在自然中并无依据,而且终究是与自然相违背的,其根基或明或暗都是各个共同体的任意决断。习俗主义可以看作是自然正当在古典时代的挑战者,其认为存在的事实是:任何对于永恒秩序的观念都是不恰当的,从其根源上来看,都是"偶然而任意武断的"。习俗主义认定,任何的城邦都是封闭的洞穴,都是意见的世界;城邦要想建构秩序和持续稳定,就需要法令把意见转化成"权威性的意见",也就是"公共的教条";哲学家们则试图把这些公共教条提升为"私人化的知识",即所谓的"真理",殊不知根本没有纯粹的真理,真理的有效性只能"来自于社会的法令或习俗",也就是说,真理其实真真切切地是建立在意见的地基之上的。

习俗主义否认自然正当,而把正确归之于特定的共同体,它所采用的论据是列举不同民族或同一民族在不同时期盛行过不同的正确观念(或正义观念)。但施特劳斯认为,如此论据并不足以支撑习俗主义的论点,唯有当确定了正确本身乃是变动不居之时才能确认自然正当的不存在,但习俗主义在这一点上并没有表态,它只是列举存在着不同的正确观念。"犹如人们变化万端的宇宙观念并不就证明宇宙不存在,或者不可能对宇宙有真实的描述,或者人们永远也不能达到关于宇宙的真确的最终的知识一样,人们变化不定的正义观也并不就证明,不存在自然正当,或者自然正当是不可知的。"[1]始终存在着这种可能,即多种多样的正义观念或许都是对真正的正义的错误观念,而真正的正义仍然隐而不显;而且即便人们对自然正当普遍地一无所知也不妨碍自然正当的存在。似乎存在着这样的情形:正因为人们能够谈到自然正当,这就表明了正确(或正义)对人们具有重要性,正确与好的生活相连,人们就其本性来说追求正确的生活,人们也就能够就正确的原则达成一致。另外,习俗主义反对自然正当的观点实际上隐含着把凡是能够使其生活的"好"的那些东西视为"自然正当",这样的"自然正当"在施特劳斯看来只能是取悦感官的东西或轻而易举的东西。但凡是把自然正当看作是人们艰苦劳作的产物也不尽确然,因为这就意味着在获致之前

---

① NRH,98.

也就不存在什么自然正当。

在施特劳斯看来,习俗主义反对自然正当的论据同样能够支持自然正当。人类关于正确或正义的观点虽然总是互不一致、漂移不定,但相互冲突的看法不就是在争论着那同一个对象吗? 固然人们可以把正义等于合法,而不同的共同体有着不同的法律,这些法律之间还可能存在严重的冲突,但是他们不都把正义看作是对某种法律的相合吗? 要求对某种法律相合的想法不就正反映着自然正当吗? 显然,自然正当乃是诸种法律的根基或依据,诸种法律(即便相互之间存在着严重的冲突)不都是从这一共同的根基之上生长出来的吗? 诸种法律都宣称自己乃是善的亦或高贵的,其意在保障城邦的公共利益,同时又宣称自己乃是共同体成员的共同决定,但共同体多数成员都是受欲望所支配,这样一来,法律完全有可能只是愚蠢和卑下的产物,它又如何能够是善的亦或高贵的呢? 因此,诸种法律并不能作为自然正当。

把法律看作是正义的是就其保障城邦之公共利益而言的,这其中所蕴含的自然正当就是:正义等同于公共利益。施特劳斯认同古典政治哲人判定何为公共利益并不能诉诸大众亦或习俗,因为在大众和习俗那里公共利益是流变不居的,从而也是不足为凭的;公共利益的判定只能诉诸于政治技艺(the political art or skill),而此唯有哲人方可获致。但在习俗主义看来,并不真正存在公共利益,所有的公共利益其实都是某一部分之人的利益,而法律无非是碰巧成为统治者的那部分人所制定的,无论是采用民主制、寡头制亦或采用君主制都是如此,只不过统治者们把这些本质上乃是维护私人利益的法律装扮和宣传为是维护公共利益。但混合政体不就能够被视为公共利益的真切维护者吗? 不是还存在这种可能性吗,即某一部分的私人利益是与公共利益相重合的? 凡是认为存在公共利益的观点,都预先把城邦视为真正的整体,也就是纯粹合乎自然之物。但习俗主义者则辩驳到,城邦并非是自然而然的存在,它乃是暴力、压制或强迫的产物。何况城邦乃是由公民构成,而决定公民身份的绝非是什么自然,而确确实实是习俗或法律,如同希腊人与野蛮人的区别、自由人和奴隶的区别一样都是由习俗所决定的。构成城邦的大众绝非是由自然而是由习俗联系在一起的,他们所谓的公共利益实质上乃是区别于野蛮人和奴隶之利益的私人利益;说到底,公共利益也是习俗性的,绝非自然性的。

习俗主义把正义仅仅归结为防止伤害别人或帮助他人,施特劳斯对此质疑到,如果把正义仅仅归结为防止伤害别人或帮助他人,或服从于整体利益,那么城邦共同体就与强盗团伙没有实质性的差异;即便说城邦共同体因其正义不仅仅局限在其内部成员也能够推延至其外部成员而区别于强盗团伙,难道此种正义就是自然的正当吗? 许多时候,某一城邦为了推行此种正义甚至不惜对其他城邦使用武力和欺诈,难道这也能够称之为自然的正当吗? 单纯从防御来说,许多时候某一城邦若不使用武力和欺诈根本就无法得以存在下去或富强起来,此时还有什么自然的正当呢? 其次,在习俗主义者看来,即便是最低程度的正义要求,即防止伤害别人或帮助他人,也是违背人性之自然的。所有的公共利益就其实质来看无非是"集体的私利",也就是个人私利的集合。倘若真的有所谓的自然正当,那么也只能是"人人处于本性都在追求他自己的利益,而且仅仅是他自身的利益"。① 因此,把正义归结为防止伤害别人或帮助他人,其实是极其愚蠢和虚伪的;人们即便不伤害别人也不是出于对他人利益的爱护,而是防止别人反过来伤害自己,人们之所以帮助他人是因为想获得他人的善待。真正富于智慧的人就是擅长寻求自身利益的人,而坚守正义的人则是极其愚蠢的,他们毋宁说是受了习俗的欺骗。习俗主义把个人对城邦的服从归因于能从对城邦的服从获取好处,也就是城邦有益于个人。施特劳斯则质问到:难道某物对人有好处就等于是自然的吗? 而且即便城邦对个人有好处,但发生个人与城邦冲突之时还能够说城邦于个人是正义的吗? 而此时要想解决冲突不就是只能否定个人的利益?

---

① NRH,107.

二、习俗主义推进形式的辨析

习俗主义隐含的前提之一是"善的等同于祖传的或神启的",而当习俗主义把个人对其私利的追求置于首要地位之时,它就把这一前提置换成"善的就等于是使人快乐的"。在施特劳斯看来,这一置换对自然正当的挑战是几近致命的,快乐主义认肯了原初由祖传或神启所禁止的那种人们对其快乐的想望以及对痛苦的厌弃,简而言之,快乐主义释放了人之自然的欲望,迎合了习俗主义对私利的追求。

作为习俗主义推进形式之一的哲学快乐主义的开创者,伊壁鸠鲁认为真正的善就是出于自然的善,而非经由任何的意见、习俗确定为善的,这当然就是快乐;快乐就是"人们当下就能感受为善或以感官知觉为善",它先于任何推论、盘算、教化、管制和强迫,[①]其中首要的快乐就是肉体的快乐。因此,所谓自然的正当就被伊壁鸠鲁视为相合于快乐。快乐分为几种情况:首先是必不可少之自然快乐;其次是可以摆脱任何附带痛苦的快乐;最后是彻底无痛苦的、出于本性而不可或缺的快乐,其仅通过哲学生活方能获致。无论是有用之物亦或高尚之物,无论是审慎、节制、勇气还是正义等所谓的美德,都因其直接或间接系之于快乐才被视为是善的。哲学上习俗主义最伟大的文献是《物性论》。依照卢克莱修的描述,原初状态没有任何的社会约束和习俗管制,人们为了快乐而走到一起从而进入社会状态。但此种社会状态之下隐藏在快乐背后的却是恐惧,正因为应对恐惧人们才感受到快乐的可贵以及联合的必需,才使得人们天真善良、信赖他人;一旦信赖发生动摇、恐惧攫取人心,人们就会求助神祇信仰寻求慰藉,但诉求于神灵最终所带来不是慰藉而是更大的恐惧,或者所带来的恐惧要远多于慰藉,这无疑与追逐快乐的初衷背道而驰。为了终极的快乐和真正的幸福,唯有采取哲学的生活(意即静观的生活)。在伊壁鸠鲁派看来,哲学的生活才是唯一合乎自然的生活,唯有哲学思考才能带来最为可靠的快乐,凡是致力于公民社

---

① NRH,110.

会和服务他人的生活绝非是合于自然的生活。城邦生活是建立在对早期社会状态的削弱甚至消灭的基础之上的,以强制性的习俗和宗教的合作为特征,因此,必然要求成员忠诚于城邦、服从于习俗,尊崇祖先权威或神启权威,献身于公民社会和服务他人。非常清楚的是,城邦生活无论如何都是和哲学生活相冲突的,因为哲学生活要求哲人保持对城邦生活的疏离,摆脱对习俗权威的依附。于是,在不可能回到早期的纯然美好与幸福的情况之下,哲人只能生活在公民社会的边缘,在几近退隐中独享着静观的愉悦,保持着与城邦疏离的联系。

不同于哲学的习俗主义,庸常的习俗主义把真正的快乐看作是优越于他人或去统治他人,而不是单纯地活着。城邦的正确虽要求人们各安其身、互不侵犯,简朴安心地活着就是最大的快乐,倘若还有更为高尚的要求,那也就是关心他人利益,献身城邦公利。但在色拉叙马霍斯、格老孔、阿德曼图斯等庸常习俗主义者看来,人之本性不在于单纯地活着,单纯地活着无疑是悲惨和卑微的,真正的快乐在于披着正义的外衣以最大程度地实现一己私利。毋宁说,庸常的习俗主义把快乐系之于进取型的统治过程之中,而城邦的习俗则把快乐系之于多少带有保守性质的和平生活之上。虽然庸常的习俗主义和哲学的习俗主义一样,认为唯一合乎自然的行为就是只追求自身的快乐而罔顾他人的利益(城邦的习俗才要求人们关心他人),不过,哲学的习俗主义却绝不把快乐系之于优越于他人或去统治他人,因为优越于他人或去统治他人都是"依赖",都是对追求自由的妨碍,而庸常的习俗主义并没有抵制或否定哲学的习俗主义,它甚至把自己的起源归结为哲学习俗主义的败坏,这就是所谓的"智者派"。在施特劳斯看来,正是智者派败坏了前苏格拉底哲学家们的习俗主义教诲才诱发了庸常的习俗主义。智者派虽然较之于大多数人更为知晓智慧或科学乃是人类最为卓越之物,因而也就常有非同寻常的见解和教导,但他们并不关心真理本身或智慧本身,他们对真理和智慧的关心在于真理和智慧能够为他们带来荣誉和名声,拥有比他人更多的荣誉和名声乃是最高的善。他们因智慧而善辩,因好名而庸俗,若能把实质的不义与明面的正义结合起来,那就是最为自然的生活。

无论是哲学的习俗主义还是庸常的习俗主义,都被施特劳斯归之于平等主义的自然正当,这是一种虚假的自然正当。平等主义的自然正当论基于人生而平等的预设从而把自然正当归之于是由平等之人所订立的普遍同意的契约。面对主人与奴隶、自由人与野蛮人的不平等,自然有人会产生"人生而自由平等"的愿望。而此愿望若要最终达成,莫若把自由和平等视作为"自然的",宣称任何的不自由和不平等都是对自然的违背,自然的正当就是保持或回复自然的自由和自然的平等。于是,存在着强制和等级的城邦必然也就是违背自然的,城邦之所以有存在的必要乃是因为面对已被意见所败坏的人性需要强制和等级。固然,自由和平等是自然的,但这也只是针对天性尚未败坏的淳朴之人而言的,一旦淳朴的天性遭到败坏,公民社会就不可或缺。由于不再可能回返到天性尚未败坏时的原初状态,因此,公民社会也就以能够取得与原初的自然相和谐为优劣的衡量标准,这就是"普遍的同意",即自由和平等之个体之间的理性契约。但是施特劳斯却提醒到,建基于普遍同意的社会契约论,且不说它始终无法使人摆脱仅为理论假设的嫌疑,单就其所遵从的"普遍同意"最多只能算作是对原初自然的摹仿,无论它能够使公民社会多么地接近原初的自然,公民社会仍然是习俗性的而非自然性的。社会契约通过"人生而自由平等"这一前提和"普遍的同意"这一程序建构起公民社会,这既意味着自然的正当一去不再复返,也意味着依据自然的正当公民社会必是应受贬抑的。施特劳斯在此实际上是在道明,现代政治哲学就其根基来说是建立在对自然正当的否认之上,公民社会毋宁说是基于习俗而非自然建构起来的。所以,施特劳斯就提醒我们特别地要注意,现代政治哲人赖以为凭的社会契约论无论其影响有多么的巨大,贡献有多么的至伟,终归是对"自然乃是准绳"这一观念的抛弃。

三、习俗主义的限度与自然的发现

在古典时代,对于城邦中"何谓正确"的看法存在两种观点:古典派的立场与习俗主义的立场。这两种立场的前提是一致的,即"他们都承认自然与习俗之间的分别是具根本性的",二者所不同的是,柏拉图等人的立场

（施特劳斯意义上的古典政治哲学）坚持自然与习俗的根本差异,认为自然较之习俗(或社会的法令)有着更高的尊严,自然乃是判定习俗的最终或最高规范,或毋宁说,自然就是规范。习俗主义虽然是"古典哲学的一种特殊形式",但其与柏拉图等人的古典政治哲学存在着根本对立,把后者视作"把握永恒的努力",这种"哲学化"的努力试图"从洞穴中上升到光天化日也即真理之下",实际上他们只是把原本就是意见的"公共的教条上升到本质上乃是私人化的知识","想要去解答有关无所不包的真理或者是永恒的秩序的问题"。① 正因为如此,施特劳斯非常直接地斥责了习俗主义的低俗,他们执着于意见,根本就不知道自然为何,妄图基于意见而否定自然,但其实对自然根本就造不成任何有份量的挑战。

习俗主义把自然的正当归之于特定共同体所认同的"我们的"方式,对于共同体来说,"我们的"方式成为该共同体区别于其他共同体的根本规定。毫无疑问,某共同体之所以能够成为其自身根本上得益于这种根本规定,"此地"的方式发挥着对该共同体成员行为的根本约束,因而往往成为共同体行动的"至上方式",既然是至上的方式那也就是正确的道路,"我们的"方式往往也就被该共同体判定为"自然的正当"。对于共同体的日常生活来说,当其尚未进展到可以借助理性论证来证明其正确性时,"我们的"方式唯有借助其古老性来获取对其正确性的支持,正确的往往意味着是经由祖宗创制而传承下来的,"祖宗之法不可变"乃是此种论证有效性的大前提。为了能够使不可变的祖宗之法获取足够的权威,共同体不仅直接断定祖宗之法的正确性,而且还往往把祖先与某种神灵相联系,或直接视祖先为神,或把祖先作为神子。那么,共同体所守的正确的方式也就等同于神的法则,习俗之所以能够取得其对共同体成员世代的普遍约束效力,就源自于这种由祖先而来的权威、继而由神灵而来的权威。就共同体内部而言,日常的政治生活对何为初始事物以及正确的生活方式予以的回答,其有效性因为能够得到祖先权威和神灵权威充分支撑而得到了坚实的保证,权威乃是政

---

① NRH,13.

治生活维持其日常秩序的必需,它确定了共同体的生活方式,由此也就给共同体成员提供了正确的行为准则。倘若只满足于由此权威所给予的确认,那么共同体最基本的秩序也能得到最低的维持。习俗主义者把自然的正当交付给神,宣称人间并无自然正当。施特劳斯引用赫拉克利特的话来表明习俗主义者是如何把自然的正当交付给神的,而在人间却并不存在自然的正当:"自神的眼中看来,万物都是高贵的、善良的和正义的,但是人们却认为,有些东西是正义的,而别的东西则是不义的。"①进展至现代,当哲人普遍地解除了神启的统治之后,自然的正当最终将彻底无处安身,例如斯宾诺莎就直言不讳:"除了正义的人们所统治之处,别无神圣正义的丝毫踪迹;否则,对于正直的人和邪恶的人,有的只是事件。"②但施特劳斯认为,自然的正当与神启天意并无必然联系,即便否定神启天意,自然的正当依然能够存在。因此,习俗主义者对自然正当的否定并不具有实质性的挑战。

依据施特劳斯,人类之所以需要自然正当,首先是源自于自然人性的根本规定。共同体的习俗固然可以成为判断善恶的标准,但并非符合习俗的欲望和喜好都是自然的正当,自然的正当毋宁说更多地系于自然的人性,凡是与自然的人性相吻合的欲望和喜好都是善的,而那些败坏自然人性的欲望和喜好都是恶的,也就是说,自然的正当意味着与自然的人性相符合。因此,习俗之善未必就是自然之善,而自然之善也决不可被等同于习俗之善。其次,自然正当关涉共同体之起源问题,甚至人类起源问题,也就是人类之原初状态是完美的还是不完美的。认为自然正当存在,就会把人类之原初状态看作是完美的,反之亦然。现代政治哲人拒斥把自然作为标准,因而就认为原初状态肯定是不完美的,正是因为原初状态是不完美的所以才需要人类在其历史过程中确立起正确的标准,人之高贵也正体现在对正确标准的确立之上。因此,对于现代政治哲人来说,人类之原初状态的不完美程度越高,人之高贵就愈加能够彰显,人作为立法者的角色就愈加能够凸显。而

---

① 赫拉克利特残篇第 102 条。
② 斯宾诺莎,《神学政治论》第 19 章第 20 节。

在古典政治哲人那里,因其把自然作为标准,人之高贵就在于对此标准的接近程度,那么原初状态被设定为完美的,现实的种种不完美就源自于人之高贵的堕落,也就是说,因系之于自然人性才显示出其高贵的潜质,因系之于习俗人性才逐渐地败坏堕落。对于现代政治哲人来说,因人类之原初状态就是不完美的,所以我们也无需为现实的不完美负责,反而应当为所有的完美而感到自豪,因为所有的完美都源自于人类的创造。哲学就在于发现完美与创造完美,哲学作为纯粹的人工制品,要想使其能够成为生活之必需,或把哲学的生活作为正确的生活,那就必需要认定人类之初必然是不完美的。无论是祖传之论还是神启信仰,都把人类之初认定为是完美状态,现实之不完美应归因于人类的罪责,它们是人类对原初之完美的背离或背弃。古典政治哲学则舍弃祖传之论和神启信仰,而把人类指出的原初完美归之于客观之宇宙,随后由于诸多的人工制作才导致种种现实不完美的出现;而且既然哲学乃是人工创制活动,那么无论哲学的创制多么的完美,都应当以原初之完美为限。既然现代性的危机实质上乃是哲学生活所引发的危机,那么若依照古典政治学的观念,要想克服危机就唯有背离或背弃哲学生活,复返习俗的生活,或更为准确地说是通过习俗生活而重返原初状态。就此来说,施特劳斯把卢梭看作从现代性中惊醒过来的第一人的确是有道理的。

自然正当的确认有赖于自然的先行被发现。施特劳斯认为,自然需要被发现本身就表明自然是处在被遮蔽的状态。习俗作为各种显在或潜在的权威的展现,是直接可以被感知到的,而自然却被各种权威所隐匿。共同体基于秩序维持,需要各种习俗以及法律来确保某一初始之物,它不容许对此初始之物进行质疑,因此,习俗就把此初始之物视为"自然"。但若要发现真正的自然需要首先对此设限进行突破,它要求把此初始之物作为其探究的对象。就哲学而言,自然乃是"存在"(being),而习俗则是"生成"(to be),前者才是真实的存在,后者只不过是流变的存在,经院哲学干脆直接称之为"虚假存在"。无论何种权威最终都无法保证向人们提供的正确乃是"自然的",这是因为:首先,任何的共同体都是特定意义上封闭的群体,被其视为自然正当的习惯或方式都只具有相对于该共同体的特殊意义;其次,不同的共同体之间必然存在着为对方所不能共享的习惯或方式,在此情况之下,被视为自然的正当也将必然失去其特殊的意义。如此一来,人们也就会从"权威 = 正确"这一等式的约制中惊醒,仅仅处于习俗而"好的"并不必然就是"好的",自然的正当必然根本上不同于习俗所认定的正确。

阻碍人们寻求自然正当的障碍主要有两种:尊享权威的年长者和独占正确的神启信仰。在施特劳斯看来,苏格拉底之所以被誉为政治哲学的开创者,就在于他能够同时发起对这双重阻碍的挑战:一方面,苏格拉底甚至直接面对克法洛斯提出"何为正义?"这一问题,而且在克法洛斯这一年长者权威离场之后毫无顾忌地和年轻人畅谈自然的正当;另一方面,苏格拉底又细心地聆听和紧紧地跟随他心中的神灵,无论面对城邦的何种成员他都与之探讨诸如正确、正义等纯粹的自然而无视城邦共守的各类神灵。倘若人们听任年长者的权威或者神启信仰的告诫,那么,他们就永远无法享受通过自己努力思考所获得的自然正当这一果实。施特劳斯认为,哲人并不仅满足于习俗的权威,因为只限于最低秩序维持的政治生活无法充分彰显人性的高贵,无法实现出人所独特于兽类的神性特质;因此,必须保持对权威本身的质疑,打破对因袭观念的信赖,把初始事物和正确的生活方式不再作为已给予的事物,而是作为需要质疑或探究才能确认的对象。换句话说就是,一旦人们开始把自然正当本身作为思考的主题,哲学就产生了,自然正当知识的获取是以对权威的质疑为其开端的。

对于政治哲学来说,善好与祖传的区分并不是最为先在的,最为先在的区分首先是耳听和眼见之间的区分,也就是对神圣法典或有关初始事物的神圣记述(也就是共同体所认为无可怀疑的事情)与对所有论断所依据事实的亲自澄清(即自己亲见亲历过的事情)之间区分。自然的正当必定是由主体的亲见亲历所确认的,而不是由祖先流传下来并为共同体多数成员所接纳的。为此,施特劳斯提醒人们,要想辨明自然的正当首先要把自身从某一共同体成员的身份中解放出来,其次还要从作为某一特殊个体的身份中解放出来,而作为人之为人的身份去探究,也就是说,以并非作为我的"我"或作为我们的"我",而是以作为人的"我"去发问。在确认自然的正当之前,探究的主体需要悬置自身"对于任何法典或陈述的神圣性或令人敬仰的性质的判断或赞同",先行摒弃任何的"耳听",通过"眼见"进行"我思",如此一来才能辨明真实无妄的共同的世界和虚幻不实的个别的世界之间的差异。与此来说,政治哲学绝非政治学,而是哲学;哲学所标明的乃是与日常生活完全异质的静观生活。第一个先在的区分所要做的事情是把自然的正当置于人类知识所完全能够把握的准则之上。在此特别容易使人产生误解:在如此标准的衡量之下,自然的正当似乎完全成了"人工的作品"。施特劳斯特别地强调,在第一个先在区分之后,要想发现自然、追寻初始事物,还需要第二个先在的区分,这就是人为之物和非人为之物的区分,自然的正当绝非人为之物。所有人为之物都归因于人的某种设计或盘算,倘若把自然的正当归之于人为之物,那么自然的正当必然是某种设计或盘算的结果,也就是人们的发明。而所有的发明都是此时此地或彼时彼地的东西,在此之前或在此之后如此发明是否还能为人所称道都是值得怀疑的,把自然的正当交付于特定的场景无论如何都是无法保证其普遍的绝对有效。"人工的造物在所有方面都劣于或晚于不是由人制造、而是由人找到或发现的事物",①自然的正当绝非由人所发明,而只能为人所发现。

第二节　政治的哲学与危机的终解

现代性危机的表现是人类对何为正确生活这一根本问题的迷失,那么化解危机的关键就在于能够对这一问题作出明晰独立的问答,并且把此回答应用于现实的生活。施特劳斯把探究的视野转向古典政治哲人之时,他发现,古典政治哲人已经为我们现代人做了垂范,他们首先对回答何为正确有着狂热的爱欲,在根本划分习俗与自然的基础上把正确与人之自然构成相联系,以探究和确立人之优异性为己任并静观于此;其次,他们把此静观的成果奠基在现实的城邦生活之上,使哲学式的静观具有了强烈的现实面

---

① NRH,89.

向,把纯然的哲学转化为政治的哲学,在使人类生活获取高贵与高洁之外散发出浓郁的温良与清明。危机既然根源于人类的偏执一端,那么化解的关键也就在于执两用中,在此方面古典政治哲人早已为现代人指明了方向。但施特劳斯也不无遗憾地指出,在平等主义和圣经信仰的影响之下,古典政治哲人所确立的自然正当的如此政治品格日渐式微,最终竟全然无关紧要了。首先,平等主义抹平了高贵和平庸的界线,在把平庸视为高尚的同时也把高尚给平庸化了,道德就成为服务于功利算计的工具,人性的完美被视为私利之欲的满足,人类的完善就在于普遍的物质富足。与其说平等主义的主要功绩在于承认或赋予平庸民众以高贵的尊严,还不如说其主要的恶行在于清除了人类存有高贵品性的可能,它不允许哲人的阳春白雪和高坐云端,于是就把常人之欲附之于哲人。公民社会不再成为促成人性完美和人类完善的生活共同体,而是完完全全的名利场,它源出于常人之欲、服务于常人之欲,也满足于常人之欲,除此之外再无其他。其次,圣经信仰固然保留了最优政体,但是在把最优政体等同于上帝之城的时候也就切断了它与现实政治生活的联系,成为纯粹的空中楼阁;而现实的政治生活无非只是与堕落的人类相适应的、必要的救赎之路,悬置古典意义上的自然正当之后,人类所面临的必然是普遍堕落的人性和全无高贵的平庸,古典自然正当论中政治生活所由以出并为之服务的哲学生活荡然无存。为此,施特劳斯特意提醒我们注意,古典政治哲学中即便作为被淡化了自然之善的政治之善也与现代政治哲学所提及的政治之善有着实质性的不同。古典哲人所论及的政治之善仍然是立足于自然之善的,虽然它是有意地降低姿态以俯就习俗之善,但它仍然是以自然之善为底色。此种自然正当可以称之为原生的自然正当(the primeval natural right),它是排除了私有财产和其他公民社会本质特征的人类天真未泯之原初状态。而现代政治哲学所理解的政治之善则是建立在人类腐化堕落之后作为补救措施而必需的(世俗化的基督教意义),它是以对人类真实的欲望之正当性的认肯为底色的,施特劳斯把由此所出的自然正当称之为次生的自然正当(the secondary natural right)。较之于原生的自然正当,庸常民众更会倾向于次生的自然正当,视此为无可置疑的善。如果说在古典政治哲人那里,政治生活是立足于自然之善而着力于提升庸常民众的习俗之善,那么在现代政治哲人这里,政治生活则是立足于习俗之善而利用自然之善的力量。在施特劳斯看来,这也就是古今政治理性主义的核心差异之所在。在现代政治哲人看来,对日常生活而言,即便古典政治哲人所弱化处理过的政治生活对于今人来说也显得有些奢侈和高洁,更不用说他们所最为推崇的哲学生活。原生自然正当倘若要能够与日常生活进行勾连并有效发挥其相应的作用,必须走下降之路,如此才不至于炸毁公民社会。

一、自然正当的基本规定

施特劳斯把自然正当视作为"乃是超历史、超社会、超道德和超宗教的",[①]它是无时间性的时间,是没有家园感的家园,其前提预设可表述如下:

"哲学对初始事物的寻求不仅假定了初始事物的存在,而且还假定了初始事物是始终如一的,而始终如一、不会损毁的事物比之并非始终如一的事物,是更加真实的存在。这些假定来自这一基本前提:凡事皆有因,或者说'最初,混沌生成了'(意即初始事物乃是无中生有的)的说法乃是无稽之谈。换言之,倘若不是存在着某种持久而永恒的事物,显明可见的变化就不可能发生;或者说,显明可见的偶然的存在物就要求有某种必然的从而是永恒的事物的存在。始终如一的存在物比之并非始终如一的存在物更加高贵,因为只有前者才是后者以及后者的存在的终极因;或者说,因为并非始终如一的事物要在由始终如一的事物所构成的秩序中才能找到其位份。并非始终如一的事物,比之始终如一的事物,乃是更少真实性的存在,因为它们有毁损,而这就意味着它们介于存在与不存在之间。人们还可以这样来表达这一根本前提:'全能'就意味着能力受到有关'自然'的——也就是说,有关不会变易的可知的必然性的——知识的限制;一切的自由和不确定

---

① NRH,90.

性都是以某种更为根本的必然性为前提的。"①

　　施特劳斯同意古典政治哲人,人应当去过经由理性反思过的生活,因为人就其本质来说就是理性的,这也是人之独特性的规定。因此,追寻自然的正当就被看作是人类之理性的必然行动,这也是人类试图获取永久安宁、绝对幸福的必然结果。为了人类自身的安宁和幸福,就需要来自宇宙的全力支持,这就需要把宇宙视为与人类是同质的构成,无论宇宙本身是被发现是理性的还是被规定为是理性的,都必须要先行设定"万物皆有因"这一前提。在抛弃掉神启信仰以及祖先权威之后,显然,把宇宙本身视为被发现是理性的较之把宇宙本身视为被规定为理性的更能够支持古典政治哲学对永久安宁和绝对幸福的追求。古典政治哲人之所以赋予不变以高贵,乃是因为唯有以不变为依据才能使得各种变化获得定位,而唯有能够定位的变化才不会导致人们面对变化时茫然无所措手足。就古典哲人来说,政治哲学其意正在于从根本上解除变化无常对幸福生活的威胁,无论是诉诸于神启信仰还是祖先权威都不足以从根本上解除此种威胁。既然当外部的依赖都被判定为无效之时,那么唯有依赖内部之自我这一主体,而面对无有休止的欲望和澎湃涌动的激情之时,显然唯一的依凭只能是理性。但不同于现代政治哲学把理性的法则看作是完全主观的,"知性为自然立法",对于古典政治哲人来说,人类之理性的特质源自于宇宙之理性,乃是作为宇宙之理性的构成部分,因此,理性的法则就其根本上来说乃是纯粹的客观。这就意味着,人类之理性在根本上是受制于宇宙之理性的。较之于宇宙之理性,人类之理性显然是微小的,但由于二者根本上是同质的,因此,人类之理性可以认知宇宙之理性,也唯有认知到了宇宙之理性的必然性才能从根本上给予人类幸福生活以永恒的保障。

　　辨明特定共同体自以为是自然的行为习惯和生活方式并不真的就是"自然的"之后,自然之本身就浮出了水面,它区别于被称之为"习俗"的原先被视为自然的特定共同体的行为习惯和生活方式。哲学就开始于自然与

───────────

① NRH,90 – 91.

习俗的分野,而政治哲学则开始于自然正当与习俗惯例的分野。自然的发现破除了基于祖传的权威以及由此所出的习俗的权威,在哲人看来,倘若习俗将古老等同于好,并将祖传之物视为初始之物,那么自然较之于祖传之物就更为古老,因而就是更好之物。无论祖传之物如何地神圣,它终归是人工之物,而任何的人工之物都是以自然为前提的,人固然能够进行伟大的创制,但无论如何人之所能创制本身绝非是由人所能创制的。在哲学那里毋宁说,除却自然这一权威之外别无权威,自然就是权威,或者说权威就是自然。把自然视为权威容易造成人们对哲学的误解,因为哲学反对任何的权威,哲学一旦屈从权威就丧失其爱智的本色,而政治哲学一旦屈从权威就会蜕变为意识形态。因此,更为恰当确切的表述是,自然乃是判断正确与否的标准,或者说自然提供了终极的行动准则。不过在此处,施特劳斯敏锐地发现,古典政治哲人对自然与习俗的合宜处理,虽然他们着力于将潜藏的真理给展露出来,但他们并没有彻底拒斥城邦的习俗权威,或依据自然之真理而彻底拒斥习俗的权威。

二、苏格拉底正解

施特劳斯认为,苏格拉底因其把生活方式以及善恶之物作为哲学研究的主题而开创了古典政治哲学。由苏格拉底开启的自然正当学说被施特劳斯称之为古典自然正当论,柏拉图、亚里士多德、斯多葛学派以及基督教思想家都在苏格拉底所开辟的道路上推进着古典自然正当,这一传统在 17 世纪遭到断裂、废弃,现代政治哲人把苏格拉底所开启的古典自然正当转换成了自然权利,从而最终引发了现代性。现代读者对苏格拉底存在着普遍的误解,认为苏格拉底漠视自然与法律(习俗)的区分,而是把法律(习俗)与自然等同起来。施特劳斯非常不同意这种看法。在他看来,古典自然正当论者,无论是苏格拉底、柏拉图还是亚里士多德等,都始终坚守着自然与法律(习俗)的区分,继而又进一步区分了自然的德性与人为的德性、真正的品德与政治的品德(流俗的品德)。柏拉图之最好政体和最优政体的区分、亚里士多德对自然的财富和习俗性财富的区分,也都隐含着自然与习俗的区分。首先,单就苏格拉底的提问方式,其中就隐含着自然与习俗的区分。苏格拉底采用"是什么?"(What is?)的方式追问具体的人间事物以及人间事物本身,他如此提问已经预设了所有的人间事物与非人间事物或者说神圣的事物与自然的事物有着本质的区别。在施特劳斯看来,也正是在此处,苏格拉底的提问显示出了其独特性,他尝试采用"一种试图了解一切事物的新路径",①也就是说,在他看来,要想辨明人间事物(神圣事物)与自然事物的区别,就需要先行研究"所有事物",也就是说,需要较为完备地了解"每一存在物是什么"(What each of beings is?)。其次,苏格拉底又把整体落实在诸部分的过程之中,使得对整体的关注呈现出部分的面向。苏格拉底把"每一存在物"都看作是作为"一个部分"而存在的,换句话说就是,每一存在物都是作为一个整体的构成部分而存在的,这里的"整体"应恰当地被理解为"过程"。每一存在物都是以整体生成过程当中的一个环节而存在的,"生成"意味着成为某物,或成为一个部分。如此一来,这就意味着作为部分之和的整体并不在某个部分之上,而是在部分之外,也就是在过程之中。唯有从完整的事物这一过程之目的着眼才能理解过程本身,要了解整体就是要了解在完整的诸过程环节中所显露出来的统一性。苏格拉底这样的观念不仅为人们提供了研究具体人间事物的进路,而且还促使人们把对事物本身进行研究的视角与对具体事物进行研究的视角结合起来了。

施特劳斯认为苏格拉底的此种研究路径有效地清除了其前辈哲人无视具体事物的迷狂式研究进路,而把清明(sobriety)和中道(moderation)注入到研究之中。也就是说,苏格拉底的政治哲学较之于现代政治哲学具有"常识世界"的底色,其政治哲学研究的出发点是进入我们视野的初始之物(现象),而不是本性之上最初之物(理念),或者说他的出发点是事实上在先之物(意即作为意见的事物)而非逻辑上在先之物(意即作为知识的事物)。在施特劳斯看来,"苏格拉底的意思是,[倘若]无视人们关于事物本性的意见,就等于是抛弃了我们所拥有的通向是在的最为重要渠道,或者是抛弃了

---

①　NRH,123.

我们力所能及的最为重要的真理的足迹。"①唯有赋予静观生活以常识世界的底色和基调,才是真正的政治哲学研究品格,政治哲学的要义不是从知识下降为意见,而是由意见上升为知识,政治哲学的真正面向是哲人而不是大众,政治哲学的用意不是教诲而是培育。对于古典政治哲人来说,他们有两个面向对象:其一是大众,其二才是哲人。但因为哲人更多的是自然生成的,而非人力造就的,或者说哲人更多是自我成就之人,所以哲人在古典政治哲人那里与其说是其面向对象,不如说是其达致目标,哲人乃是预设的前提。这样一来,古典政治哲学的真正面向其起点处只有大众,或者说是政治大众之中那些有提升为哲人可能(而不是潜质,所有的大众都有提升为哲人的潜质)的那部分群体。既然政治哲学是上升之路,那么现实所存在的关于正确的诸多争论就不是我们前行的障碍,而是我们实现超越、寻求圆通的必须的起点。唯有凌绝顶之时方知众山之小。就上升之路来看,"意见就被看作是真理的片段,是纯粹真理被污染了的片段;换言之,意见乃是自存的真理所要向之寻求的,而且到达真理的升华是由所有人都一直领悟的那种自存的真理所指引的。"②

正是基于此,施特劳斯断定说,存在着诸多关于自然正当的争论实际上都是与存在自然正当相容,因为关于正确或正义的争论并不都是对自然正当的否定,毋宁说恰好证明了自然正当与这些论争并没有处在同一个层面,而是超越此种层面的。无论关于正确或正义存在着何种彼此冲突的争论都不影响自然正当的自存,凡是想对这些争论进行考察都是对这些论争的超越,这都是迈向哲学的开端。依据苏格拉底,对整体的根本意识乃是所有理解的先决条件,尽管并不是每一个理解主体都能够对其自身关于整体的根本意识有着自觉的和清楚的把握,但先于对任何具体事务的知觉,人的灵魂必定已经有了对于环环相扣之整体理念的洞见。当人们面对这些洞见时必定会发现它们在不同群体以及个体之间相互不同、彼此冲突,但毫无疑问它

① NRH,125.
② NRH,125.

们都是关于同一对象的洞见，而他们自己的洞见只不过是对那同一整体理念的片段式的残缺表达。当人们从彼此冲突的洞见中抽身出来去尝试寻求对整体理念的恰当表达时就开始了哲学沉思，虽然人们并无把握通过哲学沉思是否能够达到恰当地表达整体理念的结果，但人们对此追求却无有休止。仅止于经验的层面而不转身于此种追求，那么生活将始终陷溺于意见而无法提升，这也就是施特劳斯所认为的苏格拉底之政治哲学的真义所在。

三、复返政治的哲学

既然现代性的危机被施特劳斯最终归结为在何为正确生活这一根本问题上的迷失，那么解决危机最终就落实在如何理解"正确生活"这一关节点。在对习俗主义批判的过程中，施特劳斯认为古典政治哲人从中所引出来的观点对我们而言具有关键作用。习俗主义把善等同于快乐，而在古典自然正当论看来，"善的事物根本有别于使人快乐的事物，善的事物比使人快乐的事物更为根本"。[①] 快乐只不过是内在欲望的显现，先于快乐的欲望本身具有多样性，从而才使得快乐显现出多样性。多样的欲望之间存在着自然的顺序，这种自然顺序其实只是作为存在者的人之自然构成的反映而已。自然构成作为终极依据从根本上决定着对人而言何者才为真正的善，真生的善也就是本于自然构成之等级秩序的"自然之善"（Good by nature）。因此，在古典自然正当论者那里，自然正当的真正基础乃是人之自然构成的等级秩序，真正的善就只能依据此种自然构成的等级秩序来加以判定，而不能诉诸快乐，"善的生活就是与人的存在的自然秩序相一致的生活……就是人的自然喜好能在最大程度上按恰当秩序得到满足的生活……它是与自然相一致的生活"。又因为古典政治哲人基于灵魂高于肉体的判定，把人之灵魂中的理性（即语言、理解力）看作是区别于禽兽的最为本质的规定，从而自然的秩序就是灵魂能够统领肉体，理性能够支配欲望，据此，他们也就将善的生活看作是"由秩序良好的或健康的灵魂所流溢出来的生活……就是

---

① NRH，127.

人最大程度地保持头脑清醒的生活",换句话说也就是,"善的生活就是人性的完美化"。① 而习俗主义认为,无论是有用之物亦或高尚之物,无论是审慎、节制、勇气还是正义等所谓的美德,都因其直接或间接系之于快乐才被视为是善的。但在古典自然正当论者看来,所谓"善"也就是有助于人类优异性生活的实现——从根本上说也就是合于自然的生活,人的优异性与快乐(或利益)并不存在着必然的联系。"优异性"是指人所基于其自然本性而具有的内在令人钦佩或高贵的品质,这与人们的私利无关,它摆脱了算计心。优异性之所以令人钦佩或高贵,是因为它指向秩序良好的灵魂,或者说它表征了灵魂的良好秩序。人固然都有灵魂,也都有理性,但若灵魂受肉体所统领,理性为欲望所支配,那就不能称之为良好秩序,从而也就远离优异。习俗主义把善系之于快乐,在古典自然正当论者看来很显然就是对人性之高贵的舍弃,根本就不值一提。概而言之,正确的生活意即善的生活,而善的生活是与人的优异性相联系的生活,也就是与人之自然构成的等级秩序相契合的生活。

既然正确的生活乃是契合于人之优异性的生活,那么问题就转化成人之优异性采取何种方式才能被实现出来。施特劳斯认为古人高明于今人的关键是,他们把人之社会性构成也看作是人之自然,藉此提出人之优异性需要在共同体生活之中才能得以实现这一主张。人之优异性固然唯有借助哲学生活才能被发现和阐述,但纯然的哲学生活无法普遍地提升人类的生活,人类生活的普遍提升需要哲学生活获得面向现实民众的力量。具有现实民众面向的哲学生活我们可以称之为政治的哲学,它是施特劳斯所认定的解答现代性危机的最终方案。

第一,古典自然正当论者预设了单靠个人以实现人性的完善是有违自然的,因为既然人之区别于禽兽的关键不在于灵魂与肉体的区别——禽兽同样具有灵魂,而是在于人之灵魂所具有的理性特质——禽兽的灵魂却没有理性特质,而理性同时又被他们看作是语言,语言的本质在于交流,那么

---

① NRH,128.

依据其自然构成,人必然是社会的存在,人性的本身也就是社会性。自然正当的基础除却人的自然性构成之外,还包括人的社会性构成。社会性构成对人性所提出的自然的完善是,在采取自由行动之时,理性会提醒人们要适时限制自己的自由以能够与他人的自由兼容,因此并非所有的行动都是可以为之的。施特劳斯称此为"人的自然良知",节制自己的自由在社会的意义上就是正义,正义如同正确一样都是"自然的"。①

第二,古典自然正当论者除了上述预设之外,还预设了单靠个人无法实现灵魂良好的秩序,良序的实现有赖于公民社会,也就是城邦。城邦作为一个共同体,它依赖成员之间的相互信任来维系,又因为信任必须建立在熟识之上,所以,城邦必须是一个体积容量不大、与人之自然能力相称的共同体。另外,也唯有在此城邦之中人的自由才能受到有效的约束,因为唯有成员的熟识才能有效地培育责任、实施监督,而在庞大帝国之内作为政治大众的个体彼此来说都是陌生的,于是每个人都可以或多或少地随心所欲。封闭社会更有助于实现人性层次的提升,因此合于人性之自然构成秩序、从而也能够实现人性完满的社会必定是一个封闭的社会。经由人类行动而存在的城邦可能而且必然合于正义,合于自然。

其三,依照施特劳斯的考察,在古典正当论者那里,人之自然构成的等级秩序首先未必能够为人所轻易察觉,即便为人所察觉也未必能够为人所自觉遵行。外部监督之所以必要就在于仅依靠个人内生的责任并不足以保证主体自身能够尊而行事,但问题的关键在于,外部监督由谁来实施以及凭何而实施?古典政治哲人把此托付给政治家、立法者或城邦的创建者,这些人较之于仅关切个体之私利的政治大众拥有更高的德性,不仅有能力而且还能主动地关切共同体的完善。正是因为他们有着大众所没有的超出肉身及欲望的更高情怀,所以能够为大众所敬重;正是因为他们充分意识到政治

---

① 需要注意的是,施特劳斯在此的论证多少有些薄弱,即便社会性构成是人之自然,但也不能直接就能推导出人必要限制自己的自由,例如,极端来说,爱社会是社会性构成的表征,但反社会也是一种社会性构成的表征。除非把人的社会性构成看作是认同他人、认可他人,而不仅仅是与他人发生关联,否则就无法消除这个缺陷。

乃是人类实现优异性充分发展的必经之路,所以他们愿意以共同体的完善为志业。实现人类幸福的关键在于使人之优异性得到充分的发展,而充分发展离不开共同体,立法者的职责就在于使共同体能够朝向人类的完善。就此一点来说,古典政治哲学与现代政治哲学并无实质性的差异,双方最终都致力于个体;所不同的是,现代政治哲学最终的指向是个体欲望的满足,而古典政治哲学的最终指向却是个体良序的塑造。施特劳斯隐含地指出,唯有在古典政治哲学的语境之下城邦作为区别于强盗团伙的独特性、从而也是优异性才能显现出来,也就是城邦是致力于人性完美和人类完善的共同体,这与现代的政治国家绝然不同,后者毋宁说更是一个强盗团伙,只不过是把满足于人之欲望的各种行动包装的更为合法、从而也更为有保障而已。由此可见,现代性的实质在于对人之良序塑造、人之高贵品质的弃置,这在根本上来说也就是对人之自然构成的等级秩序的背离,从而使得正确与否失去了最初的、至高的、终极的判定标准,这就是自然这一标尺。

施特劳斯认为,优异生活的实现之所以需要外部的监督,原因在于古典自然正当论者认为人就其自然而言乃是不平等的。与现代政治哲人所不同,古典政治哲人并不认为人就其自然而言都能够同等地迈向人性的完善。首先,并不是每个人的天性都是均等地向善的,也就是说,并非每个人的天性都是"好的"。虽然每个天性之中的确存在着向善的基因,但并不是都已经先赋地获得了同等的发展。其次,并不是每个人都能够以同样的热情向善。德性的追求更多地取决于个体内在的自觉与主动,倘若理性不能分辨、筛选各种来自欲望和激情的干扰,个体就不可能专注于理性,以灵魂的良序为面向。甚至有些个体即便能够意识到灵魂的良序但也不会着力于此,而宁愿沉溺于欲望或激情之中,例如极遭古典自然正当论者鄙视的智者诸人。最后,对于政治大众来说人性的完美还需要外部的监督,而环境所能提供给个体的助益也存在巨大的差异。就此来说,古典自然正当论者实际上即便不是反平等主义者,也最起码认为人生而平等的论调是对人之自然的漠视甚至背离。如此一来,在古典自然正当论者那里,认为有些人就其自然而言适合做统治者,有些人就其自然而言适合做被统治者,这并不具有现代政治哲学语境之中的统治与被统治的涵义,毋宁说如此之论才是对自然人性的正确关照。

最后,面向政治大众之人性完美的外部监督还有很关键的问题是,采用何种方式监督?古典正确论者把最为有利于促成人类完善的监督形式称之为 politeia。politeia 是依据共同体成员不平等的自然天性对这些成员进行各相其宜的社会秩序安排,以便实现相互迥异的自然天性的均衡发展。politeia 作为最好的公民社会形式,它不仅仅致力于城邦公共事务的管理,更为关键的是它致力于城邦公民人性的普遍完美或人类的普遍完善。就此来说,politeia 更为准确的涵义不是权力配置方式而是社会生活方式,或者说通过确立权力配置方式以安排社会生活方式。通常来说,"特定社会生活方式"意指该社会生活方式所辐射的群体是因他们把某种事物作为最令人敬重或最值得崇尚的东西而联结起来的,其他所有的事物都需要在此事物面前进行自我辩护。在此共同体之内,最能完满地实现此种事物的人往往也就是被视为享有最高尊严的人;或者说,通过对共同体之内享有最高尊严之人的观察可以判定该共同体所最为敬重的事物是什么。politeia 既是对此事物的认肯也是对此事物的(社会性或政治性)保障,它是最享尊严的人所形塑的、为了直接与城邦之自然诉求相适应的制度。

古典自然正当论者把全然合于自然的 politeia 称之为最优政体(the best regime)。首先,最优政体乃是哲学家依据人之自然构成的等级秩序所阐释出来的;也就是说,最优政体因其与人性的完美这一自然要求相一致,所以它是可欲的。其次,最优政体并不诉诸于神圣的力量,只要具有相应的条件就能够完全在人间实现。现代政治哲学则是建立在对机运的排斥或征服之上,哲人们坚信人工创制的力量也相信人类创制的能力;与现代政治哲人不同,古典政治哲人并不认为最优政体的实现条件完全可由人工来制作,毋宁说这些条件更多地取决于"机运"(chance)。最优政体区别于合法政体,前者纯然是高尚的(noble),当然也是正义的(just),而后者或多或少是不那么完美的,虽然定然具有其正义性,但却并非是高尚的。合法的政体并非是高尚的,是因为它缺乏表现高尚的严苛条件。最后,最优的政体具有唯一性,因为人之自然构成的等级秩序具有唯一性,而合法的政体却有多样形态,无论是僭主制、寡头制亦或民主制,都有其合乎特定情形的正义性。

要想实现最优的政体就不能把权力交付给僭主、寡头亦或大众,而只能交给"最好的"人,如果把"最好"等同于心有余而力亦足的贤德之人,那么最优的政体就可称为贵族制。但古典自然正当论者并不就止于把善等同于德性,他们更进一步把善等同于智慧,于是,实际上最优的政体在古典政治哲学的语境之中就是哲人王政体。因为他们认为,较之于同意、财富甚至德性,智慧显然是最为合乎自然的统治原则。智慧的统治乃是绝对的统治,它无需向被统治者负责。倘若把智慧的统治系之于大众的同意,毫无疑问将是对自然的违背,使得共同体听命于本性低劣之人。但施特劳斯非常清楚的是,坚持平等主义的正确论者必定固执于同意优先原则,而真正自然的正当论者则坚持智慧优先原则,智慧的绝对统治与同意的绝对统治一样都是纯而又纯的,这两种统治类型都无法完整地落实到现实的人间,现实的统治实际上只能在两种统治类型之间摇摆,智慧的统治与同意的统治之间的冲突就使得妥协成为现实政治的常态。古典自然正当论者为此所寻找到的解决之道是,由智慧的立法者制定公民愿意遵照而行的法律,然后交由绅士(gentleman)依法统治。绅士处于智慧的哲人和庸常的大众之间,他们虽然蔑视哲人的严谨刻板,存在对物质财富的特定依赖,但他们摆脱了那些支配庸众的低级趣味,能够体验高尚之物,因此是既有其心也有其力关切共同体的共同利益的城邦贵族。绅士教养良好又深具为公精神,能够服从法律和完成法律,接受统治又实施统治。如果说哲人王政体乃是依据自然秩序的最优政体,那么现实之中最优的政体形式也就是由绅士所统治的贵族政体,其中最受古典派所推崇的政体乃是由城邦贵族处于最为核心和关键位置的混合政体。

第三节 哲人的下降与绅士的培育

施特劳斯的语境之内,真正政治的哲学是面向政治、关照现实的哲学,它带着探询万物之自然的理性爱欲面向政治事物,试图透过种种关于政治事物之现象的意见获取政治事物之自然的知识;换言之,政治哲学意在探询最佳的政体(或最好的社会),这就是最为符合自然之规定的政体。对政治哲人而言,政治的哲学所要完成的是走出洞穴之后的返回洞穴,离开城邦之后的转回城邦。因此,真正的政治哲学在施特劳斯那里既是上升之路又是下降之路,不过就施特劳斯的意图来说,政治的哲学所看重的是下降之路而非上升之路。施特劳斯并不认为古典政治哲学主张哲人可以直接下降到大众,他把下降之路看作是间接之路,是要通过绅士来连接哲人和大众;通过绅士的培育既可以预防哲人对城邦的伤害并弱化大众对哲人的敌视,还可以使大众能够得到最佳的教育而持续的上升。与此相对的则是现代性直接连接了哲人和大众,其结果既造成了政治的哲学化又造成了哲学的政治化,最终伤害的到不仅有哲人,还有大众;显然从政治哲学的角度来看,后者受到的伤害远比前者要大,因为哲人虽不能承受生命之轻,但大众却显然更不能承受生命之重。

一、哲人的下降

依据苏格拉底-柏拉图式的自然正当,法律并不能够成为判定正义的标准,因为法律本身也有可能是愚蠢甚至邪恶的,正义应当从"自然"而出,正义就在于给予个人以合乎自然之物,所谓的"善"也就是合乎自然。即便如此,"合乎自然"这一标准仍然需要辨明:第一,消极意义上的合乎自然,意即无视某人的具体条件而只是依据自然给予此人以合乎其自然的事物。很显然,如此去做便有可能会对此人造成实际的伤害,例如当主体没有能力使用某件属于他的危险武器时而把该武器交还给他。由此而出的正义(善)便是最低限度的正义(善),即正义乃在于不伤害他人。第二,积极意义上的合乎自然,意即依据具体的条件而给予个人以合乎其自然的事物。在这种情况之下,所谓的正义就在于真正地为他人而谋利益。例如在柏拉图的最优政体之中,依据每个人的天性而安排其在城邦中的恰当职业,并使不同职业群体各安其分、各守其职,唯有如此才能达致真正的正义。很显然,不同于现代政治哲人仅止于消极意义的正义,古典政治哲人则致力于积极意义之正义的实现。在现代政治哲人看来,积极意义上的正义毫无疑问是对个人自然权利(natural right)的侵犯,是违背自然正当(natural right)之举,而古典政治哲人则认为仅止于消极意义的正义毫无疑问是对人性完美的放弃,是弃守高贵俯就低劣之举。

施特劳斯也很清楚,致力于积极意义的正义必然会引发一个问题,这就是由谁来判定何种事物才是真正合乎每个人自然的事物,因为显然并非每个人都有能力做出此种判别,正如并非每个人都合适或能够成为医生一样。柏拉图等把此判定交付给明智者(the wise man),唯有明智者统治的社会才是合乎自然的,正义也才能得到最终的保障。纯粹明智者的统治不会考虑城邦的习俗或法律,只是依据最为合乎自然的方式实施其统治行为,也就是依据公正的所有权而非合法的所有权衡每个人所真正应得的事物,并且仅给予每个人能够很好运用的事物。因此在明智者统治秩序的当中,僭越就等同于不依照个人的自然而任意妄为,或超出个人的自然而强力作为,唯有各守其职、各安其分才是正义之举。

完全的正义意味着全然的善,全然的善不能仅落实在敌人与朋友的区分之上,从而善也就意味着伤害敌人、热爱友人,全然的善意味着不仅对友人善好,而且也对敌人善好,换句话说,全然的善之下不再划分敌友,一视同仁,四海之内皆兄弟。如此一来,具有封闭性的城邦共同体也就容纳不了完全的正义,完全的正义只能在"世界国度"(the world state)之内实现。全然的善不能局限在公民道德之内,单纯地强调公民道德必然引发自相矛盾,试问,对敌心存残忍如何能够培育无疆的大爱呢?唯有世界国度才能打破公民道德狭隘,但施特劳斯似乎对由人类自身来做世界国度的统治者信心不足,于是,他也就释怀于古典自然正当论者把纯然合于自然的城邦看作是由上帝统治着的宇宙,这也就使其启示律法之路与纯然哲思之路勾连起来,成为克服现代性危机的两条绝对方案。

世界国度的提出,显然使得正义问题超出了狭隘的城邦,或者说使正义问题成了超越政治生活的问题。这就意味着真正合于自然的生活是城邦政治生活所不能涵摄的,真正完美的正义可能需要把城邦政治生活作为思考的起点来探寻,但城邦政治生活决不可能成为探寻真正完美正义的终点。施特劳斯沿着苏格拉底、柏拉图所开辟的道路前行,他同样把真正合于自然的生活视作为哲学的生活,智慧的哲人追求真正完美的正义,把其全部的生命奉献于对永恒真理的追求之中,在他们看来这是比任何人工制作之物有着绝对更高价值的东西,公民的道德之所以需要探讨、需要确定以及需要经历,原因就在于它能够成为达致永恒真理的恰当起点,对于特定的人群来说,它甚至还能构成达致永恒真理的必需。据此来看,道德品性至少可以划分为三个层次:庸常大众的德性(或纯然政治的德性),政治家或立法者的德性(意即绅士的德性),哲学家的德性,其中前两种德性处在城邦范围之内,政治家或立法者的德性往往是城邦公然宣称的德性,而纯然政治的德性则是可行而不可宣的德性。施特劳斯并没有混同纯然政治的德性和政治家的德性,也没有对之漠然视之,他只不过把哲学家的德性视之为最值得追求和拥有的德性,即便哲学家的探求对象之中包涵着纯然政治的德性和政治家的德性,但他们也不是在纯然政治的德性和政治家的德性的层面来遵而行之,好像庸常民众和政治家一样。

毫无疑问,哲学家的德性对于庸常民众来说显得过于高洁。人类就其本质来说虽有神性但也有兽性,出于自然而最为高尚之物往往并非人类现实之最需,庸常民众往往是从现实之最需,也就是习俗之善来采取行动。这就意味着哲学家要想回到洞穴就需要弱化或淡化其对自然之善的追求,俯就庸常民众对习俗之善的理解和接受。被习俗之善所稀释的自然之善就转化为政治之善,政治之善就是在自然之善所依凭的智慧原则与习俗之善所依凭的同意原则之间所达成的妥协,这也就是政治家在城邦统治中所极力宣传的公民道德,它既是对庸常民众追求习俗之善的积极克制,也是对哲学家追求自然之善的有意淡化。纯然的自然之善在政治生活之中太过尖锐和锋利,会严重伤害甚至割断政治生活的各种连接纽带,造成城邦的瓦解;而纯然的习俗之善则一呼百应、来势汹汹、不可遏止,同样会造成城邦的无序。

不过,城邦的无序实际上并没有成为施特劳斯的困扰,他所真正关心的是人类的优异性如何才能够得到保持而不被干扰或破坏,这也就是他多少对亚里士多德心有不满的原因之所在。在施特劳斯看来,虽然亚里士多德也是在苏格拉底所开辟出来的自然正当之路上前行的,但苏格拉底、柏拉图等人向哲学生活注入政治的因素尚不能使其真正满意,他认为他们注入的不是太多了而是太少了。首先,亚里士多德并没有否定自然正当,相反他从政治生活的确需要终极的判定标准的角度认为必需自然正当,但他拒绝超越政治社会的自然正当。他认为,就人的本性乃是政治动物而言,超越政治社会的自然正当根本就不会存在或不应提出,自然的正当只能从政治生活所出,政治之善已然就是完美的正义和无可置疑的善好。作为政治正确之构成部分的自然正当唯有在公民社会之中才能获取其最大的致密度和最充分的发展。据此之论,他对柏拉图所描绘的作为唯一正当之生活的哲学家生活似乎根本就不以为然,所以,柏拉图等人所苦心孤诣地淡化自然正当以俯就日常生活之举在亚里士多德看来就成为完全没有必要的纠结,从政治生活所出的自然正当根本上就是与政治社会相和谐的。

其次,亚里士多德还令人诧异地断言所有的自然正当都是可以变易的。这一断言对自然正当的伤害可谓致命:倘若自然正当的命运也系之于流变不居那还如何能够谈及绝对与永恒?在中世纪继承亚里士多德学说的学者,诸如托马斯·阿奎那、阿威罗伊等人都无法接受这一断言,他们纷纷试图对亚里士多德的这一断言做出某种补救。但施特劳斯认为他们的补救实际上都没能准确地把握亚里士多德如此断言的原意,因此,他们所做出的补救在很大程度上是对亚里士多德原意的限制或曲解。例如,托马斯认为亚里士多德所说的可变的自然正当只是指那些具体的操作性的原则,而自然正当本身则是永恒不变的,施特劳斯则认为亚里士多德本人根本就没有对他的这一断言做出任何的限定。阿威罗伊则认为亚里士多德所理解的自然正当无非是法律意义上自然正当,说到底是依赖于人为制度进而惯例习俗,为着教化或秩序的考虑,公民社会往往会把惯例习俗提升为看似普遍有效、恒定不变的规则,但在特定情形之下又需要无视这些规则而因地制宜。这在施特劳斯看来,毫无疑问是对亚里士多德本还认可的自然正当的实质性否定。

施特劳斯虽然基于苏格拉底－柏拉图的立场抱怨了亚里士多德对自然正当所做的破坏,但看到了亚里士多德对自然正当所做的弱化和转化。虽然,从亚里士多德的观点来看,人们的所有行动都关涉具体情势,似乎每次由具体情势出发的具体裁决都各个不一,无有定规,不过单从逻辑上还存在着这种可能,即针对具体情势所做的裁决之中蕴含着一般规则,其中栖息着自然正当,而且也还存在着基于对所有具体情势的充分考虑而做出的纯然公正的裁决,而自然正当就是由此类裁决所构成。落实到具体裁决之中,自然正当的具体表现自然千变万化,但千变万化无非都源自于那根本上的一般原则,例如,亚里士多德所谓的交换正义和分配正义所依凭的原则。但施特劳斯似乎并未停止在这些原则之上,而是认为正义在其落实到交换行为和分配行为之前就作为公共的善而已然存在,我们固然可以把交换的正义和分配的正义归之于正义,但正义却纯然地存在、持存和独立。对于政治哲人来说,所要关心的问题不是关涉具体情势或极端情形之时正常有效的自然正当的规则需要发生什么样的改变,关键是作为公共善的自然正当所要求的究竟是什么。人们或许无法依据普遍的原则做出公正的具体裁决,但最为精明和最有良知的政治家或许可以做出。亚里士多德不同于马基雅维利把极端情况作为其所有政治思考的出发点,进而把由此种出发点所导引出的具体规则扩展为普遍规则,他仍然最为关心的是正常状态之下的普遍正义或一般原则。与柏拉图相比,亚里士多德对自然正当的基本态度回避了绝对主义,他只是有意削去了柏拉图之自然正当的尖锋,把此隐藏于具体情势的相对主义之中。

在施特劳斯看来,亚里士多德只不过是看起来否定了独立自存的自然正当,但他仍然内在地把普遍有效的行动准则看作是一种关涉众多目的的等级序列,依据此种等级序列,人们可以在不同的具体情势之中做出种种迥异的、甚至可能相互冲突的但同时却又各自公正的具体裁决。对于哲人来说,重要的不是专注于做出具体的裁决,而是将目光转向目的等级本身。通过施特劳斯对亚里士多德的自然正当所做出的调适性解释可以发现,古典自然正当的纯正高洁已经开始被有意地用较低层次的、具有相对意味的具体情势所中和,柏拉图那里具有独立自存特质的自然正当开始与城邦政治发生了直接的对接。

二、绅士的培育

在施特劳斯看来,由现代性所引导的现代民主制之异于古典民主制的核心差别在于:古典语境之中,平民只是那些没有足够条件实现其自然的人,但他们如同绅士一样同样地具有实现其自然的资质,自由教育就在于使这些平民自觉到其自然的使命和绅士的优异,因此,激发他们自愿地选举绅士作为他们的统治者并自觉服从绅士的统治。城邦之社会等级秩序并不是外在于平民的统治工具,毋宁说乃是内在契合于平民之灵魂自然的必需引导,是平民实现其灵魂自然的绝佳助益。但是,现代的民主制抽空了自由和责任的古典内涵,责任被视为能够承担所做之事的后果,古典语境中基于人之自然而生发的城邦责任或公共责任的内涵荡然无存;同时自由被视为随心所欲和自我决定,自由不再是基于对人之自然的自觉而自我实现,而成为个体不受外来无端干涉地追逐自身之欲望满足的权利。于是,在施特劳斯看来,现代民主制其实质只不过是民众选举能够保障和实现其利益和欲望的代理人的可行程序而已。现代共和理论"源自于每一个人想改善自身物质条件的愿望",其"首先肯定所有人生而平等,进而引向主权在民的主张,以保证每一个的自然权利"。① 令施特劳斯所不能接受的是,现代民主制存在着致命的病症:一方面要求建立起对能够对人民负责任的政府,另一方面人民却是不负责任的个体,而且对人民还不能强加以任何的责任,否则就被视为是对其自由的侵犯。实际上,为数众多的现代政治哲人也意识到了民主制的这种病症,他们隐含地指出民主制之健康运行离不开作为美德的公共责任和自然自由。如果说现代早期人们尚还能够依凭宗教教育把对上帝的责任加之于人,那么随后的思想家所能依凭的资源就只有自然法为人赋

---

① LAM,15.

之以公共的责任,诸如洛克对获得良好教育的绅士寄以厚望,汉密尔顿把重任交付于知识阶层,伯克则把律师看作是神圣正义权利的掌管者,而密尔则强调应当在公共机构中把那些具有公共精神的知识分子任命为中高级官员。这些绅士、律师以及知识阶层之所以被思想家们视作为民主制之恰当的看护人,在于这些阶层自觉到了关于人的自然法、并由此产生了公共的责任,而诸如工人、商人等普通大众因其各有的特殊利益则根本无暇顾及社会的总体利益,因此根本不适合作为人民的代表。施特劳斯所由以哀伤的是,随着现代性的充分展开,现代民主制之下针对普通民众的宗教教育和针对人民代表的自由教育都已严重退化,现代性的产生不仅使上帝死了,而且现代性的推进还消解了自然法,这就使得从根本上培育人生之自然责任和政治的公共责任成为了不可能,因为所有的责任都扎根于个体的私利之上。现代民主制"真正的秘密之所不是家里,而是投票站;我们可以说投票站是众家之家,是主权之椅,是秘密之地。[但是]主权者由个体组成,而这些个体却不承担任何责任,也无法被要求承担任何责任;不负责任的个体。这并不是自由民主制的初衷。其初衷是,这种享有主权的个体是尽职尽责的个体,是本着自己良心自我约束和自我引导的个体"。①

施特劳斯把现代民主制如此种种归因于现代哲学对古典哲学的偏离。现代性语境之下"哲学被认为是基本上服务于全人类力所能及的目标",或者"哲学的目的"被等同于"全人类力所能及的目标",其存在"是为了服务人类,使人类更长寿、更健康和更富裕",古典意义上"对永恒事物的质朴的思考"这一内涵荡然无存,②哲学成为了"科学"甚至"技术",它与美德、智慧全然无涉。这就是哲学的政治化。古典语境之下唯有极少数之人才有资格以哲学为务,经济的普遍匮乏限制了人人成为哲人;而在现代语境之下人类的阶层被取消了,人人平等地面向哲学,经济的富足使得人人都有可能成为哲人。为了实现普遍的富足,现代社会找到了科学技术这一有力的工具,

---

① PSM,8 - 9.

② LAM,20.

启蒙所要完成的重要任务就是传播和普及新科学,这就是现代新型教育的核心。新型教育已经全然无涉对人之自然的体悟和人之德性的培育,而转化成接受科学的观念、学习科学的知识、掌握科学的技能,其目的在于提高个体获取富足的能力,增加个体进行财富积累的机会。人之自然的差别在现代性之下全然无关紧要,只要能够接受普遍的科学教育全无天赋之人也能获取现世的幸福。现代性通过科学技术的启蒙"把人们对来世幸福的关切转化成为了今世的快乐和工作的动力",新型的教育强化了人们追求快乐的动机,未来的幸福变得既可预想又可预期。在科学技术的辅助之下,商业贸易普遍地发展起来,它为社会整体的富足提供了保障。施特劳斯所深感痛惜的是,"曾经,美德本身是值得追求的,现代,美德只是一种工具:诚实别无用处,它只不过是最好的策略,这种策略最有利于便利的生活和舒适的自我保护"。① 我们无需关注道德本身以及灵魂之善,而只用关心自我利益的精打细算以及各种制度的优化设计和良性运行。

施特劳斯所揭示出来的现代性逻辑发人深省,在他看来,物质的极大富足使得现代人自认为觉醒了。现代人想当然地认为,古典政治哲人之所以强行划分人之内在灵魂的等级秩序,并从而以此判定人之外在社会的等级秩序,其根本原因在于这些政治哲人发现物质的普遍匮乏无法使每个人都能够实现其自由,于是他们才把人们分为三六九等,并把自由之特权仅分配给其中极少之人来享用。因此,古典政治哲人所极力推崇的贵族制完完全全是伪善之物。现在,人们发现了问题的关键之所在,他们破除了传统伪善的面纱,首先需要确定人人生而平等,每一个体都拥有同样的自然权利,其次,需要找到能够获取普遍富裕的有力武器。只要能够满足这两个条件,社会人类就将迎来最后的社会正义。现代人成功了:其一,他们普及了现代自然权利观念,也就是说每一个体都配享自由,这是现代社会的观念基础;其二,他们找到了实现工具,这就是古典政治哲人所据为己有、私密传承以维护其贵族身份的"哲学",也就是作为科学的哲学,哲学的科学化是现代政

① LAM,21.

治哲人所要完成的重要任务。就前者而言,现代自然权利观念的深入人心使得权力不再成为君主的专利,而是被交付给每一个体,芸芸众生发自其最为本身欲望的力量不可小觑,他们形成了巨浪洪流,席卷一切,顺之者昌、逆之者亡。在现代语境之下,人之为人乃是人格之存在,"善"就意味对此人格之存在的承认;人格之存在以及承认之善与教育无关,其平等地为所有个体所享有和担负,或许没有受过教育的人甚至比受教育的人更有优势,因为专业的知识可能为妨碍常识的良知。现代民主制正是建立在这种自然权利观念之上。就后者而言,虽然民众并不必然地要依赖作为科学家的哲人,但民众掌权的社会要想存续下去并兴旺发达就离不开这些"哲学科学家",于是哲人就和民众实现了利益的联合。现代语境之下,作为科学的哲学获取了统治地位,"科学是我们时代获得普遍承认的唯一权威",①现代新型的教育纵然是由哲学科学家所实施,但其实是以传授自然权利观念(意即民主思潮)和技术知识(意即科学思潮)为务,这不是任何意义上的自由教育(或宗教教育),它全然无涉古典语境之中的人生之目的。"由于科学不能证明这些目的的正当性,它在实践中就不得不满足于顾客追求的目标,也就是科学家所在的社会追求的目标,在很多情况下,科学的顾客就是大众。"②于是,一方面掌握所谓科学知识的各种技术人员对大众的需要必须有求必应,无论大众的需要是高层次的口味还是低层次的口味,一方面大众却是汲汲于自身私利的动物,他们不会对任何他人和事项负责任。现代新型教育用专业训练取代道德培育,其愈加推进也就造就愈来愈多的狭隘和偏执,"科学教育面临的危险是,它不再使人类变得广博和深邃",同时,也使得"人类的卓越或美德不再被视为人本性所向或爱欲所求的完美本性"。③ 我们可以把此称之为政治的哲学化。

---

① LAM,23.
② LAM,23.
③ LAM,24.

三、实施自由教育

正是因为现代性所引导的现代民主制的种种失真,使得施特劳斯引入了他所谓的"自由教育"。自由教育致力于塑造完美的品格,意在唤醒个人自身的卓越和伟大的气质,这就是"绅士的培育"。这在施特劳斯看来绅士的培育最佳的进路是通过献身于以美德和幸福为终极旨归的哲学事业。真正的哲人最为真诚地追求"最为重要、最高层次和最为广泛的事物的知识",意即美德和幸福,他们"拥有人类智力所能及的所有和最高层次的卓越品质"。施特劳斯自谦地说,虽然我们不可能成为哲人,但我们仍然可以热爱哲学,或尝试像哲人一样进行哲学思考,唯有如此才能不断地接近最高的美德和幸福。令施特劳斯感到欣慰的是,虽然真正的哲人可遇不可求,或者往圣先贤已然逝去,我们不能当面聆听其教诲,但他们留下了最伟大的著作,我们可以选择阅读伟大的著作以求"安身立命"。自由教育的实质就在于通过阅读往圣先贤的著作与最伟大的思想进行交流,使我们"与知识分子及其敌人喧嚣、浮躁、轻率和低劣的浮华世界彻底决裂",从庸俗的大众文化中解放出来,去真诚地体验美好的事物。自由教育引导我们去领悟"思想的高贵",意即领悟"人类尊严的真正基础以及世界的善"。①

自由教育之所以必要,依据施特劳斯的理解,它能够即便不说是彻底至少能够部分地矫正失真的现代民主制。首先,现代性所预设的"普遍富裕当作是永久和平的充要条件"这一判断是对人性的片面理解。人类之所以存在冲突争论并不仅仅是因为物质的匮乏,人之存在的独特性在于它是观念性的存在或意义性的存在,倘若我们不能在最根本的观念或最为重要的意义之上达成一致,找到自然的正当,冲突和争论就不能彻底地消除。把普遍富裕当作是永久和平的充要条件,其实质是试图把人性简单地界定在物质的满足之上,这且不说是对人性之高贵潜质的否定,单就人性所展示的实际情况来看也是严重的不符合现实。因此,如此的前提预设根本就是肤浅的。

---

① LAM,7.

其次,人之自然天赋的差异被普遍地漠视,而人之社会等级只不过是欺骗民众的伎俩,这也被施特劳斯所质疑。平等人格之承认并不能取代人之自然差别,实际上,人之自然差别有着异乎寻常的重要性,对之承认并尊重既是个体实现其灵魂正义的关键也是社会实现其总体正义的关键。撇开古典的意蕴不说,单就现代性自身的逻辑来讲如此之论最终将会从内部破坏现代性理论自身的圆融性,因为取消或漠视人之自然差别其中就蕴涵着"不宽容",它意味着就人之自然来看人人都应遵循相同的标准或规则去行动,这很显然与现代民主之宽容价值并不相容;同时,在取消或漠视人之自然差别的前提下实施专业教育其正当性就值得怀疑,专业教育从根本上就不是对人之自然天赋的培植,而变成了对人之自然天赋的规定和限制,其结果只能导致人们更多的褊狭。其三,把权力交付于民众未必就是好事。在施特劳斯看来,民众是深深受制于自身欲望的多数人,而欲望本身并不具有善恶之道德属性,那么掌握权力的民众就既可能为恶也为善,因民众数量巨大,固然有可能创造更为巨大的辉煌,但也有可能制造更为巨大的灾难。从人之终极旨归上看必将是虚无。最后,现代社会民众不仅掌握了权力,而且由于哲学的政治化使得这一权力得到了最大程度的强化。在施特劳斯看来这才是真正使人感到不安的、也的确是导致现代性危机的关键。政治化的哲学逐渐远离对最为重要的事物的真理的追问,在 17 世纪之后越来越呈现出科学化的倾向,经过科学化的哲学已不再与智慧有任何本质的联系,毫无顾忌的哲学之爱欲与毫无顾忌的民众之物欲相结合,哲人与民众形成了天然的利益联盟,技术官僚与民主思潮宰制了现代社会的方方面面,自然意义上的善恶是非荡然无存,整体性的危机也就无可避免。

自由教育能够对由现代性所引导的现代民主制进行失真校正,是通过培养参照哲学但实面向政治的"绅士"而实现的。在施特劳斯的语境之内,绅士是一个古典意义的称谓,意指具有古典责任品质和古典自由品质的最为热心公益之人。"责任"意味着他们的品德高尚,具有良知,作风正派;"自由"意味着他们不为生计所困、真正地拥有闲暇的生活,能够实现其自我。如同哲人一样,绅士最为根本的特质在于他们"关心最为重要的问题,关心那些本身值得严肃对待的事物"。① 但与哲人追求纯粹的、绝对的灵魂之自然秩序不同,绅士面向政治,除却灵魂的自然秩序外还关注城邦的良好秩序。就哲学追求绝对和永恒的目标、而政治则关注相对和当下的目标而言,"哲学当然是超越政治的",② 但纯粹的哲学是远离人间而朝向自然,因此,完全以求知为务的哲人必然要对人间的悲欢离合保持冷面冷心,或许可以说毫无对人类之慈悲心乃是哲人之为哲人的必要条件。哲人唯有向人间下降才能为他那颗冰冷的心注入丝丝的人间温情,哲学唯有面向政治才能消除其一味求知的戾气,才能削平其纯然理性的尖刻,也才能化解其漠然探求的冷峻。以哲学为参照的自由教育和绅士培育,力图使人们能够起心去关注人之自然,并依人之自然安排城邦秩序,从而内外相辅实现人之高贵。因此,依据施特劳斯的意图,自由教育不仅最终使得人们把其关注点转移到灵魂的自然秩序之上,而且由此更为重要的是把其关注点转移到城邦的良好秩序之上。自由教育是试图把智慧和节制重新结合起来的尝试,其意在培养兼具智慧与节制两种美德的绅士,一方面使人们在对智慧追求的同时能够保持对精良的宪法或者宪政事业的绝对忠诚,一方面又可以防止人们对现实政治持有不切实际的幻想和对政治表现出弱者的轻蔑。

施特劳斯又进一步把阅读伟大思想家所遗留下来的伟大著作作为实施自由教育的恰当途径。自由教育首先被施特劳斯看作是以文化教养为目的的教育,它以"有文化修养的人"为其成品形式。"有文化修养"意指尽可能地接近那些伟大的思想家——且不说成为伟大的思想家,也就是尽可能地接近人之根本处境问题。因为伟大的思想家本人乃是可遇不可求的,所以就只能通过阅读他们所遗留下来的传世经典著作来返观正视我们的根本处境。在施特劳斯看来,至少存在两种类型的人:其一是教而觉知者,其二是不教而觉知者。伟大的思想家乃是不教而觉知者,他们是人类的精神导师,他们所留存下来的伟大作品提示着接近人之根本处境问题的路径。自由教

---

① LAM,10.
② LAM,13.

育的核心要义在于潜心且虔诚地阅读传世的经典著作、复返人类的根本处境。在施特劳斯的语境之中,正是对人类根本处境的集体遗忘,才使得整个时代失去了正确生活的航向,陷入深深的虚无之中。由于那些最伟大的思想家始终对人类之根本处境保持着清醒的觉知,因此,现代性危机的根本化解之道就在于通过阅读最伟大思想家所留存下来的经典著作唤醒时代,从而为"我们应当如何生活"提供最为根本也最为坚定的自然正当,从此不再摇曳飘荡。① 自由教育得以成功实施的必要条件之一是受教育者是否具备谦逊、甚至谦卑的资质。谦逊或谦卑的态度根源于自己对自己作为人的责任或职责的自觉、充分的认识,而不是根源于对自己的重要性的评价。施特劳斯所说的"人生责任"并不是现代通常所谓的对自己行为选择后果的承担,而是指人之作为人的"义务"或"美德"。这一义务或美德是指成为"绅士",自由教育意在唤起对绅士生活的美好憧憬。绅士不仅"拥有自己的生命",而且拥有"属于自己的时间",他们不为财富所困扰,而是关心最为重要的问题,关心本身值得严肃对待的事物,关心灵魂和城邦的良好秩序,这就是"政治和哲学"。唯有献身于政治和哲学,才是人之作为人的责任,它们使个人成为完整的自我。可以把施特劳斯对现代性危机的终极解答概括为这样一句话:现代性危机从其根本上来说是哲学的爱欲偏执与民众的物欲正当相结合,从而引发了人类在其最根本、最重要问题之上的集体遗忘;因此,唯有通过实现哲人的绅士化,向爱欲偏执中注入温情的现实关怀,才能既真正地确立生活的终极意义,从而将引导人类从物欲的正当迈向自然的正当,又能有效防止因哲学对爱欲的偏执而伤害人类生活的良善真确。

不过,施特劳斯很清楚的是,由于现实的条件所限,多数的平民并不能获得足够的教育使其天性之中所蕴含的成为绅士的资质得到培植壮大。因此,施特劳斯实际上就把自由教育的对象限定在那些既具有资质又有相应条件的社会成员之上。既然"富有而出生高贵的人必然是少数,大多数人都

① 不过,施特劳斯却对这一化解之道保持着怀疑态度,因为此化解之道的一个前提是,除却最伟大的思想家之外,其他的人类都是"教而觉知者"。情况果真是这样吗? 显然,施特劳斯并没有给予肯定的回答,这也是施特劳斯遭人诟病的原因之一。

是贫寒而低微的"，①那么"我们[也就]决不能期望自由教育会被普遍地施行"。② 现代民主制所倡导的没有灵魂的自由虽然使得社会陷于普遍的平庸和贫乏，但是这种平等施予的民主在"给予了所有人以自由的同时，也给予了那些关心人类卓越的人以自由"，③它使得以绅士培育为目标的自由教育得以可能。虽然施特劳斯也寄希望于自由教育能够使得作为大众的平民能够接纳绅士的统治，但他对此并没有过多的奢望。虽然依据自然，经由自由教育而成为绅士的人应该成为那些未能接受自由教育而只能成为庸常之人的统治者，换句话说就是，"正义的社会就其最好的形式乃是绅士凭其自身的正确而进行的统治"，④平民理应把那些绅士选举出来作为他们的统治者并安于受其统治，但绅士对平民的关注并非基于平民之权利，而是基于人类之自然。因此在正义的社会之中，绅士没有义务也没有必要对平民负责，他们仅是出于自然而对城邦负责；相反，平民则既有义务也有必要把绅士选举出来作为其统治者。绅士的"自由"意在实现真正自然意义上的人生，因为真正的人生是完全地基于自然、面向自然、合乎自然的生活，其灵魂完全依照自然的秩序而展开，其行为完全由其内在的灵魂而生发。绅士的"责任"是一种纯粹基于自然的责任，正是因为其基于自然的责任而统治平民，他们对平民的统治是对平民最合自然的关心，因此，他们是真正意义上的品德高尚之士。

自由教育的成功与否在于我们能够从现代性的执迷中最终醒悟过来。因为庸常的观点必然对此自由教育提出如此的质疑：既然把自由教育定位成聆听伟大的思想家的教诲以成就自身为有文化修养的人，这里且不说那些伟大的思想家就人类之根本处境问题其内部就充满了争执与分歧，而且文化本身也存在着诸多的类型样态，究竟哪个思想家能被认作是真正的学习对象，哪种文化应被视作我们所致力的理想类型呢？施特劳斯委婉地对

---

① LAM，11.
② LAM，25.
③ LAM，24.
④ LAM，11.

此进行了斥责,这种质疑根本上仍然是在现代性视域之内进行发问的,因为其蕴含的思想无非是说:1)或者根本就没有什么自然的正当,只有各个不同却又各个正确的诸般形式观点,所以,即便是最伟大的思想家之间也莫衷一是;或者我们普通大众面临人类根本处境之时即便不是高出思想家一等,也同样地拥有真知灼见。2)倘若一定要说存有某种理想的文化类型,那毫无疑问也就只能是西方文化,而非其他。施特劳斯为此所惋惜痛心:现代性的导师们破除了能够予人以信任的习俗权威传统,使我们完完全全相信主体自身的理性权威,从而使我们成为了绝对的裁决者而非聆听者;囿于如此的视域西方人已经无法看到其他文化类型中所存有的伟大思想,也使其不可能再知晓伟大的思想并非是与作为复数的特定文化、而是与作为单数的文化本身相联系的。如此的质疑所折射出来的恰恰正是现代性的典型特质:我们不再满足于做专注温顺的聆听者,而是被诱使去做指挥者或裁决者。① 实际上且不说如此作为存在着严重的缺陷(意即必然导致相对主义),但就如此作为本身是否正当就成问题:难道每个人都能胜任裁决者?

我们之所以很轻易地认定全凭个人之力就能获取前行之方向的正当,在施特劳斯看来这全然是现代民主制及其背后的大众文化所为。现代民主制被认为是完全"现实的",它迎合了"除了体育和幽默之外什么也不读的市民"的利益诉求,实际上这样的市民普遍地对选举冷漠,其公共精神贫乏,他们虽然人数众多但根本不适宜成为社会的中坚。现代民主制似乎已经使得所谓的人民大众成为了社会的中坚,但其实大众统治之表面下蕴藏着的是精英统治,精英为了能够牢牢地吸引大众,就需要不断地变换花样,唯有如此才能使得"无任何智力和道德努力可言、价格极为低廉且最平庸的能力就可以形成的"②大众文化保持活力。大众文化通过频繁变化的花样内在地诱着大众沉溺狂热,陷身浮华,使其相信如此的沉溺和陷身正是他们自己理性的选择,如此的狂热和浮华正是他们自己本然的需求。因此,建

---

① LAM,7.

② LAM,3.

立在如此大众文化之上的现代民主制其实只不过是如此大众文化的固化形态,它已经完全背离了民主制的原初含义。原初的民主制(或古典的民主制)意味着"普世皆贵族的贵族政治",其中所谓的贵族乃是指兼具智慧与美德的公民(亦即绅士);在此民主制下所有成人都拥有高度的美德,同时又有公共精神,愿意献身城邦的公益。施特劳斯之所以强调实施自由教育,就在于他把自由教育看作是破解大众文化、复返原初民主的必由之路:"自由教育是大众文化的解毒剂,它要对抗大众文化的腐朽,要纠正其固有的生产没有灵魂和洞察力的专家及没心没肺的酒色之徒的倾向","自由教育是我们从大众民主向原始意义的民主攀登的梯子;自由教育是在民主的大众社会里创造贵族政治必然要付出的努力;自由教育召唤着在大众民主社会中安歇仍然聆听人类伟大思想的成员"。①

---

① LAM,4.

第六章 现代性的再审视:启示亦或理性?

"什么是现代性?"施特劳斯在《进步还是回归?》一文中把以进步观念为引导的"整体"称之为现代性,他从西方文明的两重根,即圣经信仰与希腊哲学入手认为,现代性首先表现为现代的理性主义排斥圣经神学,代之以理神论、泛神论、无神论之类的东西,试图在排斥圣经信仰的同时保存圣经的道德;其次,现代性表现为用现代的哲学和科学观念取代传统的哲学或科学观念,并自视为绝对正确的解释系统。现代性的独特要素被施特劳斯归结为如下三个方面:其首要特征可以说是人类中心主义,这是和中古思想的神性中心性和古典思想的乾坤中心性相对应的;其次是用权利的优先性置换了义务的优先性,自由取代德性;最后是把人之自由交付于历史而不再交付于自然,历史的发现使得自然最终被弃置。① 在《现代性的三次浪潮》一文中,现代性的根本支撑观念被施特劳斯归结为"现代理性主义":"现代文化是特别理性主义的,相信理性的力量。"人类普遍相信仅依凭理性就可以实现其为自然立法的这一目的,并且在历史的展开过程中实现对命运的完全驯服,能够使人类之权利得到最终的和完满的实现。另一方面,倘若说在基督教的世界观之下,人类唯有保持对上帝的虔诚才能步入天堂,那么,现代性的观念则坚信仅凭人类自身的理性能力就可以在尘世创建天堂,与其向外求诸神不如向内求诸己:"现代性是一种世俗化了的圣经信仰;彼岸的圣经信仰已经彻底此岸化了;简单不过地说,不再希望天堂生活,而是凭借

---

① 施特劳斯:《进步还是回归?》,文载 RCPR,第311—317页。

纯粹人类的手段在尘世上建立天堂。"①

归纳施特劳斯在不同场合和不同时期对现代性的概括可以发现,理解现代性至少需要从两个视角切入:理性与启示冲突的视角,古典与现代论争的视角。前者提示读者注意,作为一整套的观念系统,现代性已经成为意识形态,它和启示信仰一样努力地争取大众,捕获政治,实现其宰制一切的雄心;后者则提示单纯在现代性的视域内是无法解答现代性的危机,需要丢弃进步观念而朝向古典实现回归,以汲取能够回应当下的思想资源。

第一节 耶雅冲突视域中的现代性

理性与启示的冲突被施特劳斯形象地称之为雅典与耶路撒冷的冲突,它所反映的是西方文明的两个根源,即希腊哲学和圣经之间的紧张关系,希腊哲学代表的是理性和哲学,圣经则表示启示信仰和宗教神学。在施特劳斯的语境中,现代性根源于理性和启示之紧张关系的破裂,从而形成了理性对启示的排斥和理性自身的尊大。在耶雅冲突视域中探析现代性理论,这也是施特劳斯试图把读者引向西方文明生发的根源之处,从而跳出现代性的限围来审视现代性的努力,同样也能成为我们把握施特劳斯思想的恰当入口,正如布鲁姆所指出的那样:"耶路撒冷与雅典之间深刻的对立,以及想要变更这种关系的现代企图——施特劳斯知道,这就是现代哲学隐秘的起点——构成了他持续不断沉思的唯一主题。"②

一、耶雅冲突的具体内涵

首先,施特劳斯语境中的"耶路撒冷"更偏向指代犹太教正统,而不是基督教信仰。"传统犹太教－哲学问题和耶路撒冷－雅典问题是同一个问

① 施特劳斯:《现代性的三次浪潮》,丁耘译,文载 PSM,第 33 页。
② 布鲁姆:《纪念施特劳斯(1973)》,朱振宇译,文载《施特劳斯与古典政治哲学》,第 16 页。

题"。① 犹太教的圣经文本是《旧约》,其正统观念把上帝的震怒置于上帝的仁慈之上,对其教众来说,首要之事是对摩西律法的践行而非虔诚的信仰。施特劳斯基本上把犹太教看作是"政治性的":"伊斯兰和犹太哲学家的思考表明,首先需要关注的不是一个信条或一套教义,而是一种社会秩序;这套社会秩序不仅规约行为,而且把思想或观念也涵摄在内。"② 这种政治性的犹太教正统并没有给予教徒以自由空间,它所要求的无非是教众对犹太律法的顺从和践行。因此,犹太教社会毫无疑问地是颇具封闭性、甚至专制性的共同体,完美的政治生活被视作为是遵从律法的生活,这种律法生活是以上帝绝对的威严和教徒的绝对信从为先导的。正因为如此,施特劳斯认为犹太律法宗教更为接近古典政治哲学而非基督教,犹太教只不过是用先知取代了哲人,用先知的立法取代了哲人王的统治,其中政教高度合一,甚至在柏拉图那里哲人为了实现更好的统治可以采用"高贵的谎言",而在犹太教这里为了教众对律法的顺从践行而引入各种奇迹。在犹太教这里,哲学被律法所涵摄或排斥,其原因在于哲学所标明的生活方式与律法生活是截然不同的,哲思生活的勇往直前必将威胁到律法生活的封闭秩序,所以在政治层面不认可哲学从而绝对地加以排除,或者使其被保留在极小范围之内成为纯粹私人的事务。③ 犹太教正统把拯救的期望寄托于末日审判,而在基督教则认为弥赛亚已经降临,二者的根本区别在于着眼于未来还是着眼于当下。基督教依托的圣经文本是《新约》,把信徒得救的关键看作是否坚信"耶稣就是基督",因此信仰就被置于律法之前,上帝的仁慈高于上帝的威严。为了能够有效地进行信仰的论证,基督教接纳了哲学,于是哲学不再作为生活方式而被视作为有效的论证工具。在这一点上,虽然犹太教极力地排斥哲学,但却从完整性上保持了哲学的原初样态,即作为生活方式这一特质。这也就是施特劳斯不断强调的基督教与现代性的内在一致之处:

① Leo Strauss. Jewish Philosophy and the Crisis of Modernity. Edited with an Introduction by Kenneth Hart Green. Albany:State University of New York Press,1997. p.427.
② Ibid. p.419.
③ Ibid. pp.426 – 428.

"我并未否认而是坚持认为,现代哲学本质上与基督教 – 中世纪哲学是一致的",这就是哲学的工具化:在中世纪,哲学被视为神学信仰论战的工具,而在现代,哲学成为论证政治国家的工具。所以,有学者在谈及施特劳斯思想时就认为施特劳斯实际上把基督教看作是现代性的预演。[1]

"雅典"在施特劳斯的语境之内指的是作为生活方式的哲学:"哲学不意味着——这是关键之处——一套命题、一种教义,甚或一个体系,而是一种生活方式,一种为特殊的激情所激发着的生活。"[2]这就是施特劳斯所概括的苏格拉底 – 柏拉图意义上的政治哲学。这与作为体系的哲学,意即亚里士多德哲学有着实质性的差异。作为生活方式的哲学,其首要关注的是探寻真正好的生活,而真正好的生活乃是道德的和政治的生活,或者说,是依赖或依托道德和政治的生活才能得以完成的生活。而作为体系的哲学,其首要关注的是"对存在者的观察和对存在的理解",因此纯粹沉思静观的生活才是真正好的生活。[3]

令施特劳斯为之深深痛惜的是,哲学最终未能抵制住其爱欲的诱惑,逐渐远离苏格拉底的谦逊——意即不可能掌握整全的知识,而只是不断地追求整全的知识——开始自负地认为可以获取最高的知识,占有终极的真理,并以此来实现对现实的范导。倘若说在犹太教正统那里哲学还能够为律法所涵摄并将其保持在特定的限度之内,那么基督教神学家则承接了亚里士多德对哲学的使用。亚里士多德认为哲学的探求最终能够获取最高存在的知识,这就为哲学论证上帝信仰开辟了道路,哲学开始丧失其自由探索之本性,最终沦落为工具。作为工具的哲学全然无涉目的之正当与否,它的锐意进取不再以真正好的生活为指向,失去道德 – 政治约制的哲学因其锐意进取、无所顾忌势必将破坏道德 – 政治的生活。这就是现代性的根本缘由之

---

① 佩鲁肯:《施特劳斯与基督教》程宇译,文载《施特劳斯与现代性危机》,第230—255页。

② 施特劳斯:《神学与哲学的相互影响》,林国荣译,文载《信仰与政治哲学——施特劳斯与沃格林通信集》,华东师范大学出版社2007年版,第307页。

③ 施特劳斯:《神学与哲学的相互影响》,林国荣译,文载《信仰与政治哲学——施特劳斯与沃格林通信集》,华东师范大学出版社2007年版,第143—145页。

所在。在施特劳斯看来,耶路撒冷和雅典之间的根本冲突在于哲人全然"超越了神法的维度,超越了整个虔诚的维度和对预先给定的法规的虔诚的遵从",全然无视《圣经》作为特定部族之特定法规的神圣性和先在性,以理性的沉思和自由的探寻破坏了人们对上帝全能的信仰,启示律法不再成为所有行动正当性的起点,而成为所有沉思起步而必须先行突破的对象,"希腊哲学断言沉思和言语的优先,而圣经则断言行动的优先"。①

耶路撒冷和雅典的冲突其关键之点不在于是不是需要真正好的生活,而在于对真正好的生活的理解上存在差异。施特劳斯认为,古典政治哲人把真正好的生活看作是经由理性自由探寻之后所确定下来的生活,而犹太正统则把真正好的生活看作是在上帝权威统治之下的顺从生活,启示律法是不容对之加以思索或质疑的行动前提。就此来说,施特劳斯并不认为理性与启示能够互相取代,因为两者在追求真正好的生活方面具有同等的价值位阶,都属于第一性的东西,期望用理性来取代启示,或用启示来取代理性实际上都是不可能的。就此来说,理性和启示就其各自立场来说所发起的对对方的驳斥实际上都是自身狂妄的表现:"哲学绝无可能驳倒启示","启示和神学同样从未驳倒过哲学","所有宣称对启示的拒斥都预设了对启示的不信,所有宣称对哲学的拒斥也已预设了对启示的信仰"。②

二、耶雅冲突与现代性的实质

哲学家和神学家共同地面向"智慧"和"正义",双方存在的冲突在于以何种途径接近智慧和正义。施特劳斯直言到:"一个完全正直的人,人类能够做得到的正直的人,依苏格拉底之所见,将会是哲学家,在众先知看来,则将会是上帝的忠实仆人。"耶路撒冷的路径认为唯有听从和忠实于上帝才能获致智慧和正义,而雅典的路径则把智慧和正义的获致交付于自由的理性

① Leo Strauss. Jewish Philosophy and the Crisis of Modernity. Edited with an Introduction by Kenneth Hart Green. Albany: State University of New York Press, 1997. p. 394.

② 施特劳斯:《神学与哲学的相互影响》,林国荣译,文载《信仰与政治哲学——施特劳斯与沃格林通信集》,华东师范大学出版社 2007 年版,第 318 页。

追问。依据《旧约》,智慧开启于对上帝威严的敬畏,而依据古典哲人,智慧则开启于好奇和追问。耶路撒冷和雅典冲突不在于"何种正义",而在于"如何正义"。施特劳斯还详细列举了圣经和希腊哲学所具有的诸多共同之处:"它们都关注道德的重要性,关注道德的内容,关注道德的根本不足";"都同意将最高地位赋予诸德性中的正义……二者都将正义首先理解为服从律法……不仅应该绝对服从民法、刑法、宪法,还应该绝对服从道德、宗教方面的律法";"圣经和希腊哲学共同的立足点是神性律法问题"。① 但"如何正义"极易与"何种正义"相捆绑,于是,冲突看起来似乎是因双方都想实现对正义本身的独占而发生的绝对排他性论争。但实际上,一旦我们清楚地看到双方的冲突只不过是围绕着"如何正义"展开的,而不是在"何种正义"层面上展开,那么我们就能够看到,正是因为双方的冲突才使得西方的文明呈现出勃勃的生机,获取了不竭的动力,这就是"西方文明勃勃生机的秘密之所在"。②

理性与启示的这种张力一旦被打破,就会阻断西方文明前行的源头活水,从而使西方文明失去继续前行的动力。这种张力的第一次破坏发生在中世纪基督教神学当中,"在基督教的中世纪,哲学肯定已经被剥夺了其作为生活方式的特性,仅仅成为一个非常重要的组成部分",③于是基督教就开始丧失其活力,日益陷入停滞繁琐,这就是所谓"黑暗的中世纪"之说法的由来。

现代哲学从此黑暗中惊醒过来,借助理性启蒙发动了声势浩大的一场对启示信仰的批判,意在把真理从信仰的裹挟中解救出来,使智慧仅从理性所出,使正义只由人为建构。现代性崇信理性的力量,并尝试把现代的科学和哲学观念作为绝对的解释系统,创建完全属人的世界。在施特劳斯看来,现代性看似如此之全新举动实际上并无太多新鲜内容,它只不过是以否定启示的形式实现了对启示意图的肯定,现代性只不过是基督教信仰的世俗

---

① 施特劳斯:《进步还是回归?》,郭振华译,文载 RCPR,第 318—321 页。
② 施特劳斯:《进步还是回归?》,郭振华译,文载 RCPR,第 305 页。
③ 施特劳斯:《进步还是回归?》,郭振华译,文载 RCPR,第 305 页。

化形式:"按照一种相当通行的看法,现代性是一种世俗化了的圣经信仰:彼岸的圣经信仰已经彻底此岸化了。简单不过地说,不再希望天堂生活,而是凭借纯粹的人类手段在尘世上建立天堂。"①"现代理性主义排斥圣经神学,代之以理神论、泛神论、无神论之类的东西,但在这一过程中,圣经道德在某种意义上得到了保存;人们仍然相信,善好包括诸如正义、仁慈、爱或宽厚之类的东西。"②现代性只不过是用理性论证的方式延续了保留在圣经信仰之中的思想、感受和习惯。就此来说,现代性与基督教在相信"天堂的生活"可以获致这一点上并无二致,基督教只是一味取用信仰之力而把理性贬为纯粹的工具,而现代性则认为需要完全排除启示因素、仅仰赖理性就可以达成目标。与古典哲人和中古先知的温良中道不同,现代哲人如同神学家们一样都丢弃了中道,固执一端,任意而为。现代性的危机如同基督教的危机,都是人类之偏狭狂妄的产物。当现代哲人自信取得了对信仰的绝对胜利之时,殊不知就如同神学家们宣称已经完全制服了理性一样的盲目无知,现代性的实质就在于意图用理性打破耶雅之间的张力平衡,彻底杜绝启示信仰,用理性来宰制一切。现代性的危机在于人们发现原先对之信心满满的理性并不是万能的,现代人不再相信通过理性就能够建构起永久的和平,实现终极的正义,甚至通过理性根本就无法给予人类以尘世的家园之感。现代性危机的根本表现就是,"现代西方人再也不知道想要什么——再也不相信自己能够知道什么是好的,什么是坏的;什么是对的,什么是错的。"③因为理性与启示的张力平衡已然被打破,因为无所凭借,人们已然失去了跳出问题来看待问题的能力。

第二节 古今之争视域中的现代性

耶雅冲突本身就表明不能试图通过调和理性和启示以达成问题的解

---

① 贺照田编:《西方现代性的曲折与展开》,吉林人民出版社2002年出版,第87页。
② 施特劳斯:《进步还是回归?》,郭振华译,文载PCPR,第318—321页。
③ 施特劳斯:《现代性的三次浪潮》丁耘译,文载PSM,第32页。

决,施特劳斯也很清楚必须在理性和启示之间做出选择:"一个人不可能同时接受两种不同而又有同等权威的准则作为行动的指南。认可信仰生活的至上性,或虔诚地响应神的启示,就必然要破坏本来意义的哲学,或取消由哲学家和非哲学家构成的自然秩序,而代之以基于真正的信仰者同非信仰者之更根本区别的超自然秩序。"施特劳斯最终的行动表明他选择了雅典,现代性危机的真正解答不在于复归宗教而在于复归古典政治哲学。首先,因为基督教与现代性共同分享着"一项人道计划","这项人道计划有助于解释现代版的自然正当的特征:二者都高扬个体的自由";①因此,返回基督教不但不能解答现代性的危机,甚至还有可能深化这一危机。其次,犹太教正统所倡导的是律法生活,这种生活乃是基于对上帝威权的绝对顺从为其不可触碰之前提的,律法的生活是上帝给人类所预先安排的、必须无可置疑地遵从的生活。由于律法生活并没有给自由理性留下足够的空间,虽然中古哲人在启示的夹缝中保留了作为生活方式的哲学的古典意蕴,但其仍然面临着律法生活种种挤压、迫害的危险。因此,施特劳斯虽然极力强调启示与理性的张力对西方文明的重要源泉性作用,但他却没有选择犹太教正统的启示律法生活。无论是犹太教还是基督教都是面向来世,关注彼岸幸福,似乎也不大可能与世俗的政治社会进行无缝的衔接。最终,施特劳斯选择的是"理性",但这里需要辨明的是施特劳斯所选择的理性是"古典的政治理性"而非"现代的技术理性",这也就是作为生活方式的哲学。

一、古今之争的理性主义内涵

在施特劳斯的语境之中,古今之争虽然是开始于十七世纪法国喜剧与古典戏剧之间在文学上的比较,但绝不应仅止于此,还应该推进至哲学层面或科学层面上来看待,在此层面上古今之争的核心是要辨明现代技术理性与古典政治理性的差异。虽然古典政治理性和现代技术理性所面对的理性

---

① 佩鲁肯:《施特劳斯与基督教》,文载《施特劳斯与现代性危机》,华东师范大学出版社2010年版,第231页。

乃是同一个理性,但施特劳斯又不同于尼采把现代性归结为现代理性主义承继、推进古典理性主义的结果,他把现代性归结为是现代理性主义彻底背叛古典理性主义的结果。因此,化解现代性危机的关键就不在于否定理性主义本身,而在于如何跳出现代的理性主义而重新焕发古典的理性主义。

理性的自负是现代性充满乐观态度的内在支撑。现代的理性主义是以自然科学研究方法为其范式的技术理性,其必要条件是"道德的迟钝",①意即倡导价值中立或排斥价值,强调以实证的方法实现对事物的精确描述。这种理性主义预设了理性在每一个体之上均衡地分布,每一个体都平等地共享着理性,"人们变得相信完全理性的社会的可能,也就是说,相信一个社会中每一成员必须具有完全的理性,以至所有的人都能相互友爱",②理性的平等被视作为建构正义政治的充分且必要条件。理性本身即由人类自身所出,于是所有的价值和意义都将归为人类之创造,也将为人类所享有;于是所谓的启示信仰就被视作为纯粹是人类的一种偏见,在现代启蒙视域内绝无其所存留的空间。正如唐格维所指出的那样:就启蒙的理性来看,"启示宗教就是偏见本身,所谓的自由就是将[人类]自身从宗教中解放出来的自由。"③施特劳斯把现代理性主义的基本特质称之为"知性真诚",认为这是现代政治哲人标准的表现风格和写作方式,真诚的知性被知识分子接纳为社会的良心,保持知性的真诚也就被当作知识分子作为社会良心的根本特质。现代政治哲人相信唯有清晰明确地直言不讳才能达到启蒙的效果,才能真正地改造黑暗世界,践行政治实践。因此,他们就特别地崇尚表达的勇气和言论的自由,崇尚显白教诲而摒弃隐微教诲。这种知性的真诚所反映出来的是,在现代理性主义这里,"求真"才是第一要务,"求善"是次等重要之事,最高的美德是"说真话和说实话"。现代政治哲人都自觉地以

① 施特劳斯:《什么是政治哲学》。

② Leo Strauss. The city And Man. Chicago & London: The University of Chicago Press. 1964. p. 38.

③ 丹尼尔·唐格维:《列奥·施特劳斯思想传记》,林国荣译,吉林出版办集团 2011 年版,第 37 页。

启蒙大众为己任,积极地进行宗教的批判,传播科学的知识和理性的观念。施特劳斯甚至把培根的"知识就是力量"解读为"知识传播就是力量"。

在施特劳斯看来,古典的理性主义首要的特质便是具有强烈的政治面向,这是现代理性主义所缺乏的。古典哲人知晓,一方面理性的锐意进取与城邦的现实有着多么的不合时宜,一意孤行于求真的爱欲势必会伤害到城邦的良善,因此就需要用政治的善来软化哲学的真,哲人的理性爱欲必须要限定在城邦所允许的范围之内;另一方面城邦的良善又确实需要人们要把目光从当下的欲望之上转向恒久的自然之上,获取其超越现实的维度,而这就需要哲人理性的引导,哲人理性的爱欲是呈现政治之自然的必需。因此,古典的理性主义蕴含着价值的维度,试图通过寻求自然的正当为城邦的正义提供绝对的判定善恶的标准,这与现代理性主义对价值的决然排斥有着根本的差异。其次,正如在柏拉图《国家篇》中巨匠用不同材质造人一样,古典理性主义并不认为人就其自然来说都是平等的,正义的城邦是立足于人的自然不平等而实现的通功易事、分工合作,当社会成员依其自然材质而各司其职、各负其责之时城邦的正义也才能最终显现出来。人之自然材质的差异,核心在于人之理性存在差异,正如个体之人唯有理性能够统摄其激情和欲望之时灵魂才得以和谐,城邦唯有使真正的哲人成为实际的政权掌握者才能实现政治的正义。正如灵魂之中理性无需为激情和欲望负责,在城邦之中哲人也无需对军人和民众负责,因为理性的统治本就是合乎自然的,哲人的统治也是完全依据自然的。在古典政治哲人看来,否定人之自然的不平等只会导致城邦的普遍平庸,因为真正通晓自然正当的哲人毕竟是少数之人,而最为多数的民众则依赖意见、遵从习俗而展开其生活,参与公共事务,哲人与民众的冲突必然会以民众的胜利为终结,苏格拉底之死即为明证。其三,古典政治理性主义就认为要想实现政治的正义、城邦的自然,哲人可利用民众依赖意见而生活的习性适当运用"高贵的谎言"来实现对民众的引导,因此古典理性主义并不必然排斥"启示信仰"。换句话说就是,哲人必然且必须依照理性而展开其生活,但民众却并不能够必然如此,而启示就其能够为达致终极价值和恒久自然而提供现实的效用来说和理性有异曲同工之妙,可以很好地施治于民。古典理性主义因其能够容纳理性和启示可以成为矫正现代理性主义的标杆。最后,施特劳斯判断,古典政治哲人深知哲学与政治在其根本追求之上所存在的差异,因此哲人要想实现对民众的引导,就必须"下降到城邦",以求善来软化求真并获取民众的认同。因此,对于古典政治哲人来说,审慎是美德。他们在其写作和言谈之时,往往采用显白教诲和隐微教诲两套方法,为了防止民众对其产生憎恶,城邦政治对其迫害,而把其真实的意图隐藏在显白教诲之中。民众只能接受经过包装过的真理,唯有哲人才能承受住真理所发出的耀眼光芒。对古人而言,温良、中庸、审慎都是基本的美德,而现代理性主义早已对之弃如敝屣,霍布斯在其《利维坦》中早已把审慎弃置在美德之外,因为审慎根本无法通过他所谓的几何学方法的验证。

二、古今之争与现代性的特质

施特劳斯并没有直言现代性的统一性,他是在古今之争的比较视域中来展示现代性所具有的统一性特质的:"现代性最具特色的东西便是多种多样,而且其中还变化频仍。[现代性的特质]其种类如此至多,以至于人们会怀疑,可否把现代性当作某个统一的东西来谈论。仅靠年代学无法建立有意义的统一性:也许有思想家处于现代时期却并不以现代的方式[进行]思想。那么,如何避免武断和主观呢? 我们将现代性理解为对前现代政治哲学的彻底变更——这个变更的结果乍看起来是对前现代政治哲学的拒绝。如果前现代政治哲学具有一个基本的统一性,具有它自己的体质形相,那么其对手现代政治哲学,至少会通过反映获得同样的清晰度。"①

通过古典理性主义所反映出来的现代性特质最为显著的便是"进步观念"。进步观念预设"开端就是野蛮、愚昧、原始、匮乏",总之是要加以改变或改进的,这就是为什么现代政治哲人在现代性初创阶段异口同声地认可"自然状态"这一术语,并以此为起点建构政治国家的原因之所在,自然状

---

① 施特劳斯:《现代性的三次浪潮》,丁耘译,文载 PSM,第 34 页。

态意即需要经过人力加工以改进的状态,无论是霍布斯的战争状态抑或是洛克的和平状态。"进步的人并不觉得自己已丧失了某种重要的东西,即便不说无比重要的东西;他[认为他所]丧失的只是枷锁。进步的人不会因为回忆过去而感到痛苦。回顾过去,他为自己[现在]的成就感到自豪;他确信现在高于过去。[但]他[又]不满足于现在;他期待未来的进步。他不仅希望或祈求更好的未来,[而且]他认为他能以自身的努力赢得这个未来。进步的人在某一个未来之中寻找完美,而这未来绝非开端,亦非开端的复还;于是,他完全朝向未来而生活。"①而在犹太教正统观念中,开端是绝对的完美,随后纷至沓来的便是背叛、堕落、罪恶,圣经所给予的救赎就是"复还",意即恢复至圆满,"犹太人的生活就是回忆的生活",②这种生活是面向开端的充满希望的生活。斯宾诺莎为了给现代性的进步观念开辟道路,直接斥责"犹太教,当然也包括圣经,是古代部落的一连串偏见和迷信",犹太民族要想在现代社会中解决其存在的正当性其必要的条件就是和这种朝向过去的宗教断绝关系,实现与犹太教的根本决裂。③

施特劳斯并没有斥责进步观念本身有什么问题,因为进步观念同样也是以某种纯然的善好或者目的的存在作为其先决条件的——这就是进步的目标,这与回归观念并不不同。施特劳斯认为存在的问题是:

第一,现代性把这种纯然的善好或者目的与知性的完美相勾连,这不仅意味着纯然的善好仅通过知性的方式即可获致,还意味着理智的进步乃是社会进步的必要条件(和另一个必要条件物质财富的极大富足结合起来就构成了充分条件)。施特劳斯对此却持怀疑态度:古典政治哲人首先并不把知性的方式看作是获致纯然善好的唯一依凭,而且纯然的善好能否最终获致本身就是不能确定的。更为重要的是,古典语境中理智的进步与社会的进步并没有理所当然的并行关系,因为理智求真,而社会求稳,两者所求根本就不是一回事。

---

① 施特劳斯:《进步还是回归?》,郭振华译,文载 RCPR,第 300 页。
② 施特劳斯:《进步还是回归?》,郭振华译,文载 RCPR,第 298 页。
③ 施特劳斯:《进步还是回归?》,郭振华译,文载 RCPR,第 301—302 页。

第二,现代性理所当然地认定理智的无限进步既在理论上是可能的,还在实践上也是可能的;既然理智的进步是必需的,那么也就有必要在现实中对之加以践行。施特劳斯指出,法国大革命中所发生的不断革命、持续革命、反复革命的种种暴行就是此种观念的显现。在古典语境之中,政治哲人对理智的进步却保持了必要清醒:理论上存有可能并不能等同于实践上也要如此,何况周期性的灾难会定期地破坏一切人力作为,是一切创制归零。所以,保持审慎和心存敬畏就是必需的美德。

第三,"进步"蕴含着开端不完美之意,这就意味着需要对之加以改变,于是"改变"就成为与"进步"经常性地相提并论的概念。在施特劳斯看来,这也就是现代性"改造世界"之雄心壮志的缘由。进步观念与人类征服自然的意图密不可分,意在使人使成为自然的主人和拥有者以便消除人们对财产的匮乏状态。① 从思想史角度来看,施特劳斯认为,西方的政治哲学自近代以来日益走火入魔,现代政治哲学拒绝古典政治哲学的自我认识——意即哲学只是认识世界,而意图按照哲学来改造世界,正如有的学者所指出的那样"其结果就是'哲学'不断批判不符合真理的'政治',导致的是'政治'的日益走火入魔(不断革命),以及'哲学'本身的日益走火入魔(即不断地批判)"。②

第四,现代性之所以对改造世界信心满满,源自于其自认为掌握了强有力的武器,这就是现代的哲学或现代的科学。启蒙的任务就是用理性拒斥启示,用科学破除迷信,唯有理性和科学被普遍地传播,广为世人所接受,持续的进步就能获取不竭的动力,改造世界就能轰轰烈烈地开展,现代人也才能够建立起理想的国度。而施特劳斯则认为,古典政治哲人对科学技术保持着高度的警惕,例如亚里士多德早就意识到"科学在本质上乃是理论性的,而将技术从道德和政治的控制之下解放出来,将会导致灾难性的后果","科学与艺术的溶合,再加上不受约束、漫无节制的技术进步,已经使

---

① 施特劳斯:《进步还是回归?》,郭振华译,文载 RCPR,第301—302 页。
② 甘阳:《政治哲人施特劳斯:古典保守主义政治哲学复兴》,文载 NRH,第59 页。

得普遍而持久的暴政的出现具有了严重的可能性"。① 所以,在古典时期,"科学或哲学专属于极少数的一群人,即他们所谓'具有优良本性'的人,或我们所谓'具有天赋'的人;他们的进步,即这些极少数的进步,并不必然——甚至根本不会——影响整个社会。"②在现代性的几次浪潮中,除却卢梭还对此保持了仅有了清醒之外,已经没有其他政治哲人具有古人的智慧了。现在科学技术的魔力充分释放出来,"我们都知道,新科学及其所衍生的技术取得了种种巨大的成就,我们也都能看到,人的力量得到了巨大的增长",与古人相比现代人看起来的确是巨人;但施特劳斯提醒,"智慧和善好却并没有取得相应的增进",甚至现代人都弄不清楚"现代人作为一个巨人究竟是比前人更好还是更坏",③更为令人担忧的是,现代人已经把好与坏、善与恶的区分排除在了科学之外,"技术的完善往往遮蔽基本问题",④专注于优良交通工具选择的现代人已经不知道究竟借助交通工具是要到哪里去。

古今之争视域中的现代性特质,在施特劳斯看来还有另外一个重要的表现,就是青年运动,"现代性的本质就是青年运动",其鼻祖就是马基雅维利。在《论李维》中,"马基雅维里向那些年轻人,那些少年心气、冲动和狂妄还未被自己的谨慎磨灭的人们,发出了激昂而克制的呼召。为了反抗权威、长者和古代,理性、青年和现代崛起了","在研读《论李维》的同时,我们见证而且不禁深有感触地见证了所有青年运动中最伟大者的诞生:现代哲学的诞生。"⑤现代性的重要特质就是质疑传统、反抗传统、打破传统,"因为年轻一代里那些有理智的人会对长辈让他们相信的东西有所不满,他们会强烈需要一个新的字眼来表达他们的渴求,考虑到无过无不及并非年轻人的德性,他们会要个极端的字眼",这就是"虚无主义"。虚无主义意即"一

① NRH,24.
② 施特劳斯:《进步还是回归?》,郭振华译,文载 RCPR,第 308 页。
③ 施特劳斯:《进步还是回归?》,郭振华译,文载 RCPR,第 311 页。
④ 施特劳斯:《德意志虚无主义》,丁耘译,文载 PSM,第 113 页。
⑤ 施特劳斯:《马基雅维利与古典文学》,彭磊译,文载 PSM,第 63 页。

种摧毁当今世界及其潜能的欲望，至于应该用什么来填补摧毁后的空虚，这种欲望并无什么清晰的概念"。① 现代性崇信"今胜于昔，后胜于今"的历史观念，在此强劲的历史观念推动下，现代性必然地具有一种不断地由青年反对老年，不断地由今天反对昨天的性格，从而现代性的本质就是"不断革命"，其内在的逻辑就是：新的就是好的，最新的就是最好的，因此青年必然胜于老年，而创新必然胜于守旧。②

现代理性主义赋予主体之理性以绝对的优先，主体之外的所有诉求都成为非自然正当的约束，它解除了古典理性主义要么由自然、要么由上帝给人所设的边界，但是当我们每一个体都仅依凭其自身的理性而行动之时，又如何建构起通整性的共同体呢？施特劳斯并没有认可以同意为原则的自由民主政体就是符合自然正当的制度选择，意见的汇编仍然是意见，无法转化成真理。现代理性主义用实证的、价值中立的政治科学取代了古典整全的、价值关涉的政治哲学，把政治决定交付给毫无心肝的纵欲之徒和睿智精明的专业人士并不能给人带来关于"何种正义"的有益教诲，而且这全然与本然的政治背道而驰，因为政治事务在其本质上就不会是中立的，它必然要求人们直面善好与正义这些根本的价值原则。现代理性主义所诉诸的理性所关注的则是如何算计才能实现自己的最大化利益，这与古典意义上的政治理性全然不同，它所关注的是"每个人都做依据自然适合他做的事情，每个人都接受依据自然对他好的东西，而非对他而言有吸引力或有快感的东西"，其所强调的是对他人的无我奉献，是纯粹的为他人服务或为整体服务。③ 换句话说就是，古典理性主义的理性乃是以德性为取向的，而现代理性主义的理性则是以功利为取向的。

---

① 施特劳斯：《德意志虚无主义》，丁耘译，文载 PSM，第　页。
② 甘阳：《政治哲人施特劳斯：古典保守主义政治哲学复兴》，文载 NRH，第 10 页。
③ 施特劳斯：《苏格拉底问题五讲》，丁耘译，文载 RPCR，第 225 页。

第七章 比较语境中的现代性

　　据卡琳内斯库的考证,"现代性"这一概念在学术史的视野中第一次出现是在 1672 年,意即"现今时代"。[①] 作为社会的特定类型或阶段,在 17 世纪的话语体系中,现代性意指从文艺复兴、特别是启蒙运动以来的社会组织状态和社会生活状态,与此种状态相关联的概念包括理性主义、科学主义、世俗化、商品化、非文本化、个体主义、主体主义、客观主义、普世主义、还原论、工业社会、同质化、一体化、异类杂成、多样化、民主化、集中化、位阶组织、科层制、世界的除魅、机械化、极权主义等。其中,"现代性"更多地是与工业化、现代化相提并论或等量齐观,它在把自然世界置于被人类改造的地位的同时,还把世界历史置于由人类建构的地位。正如吉登斯所说的那样:"现代性既是指人类对世界的一系列态度、关于世界向人类的干预行动完全开放的想法,也是指一系列复杂的经济、社会和政治制度。"[②]延展至 20 世纪,现代性问题已经成为文学、美学、政治、哲学等诸多领域所共同的话语资源,特别是两次世界大战对人类生活秩序所带来的直接破坏以及诸多类型的暴政所引发的对人性之尊贵的严重怀疑,使得西方社会普遍弥漫着斯宾格勒所谓的没落情绪,原来现代性的话语就被置换成了对现代性危机的讨论,17 – 19 世纪充盈在现代性话语中的乐观与自信逐渐由疑惑和迷茫所取代,在理性取代信仰并成为信仰之后,现代性所必然蕴含着的虚无危机日渐呈现,弥散在社会的方方面面。20 世纪几乎所有的思想大家都自觉或不自

[①]　马泰·卡林内斯库:《现代性的五副面孔》,商务印书馆 2002 年版。第 49 页。
[②]　郭中华:《解放政治的反思与未来》,中央编译出版社 2006 年版,第 25—26 页。

觉地在这一支配性的话语体系下确立其问题意识,并展开其思想的创作。本章选择与施特劳斯存在着思想交集的卡尔·施米特与汉娜·阿伦特作为比较的对象,在辨明三者差异性的同时展示作为政治哲学论题的现代性的复杂性。

第一节　施米特与政治的现代性

卡尔·施米特(Carl Schmitt,1888 – 1985)出生和成长于信奉天主教的家庭。政治神学的因素在其对政治的基本判定中始终发挥着重要的作用,他毫不讳言在扮演法学家角色的同时还是一个政治神学家。文科中学阶段接受了现代意义的人文教育,1910 年大学毕业,并获得法学博士学位,随后着力研究新康德主义的法理学。虽然在 1912 年他就出版了《法律和判断》,1914 年他发表《国家的价值与个人的意义》,但真正的自主学术起点则是 1916 年的《特奥多·多伯勒的〈北极光〉》。受一战战败和韦伯思想的影响,施米特分别在 1919 年发表《政治的浪漫派》,1921 年出版《论专政》,后者为施米特在法学理论和政治思想领域奠定了学术地位。1922 年起受聘为波恩大学教授。随后出版了一系列政治学与法理学著作,包括《政治的神学》(1922)、《罗马天主教与政治形式》(1923)、《议会民主制的思想史状况》(1923)、《政治的概念》(1927、1932)、《宪法学说》(1928)、《宪法的守护者》(1931)、《合法性与正当性》(1932)等,学术声誉日隆。这当中他与施特劳斯进行了通信,并对《政治的概念》艺术产生了相应的论争。有着强烈现实抱负的施米特,期望德国能够采用直接民主与总统专政以实现强健统一民族国家的大国之梦,一度与纳粹进行合作;但在 1936 年受到来自纳粹内部批判情况之下退出政坛,潜心学术创作,出版了《霍布斯国家学说中的利维坦》。二战后作为纳粹嫌疑犯被盟军羁押、起诉,无罪释放后返回家乡幽居著述。1985 年于慕尼黑逝世,但其思想影响一直绵延不绝,被视为 20 世纪最为重要的政治哲学家之一。

一、施米特对政治现代性的批判

似乎在接受韦伯思想影响之前,施米特就已经形成了某种对现代性的自我判定。1916年出版的《特奥多·多伯勒的〈北极光〉》被公认为施米特思想的真正开端之作。该书中,施米特借助天主教的思想资源对现代的道德和政治进行了戏虐性的批判。现代性所支配的时代是一个"缺乏精神的时代",其根本的原因在于传统视域中博大恢弘的"理性"被收缩成了"知性",纯粹的知性算计掏空了"现今时代"的灵魂,经济当家和财富追逐使得现代社会精神反常,灵魂干涸。

虽然此时施米特已经具有对现代性批判的某种自觉,但学界难以断定他对《北极光》这一平庸诗作进行泛文化评论中流露出来的现代性批判是否完全为其自觉地对现代社会整体反思之后的结果。因为,此时的施米特还没有把与现代性密切相连的自由民主纳入其批判的范围,从其在实际上对魏玛共和国的宪法制定与政治建制的积极参与来看,似乎更能支持他尚未形成对现代性批判的问题意识。对思想家之思想史的把握需要置于其个人的生活史当中,"施米特的大多数论著都是从现实政治处境出发、针对现实处境而论,但论述方式往往带有思想史性质"。① 作为20世纪最有影响力的公法学家,施米特正是成名于魏玛时代,他曾不遗余力地通过捍卫魏玛宪法来拯救共和于倾覆,期待着嫁接西方的自由主义和民主议会制使德国成为类似于西方的大国,拥有一颗强健的心脏和统一的灵魂而不再虚弱。但是随着魏玛共和议会政治的混乱,施米特逐渐由绝对信任转向修正完善:"无数小册子和报纸文章指出了议会活动中最突出的缺陷和错误:党派至上、在用人政策上表现外行、'票友政府'、政府危机不断、议会辩论无目的且平庸陈腐、议会的常规标准不断下降、议会变革的破坏性手法、鄙视议会本身的激进反对派滥用议员免责权和特权、日常工作秩序中的无耻表现、经

---

① 施米特:《政治的浪漫派》,冯克利、刘锋译,上海人民出版社2004年版,"编选说明",第2页。

常缺席会议等等。这种基于长期观察的印象在逐渐扩散:比例代表制和党派代表式选票的制度,破坏了选民与议员之间的关系,使结帮拉派成了议会中不可缺少的统治手段,使所谓的代表原则成了无稽之谈。此外,真正的事务不是出现在全体参加的公开会议上,而是出现在委员会里;重大决策是在宗派领袖的秘密会议甚至议会外的委员会做出的,因此,[决策]责任被转移甚至被取消了。这样一来,整个议会制度最终变成了一件掩盖党派统治和经济利益的可怜外衣。"①面对如此情形,他转而开始探索能够为德国的强大统一真正内在契合的议会民主制的基础。基于对他所归结的两个核心概念"辩论"和"公开性"的分析,施米特得出结论说,嫁接西方民主精神的魏玛代议制实际上是没有灵魂的。倡导多元主义和程序优先的现代大众民主,在置换理性主义和实体优先的同时既使经典代议制走向堕落,也使魏玛代议制极度虚弱。作为代议制基础的大众民主与普选权改革一道稀释了民主的民族特质,抹杀了族类之间的人性差异,其结果必然使魏玛宪制无法生发出有机的民族之根。国家真正的生命力来自于作为民族或文化共同体的归属认同:"真正的国家只能存在于人民具有同质性、从而基本上存在着全体一致的地方"。② 因此,他把卢梭所谓的"公意"看作是"真正合乎逻辑的民主",因为卢梭所谓的"公意"就是"同质性"。同质性是完全清除"各种对立的利益、分歧和私心"而进行纯理性建构的自由主义所不能容纳的东西,魏玛代议制要想达到其原初的设想,就只能基于民族的同质性设定来进行修正。

　　施米特用以修正代议制的依凭是双重的:一方面是具有实质性内容的政治,一方面是具有天主教的虔诚信仰。③ 施米特在其《政治浪漫主义》一书阐述了现代政治的虚无性:作为典型现代性的产物,浪漫主义用一种审美

---

　　① 施米特:《政治的浪漫派》,冯克利、刘锋译,上海人民出版社 2004 年版,"附录",第 221—225 页。
　　② 施米特:《政治的浪漫派》,冯克利、刘锋译,上海人民出版社 2004 年版,"附录",第 168 页。
　　③ 施米特:《政治的概念》,刘宗坤等译,上海人民出版社 2004 年版,"罗马天主教与政治形式",第 45—77 页。

平衡的和谐来克服差异和对立,内在地采用现代性的形而上学原则解构了实在的现实性而在游走于幻象的可能性之中,它消除了任何的实质性立场,消解了政治生活中所必须要做出的善恶对错决断。由于现代性的政治所尊崇的自由主义民主优柔寡断显然无法向战后的德国提供恢复秩序、重整山河所需要的乾纲独断,施米特继承近代政治思想传统,把主权看做是高于法律且不必服从法律的权威或权力,并强调主权的"决断"性质及其外在条件的"非常状态"。政治的真实状态不是日常状态而是非常状态,非常状态的实质就是超越法律而能够迅速地作出决断的状况,它所直面的是国家的生死存亡而不是理想秩序,因此就特别需要以无限的权力悬置全部的现存。这也就是其《政治神学》一书的核心主旨。随后迟至 1932 年的近 10 年间,施米特对此原初的思想进行深入系统的思考,并刊发《政治的概念》一书,提出了极富原创性的"政治"的概念。这一政治概念的原创性就在于为现代性萌生以来的形式的政治注入了实质性的内容。以新康德主义法学家凯尔森的形式主义法学为集中的批判对象,施米特指出,自由主义的宪政理论的最大问题就是所谓的"规范主义",规范主义把正当等同于合法,它缺乏现实政治的有效性,与日常政治经验扞格不入。为了能够形成相互同意,结果只能牺牲及时决断,优柔寡断的结果必然虚弱无力。但事实上,政治是判明国家的前提,其正当性并不在于合法性,而在于有效性,它能够直面生死并决断生死;为此,不仅需要用权力创造合法,而且还需要置身于必须做出立场选择和生死决断的非常状态,而对此最为有效的方案则是区分敌我。一如善恶的区分是道德的判断标准,美丑是审美的判断标准,利害是经济的判断标准,敌我的区分则是政治判断标准。[①] 政治生活真正的自然状态被施米特认定为非常状态。这种非常状态毋宁说是霍布斯意义上的自然状态的变体。在霍布斯的意义上,每一个体都面临着非生即死的选择,自我保存与死亡恐惧乃是人之最为根本的激情,所有的社会建构都源自于此。施米特的非常状态同样标明的是非生即死的选择,略微不同的是他把探讨的对

---

① 施米特:《政治的概念》,刘宗坤等译,上海人民出版社 2004 年版,第 106 页。

象规定为群体而非个体,政治以及国家的实质就在于能够做出群体层面上的生死决断。把区分敌友作为政治的标准,施米特也就为战争的法权做出了正当性辩护:"在特定情况下决定谁是敌人的现实可能性,以及运用来自政治的力量与敌人作战的能力,属于在本质上作为政治统一体的国家。"①

为了给空虚的国家主权注入实质的内容,施米特还汲取了传统天主教的资源,当然这种资源的运用并不是直接的内容转义和嫁接,而是论证手法的借用。自由主义看似包容了异质、分歧、多样,但结果是导致在现实政治层面无法决断正当与否、合法与否,最终无法赋予国家主权以任何实质的内容。那么,国家主权要想获得实质性的内容,就需要立足于实质性的差异,这就是"民族的价值"。民主的同质性源自于民族情感的同质性,民族成员的认同为政治共同体提供了区分和辨明敌我的标准。现代国家的权力来源固然不再是神授的,但由于把民族认同作为至高或至基的依据,那么民授也就发挥着实际上的神授作用。于是,真正的民主政制无非就是一种世俗化了的神学政制。传统神学政制借助基督教统一信仰,使得神圣的上帝之国与世俗的政治之国合而为一,从而形成了基督教帝国的统一体,其强健有力,杀伐决断。随后政治领域与精神领域出现分裂,宗教改革和启蒙运动在使精神信仰私人化的同时,用逐渐转化为知性的理性公约了人的类存在,并以此形而上学的信念进行政治国家的建构,形式理性置换并驱逐了实质理性,现代政治国家也就成了无灵魂的形式存在。施米特对天主教资源的汲取,其真实的意图在于借用传统基督教神学政制建构的手法,把德意志从对"市民宪政论"的崇洋媚外的迷途中拯救出来,确立神圣的德意志民族价值并尽可能地提升到类似天主教的信仰地位,以使德国通过重塑和拥有灵魂而肌体强健,行动有力。

依凭这种政治的观念,也就不难理解,当纳粹标榜着日耳曼精神并借助虚弱的魏玛议会主政德国之时,施米特为什么会积极地向其靠拢,当纳粹宣扬种族主义并视犹太人为永恒敌人之时,施米特为什么会不遗余力地摇旗

---

① 施米特:《政治的概念》,刘宗坤等译,上海人民出版社 2004 年版,第 125 页。

呐喊。虽然遭到纳粹抨击和排挤,施米特沉心之后所撰写的《霍布斯国家学说中的利维坦》仍然昭示着他心目之中对政治的基本判断没有根本的改变。正是在对自由主义与政治正当性观念的理解上,施特劳斯与施米特发生了思想上的交集,双方的交锋既呈现出两种对待现代性的不同态度,也呈现出两种论证政治正当性的观念。

二、自由主义批判的两种路径

单从学理上来看,施特劳斯尽管对自由主义也保持着批判的态度,但他并没有就此认同施米特所做的批判。他认为,施米特的批判除却显然的现实政治建制上的考虑之外,深层次上还反映着他对严肃生活的渴望。施米特基于对魏玛共和虚弱危机的拯救而提出了以敌我区分标明政治的世俗化版的政治神学思想系统。因为魏玛共和的虚弱是由于对西方自由民主制度的生搬硬套,所以,要想纠正虚弱首先要做的工作就是彻底地摆脱自由主义对德意志的腐蚀。自由主义以价值中立试图在诸多异质的价值观念系统之间通过妥协达成共识,运用最低的理性宽容消除敌我之间的异质感,实际上这是对残酷现实的懦弱态度,导向的结果只能是四处讨好、四处遭罪,相对主义和怀疑主义必然将无情地反复摧毁人们对永久和平的期望。顾目张望的"中立化和非政治化"最终带来的只能是摇摆不定与虚弱不堪,这根本上是对人类之政治宿命的漠然态度:"政治性属于人类生活的基本特征;在这个意义上,政治乃是一种命运;因此,人无法逃避政治。……如果人们试图取消政治,就必然陷入无措的境地。"[1]对实质性政治的放弃,以及自由主义化的结果使德意志民族连内部的冲突就无法有效解决,更遑论与共产主义的抗衡。[2]

在施特劳斯看来,施米特对政治实质的如此判定,看似只是说明了施米特对决断的推崇和对战争的辩护,似乎是一个原教旨的民族主义者;但实际

---

① 施特劳斯:《〈政治的概念〉评注》,载《施米特与政治法学》,刘小枫选编,上海三联书店2002年版,第12页。

② 霍尔姆斯:《反自由主义剖析》,中国社会科学出版社2002年版,第61页。

上,施米特如此判定还有着其对人性上的深刻考虑。施米特对决断的推崇和对战争的辩护反映着人性只有被理解为"有危险的",才能使人类保持对严肃生活的清醒和追求,倘若敌我划分不再存在,政治被消解,世界将归于平庸:"政治的敌人所期望的最终无非是建立一个娱乐的世界、一个消遣的世界、一个毫无严肃性可言的世界。"①娱乐至死和消费充斥的时代所反映出来的恰恰是严肃生活态度的丧失,世界的平面化毋宁说是人类生活丧失纵深可能后的必然结果。人类的政治宿命试图在感性的生活中注入真正理性的要素,天主教把原罪镶嵌到人类的基因当中,从而使得对终极荣宠、道德至善的追求成为人类的职分,而施米特对民族同质性的驻留,以类似政治神学的话语方式赋予了政治和国家以高贵的使命,小处来说"使得世界不至于变成娱乐世界",大处来说则使得严肃生活成为时时刻刻的使命警示。②

施特劳斯对《政治的概念》所做的评注隐含着这样的观点:且不说施米特把政治作为严肃生活的必要条件是否具有逻辑上的圆融性,单就批判自由主义的现实政治建制考虑来说,施米特未必就达到了自由主义者所达到的高度。现代的自由主义者固然不相信存在着自然正当的绝对价值,"他们似乎认定,既然我们无法获得有关什么才是内在地就是善的或者对的真正的知识,这就使得我们被迫容忍各种关于善的或者对的意见……拒绝或谴责所有不宽容的或'极权主义的'立场",③但他们仍然坚守着对人性最为底线的设定,这就是康德、罗尔斯等人所全力论证的"道德理性",它是人之为人最低的标准,同时也是对人性所做出的最高的职分设定。但施米特将同质民族之外的人类视为"敌人",并且宣称可以正当地对之进行战争予以消灭,仅仅是为了完成或增强自我的同质性,这很显然是对自由主义者所设定的人性之底线之突破,从而也消除了人之为人的基本判定。于是,看似追求

---

① 施特劳斯:《〈政治的概念〉评注》,载《施米特与政治法学》,刘小枫选编,上海三联书店2002年版,第14页。

② 施特劳斯:《〈政治的概念〉评注》,载《施米特与政治法学》,刘小枫选编,上海三联书店2002年版,第18—19页。

③ NRH,5.

的是严肃的生活,实际上只不过是建立在对其他群类存在之正当性的不承认之上的极其狭隘的生活。固然平庸的生活不能见容于高贵的生活,但平庸的生活仍然还是属人的生活,而施米特的狭隘生活已经突破属人生活的底线,堕落至属兽的生活。施特劳斯虽然基于其高贵生活的理想而对平庸生活颇多微词,但他始终对平庸生活保持了最为基本的众生情怀。施特劳斯之所以选择逃亡而不是留守,恐怕更多的原因则是看到了纳粹对属人生活的突破,而施米特在遭受排斥和攻击的情形之下仍然选择沉默的留守,毋宁说是选择了对属兽生活的容忍。无怪乎施特劳斯称施米特为"动物式野性的崇拜者"。[①] 施米特基于同质性而予以决断,看似也是某种道德的决断;但施特劳斯却指出,施米特看重的只是必须要做出决断,因为这是人类的政治宿命,所做出的决定之所以是否真的合乎道德其实并不重要,重要的是是否具有决断的力量和实际做出决断的行动。施米特的如此论调如同韦伯一样,以另外的方式更为激烈地推进了现代性:"追随你的守护神,不管他是善是恶。"[②]自由主义者固然难以进行决断,但他们至少持守着人之存在的类道德,而施米特则剥离了决断与道德的关联,把决断仅仅诉诸于意志或力量。这在施特劳斯看来,当施米特认为自由主义败坏了德意志精神之时,他实际上正在败坏自由主义本身。

施米特对自由主义的批判不仅没能在自由主义所达至的层面上展开,施特劳斯还认为他批判的前提就是自由主义的。"施米特是在一个自由主义的世界上承担起对自由主义的批判;在此,我们是指他对自由主义的批判发生在自由主义的视界之内;他的非自由主义倾向依然受制于无法克服的自由主义思想体系"。[③] 事实上,施特劳斯把施米特归之于现代性的范畴,就其思想气质的类型来说,施米特和他所批判的自由主义者们都属于施特

---

① 施特劳斯:《〈政治的概念〉评注》,载《施米特与政治法学》,刘小枫选编,上海三联书店2002年版,第24页。

② NRH,47.

③ 施特劳斯:《〈政治的概念〉评注》,载《施米特与政治法学》,刘小枫选编,上海三联书店2002年版,第24页。

劳斯所说的"现代自由主义"范围,而要真正地形成对这种类型自由主义的超越只有回归"古典自由主义"。从施特劳斯的自由主义视界来看,固然魏玛共和的虚弱与自由主义的滥用有关,但纳粹的暴政更与自由主义相关;如果说洛克、康德等人在推崇现代自由主义的同时多少还力图要把自由主义限制在属人的世界当中,赋予自由主义以道德的内涵,那么,施米特对自由主义的批判以及对政治决断的渴望则把这一限制完全打破,现代自由主义中属兽的原色气质肆无忌惮地被释放出来了。施米特对自由主义的批判不仅把政治推向了彻底的堕落,而且还把现代性的虚无本质以决断这种看似有所持守的表象给彻底暴露出来,并获取了从内在到表像的正当性。令施特劳斯所不能容忍的是,现代自由主义者们至少在表面上还对自由主义的虚无本质予以限制、掩盖,但施米特则连表面客套和掩饰都省去了,使之赤裸裸地显白于世。施米特的错误在于他把本该隐匿的教诲给显白地表达出来了;施米特的勇敢在于他无所顾忌地把现代的智性真诚给直接呈现出来了——较之于他自己所批判的现代自由主义者们,施米特更是现代人!

在离开纳粹政坛之后,施米特仍然选择与纳粹心灵相守,他于1932年写就的《霍布斯国家学说中的利维坦:一个政治符号的意义和失败》对此显露无疑。把该书看作是霍布斯研究史上的里程碑式的著作似乎不妥,因为施米特写就本书的初衷并不在于研究霍布斯,而是依然在表达着他对政治概念的基本理解。利维坦作为"一个充满神秘意蕴的神话象征",它既是危险力量的表征和恶魔的化身,又是狂热的战争发动者,与比希莫特处于永恒的厮杀当中。霍布斯引入利维坦的真实目的被施米特解读为恢复被罗马教皇教会造成的权力分离,即把属灵的和属世的相分离,从而造成了原始生活统一体的瓦解。① 虽然在霍布斯那里,利维坦除了作为神话形象之外,的确还有着契约建构和机械结构的意蕴,但霍布斯本人绝没有利用契约建构和

---

① 施米特:《霍布斯国家学说中的利维坦》,应星、朱雁冰译,华东师范大学出版社2008年版,第50—51页。

平,在人间建立天堂的想法,因为"对于人性他没有任何伟大的幻想"。① 但不幸的是,在现代性推进过程中随着全面的"技术化",利维坦也就被彻底"中立化"了。利维坦虽然提供了公共的制度性空间,但却无法为国家之间的战争提供正义与否的判定标准,同时国家也因技术中立而从内部失去了灵魂,正义因而也就无所从出。"尽管公共强力和力量极其彻底而坚决地得到认可,甚至极其忠实地受到尊敬,但作为纯粹公共和纯粹外在的权势",利维坦却"是空心的而且其内部已经失去了生命",②"国家在越来越大的程度上以机械装置和机器的形象出现"。③ 利维坦在提供自由宽容的同时也合法地容纳了各种反自由的势力,诸如教会、利益组织、政党、工会、社会团体等纷纷合法登场,利用利维坦这台巨型机器捞取好处,直至最后把它搞垮。霍布斯的失败,既在于他借由利维坦建构国家之时通过私人内心世界不可进入的设定,从而为自然人性的缺陷预留了充分外显的后门,同时又把利维坦界定为技术化的中立机器,而"没有以确定而毫不含糊地方式简单明了地标出一个明确的、清晰的敌人"。④ 施米特如此论调显然与其确定政治概念的初衷是一致的,他和霍布斯一样都没有任何的对人性的伟大幻想,他所要做的是在沿着霍布斯已经设定的道路继续前行的同时为利维坦注入杀伐决断的行动力量和更为同质的情感内容。所以,当施特劳斯基于古典的自由主义而发起对施米特的评注之时,施米特甚至都不愿就此多做表态。施米特在 1965 年发表的一篇书评就是明证:在此书评中,他分别评论了英国学者胡德(F. G. Hood)、新教神学家布劳恩(Dietrich Braun)和天主教教会法学家巴里昂(Hans Barion)的霍布斯研究,压根就没有提到施特劳斯的霍

---

① 施米特:《霍布斯国家学说中的利维坦》,应星、朱雁冰译,华东师范大学出版社 2008 年版,第 73 页。

② 施米特:《霍布斯国家学说中的利维坦》,应星、朱雁冰译,华东师范大学出版社 2008 年版,第 99 页。

③ 施米特:《霍布斯国家学说中的利维坦》,应星、朱雁冰译,华东师范大学出版社 2008 年版,第 103 页。

④ 施米特:《霍布斯国家学说中的利维坦》,应星、朱雁冰译,华东师范大学出版社 2008 年版,第 124 页。

布斯研究。

三、施特劳斯与施米特的分歧

施特劳斯探讨现代性其意在表明现代性缺乏真正的正当性依据,现代的自由主义者们根本不相信存在永恒客观的绝对价值,于是虚无主义就无可避免,魏玛共和固然是虚无的结果,但纳粹暴政又何尝不是虚无的后果?魏玛共和的自由主义政制设计使其成为藏污纳垢之地,纳粹暴政只不过是确立了某种污垢的唯一正当性,并借用公共的力量使之转化成了合法性而已。施特劳斯选择古典的自由主义,是因为他相信古典的自由主义中蕴含着绝对价值的预设,从而能够从最根本之处做出善恶的道德区分,于是,无论是政治的生活还是其他类型的人类生活都能够获得其终极性的正当辨明。于是,他必然地要拒绝现代自由主义的价值中立原则,坚持善对正当的优先,这也是他断定施米特仍然是在自由主义视界内反自由主义的原因,因为在施米特那里,善恶源自于正当的先行设定。施米特的政治学说到底与马基雅维利的政治学共享着同样的气质前提。

现代性的虚无本质提示着要想跳出现代性,首先必须要能够有所持守并且对其持守做出决断。在这一点上,施米特与施特劳斯并无不同,他们都坚信政治不能中立化而必须要做出决断。当施米特把政治的正当性置于合法性之前,确实点出了现代自由主义政制设计方案的缺陷。因为这种政制设计基于公约之后的抽象人性预设,清除掉了现实人存在的情境规定,因而缺乏具体人性的关照。施米特把区分敌我作为政治正当性的起点,又把敌我的判定归之于民族同质性,因而在很大程度上似乎的确把政治决断的依据诉诸于道德了。而施特劳斯采用古典政治哲学的立场把自然的正当重新纳入到对政治生活的考量当中,使政治的选择成为对"我们应当如何生活?"这样根本处境问题的回答,从而为走出虚无提供了终极性依据。但施特劳斯为政治生活所添置的"道德"根本上不同于施米特,后者的"道德"实质上只是一种"私人的规定",虽然这个"私人"乃是以民族的面目出现的,根本上仍是个人主义的、私人性的、相对主义的。而作为政治生活之正当性依据的"道德"在施特劳斯看来只能是全体主义的、公共的、绝对主义的,面向所有的人类成员都绝对普遍有效的。这也就是施特劳斯所说的"自然正当",它是终极性的持守,唯有坚信并确认自然的正当才能彻底地解决虚无危机。施特劳斯还坚称,虚无危机的克服不仅需要树立起绝对的道德价值,而且这种道德价值还不能诉诸于情感或力量,只能诉诸于理性(古典理性)。施米特所最终依凭的同质性的民族情感恰恰使得他所确认的政治缺乏稳固的根基,而当他特别强调决断行动之时又把其诉诸对象转化为力量,这无疑使得政治和国家的命运变得更加风雨飘摇。

第二节 阿伦特与现代性问题

汉娜·阿伦特(Hannah Arendt,1906 – 1975)与施特劳斯有着诸多的共同之处:两人都是德裔犹太人,随后流亡至美国,成为20世纪最为重要的政治哲学家;双方思想的问题意识均为犹太人问题和现代性问题,都主张通过复归以实现对现代性的超越。比较施特劳斯与阿伦特,不仅能够呈现现代性作为时代性问题的复杂性,而且也能够提示超越或克服现代性的不同路径。

阿伦特出身于犹太中产阶级家庭,其父母均为社会民主党成员。虽然其家庭内部并没有复杂的犹太教信仰纠结,但在其童年时期的确碰到过因犹太人身份而导致的困惑。她较早就接触到康德、雅斯贝尔斯等人的著作,旁听古典语言学和基督教神学课程,大学修读哲学。1928年以《奥古斯丁的爱的概念》获得哲学博士学位,不过,最终因其犹太人身份未能获得大学教职。随后研究犹太人的文化认同问题,并积极参与犹太复国主义运动,接着便是流亡生涯的开始。1951年加入美国国籍,1959年受聘为普林斯顿大学教授。她在美国就职的机构与施特劳斯多有交集,1963年受聘为芝加哥大学教授,1968年受聘为纽约社会研究新学院。1975年12月去世。阿伦特的主要政治哲学作品基本都没有绕开犹太人问题,其犹太人的身份以及犹太人的遭遇促使她对现实的政治发生了兴趣,并决心从思想上对此予以梳理。不同于施特劳斯自其流亡之后,犹太人问题就沉降为其思想的背景,很少公开的予以表达,阿伦特流亡之后犹太人问题成为其直接的研究论题,并持续地予以关注。她同样地是基于现实犹太人问题的思考,进展至对现代性的整个反思。

一、犹太人问题与现代性

阿伦特所关注的是:犹太人问题为什么会随着现代性的深入推进反倒愈演愈烈?现代性所持守的普遍人性观念、自然权利意识、自由主义精神为什么无法容纳或扩展至犹太人这一小小的群体?这究竟是因为犹太人自身的冥顽不化还是现代性自身的狭隘失败?

阿伦特首先把犹太人问题存在的原因归结为犹太人自身。"犹太人问题"是一个长期的历史性话题,反犹主义是一种弥漫在整个欧洲的社会情绪和社会行为,意在把犹太人作为憎恨、仇视、排挤和迫害的对象。这种情绪和行为产生的根源,人们往往从经济、文化等方面探寻其原因。作为无国度的游走民族,犹太人更为关注经济财富的积累,而又有意识或无意识地漠视、远离社会和政治。因此,在国家或民族发生经济性的危机之时犹太人非常容易遭到所在国度民族成员的憎恨和仇视。同时,又因为其犹太教正统观念使犹太人自发地成为一个封闭的共同体,因而不能见容于所在国度。除却从经济、文化因素探讨其起源之外,进入到 20 世纪,犹太人问题的核心关注又添加了生物因素,犹太人身份的确定由文化学转向人种学,无论其经济地位如何、信仰成分如何,只要拥有犹太人的生物身份即成为排挤和迫害之正当性的借口。阿伦特自己也曾说过,犹太人之所以成为"问题"是拜外部环境所致,其中原因之一就是犹太人看起来模样像"犹太人"而已。普遍的观念认为,犹太人因其作为封闭的少数族群,往往扮演了民族国家承担不幸、发泄怨恨的"替罪羔羊"的角色。阿伦特对此种观点不以为然:"替罪羔羊的说法旨在回避反犹主义的严重性,以及犹太人被驱赶到事件的风暴中心这一事实的意义。"①

还有观点认为,犹太教正统赋予了犹太人以上帝选民的优越感使其自愿承受反犹主义的仇恨、甚至迫害,这不仅使得犹太人能够永恒地维持其上帝选民的身份,获得其生存的永恒保证,还能够时时地使犹太人保持对其身份意识的清醒。阿伦特则对此严加斥责,反犹主义并不是犹太人获取生存的保证,结果只能带来种族的灭绝,而且还在客观上会造成从终极信仰层面对反犹行为的宽恕。反犹主义的存在在很大程度上不是外部原因造成的,更多地是犹太人自身的逃避和软弱造成的。面对犹太人在历史当中的种种灾难,犹太人自身应当承担更多的责任,正是他们幼稚地期待"天上之国"而非"地上之国"所导致的;他们既缺乏政治行动的动力,更缺乏政治行动的判断和能力:"我们要记住的是,犹太人历史的特定本性导致了政治能力和政治判断的缺乏,他们在历史上没有政府、没有国家,也没有语言。犹太历史提供了一种独特的人文景观……犹太人辗转于不同角色之间,[但是他们却]对任何角色都不负责任。"②不仅如此,上帝选民的优越意识实质上还是对自身生死存亡都不负责任的表现。但犹太人在政治上的冷漠与经济事物和社会事务的积极参与同时存在,无国度的身份使得他们穿行于欧洲各国而无任何的责任担负,成为金融掮客,又因其金融掮客身份而成为依附于各个实体政府的"有用之物"。政治的冷漠和参与感的缺乏,在被动地反应政治现实的同时就成为了上层社会"暴发户"的象征。民族国家建构的推进和阶段性的经济危机爆发,犹太人因其金融掮客的身份、社会暴发户的身份以及政治依附者的身份反倒又促成了欧洲各国歧视、仇恨以至迫害的对象。纳粹的犹太人政策并没有多少原创的内容,只不过是把这种弥漫在欧洲的普遍性情绪给极端地向前推进而已。

在现代民族国家初建时期,欧洲国家面对封建的各种势力很容易被普遍主义精神所鼓舞,因此犹太人因为其无国民族的身份而获取自由穿越民

① 阿伦特:《极权主义的起源》,林骧华译,上海三联书店 2008 年版,第 41 页。
② 阿伦特:《极权主义的起源》,林骧华译,上海三联书店 2008 年版,第 8 页。

族国界的优势,犹太人既获得了同等的公民权利,还被解除了职业、经商等方面的限制。但随着民族国家建设的深入,欧洲国家更需要民族主义这种特殊主义作为凝聚人心和强化认同的手段,其结果是犹太人无国民族的身份自然就成为其生存的不利因素。许多国家开始对犹太人区别对待,防止他们的融入;同时犹太人自身也采取自我封闭以防止其共同体利益的受损。进展至世纪之交,帝国主义兴起以及民族国家体系的解体,犹太人的无国民族身份使其成为帝国体系中的"多余的成分",后起的民族国家在帝国主义夹缝之中因其民族认同和国家建构的现实情势就会自觉或不自觉地把犹太人视为潜在的敌人,特别是当民族情绪转化为种族意识之后,犹太人面临着真正的生存问题就是自然而然的结果。原先犹太人的金融掮客身份在民族国家解体之后很容易被广泛的社会怨恨情绪转化成社会寄生虫的角色,长期无国民族的角色意识所带来的政治上的先天不足,在帝国时代开始呈现出越来越严重的后果。缺乏政治建制动力和政治参与意识的犹太人,因其在民族国家和帝国时代的"自觉的局外人"的角色定位,必然招致欧洲社会的普遍仇恨、敌视。现实政治需要作出立场上的"非此即彼"选择,犹太人自身的毫无立场使其最终就成为了欧洲国家的"公共敌人"。

面对纳粹极端地迫害与残杀犹太人之时,为阿伦特所不能容忍的是那些启蒙人士和自由国度却熟视无睹,纵容绥靖。阿伦特追问:原本内容充实、立场鲜明的启蒙理想缘何面对如此的惨无人道竟然能够做到无动于衷?是不是现代性设计方案本身就存在着严重的缺陷,以至于直接或间接地促成或助益了犹太人问题的产生?

二、现代性扩展与政治的危机

现代性的设计方案意在人间建立天堂,实现永恒秩序和永久和平。正如齐格蒙特·鲍曼所言:"只要存在区分秩序和混乱的必要,便具有现代性。只要存在秩序与混乱之抉择必要,便具有现代性。"现代性意在进行秩序的设计,于是诸如操控、管理、建构等等都是现代性的典型特质。① 现代性唯一信靠的工具便是理性,唯有理性才能提供永恒秩序和永久和平建构所需要的那种明晰、恒定。但是此种设计方案存在着严重的缺陷:只有形式而无内容。为了能过获取明晰和恒定,只能在人性预设上把经过最大公约之后剩下的东西作为确定的和共通的东西,于是现代性的启蒙赋予人类的权利只能是最为普遍和最为抽象的权利,这种权利必定要与任何的社会性支撑系统绝缘才能维持自身的纯粹。但恰恰这一点是致命的,因缺乏社会性的支撑系统使得人之权利在现实之中根本无法得到真正的保障。正如施特劳斯所言:现代性在给予社会成员以广泛而绝对的自由之时,也把自由地歧视和仇恨赋予了社会成员,因为"自由地去做什么"完全成为个人的隐私,而此隐私却又有着完全正当且合法的保障。现代性在给予现代人以肉身的时候却把灵魂给遗失了,现代性本身就蕴涵着虚无主义的基因。犹太人问题之所以在现代以来特别地成为问题,也就源自于现代性设计方案的这种基因层次上的缺陷。

阿伦特质疑了现代性所持守的权利是否具有如其所言的"稳定性":"一旦宗教或自然法的绝对性与先验性的论衡原则失去效力,那么把权利跟'有益于某事物'的功利观念——诸如,有益于个人、家庭、人民,或多数人——相结合的法律概念,就成为无可避免的结果。……若有一个自称统摄人类整体,而且组织严密,具有机械操作之性格的体制在地球上出现,那么,这个体制在从事治理工作时,可以名正言顺地下结论说:为了人类整体,也依据绝大多数人的决议,可以而且应当铲除某些部分。这确实会发生,而且确实可行。"②现代性以纯粹形式的至高原则可以正当地实现对差异性的任意平均,这就是为欧洲国家采取对犹太人的集体行动作出合理性论证的依据。但与此同时,现代性建构出的政治国家在实际治理过程中又给差异性、多样性等留下了足够多的空间,这反倒给诸多的反权利、反尊严行动打开后

---

① 齐格蒙特·鲍曼:《现代性与矛盾性》,邵迎生译,商务印书馆 2003 年版,第 7 页。
② 阿伦特:《极权主义的起源》,林骧华译,上海三联书店 2008 年版,第 256 页。

门。犹太人问题看似只是犹太人这个封闭群体遭到歧视、仇恨、迫害和屠杀的问题,实际上所有其他群体都有可能面临如此问题,反犹太人只不过是反人类的一个缩影而已。现代性在赋予人类以尊严的同时也为彻底剥夺人之尊严埋下了种子。

阿伦特认为,自现代取代传统,从17世纪到20世纪初的300年摩登时代,一方面传统语境中的沉思生活与行动生活的位阶发生倒转,政治生活与静观生活发生剥离;另一方面劳动的解放和资本的扩张严重挤压公共空间,造成实际政治生活的坍塌。传统之下,思想与行动、沉思与劳作、哲学与政治被镶嵌于特定的等级秩序之中而能够保持特定的平衡,政治生活扮演着其他各种类型生活的公共性平台的角色。"苏格拉底所做的事情的意义在其活动本身。换句话说,思考和充分地活着是一样的,这意味着思想必须不断重复开始,它是伴随着生活的活动;关注语言本身提供给我们的概念如正义、幸福,这些概念表明了发生在生活中事情的意义,因此只要我们活着,思想就会发生。"①虽然柏拉图已经表现出要把沉思生活与行动生活对立起来的意图,但是政治生活毕竟从来没有被彻底的遗忘。但自从笛卡尔创建以"自我"为中心的形而上学体系以来,知识不再是面向生活本身的思考,而成为宰制生活的规则,现代性不仅确立了以理性认识确定性的绝对优先地位,而且也确立了理性对生活改造和建构的正当性。现代科学革命把真正的知识寄寓于改造性的劳动,而非纯粹的沉思。现代社会中,"思成了做的婢女,就像做过去是中世纪哲学中沉思神的真理的婢女,以及是古代哲学中沉思存在的真理的婢女一样。"②17世纪自然科学的对象化,19世纪工业革命带来财富的骤增,劳动得到了解放和高扬,人的本质开始依据计算的市场交易而被界定,逐步消融于生产和消费的过程之中。在市民社会兴起中政治生活逐步被侵蚀和挤压,作为天生政治动物的人转变成天生社会动物,人与人之间的关系得到重新的确定:"社会是这样一种形式,在这一形式中,

---

① 王音力:《鄂兰》,台湾生智文化事业有限公司2002年版,第80页。
② 阿伦特:《人的条件》,竺乾威等译,上海人民出版社1999年版,第287页。

人们为了生活而不是为了其他而互相依赖,这一事实便具有了公共含义;在这一形式中,与纯粹的生存相联系的活动被获准出现在公共领域。"①看起来人与人之间的联系变得较之于传统更为紧密了,实际上有机的生活联系被无机的职业联系所取代,基于生存的劳动就其本质来说是私人性、不自由的,个人只是生产与消费链条中一环。所谓的公民生活只能是消极意义上的公民生活,个体本性上的碎片与分离,市民社会本性上的孤立与隔绝,使得传统意义的公共生活崩溃。政治生活自身的正当性被剥夺,成为私人性的行动工具,这个"私人"既有可能是个体,也有可能是阶层,还有可能是指向明确的党派。如此这般的社会存在,个人与他者无法建立真正有机的联系,不仅对他者的命运漠不关心,甚至对自己的命运也无动于衷。快乐既有可能建立在持续性的消费愉悦之中,也有可能建立在冷眼旁观他者受虐而带来的幸灾乐祸之上。

进展至20世纪以来的现代,人们对公共生活愈加缺乏信心,政治的危机日渐严重:"我们都是现代人,在公共空间里我们缺乏信心,表现笨拙。"②于是,帝国主义和极权主义的产生就不可避免。在帝国主义时代,人们仅满足于有限的、满足于生存需求的"财产"被转化成了无限的、满足于扩展欲望的"财富",这就是"资本主义意识",其实质就是追求财富的无限制、无休止的扩张。资本的扩张与政治权力的结合,再加上被鼓动起来的暴民,不仅使得原先具有固定版图和宪政结构的民族国家之边界被打破,公民权利失去了国家的保障,而且为了能够为资本的扩张提供正当性的论证还孕育了"种族主义"的观念和意识。同时,"在帝国主义时代,商人成了政治人,并被承认为政治家;而政治家只有在使用成功的商人语言和'从全世界角度来思考'时,才会受到认真注意;这时,私人的实践和手段才逐渐转变成为执行公共事务的规则和原则。"③资本与政治的联合使得个人愈发的脆弱,其行动能力和自由权利不断流失,还使得"公共领域"愈益私人化。劳动的社

---

① 阿伦特:《人的条件》,竺乾威等译,上海人民出版社1999年版,第35页。
② 阿伦特:《黑暗时代的人们》,王凌云译,江苏教育出版社2006年版,第64页。
③ 阿伦特:《极权主义的起源》,林骧华译,上海三联书店2008年版,第217页。

会化使得大众与生活世界疏离,孤独感和多余感萌生,自觉被遗弃和被淘汰而又无能为力,他们沉沦在物质满足和持续消费中以获取存在感和幸福感。资本的扩张需要大众对政治生活和公共事务保持冷漠,以便能够使他们成为资本扩张的承受对象和无知帮凶。政治冷漠症"是一种生活方式和哲学,它坚信并且只关心个人在无情竞争中的成败,认为公民责任是对有限的时间和精力的一种无谓的消耗"。① 在社会无力感和无望感普遍弥散的条件下,大众渴望生活的激情,期盼存在的价值,现实强烈的无能为力亟需强者力量为其平庸且干瘪的生活注入狂热,他们需要战斗,不惜献身,在铁与血之中证明存在的尊严。极权主义是对大众渴望被整合、被提振之需求的迎合,极端强权的出现本就是极度虚弱的反向表征;极权主义并不是德国的独特产物,而是整个现代西方社会的宿命,它是现代性危机的必然结果,它植根于现代性本身的脆弱和虚伪,折射出的是现代性的单向度和形式化。

在阿伦特看来,极权主义并不是人类高贵性的丧失,而是人类平庸性的集中展示。极权主义真正令人感到不安是,人们并不是有意地普遍作恶,实际上他们作恶之时甚至不知道自己是在做什么。当苏格拉底说"作恶源于无知"以及"知识就是美德"之时,他实际上是要把人类的高贵置于对是非善恶的自觉反思的基础之上。极权主义所反映出来的是现代性深入推进之下,人类自身反思能力、甚至反思意识的丧失。纳粹战犯艾希曼真正的罪恶不在于他屠杀了数百万的犹太人,而在于他丧失了对他所做的"伟大事业"缺乏反思:他自己都不知道他在做什么!他对自己作为人类的自暴自弃以及由人类堕落为兽类的行为毫无察觉,他绝不"邪恶"而是"平庸"。"平庸"是对做人的无知,是善恶是非能力的缺乏;就此来说,如果用"邪恶"来描述反倒是对他的高看! 现代性对个体优先的预设以及个人权利至上的宣扬,这种完全第一人称的叙事,无论是从所谓的积极自由出发还是从所谓的消极自由出发都不可避免地存在着严重的缺陷,因为它始终把善恶是非的标准从根本上诉诸主体性,而这种主体性则完全由"我思"出发,完全不需

---

① 阿伦特:《极权主义的起源》,林骧华译,上海三联书店 2008 年版,第11—12 页。

要任何的社会支撑系统。而在阿伦特看来,作为道德范畴的"善"于传统视域之内向来都是由具体社会场景赋予其内涵的,平庸的恶既是大众对善恶反思能力绝然丧失的反映,也是抽离具体社会场景之后的道德空虚和道德坍塌。如此而言,艾希曼的"罪恶"实在是无法追究,因为首先他根本就不具备善恶能力,其次这还是普遍道德坍塌的结果,正如我们无法对吃人的野兽进行道德审判一样。现代性真正令人担忧之处也就在于此。要解决现代性的缺陷,就必须修正其前提预设,这也是阿伦特所开出的药方:"因为我们不是把自己的生存作为孤独地生存着,而是生存于自己的同胞之间。我们行为的能力只能够在许多的各式各样多元的人类的共同体中的一个共同体中形成一种现实的力量。"①

三、政治的复归亦或古典的复归?

施特劳斯把现代性危机归结为政治哲学的危机,而阿伦特则把现代性危机的主要表现看作为政治的危机。这就引出他们对待现代性危机解答方案的共同性:唯有复归,要么复归到真正的政治哲学,要么回到真正的政治。而无论是施特劳斯所谓的"真正的政治哲学"还是阿伦特所谓的"真正的政治",都是指向古典时代,也就是苏格拉底。因此,现代性存在着的对真理的误解,在两人看来实际上是误解了苏格拉底。就此来说,施特劳斯和阿伦特都秉承着共同的思想气质。阿伦特区分了两种真理:事实真理和理性真理,前者更多地指向政治,后者则指向哲学。在苏格拉底那里,政治有着自身特定的气质,虽然与哲学的气质截然不同但却能够与哲学形成相互的支援,温良清明的哲学蕴含有政治的情怀。但现代哲学却没有古典哲学的温良清明,其气质类型乃是非政治或反政治的。阿伦特把现代哲学的这种反政治传统上溯至柏拉图。因苏格拉底受到审判并被处以极刑,柏拉图警觉哲学与政治之间存在着严重冲突,开始贬低政治的地位抬升哲学的地位,把行动生活(政治生活)置于沉思生活(哲学生活)之下,政治不再作为生活的

---

① 阿伦特:《耶路撒冷的艾希曼》,孙传钊译,吉林人民出版社2003年版,第153页。

目的而只是生活的手段。随着亚里士多德、马基雅维利、霍布斯、韦伯等人前赴后继的工作,哲学的非政治和反政治气质愈加强化,愈加远离作为意见世界的真实政治,极权主义无可避免。一如施特劳斯,阿伦特对现代哲学的如此定位间接地道明了一件事情:现代性于其根本上乃是哲学对政治发生了越界。政治的对象是意见,其中有着广泛的公众参与,政治说到底是有广泛公众参与的公共空间。而哲学则无需公众的参与,根本上来说乃是私人的。政治的领域诉诸于同意取得共识,而哲学的领域则诉诸于理性的原则,如若哲学越界排斥或取代意见,那么政治社会就会受到根本性的冲击。现代性实质上是近代认识论哲学的独裁与现代哲学的空虚相结合的结果,从而形成了对政治的奴役。既然现代性在其根本上乃是哲学对政治的排斥、重塑,那么解决现代性的根本途径就在于解除哲学对政治的绑架,限制哲学的越界行动和越界冲动,使真正的政治得以复归,这就是苏格拉底所理解的政治。当苏格拉底提出"自知自己无知"的命题时,更多地是在向哲学家说话:既然在政治生活中意见充斥,并且意见支配众人,那么哲人就不要固执地认定只有自己掌握真理,除了向大众请教并聆听大众意见,无有其他路径获得真理。真正的真理是在于具有他者意识、甚至是他者关怀,"作为一个人,与整个世界不相符比与自身不相符要好"。① 真正的思,乃是与他者交互行动,并体会到自身中存在与他者的差异。

　　政治不仅容易遭到哲学的侵蚀,阿伦特还意识到,在现实层面政治所指向的事实真理还很容易遭到权力的侵蚀。政治生活既是意见杂呈的世界,也是事实真理贯注的世界,意见与真理不可避免地存在着冲突,政治权力既有可能越界冲击理性真理,也有在可能扭曲事实真理:"统治权力(用霍布斯的语言来说)攻击理性真理时,它似乎超过了自己王国的边界;而当它通过谎言和假象歪曲和掩盖事实真理时,它却是在它自己的土地上进行战

---

① 阿伦特:《哲学与政治》,田立年译,参见《西方现代性的曲折与展开》,贺照田主编,吉林人民出版社 2002 年版,第 349 页。

斗。"①权力对事实的扭曲造成的谎言,在现代社会声势如此之浩大,以至于撒谎者本人也相信了自己的谎言,谎言成了历史本身,真相被彻底淹没,消除谎言的结果是更大的谎言。于是真实无法再被接受为真实。现代性的结果就是谎言支配了一切。现代性本预想通过彻底的个人化为西方社会奠定一个坚实的行动支点,赋予人类以完全的自由。但其结果不仅使得自由消散于各种类型的支配性谎言当中,个人完全无法从中抽身,甚至根本都失去了抽身的能力和意识。阿伦特的政治复归,其真实涵义也就在于使人从生活的必需中抽身出来,从个人主义的封闭和自我中抽身出来,面向他者而行动,在与他者交往中使其自由人的身份获得自觉性:"这种身份使他能够行动,离开居所,进入世界和用语词和行动与其他人交往。"②脱离权力的支配,安然于在公共活动和公共空间与他者相遇,这才是真正政治的生活。这种政治的复归既需要个体意志的自觉,更需要的是在现实层面采取切切实实的行动(doing and acting)。在阿伦特的语境之中,"政治存在的理由是自由,它的经验领域是行动……人是自由的——有别于他们对自由天赋的拥有——只要他们适奉其时地行动;因为自由就是行动。"③现代性的消解,政治的复归,意在能够通过实现生存的基础上,还要能够通过工作创造属于人的生活,更要能够通过行动实现人的高贵或赋予人以高贵。而高贵的获取只能在政治性的公共领域当中才能实现,公共领域是人类生存所能达至的最大可能领域。阿伦特之所以倡导对政治的复归,既是对个人主义、相对主义以至虚无主义的深切体悟,又是对人之生活具有更高可能性的美好期待。人之高贵并不是由外力所赋予,人之自由也并不是无为即可获致,失去前行的勇气和切实的行动,只会更加堕落。

当施特劳斯面对现代性的虚无主义危机之时,他所选择的是对古典理

---

① 阿伦特:《真理与政治》,田立年译,参见《西方现代性的曲折与展开》,贺照田主编,吉林人民出版社2002年版,第304页。

② 阿伦特:《什么是自由》,田立年译,参见《西方现代性的曲折与展开》,贺照田主编,吉林人民出版社2002年版,第372页。

③ 转引自川崎修:《阿伦特—公共性的复权》,斯日译,河北人民出版社2002年版,第169页。

性的信靠,以及通过向哲学注入政治的关切而化解哲学勇往直前的锐利和尖刻。对于现代性的危机,应当承担责任的更多地是哲人,当他们自信满满、锐意改革之时实际上他们已经把苏格拉底"自知自己无知"的教诲完全抛诸脑后,陷入了自我的意见之中。阿伦特怀着的是对孤立隔绝个体的悲惨生活之深切体悟,原子式个人所聚合而成的私人领域无法真正突破个体的孤立与隔绝。当她转身诉诸于苏格拉底之时,"自知自己无知"的教诲显示出的既有哲人的温良谦恭,更有发自肺腑的对他者、以至众生的尊崇。施特劳斯和阿伦特都有着相同的犹太人身份,以及相同的犹太人流亡经历,但他们最终都超越了犹太人的狭隘族群意识。众生之念,或许正是他们作为20世纪最为重要的政治哲学家的真正原因之所在。

结语 现代性：在政治和哲学之间

在施特劳斯的语境当中，现代性及其危机是被他作为政治哲学的论题而处理的。作为政治哲学的论题，现代性的本质在于它是政治化的哲学，其核心特征是工具理性和价值无涉，而要化解现代性的危机就只能返回到政治的哲学，其核心特征是价值理性和价值关涉。但笔者判定，施特劳斯所提出的化解之道只能在少数哲人身上推行，而无法扩展至绝大多数的大众身上；这就意味着，至少在大众的层面之上现代性危机是无解的。施特劳斯的分析表明：既然现代性源自于哲人的理性爱欲与大众的利己物欲的结合，既然理性爱欲和利己物欲都是人类之自然构成，那么只能说现代性乃是人类之宿命。现代性的基础固然充斥着大众那无有休止、有加无已的利己物欲，但大众在实际上并没有扮演时代弄潮儿的角色；相反哲人则凭借着释放出来的科学技术实际地主宰着和引领着现代社会，而且还通过政治国家的建构以实现彻底的改造。所以说，倘若追究现代性所引发的危机后果，那么应该为之负责的就只能是现代的哲人；施特劳斯所予以责难的不是哲人本身，特别是古典意义上的哲人，而是那些已经是被政治化了的哲人。但问题是，现在人类是否还有力量解除哲人对政治的宰制，是否还有可能使哲人解甲归田？在大众已然被理性启蒙的今天，在启示信仰之路已然关闭的情况下，施特劳斯不无黯然：或许我们所能做的就只是把那些有资质的才俊之士尽可能早和尽可能多地引向对人类之根本处境问题的沉思当中，以防止他们被政治化而走向迷狂。

在施特劳斯的描述中，现代性的方案给予人类以一个怦然心动的未来：通过人类自我的力量可以建构一个能够实现所有人团结的、永久和平的普世社会(the universal society),其核心的特征可以概括为物质的普遍富裕、成员的理性共享、制度的自由民主,科学技术为这一普世社会提供了足够的支持。正如施特劳斯所描绘的那样,在普世社会中,"所有的民族都可以借助科学提高自己的生产力,从而得到充分的发展;人们认为,科学在本质上有助于增强人的力量,并缓解人们的物质匮乏状态,科学能够带来普遍的富裕;在那种状态下没有谁会再觊觎侵略其他人或其他民族,普遍的富裕会带来普遍的且完全正义的社会,就像一个完全幸福的社会。"①简而言之,科学技术带来普遍富裕,普遍富裕带来正义幸福,而科学技术完全由人类的理性所出。

但经历了 20 世纪之后,人们发现:1)共产主义僵硬地与西方对抗性地存在着,这表明政治社会只可能是一个有边界、特殊的封闭社会,而且这种封闭社会并不能被证明必然就比普世社会差;而且"无论流血的社会变革,还是不流血的社会变革,都绝不可能消除人性中的恶,只要有人,就会有恶意,有嫉妒,有仇恨;因此,不可能存在一个不必使用强制规范手段的社会"。② 共产主义必然会持续存在下去,永久的和平只可能存在于那些热爱和平的民族之间。2)普遍富裕即便不能说是正义幸福的充分条件、甚至连必要条件都说不上,"富裕治愈不了[人性之中]那根深蒂固的恶"。③ 3)自由民主制分裂的法律和道德,专注于制度的完善而非品德的培养,道德的普遍堕落无可避免。4)自由民主制无力培育尽职尽责的个体,原先所预期的理性共享的成员其实尽是欲望充斥着的个体,自由民主最后退化为纵欲的平等主义,理性已经无法区分明智与愚蠢、正确与错误。

在施特劳斯看来,现代性方案最初是由哲人们所设计的,其"初衷在于以最完美的方式满足人类最强烈的和最自然的需要",因为唯有可变的人性才能引导人类对自然的征服,"人们不得不从理性而非自然,从中立的而非合理的应当中寻求指导",其结果便是研究应当的哲学与研究是的科学发生

---

① 施特劳斯:《我们时代的危机》,李永晶译,文载 PSM,第 2 页。
② 施特劳斯:《我们时代的危机》,李永晶译,文载 PSM,第 6—7 页。
③ 施特劳斯:《我们时代的危机》,李永晶译,文载 PSM,第 8 页。

了分离。① 价值与事实的区分使得理性远离好坏、善恶和对错,哲人们还特别地据此建构了政治的国家;但事实上,这种科学地建构起来的政治是对日常政治的远离,而公民对政治事务有着完全不同于此的理解。实际上只有在对政治的科学理解取代公民的日常理解的条件下,事实与价值的区分才显得必不可少。因为现代社会正是在如此的建构性政治观念的统领之下向前推进的,所以施特劳斯最后就把现代性的危机归结为政治哲学的危机,从而现代性也就成为了政治哲学的论题。②

作为政治哲学论题的现代性,其中始终贯穿着"特别的理性主义",它相信"理性的权力",③本然是哲学的气质被挪用于政治的领域,于是本然以求善为要务的政治转向以求真为其要,这就是政治的哲学化。在古典语境之内,作为生活方式的哲学,秉持着质疑追问的精神,永远行进在求真的途中;而作为生活方式的政治,则以遵行习俗礼法为善,其寻求的是秩序和善好。而在现代语境之内,通过政治的哲学化所要完成的任务是把作为异质生活方式的哲学之求真精神贯穿进现实的政治,试图通过借助于哲学之求真的巨大力量来建构政治和改造世界,所有的政治问题最终都可以还原为纯粹的技术问题。现代性方案贯穿着依凭科学技术壮大人性力量的进步观念,支撑起以释放欲望为内在冲动的政治享乐主义,实现以权利优先于义务的现代政治国家的建构,目的是想一劳永逸地在人间建立起诸平等民族构成的普世社会,从此使人类能够安享普遍的富裕和恒久的幸福。"现代性的方案源自于现代政治哲学,源自于十六、十七世纪出现的那种政治哲学",④意即由马基雅维利、霍布斯、洛克等人所呈现出来的、贯注着几何学精神的、以创制理性国家为目的的政治哲学,一方面政治享乐主义用权利为核心的现代观念置换了以义务为核心的古典观念,另一方面现代科学观念又给予人们以极大的掌握命运、征服世界的巨大鼓舞,乐观精神和历史意识相结合

---

① 施特劳斯:《我们时代的危机》,李永晶译,文载 PSM,第 10 页。
② 另可参阅 CM,pp.2－3;《现代性的三次浪潮》,文载 PSM,第 33 页。
③ 施特劳斯:《现代性的三次浪潮》,丁耘译,文载 PSM,第 33 页。
④ 施特劳斯:《我们时代的危机》,李永晶译,文载 PSM,第 1 页。

充盈着进步观念，"普遍均质的国家"成为既可向往又可预期的现实蓝图。

政治的哲学化意味着现实政治的正当性需要经由哲学的合理性论证才能获致，唯有能够经过哲学论证验证的政治才能被接纳为合法的政治。因此，当马克思说出"以往的哲学都是认识世界，而真正的问题是改造世界"时，施特劳斯并不认为马克思的这句话是有多么的原创，这话只不过是弥漫在现代社会中政治哲学化这一时代精神的反映而已。就此时代精神而言，马克思只不过也是诸多现代性的中毒者之一而已。现实政治的哲学化使得诸如审慎、节制等古典美德被合理、精明等所谓的现代美德所替代。既然现实的政治总是这样那样地不够合理，或者说不够哲学，于是对政治的批判就应该成为常态，政治就不要不断地进行哲学的革命和现实的革命。当批判的武器取代武器的批判之时，政治的现实必定就会走火入魔，万劫不复，虚无主义的本质就在于摧毁现实一切的欲望，至于摧毁之后填补以什么则无关紧要。当自由民主为了普世的社会而发起对非自由民主国度的自由民主之改造时，其中所蕴含的不宽容与希特勒、斯大林之流的屠杀、肃反又有什么本质的不同呢？政治的哲学化既意味着专制与不宽容，也意味着善好无所依着。当求真成为现实政治的唯一正当原则之时，原本政治现实中所贯注着的各种即便是日常性的善好又将何处安其身呢？虚无主义意味着内心无有任何的善好持守，于是批判一切、否定一切、破坏一切就成了唯一的善好持守。对虚无主义者而言，普世社会之所以也应当进行批判，就在于"那里每个人都幸福而满足，每个人都安逸于渺小的日间快乐、渺小的夜间快乐，不再会有伟大心脏的跳动，不再会有伟大灵魂的呼吸"，而共产主义之所以应当进行批判，就在于其中所有的梦想都已实现，这就意味着人性开始陷入最大的堕落，这无疑"是人性的完结，是末日的来临"。[①] "从反马克思主义的观点看，马克思的未来人正是[尼采所说的]末人，最低下、最堕落的人，无理想无渴望的畜群人，虽然他们有的是好吃好穿好居所，且身心有好

---

① 施特劳斯：《德意志虚无主义》，丁耘译，文载 PSM，第108—109页。

的治疗。"①

政治的哲学化所伤害到的不仅是现实的政治,它还伤害到原本意义上的哲学,政治的哲学化同时意味着哲学的政治化。在施特劳斯语境之内,原本意义上的哲学"不意味着——这是关键之处——一套命题、一种教义,甚或一个体系,而是一种生活方式,一种为特殊的激情所激发着的生活",②它不是面向某种人而是面向人本身,"严格意义上的哲学是一种旨在把我们从任何文明或文化的特殊前提里解放出来的属人的努力"。③ 此种哲学源自于对"万物起始"或"最初事物"的追问,其关节点在于自然的发现,意即"现象之全体",④或可称之为"整全","万物全体中的自然(nature)就是整全"。⑤ 简而言之,原本意义上的哲学意味着面向整全,寻求万物之自然的一种生活方式。哲学的生活有三个前提预设:首先需要预设整全的存有,其次需要预设整全的探寻最为重要;最后需要预设我们对此尚且无知。在此预设之下,哲学的生活所表现出来的真实样态便是"对关于整全的知识的探询"。⑥ "整全"之所以值得哲人为之追问,因为这关系着"人应该如何生活"这一人生最为根本的问题。在施特劳斯的古典哲人看来,最善好的生活乃是依据人之自然本性而展开的生活,而人之自然本性的确定有赖于对整全的把握。他们认为,哲学的生活就是依据整全、合乎自然的生活,因而也就是最值得过的生活。一方面,哲学生活所着眼的是关于整全的"知识"而非关于整全的"意见",它是"用整全的知识取代整全的意见的一种尝试"。⑦因为施特劳斯把宗教的权威或政治的权威都视为"整全的意见",因此,哲

---

① 参见《西方现代性的曲折与展开》,贺照田编,吉林人民出版社2002年版。第100页。
② 施特劳斯:《神学与哲学的相互影响》,林国荣译,文载《信仰与政治哲学——施特劳斯与沃格林通信集》,华东师范大学出版社2007年版,第307页。
③ 施特劳斯:《修昔底德:政治史的意义》,彭磊译,文载 RCPR,第75页。
④ NRH,83.
⑤ WIPP,第3页。
⑥ 施特劳斯:《神学与哲学的相互影响》,林国荣译,文载《信仰与政治哲学——施特劳斯与沃格林通信集》,华东师范大学出版社2007年版,第307页。
⑦ WIPP,第3页。

学的生活在施特劳斯那里实际上就与启示的生活或政治的生活根本上是异质的或对立的,哲学生活本质上是理性的,它质疑权威、反对权威。另一方面,施特劳斯并不认为人类能够全然把握整全,人类作为整全之构成部分所具有的有限性使得我们只能无限地去接近整全。在此过程中,各种各样的信仰权威和习俗权威都会成为遮蔽整全的障碍,因此,哲学的重要展现样态便是"去蔽",也就是质疑权威、否定权威、反对权威。哲学的政治化试图使哲学服务于权威的世界,且不说这是否将带来对现实秩序的冲击和破坏,单就其对哲学的伤害来说也是致命的,因为这是对哲学精神的根本否定。

哲学的政治化还将稀释掉理性的爱欲,使哲学的生活平庸化。施特劳斯把哲学的生活定位于持续地探询整全的知识,其目的在于能够依照由整全所确定下来的人之自然本性而展开生活,这将是绝对完满的状态:"人就是这样被建立的,他的精神只有在最私人、永无止息地对存在之谜的思索中才能找到最终的满足",纯粹的哲思带来了最终的自给自足,真正的哲人就是像神样的人。① 整全合一的过程唯有探询者本人才能感知或领悟,它超越语言而无法传达给他人或交流于他人,而且所带来的满足之感是对人之为人之职分的恪守与履行的满足,因此,"哲人的自我欣赏或自我满意不必得到其他人的肯定才是合理的"。② 哲学生活的此种纯粹私人性质,容不下过多的喧闹,更容不下民主的议决。政治就其性质而言乃是"大众的",而哲学就其性质而言则是"私人的",或稍微不那么严格地说是"小众的";换言之,"哲学与城邦背道而驰于正相对立的不同道路之上"。"哲人受知识的渴望、欲望所支配"而纵情于理性爱欲的享乐之中,"哲人的非凡正义源自于他们追寻那些非哲人极力蔑视的东西","哲人……会把人类[所珍视]的事情当作微不足道的东西",哲学所享之乐与政治所享之乐水火不容。③

① 施特劳斯:《神学与哲学的相互影响》,文载《施特劳斯的政治哲学与宗教》,刘小枫编,香港明风出版社 2003 年版,第 110 页。

② 迈尔:《隐匿的对话——施米特与施特劳斯》,朱雁冰等译,华夏出版社 2008 年版。第 124 页。

③ Leo Strauss. TheCity and Man. The University of Chicago Press,1964. pp. 125 – 126.

试图把哲学嵌入政治的轨道,必将因大众之欲稀释掉哲人之爱。同时,哲学必须保持与城邦的某种疏离才能息心去蔽,哲人必需保持对城邦的漠然旁观才能自由翱翔,"哲学预见世界围墙的倒塌,它在世界的哀号声中突破重围,丝毫不留恋这个世界"。① 在哲人看来,人类所留恋的事物,诸如生活、朋友、祖国、名誉、工作等都只不过是种种的幻觉,虽然在此当中或能找到心灵的宁静,但也只能是短暂的、虚幻的,唯有经历放弃的痛苦,在不快的真相中才能获致恒久的、真实的心灵宁静。哲人只有完完全全无家可归之时,才能真真正正地四海为家。哲学的政治化将给哲人的自由之翼挂上黄金,从此不再翱翔蓝天,只会沦为大众之一员。

施特劳斯虽然指出现代性的本质在于政治的哲学化,并且政治的哲学化所伤害到的不仅是政治的生活,也伤害到哲学的生活,但他并未就此远离政治而走向哲学。施特劳斯并不是伊壁鸠鲁式的远离城邦、静息花园的纯粹哲学家,而是心神俱住于苏格拉底的政治哲学家,政治的施特劳斯远比哲学的施特劳斯更为接近真实的施特劳斯。这不仅仅是因为施特劳斯意识到政治可以不依赖哲学而自存、但哲学却不可能离开城邦而自存,也就是说,大众并不必然地需要哲人,但哲人却必然地需要大众,政治的生活方式具有独立性,而哲学的生活方式却不具有独立性;更因为施特劳斯还意识到,万物之自然或许并非人类所能抵达,整全或许并不真的就存有,因此,哲学的真正效用并不在于占有自然,而在于探询自然,不在于占有真理,而在于探询真理。而要想探询自然、探询真理首要的就是要穿透现象、穿透意见,故此意见乃是真理的起点,政治乃是哲学的起点,离开意见、脱离政治,真理和哲学将无所开启②——人事是通往整全的线索。③ 整全视域之下,政治的城邦乃是一个个体和群体能够在其中行动的真正整体,即便是哲人也无可逃

---

① 施特劳斯:《评卢克莱修》,马志娟译,文载 LAM,第 98 页。

② Leo Strauss. The origins of Political Science and the Problem of Scorates. In Interpretation. Ed. David Bolotin, Christonher Bruell, Thomas L. Pangle: Wichersham Printing Co. Lancaster, PA, 1996, Vol. 23, No. 2. p. 170.

③ 施特劳斯:《苏格拉底五讲》,洪涛译,文载 RCPR,第 196 页。

脱于城邦，政治乃是人之作为类存在而共同相守的家园。① 因为哲学自身在本质上缺乏自我认识，所以哲学需要政治以补全其正义。②

据此而论，现代性既然被施特劳斯置于政治哲学的论域之中，那么现代性的危机也就不可能离开政治哲学而纯然哲学地化解；既然现代的政治哲学其实质是政治化的哲学，那么只要能够寻找到真正政治的哲学，就能有效地纾解现代性的紧张。依据施特劳斯，真正政治的哲学不同于政治化的哲学，它是面向政治、关照现实的哲学，它带着探询万物之自然的理性爱欲面向政治事物，试图透过种种关于政治事物之现象的意见获取政治事物之自然的知识。政治哲学意在探询最佳的政体（或最好的社会），这就是最为符合自然之规定的政体。对政治哲人而言，政治的哲学所要完成的是走出洞穴之后的返回洞穴，离开城邦之后的转回城邦。真正的政治哲学既是上升之路又是下降之路，正如伯纳德特所指出的那样：施特劳斯的政治哲学"必须被理解为是双重的：一方面要转向城邦，另一方面又要离开城邦"。③ 在此上升和下降的双向过程之中，哲人培育了刚毅坚卓和温良审慎，真正明了人类之自然"乃是一种介于禽兽和众神之间的存在物"。④

就施特劳斯的意图来说，政治的哲学所看重的是下降之路而非上升之路，因为这条道路是由柏拉图所完整阐述，所以施特劳斯就称其为"柏拉图式的政治哲学"，它同时涵摄色诺芬笔下的政治哲人苏格拉底。施特劳斯认为，柏拉图式的政治哲学是由苏格拉底所创始，"苏格拉底是第一个把哲学从天上唤回，引入城邦甚至家庭之中［的思想家］，他迫使哲学追问生活与道德，追问好与坏"，⑤因此，柏拉图式的政治哲学实际上也就被施特劳斯看作是由苏格拉底所典型代表的古典政治哲学。柏拉图式的政治哲学奠基在

① 施特劳斯：《苏格拉底与政治学问的起源》，肖涧译，文载 PSM，第 259 页。
② 施特劳斯：《苏格拉底五讲》，洪涛译，义载，RCPR，第 196 页。
③ 伯纳德特：《施特劳斯的〈城邦与人〉》，文载《施特劳斯与古典政治哲学》，第 562 页。
④ NRH,155.
⑤ Cicero. Tusculan Disputation，Trans. J. E. King，Cambride MA：Harvard University Press，1996. V. 4 pp. 10 – 11.

政治事物之上,而政治事物关涉"共同善好"而非"私人善好",①"人类在某种程度上值得严肃对待,哲学对这一事实的承认就是政治哲学或政治科学的起源",政治哲学起源于哲学需要政治性的追求作为其弥补以变得正义。② 下降之路并不是首先意味着哲人在根本上依赖大众,而是首先意味着现实的政治具有特定的局限性而无法自行实现其自然,"政治事务并不完全具有理性"。人性之中存在着的根深蒂固的恶倘若不使用强制规范手段予以约制,必将破坏冲垮"公共善好",城邦亦将沦为僭主施虐的对象——人性之中蕴含着僭政的种子。哲人的下降意在引入合乎理性的强制规范,从而引导他的人类同伴"走向美德或德性,亦即走向特定个人所能够达到的那一种或那一程度的德性"。③

作为古典政治哲人的典型代表,苏格拉底在色诺芬和柏拉图的笔下充分显示出作为政治哲人的温良审慎和刚毅坚卓。色诺芬的苏格拉底文雅而有耐性、智慧而又节制。在施特劳斯看来,苏格拉底的政治美德源自于他对政事本性的明晓通达,他认识到政事不可化约为非政事,认识到政治自成一类,其虽非最高却是首务;他知晓塑造公民品格、约束公民行为的是律法,而律法只不过是议事会上公民的言辞;但同时他还知晓进行统治的唯一适宜的名分乃是关于如何统治的知识,而此唯有以智慧为旨归的哲人所拥有。但哲人也知晓不可能通过劝谕来统治不智之人,也不可能通过强力来统治不智之人,唯一可行的便是"律法之治"这种间接之举。"必须用为同意所调和的智慧之统治来取代未经调和的智慧之无限制统治。"④换言之,色诺芬的苏格拉底所强调的是孤绝的智慧与普遍的同意相调和、爱欲的疯狂与审慎的温良相妥协的政治哲学,色诺芬的苏格拉底是一个"最佳政治教育家"。柏拉图的苏格拉底更为凸显了政治哲人的刚毅坚卓,他执着往返于城邦之间,与各色人等交谈对话,运用其独特的反讽提出问题引人自答,使人

---

① 施特劳斯:《苏格拉底五讲》,洪涛译,文载 RCPR,第 196 页。
② 施特劳斯:《苏格拉底五讲》,洪涛译,文载 RCPR,第 189—190 页。
③ 施特劳斯:《苏格拉底五讲》,洪涛译,文载 RCPR,第 203 页。
④ 施特劳斯:《苏格拉底五讲》,洪涛译,文载 RCPR,第 193—211 页。

意识到好公民并不就等同于好人,而真正的好公民就应该等同于好人。在柏拉图的笔下,智慧之人驯服不智之人所运用的不是论证,也不是强力,而是劝谕;劝谕之所以能够成功既在于不智之人能够为"高贵的谎言"所欺骗,也在于苏格拉底愿意与色拉叙马霍斯交谈,其至相交成友。这就是劝谕的限度:依赖谎言而非论证,需要哲人下降以求杂众上升;因此,"当且仅当所有人都变成哲人,亦即当人性奇迹般地得到改造,最佳城邦才会成为可能"。① 如果说色诺芬的苏格拉底所面向的是政治,那么柏拉图的苏格拉底所面向的则是哲学;色诺芬的苏格拉底所指出的政治与哲学的关系是,政事虽非最高但却最紧迫最首要,政事是哲学的基础以及不可或缺的条件,②而柏拉图的苏格拉底所指出的政治与哲学的关系是,政治生活的尊严源自于某种超越政治生活的东西,政事的本质低于个人所能达到的完美,解决人类的完美问题不能凭借政治的途径,而只能凭借哲学,凭借并通过哲学的生活方式。③

概而言之,柏拉图式的政治哲学视哲学和政治为两种异质的生活方式,但是各有其有限性的生活方式,因此,既需要政治的上升也需要哲学的下降,它所彰显的是政治与哲学的紧张关系。从柏拉图式的政治哲学反观现代性就可以发现,现代性之症结在于理性爱欲的僭越打破了政治与哲学的平衡,当原本私人性的、以沉思静观为务的哲学以强有力的批判方式和改造姿态切入原本公共性的、以行动实践为要的政治领域之时,现代社会受到的伤害何其之重,以至于最终不仅失去了前行的目标,甚至连前行的信心也失去了!④

施特劳斯虽然把现代性看作是个人的自然欲望与哲人的理性爱欲叠加的结果,但他很显然更多地把现代性的本质视作为用哲学规定政治,智识美

① 施特劳斯:《苏格拉底五讲》,洪涛译,文载 RCPR,第 227 页。
② 施特劳斯:《苏格拉底五讲》,洪涛译,文载 RCPR,第 197 页。
③ 施特劳斯:《苏格拉底五讲》,洪涛译,文载 RCPR,第 228、229、251 页。
④ 施特劳斯:《我们时代的危机》,李永晶译,文载 PSM,第 1—2 页。

德(intellectual virtual)取代道德美德(moral virtual),①故其最终导致虚无的危机,但施特劳斯并不认为这种危机真正能够得到完全的化解。这是因为:一方面,现代性既然是建立在认肯个人欲望的正当之上,社会进步的动力归因于个人贪欲的释放,既然欲望又是人之自然中的必要构件,那么只要有相应条件的触发,现代性必就无可避免。另一方面,现代性通过把哲人的理性爱欲转化成民人的利益算计而获取了强大的改造力量,并且把亚里士多德有意予以圈禁的科学技术给充分地释放出来,在价值中立的实证主义和诉诸时空的历史主义的双重引导之下,最终使自身失去了任何的善好航标甚至追求善好的意识和裁决善好的能力。因此,要想真正地纾解现代性,一方面就需要从整体的社会层面取消个体利己欲望之正当性的地位,或至少把个体之欲望重新纳入到特定的价值序列当中并给予非基础性、非始源性的地位,另一方面则需要使计算理性回转成为智慧理性,或者说,从民人手中收回理性爱欲,重新使之困囿于哲人圈内,同时哲人对此又能保持足够的克制。因为施特劳斯更多地是把现代性看作是哲学的政治化或政治的哲学化所致,因此,现代性纾解的关键在于后者。倘若没有切实可行的举措把原本只应限制在特定圈子之内的"奇技淫巧"从启蒙了的大众那里重新收回,那么现代性终将无解。施特劳斯看到现代性已经通过理性启蒙向大众普及了科学技术,但除了告诫现代人重返古典政治理性主义的温良清明——这更多地依靠政治哲人的自我克制,他并没有给出切实可行的措施以恰如其分地安置大众之利己物欲和哲人之理性爱欲。

施特劳斯尽管给出了通过阅读古人的大书以开启古典政治理性主义,但他并没有在大众的层面上指出走出现代性危机的道路,因为毕竟有心志、有心力去阅读古人大书的人只能是少之又少的他所谓的有资质的才俊;而绝对数量的大众终其一生为其生计都在紧张地劳作。极其看重城邦与道德的施特劳斯并不就认为大众应为现代性负什么责任,他所担忧的是哲人的任意妄为。喻于利之小人固然对喻于义之君子的所言所行不明所以,但喻

---

① 施特劳斯:《剖白》,何子健译,文载 PSM,第 274—275 页。

于义之君子未必就能体会喻于利之小人的艰辛苦难,甚至压根就不屑于去体会。对于大众而言,在其紧张的劳作之余还会不经意地仰望一下星空,或聆听一下天籁,这本身就已充分显示着他们的内心依然留存着那份尚未受污的纯粹自然之域。而那些自以为真理在握的各种哲人、专家面向大众一味地去蔽、揭秘,实际上,他们早已被所谓的理性弄瞎了眼睛,根本就看不见大众的日常生活。当他们自诩带着阳光的温暖回到洞穴之时,殊不知他们只是从隐蔽的"第二洞穴"返回到了"第一洞穴",他们何曾被灿烂的阳光普照过?既没有被阳光普照过,又看不见大众的日常生活,这些人岂不就是一批毫无心肝的睿智专家吗?!既不懂哲学理性,又不懂政治习俗,不就是一批报废了的启蒙哲人吗?施特劳斯对现代性的批判所带来的最终的启示毋宁说是这样的一个对满心爱智之哲人的警示:对于那已然走出洞穴、识见过灿烂阳光的哲人来说,真正地怀着对故土的眷顾、毅然重返昏暗洞穴,或许才是真正的理性爱欲!

就此来说,施特劳斯或许并不应被看作为一个隐匿的纯然哲人,而应被视作为显白的政治哲人。

附录:施特劳斯著作编目
Leo Strauss（1899 – 1973）

一、著作编纂及中译

生前的施特劳斯并没有引起施特劳斯学派以外学界的太多关注,而在施特劳斯学派内部对施特劳斯本人思想的关注也多落实在编纂和宣传之上,还不能说有进行拉开距离的研究。在施特劳斯著作中,除去《自然正当与历史》较为集中地阐述现代性理论的著作之外,还有其他多部著作或旁及、或贯穿、或意涵现代性的批判。事实上,从其学术生涯开始现代性问题就已经或隐或显地缘起和进阶了,而《自然正当与历史》这一专论只不过是施特劳斯对现代性思考比较成熟的作品。除却其生前所公开出版的著作(总计 12 部),相对而言比较集中反映现代性问题的有《雅可比哲学中的认识论问题》、《斯宾诺莎的宗教批判》、《哲学与律法》、《霍布斯的政治哲学》以及《城邦与人》。另外,在施特劳斯亲自编订的《什么是政治哲学》(1959)、《古今自由主义》(1968)、《柏拉图式的政治哲学研究》也隐含贯穿着现代性的批判。其中《柏拉图式的政治哲学研究》出版于施特劳斯去世后的 1983 年,由其遗稿监护人克罗波西修订,并附有潘戈的长篇导言。

自 1973 年施特劳斯去世后,由其弟子及其他学者相继编辑和出版的施特劳斯本人的论文集和通信集中也有大量的关涉现代性批判的内容,其中关涉现代性批判的比较重要的论文集有:吉尔丁(Hilail Gildin)编纂的《政治哲学引论:列奥·施特劳斯的十篇论文》(1975)、潘戈(Thomas L. Pangle)编纂的《古典政治理性主义的重生:列奥·施特劳斯思想入门》(1989)、格林（Kenneth Hart Green）编纂的《犹太教哲学与现代性危机》（1997）、赞克（Michael Zank）编纂的《施特劳斯早期文稿：1921－1932》（2002）以及迈尔（Heinrich Meier）编纂中的《施特劳斯文集》。① 这些论文集零散地反映了施特劳斯对现代性的批判是如何上升到自然正当层面，以及他对自然正当观念的思考是如何深入推进的。关涉现代性批判比较重要的施特劳斯的通信集有：迈尔编订的施特劳斯与克吕格、洛维特、克莱因和索勒姆四人的通信，收录于《施特劳斯文集》第三卷；恩波莱（P. Emberley）、寇普（B. Cooper）编订的《信仰与政治哲学——施特劳斯与沃格林通信集》（1993，2004）；另还有与伽达默尔的通信也得以整理。在前一本通信集中，施特劳斯与克吕格、洛维特以及克莱因就其各自的基本持守所进行的论辩，能够清晰地展现施特劳斯对现代性的批判是如何开始及如何推进的。后一本通信集反映着施特劳斯与沃格林政治哲学之差异的实质乃是他们各自持守着对现代性不同切入视角的迥乎有别，毫不相容。②

　　国内对施特劳斯著作的译介从 1985 年开始延至今天仍然在进行当中。从世纪之交施特劳斯进入中国学界的问题意识起，其著作就得以系统地翻译，目前来看，施特劳斯关涉现代性理论的著作几乎全都有了中文译本。译林出版社较早地出版了申彤翻译的《霍布斯的政治哲学》（2001 年第一版），三联书店出版了施特劳斯的代表性著作《自然权利与历史》（彭刚译，2003 年第一版，2006 年第二版），江苏人民出版社出版了《古今自由主义》（马志娟译，2010 年第一版，2012 年第二版），华夏出版社出版了《斯宾诺莎的宗教批判》（李永晶，2013 年第一版）、《哲学与律法：论迈蒙尼德及其先驱》（黄瑞成译，2012 年第一版）、《柏拉图式政治哲学研究》（张缨等译，2012 年第一版）、《迫害与写作艺术》（刘锋译，2012 年第一版）、《什么是政

---

　　① 该套文集是德语界收录施特劳斯作品最为完整的出版物，计划出版六卷，目前已出版五卷，其中前三卷收录了所能收集到的施特劳斯所有早期文稿。

　　② 关于施特劳斯作品的文献信息在莫雷（John A. Murley）编纂的《施特劳斯及其遗产：文献汇编》中有很完整的体现；另外潘戈和迈尔都曾编纂过《施特劳斯著述编年》（中译参见潘戈《古典政治理性主义的重生》附录），非常具有文献价值。

治哲学》(李世祥译,2011 年第一版),华东师范大学出版了恩伯莱、寇普编订的《信仰与政治哲学:施特劳斯与沃格林通信集》(谢华有、张新樟译,2007 年第一版),华夏出版社依据迈尔所编的《施特劳斯文集》第三卷出版了《回归古典政治哲学:施特劳斯通信集》(朱雁冰等译,2006 年第一版)。另外,华夏出版社还编译出版了对于理解施特劳斯自然正当观念非常具有参考价值的四本施特劳斯论文集:《霍布斯的宗教批判》(杨丽等译,2012 年第一版)、《门德尔松与莱辛》(卢白羽译,2012 年第一版)、《犹太哲人与启蒙——施特劳斯讲演与论文集:卷一》(2010 年第一版)和《苏格拉底问题与现代性——施特劳斯讲演与论文集:卷二》(2008 年第一版)。潘戈编纂的《古典政治理性主义的重生》也由华夏出版社 2011 年出版了郭振华等人的译本。

二、生前著作及作品集

1921 年

Das Erkenntnisproblem in derphilosophischen Lehre Fr. H. Jacobis
雅可比哲学中的认识论问题,博士论文。

中译本见《哲学与律法:论迈蒙尼德及其先驱》,华夏出版社 2012 年版,黄瑞成译。

立场与方法的对立
学说的内容
关于宗教哲学

1930 年(英文译本 1965 年)

Die Religionskritik Spinozas als Grundlage seiner Bibelwissenschaft
斯宾诺莎的宗教批判,华夏出版社 2013 年版,李永晶译。1965 年英文译本出版。

英译本前言
柯亨对斯宾诺莎圣经学的分析

圣经的历史与科学

论斯宾诺莎及其先驱们的圣经学

斯宾诺莎的遗言

1935 年

Philosophie und Gesetz：Beitrage zum Verstandnis Maimunis und seiner Vorlaufer

哲学与律法：论迈蒙尼德及其先驱，中译本华夏出版社 2012 年版，黄瑞成译。

犹太哲学中的古今问题

哲学的律法奠基

律法的哲学奠基

1936 年（1952 年再版）

The Political Philosophy of Hobbes：Its Basis and Its Genesis

霍布斯的政治哲学：基础与起源，中译本译林出版社 2001 年版，申彤译。

1948 年（修订扩展版 1991 年）

On Tyranny：An Interpretation of Xenophon's Hiero

论僭政：色诺芬的《希耶罗》义疏，中译本华夏出版社 2006 年版，何地译。

重述色诺芬《希耶罗》

施特劳斯－科耶夫通信集

1952 年

Persecution and the Art of Writing

迫害与写作艺术，中译本华夏出版社 2012 年版，刘峰译。

导论－"法拉比笔下的柏拉图",1945 年

迫害与写作艺术,1941 年

《迷途指津》的文学特性,1941 年

《卡札尔人书》中的理性之法,1943 年

如何研读斯宾诺莎的《神学政治论》,1948 年

1953 年(1971 年再版)

Natural Right and History

自然权利与历史,中译本三联书店 2003 年第一版,2006 年第二版,彭刚译

1958 年

Thoughts on Machiavelli

关于马基雅维里的思考,中译本译林出版社 2003 年,申彤译

1959 年

What Is Political Philosophy And other Studies

什么是政治哲学? 中译本华夏出版社 2011 年版,李世祥等译

什么是政治哲学?

政治哲学与历史

论古典政治哲学

重述色诺芬的《希耶罗》

法拉比如何解读柏拉图的《法义》

迈蒙尼德论政治科学

论霍布斯政治哲学的基础

洛克的自然法学说

注意一种被遗忘的写作艺术

里茨勒

书评十六则

1963 年（1972 年再版，1987 年三版）

History of Political Philosophy, coedited with Joseph Cropsey

政治哲学史，河北人民出版社 1993 年版（上下册），法律出版社 2011 年版（全一册）。李天然（李洪润）等译

柏拉图

帕多瓦的马西利乌斯

尼可洛·马基雅维利

列奥·施特劳斯与政治哲学史（潘戈）

1964 年

The City and Man

城邦与人，中译本待出（三联书店），试译稿网传（何详迪译）。

导论

亚里士多德的《政治学》

柏拉图的《王制》

修昔底德的《伯罗奔尼撒战争史》与雅典人

1966 年

Socrates and Aristophanes

苏格拉底与阿里斯托芬，中译本华夏出版社 2011 年版，李小均译

引言

《云》

其他谐剧

结语

苏格拉底与阿里斯托芬 - 克莱因

1968 年

Liberalism Ancient and Modern

古今自由主义,中译本江苏人民出版社 2010 年版,马志娟译

何为自由教育?

自由教育与责任

古典政治哲学中的自由主义

论《米诺斯》

评卢克莱修

《迷途指津》导读

帕多瓦的马西利乌斯

结语

《斯宾诺莎的宗教批判》导言

对美好社会的思考

1970 年

Xenophon's Socratic Discourse

色诺芬的苏格拉底言辞,中译本华夏出版社 2010 年版,杜佳译

《齐家》义疏

1972 年

Xenophon's Socrates

色诺芬的苏格拉底,中译本华夏出版社 2011 年版,高诺英译

回忆苏格拉底

苏格拉底在法官面前的申辩

会饮

二、逝后他人编订著作

1975 年

An Introduction to Political Philosophy：Ten Essays by LEO STRAUSS

政治哲学引论：列奥·施特劳斯的十篇论文①

Edited with an introduction by Hilail Gildin

前言（吉尔丁）

什么是政治哲学

论古典政治哲学

现代性的三次浪潮

自然正当与历史方法

结语

政治哲学史绪论

柏拉图

进步还是回归？

什么是自由教育？

自由教育与责任

1975 年

The Argument and the Action of Plato's Law

柏拉图《法义》的论辩与情节，中译本华夏出版社 2011 年，程志敏、方旭译

1983 年

Studies in Platonic Political Philosophy

---

① 该书已列入三联书店学术前沿出版计划，至今未见译本。

柏拉图式的政治哲学研究，中译本华夏出版社 2012 年版，张缨等译

导言

作为严格科学的哲学与政治哲学

论柏拉图的《苏格拉底的申辩》和《克力同》

论《欧蒂德谟》

对修昔底德著作中诸神的初步考察

色诺芬的《上行记》

论自然法

耶路撒冷与雅典：一些初步的反思

注意尼采《善恶的彼岸》谋篇

迈蒙尼德《知识书》疏释

简评迈蒙尼德的《占星学书简》

简评迈蒙尼德的《逻辑技艺论》

尼可洛·马基雅维利

评麦克弗森《占有式个人主义政治理论：霍布斯到洛克》

评塔尔蒙《犹太史的本性：其普遍的重要性》

柯亨《源于犹太教的理性宗教》导言

1989 年

The Rebirth of Classical Political Rationalism：An introduction to the Thought of Leo Strauss

古典政治理性主义的重生：列奥·施特劳斯思想入门，中译本华夏出版社 2011 年，郭振华等译

社会科学与人文学问

"相对主义"

海德格尔式存在主义导言

论古典政治哲学

显白的教诲

修昔底德：政治史的意义

苏格拉底问题五讲

论游叙弗伦

如何着手研究中古哲学

进步还是回归？

1997 年

Jewish Philosophy and the Crisis of Modernity : Essays and Lectures in Modern Jewish Thought

犹太哲学与现代性危机：关于现代犹太思想的论文与讲演

Edited with an Introduction By Kenneth Hart Green

前言（格林）

导论（格林）

关于现代犹太思想的论文

进步还是回归？

《斯宾诺莎的宗教批判》前言

关于现代犹太思想家的论文

如何研读斯宾诺莎的《神学政治论》

艾萨克·胡锡克《哲学论著集》前言

赫尔曼·柯亨《源于犹太教的理性宗教》导言

关于当代犹太问题的讲演

弗洛伊德论摩西和一神论

为什么我们仍然是犹太人？

对希伯来圣经的研究

论《创世纪》的解释

耶路撒冷和雅典

犹太历史的评论

什么是政治哲学（第一段）

评塔尔蒙《犹太史的本性》

致编辑的信:以色列国家

关于犹太人和犹太教的杂论

《迫害与写作艺术》导论

对美好社会的看法

自传式反思

一段未宣读的开场白

《霍布斯的政治学》德文版前言

《A Giving of Accounts

附录

一部暂定名为〈哲学与律法:历史论文集〉的计划

色诺芬《希耶罗》重申

贾森·阿隆索的纪念性评论

2002 年

Leo Strauss:The Early Writings(1921 –1932)

施特劳斯早期文稿:1921 –1932

Translated and edited by Michael Zank

导论(赞克)

第一部分学位论文

雅可比哲学中的认识论问题

第二部分作为犹太复国运动分子的作品

答法兰克福小组的"原则之言"

评奥托《神圣》

评"犹太复国主义和反犹主义"讨论

诺涛的犹太复国主义

拉加德评传

社会学的史学?

评列夫科维茨《当代宗教思想家》

论与欧洲学术的讨论

评温伯格的批评

武装的教会

圣经的历史与科学

第三部分关涉斯宾诺莎的历史－哲学作品

柯亨对斯宾诺莎圣经科学的分析

论斯宾诺莎及其先驱者们的圣经科学

第四部分再定位

评弗洛伊德《一个幻觉的未来》

罗森茨威格与犹太教学术研究院

评艾宾浩斯《论形而上学的进步》

斯宾诺莎的遗言

三、中文编译文集

2010 年

犹太哲人与启蒙——施特劳斯讲演与论文集：卷一

Essays & Lectures in Jewish Philosophers and Enlightenment by Leo Strauss

华夏出版社,2010 年 1 月。张缨等译。

答法兰克福小组的"原则之言"－1923

评"犹太复国主义和反犹主义"讨论－1923

诺涛的犹太复国主义－1923

拉加德评传－1924

犹太复国主义与正统－1924

犹太复国主义之源－1924

评温伯格的批评－1925

武装的教会 – 1925

评弗洛伊德《一个幻觉的未来》– 1928

论政治犹太复国主义的意识形态 – 1929

罗森茨威格与犹太教学术研究院 – 1929

柯亨与迈蒙尼德 – 1931

简评迈蒙尼德和阿尔法拉比的政治学 – 1936

神意学说在迈蒙尼德作品中的位置 – 1937

阿布拉瓦内的哲学趋向于政治教诲 – 1937

评阿布拉瓦内对王政的批判 – 1937

事关犹太问题对轴心国的再教育 – 1943

序胡锡克《哲学论著集》– 1952

论《创世纪》的解释 – 1957

致编者的信：以色列国家 – 1957

弗洛伊德论摩西与一神教 – 1958

一段未宣读的开场白 – 1959

追忆阿容松点滴 – 1961

为什么我们仍然是犹太人 – 1962

2008 年

苏格拉底问题与现代性——施特劳斯讲演与论文集：卷二

Essays & Lectures in the problem of Socrates and modernity by Leo Strauss

华夏出版社,2008 年 3 月。彭磊、丁耘等译。

我们时代的危机

政治哲学的危机

现代性的三次浪潮

马基雅维利与古典文学

《霍布斯政治哲学》德文版前言

论卢梭的意图

德意志虚无主义

评柯林伍德的历史哲学

注意一种被遗忘的写作艺术

斯巴达与色诺芬的品味

论柏拉图政治哲学新说之一种

评色诺芬的《希腊志》研究

剖白

2012 年

门德尔松与莱辛

Einleitungen Zu Moses Mendelssohn

华夏出版社,2012 年 8 月。卢白羽译。

评奥托《神圣》– 1923

社会学的史学 – 1924

评列夫科维茨《当代宗教思想家》– 1924

论语欧洲学术的讨论 – 1924

纵览主义 – 1929

评艾宾浩斯《论形而上学的进步》– 1931

当代思想状况 – 1932

蒲伯,一个形而上学家

致莱比锡莱辛硕士先生的公开信

迈蒙尼德《逻辑术语》注疏

论自明

斐多

论人类灵魂的无形

论德·吕克先生一文

灵魂

上帝的事业或获救的天意

"晨时"和"致莱辛的友人"

追忆莱辛

2012 年

霍布斯的宗教批判

Die Religionskritik des Hobbes

华夏出版社,2012 年 11 月。杨丽等译。

研究大纲:霍布斯的政治学(自然权利导论)

一部计划写的关于霍布斯的书的前言

评《政治的概念》

附录一:关于"世界国家"的摘记

附录二:致施米特的三封信

关于霍布斯政治学的几点评注

霍布斯的宗教批判:论理解启蒙

《霍布斯的政治学》德文版前言

评《追踪利维坦》

参考文献

一、施特劳斯的著作与论文

（一）英语原作

1. Leo Strauss. Natural Right and History［M］,Chicago and London:the University of Chicago Press,1953.

2. Leo Strauss. What Is Political Philosophyand Other Studies［M］,Illinois:the Free Press,1959.

3. Leo Strauss. The City and Man［M］,Chicago and London:The University of Chicago Press, 1964.

4. Leo Strauss, Socrates and Aristophanes［M］, University of Chicago Press, 1966.

5. Leo Strauss, Xenophen's Socrates［M］, Ed. By Allan Bloom, New York: Cornell University Press, 1972.

6. Leo Strauss. The Argument and the Action of Plato's Laws［M］,Chicago and London:The University of Chicago Press, 1975.

7. Leo Strauss. Studies in Platonic Political Philosophy［M］,With an Introduction by Thomas L. Pangle, Chicago and London: the University of Chicago Press, 1983.

8. Leo Strauss. Persecution and the Art of Writing［M］,Chicago and London:the University of Chicago Press,1988.

9. Leo Strauss. On Tyranny:Including the Strauss – Kojève Correspondence

[M] , edited by Victor Gourevitich and Michael S. Roth, New York: the Free Press, 1991.

10. Leo Strauss. Liberalism Ancient and Modern [M] , Chicago and London: the University of Chicago Press, 1995.

11. Leo Strauss. Philosophy and Law: Contributions to the Understanding of Maimonides and His Predecessors [M] , translated by Eve Adler, Albany: State University of New York Press, 1995.

12. Leo Strauss. Spinoza's Critique of Religion [M] , Chicago and London: the University of Chicago Press, 1997.

13. Leo Strauss. An Introduction to Political Philosophy: Ten Essays by Leo Strauss [C] , Edited with an introduction by Hilail Gildin, Detroit: Wayne State University Press, 1989.

14. Leo Strauss. The Rebirth of Classical Political Rationalism: An Introduction to the Thought of Leo Strauss [C] , Selected and introduced by Thomas L. Pangle, Chicago and London: the University of Chicago Press, 1989.

15. Leo Strauss. Jewish Philosophy and the Crisis of Modernity: Essays and Lectures in Modern Jewish Thought [C] , Edited with an Introduction by Kenneth Hart Green, Albany: State University of New York Press, 1997.

16. Leo Strauss. Leo Strauss: The Early Writings (1921 – 1932) [J] , translated and edited by Michael Zank, Albany: State University of New York Press, 2002.

17. Leo Strauss. "The Crisis of Political Philosophy" [J] , in The Predicament of Modern Politics, edited by Harold J. Spaeth, Detroit: University of Detroit Press, 1964.

18. Leo Strauss". The Crisis of Our Time" [J] , in The Predicament of Modern Politics, edited by Harold J. Spaeth, Detroit: University of Detroit Press, 1964.

19. Leo Strauss, The Origins of Political Science and the Problem of Socrates

［J］．Interpretation，1996

20．Leo Strauss．"Why We Remain Jews：Can Jewish Faith and History Still
Speak to Us"［J］，in Leo Strauss：Political Philosopher and Jewish Thinker，
edited by Kenneth L. Deutsch and Walter Nicgorski, Lanham：
Rowman&Littlefield Publishers，1994．

21．Leo Strauss，German Nihilism［J］，Interpretation：A Journal of Political Phi-
losophy，Spring 1999

（二）中文译作

1．列奥·施特劳斯、约瑟夫·克罗波西主编：《政治哲学史（上、下册）》，河
北人民出版社1993年版。

2．列奥·施特劳斯：《霍布斯的政治哲学：基础与起源》，申彤译，译林出版
社2001年版。

3．列奥·施特劳斯：《关于马基雅维里的思考》，申彤译，译林出版社2003
年版。

4．列奥·施特劳斯、古内尔：《施特劳斯的政治哲学与宗教》，香港明风出版
社2003年版。

5．列奥·施特劳斯：《自然权利与历史》，彭刚译，甘阳选编，生活·读书·
新知三联书店2003年版。

6．列奥·施特劳斯：《自然权利与历史》，彭刚译，三联书店2006年版。

7．列奥·施特劳斯等：《回归古典政治哲学——施特劳斯通信集》，朱雁冰、
何鸿藻译，迈尔编，华夏出版社2006年版。

8．列奥·施特劳斯等：《论僭政——色诺芬》，《希耶罗》义疏（与科耶夫合
著），何地译，观溟校，古热维奇、罗兹编，华夏出版社2006年版。

9．列奥·施特劳斯等：《信仰与政治哲学——施特劳斯与沃格林通信集》，
谢华育、张新樟等译，恩伯莱、寇普编，华东师范大学出版社2007年版。

10．列奥·施特劳斯：《苏格拉底问题与现代性——施特劳斯讲演与论文
集》卷二，彭磊、丁耘等译，刘小枫编，华夏出版社2008年版。

11．列奥·施特劳斯：《政治哲学史（第三版）》，李红润等译，法律出版社

2009 年版。

12. 列奥·施特劳斯:《古今自由主义》,马志娟译,江苏人民出版社 2010 年版。

13. 列奥·施特劳斯:《色诺芬的苏格拉底言辞——〈齐家〉义疏》,杜佳译,程志敏、张爽校,华东师范大学出版社 2010 年版。

14. 列奥·施特劳斯:《犹太哲人与启蒙——施特劳斯讲演与论文集》,卷一,张缨等译,刘小枫编,华夏出版社 2010 年版。

15. 列奥·施特劳斯:《柏拉图〈法义〉的论辩与情节》,程志敏、方旭译,华夏出版社 2011 年版。

16. 列奥·施特劳斯:《古典政治理性主义的重生——施特劳斯思想入门》,郭振华等译,叶然校,潘戈编,华夏出版社 2011 年版。

17. 列奥·施特劳斯:《什么是政治哲学》,李世祥等译,华夏出版社 2011 年版。

18. 列奥·施特劳斯:《苏格拉底与阿里斯托芬》,李小均译,华夏出版社 2011 年版。

19. 列奥·施特劳斯:《色诺芬的苏格拉底》,高诺英译,华东师范大学出版社 2011 年版。

20. 列奥·施特劳斯:《论柏拉图的〈会饮〉》,邱立波译,华夏出版社 2012 年版。

21. 列奥·施特劳斯:《迫害与写作艺术》,刘锋译,华夏出版社 2012 年版。

22. 列奥·施特劳斯:《哲学与律法:论迈蒙尼德及其先驱》,黄瑞成译,华夏出版社 2012 年版。

23. 列奥·施特劳斯:《斯宾诺莎的宗教批判》,李永晶译,华夏出版社 2013 年版。

24. 列奥·施特劳斯:《霍布斯的宗教批判》,杨丽等译,华夏出版社 2012 年版。

二、其他相关著作与论文

（一）英语研究文献

1. Anne Norton. Leo Strauss and the Politics of American Empire[M], New Haven & London: Yale University Press. 2004.

2. Catherine and Michael Zuckert. The Truth about Leo Strauss: Political Philosophy and American Democracy[M], Chicago and London: the University of Chicago Press, 2006.

3. Heinrich Meier, Leo Strauss and the Theologico – Political Problem[M], trans. Marcus Brainard, Cambridge: Cambridge University Press, 2006.

4. Kim A. Sorensen. Discourses on Strauss: Revelation and Reason in Leo Strauss and His Critical Study of Machiavelli[M], Notre Dame: University of Notre Dame Press, 2006.

5. Leora Batnitzky. Leo Strauss and Emmanuel Levinas: Philosophy and the Politics of Revelation[M], New York: Cambridge University Press, 2006.

6. Nasser Behnegar, Leo Strauss, Max Weber, and the Scientific Study of Politics[M], Chicago and London: The University of Chicago Press, 2003.

7. Shadia B. Drury. the Political Ideas of Leo Strauss[M], London: The Mecmillan Press, 1988.

8. Steven B. Smith, Reading Leo Strauss: Politics, Philosophy, Judaism[M]. Chicago: University of Chicago Press, 2006.

9. Steven B. Smith. Reading Leo Strauss: Politics, Philosophy, Judaism[M], Chicago and London: the University of Chicago Press, 2006.

10. Thomas L. Pangle. Leo Strauss: An Introduction to His Thought and Intellectual Legacy[M], Baltimore: The Johns Hopkins University Press, 2006.

11. David Janssens, Between Athens and Jerusalem: Philosophy, Prophecy, and Politics in Leo Strauss´ Early Thought[M], State University of New York Press, 2008.

12. Eugene R. Sheppard. Leo Strauss and the Politics of Exile: the Making of a

Political Philosopher [C], Hanover and London: Brandeis University Press, 2006.

13. HarryJaffa, "Leo Strauss, The Bible, and Political Philosophy." In Leo Strauss: Political Philosopher and Jewish Thinker[C]. Edited by Kenneth L. Deutsch and Walter Nicgorski/ Lanharn, MD: Rowman &Littlefield Publishers. 1993

14. Heidegger's Jewish Followers:Essays on Hannah Arendt,Leo Strauss,Hans Jonas, and Emmanuel Levinas [C], edited by Samuel Fleischacker, Pittsburgh:Duquesne University Press, 2008.

15. Leo Strauss,the Straussians,and the American Regime[C],edited by Kenneth L. Deutsch and John A. Murley, Lanham Boulder New York Oxford: Rowman & Littlefield Publishers, 1999.

16. Leo Strauss:Political Philosopher and Jewish Thinker[C],edited by Kenneth L. Deutsch and Walter Nicgorski, Lanham: Rowman&Littlefield Publishers, 1994.

17. Leo Strauss's Thought:toward a Critical Engagement[C],edited by Alan Udoff, Boulder&London:Lynne Rienner Publishers. 1991.

18. Leora Batnitzky, "Leo Strauss and the Theological – Political Predicament", in The Cambridge Companion to Leo Strauss[C], ed. By Steven Smith, Cambridge: Cambridge University Press, 2009

19. Steven B. Smith, The Cambridge Companion to Leo Strauss[C], London: Cambridge University Press,2009.

20. Clark A. Merrill, "Spelunking in the Unnatural Cave: Leo Strauss's Ambiguous Tribute to Max Weber,"Interpretation, Fal] 1999,Vol. 27. No. 1

21. Dana R. Villa, "The Philosopher Versus the Citizen: Arendt. Strauss, and Socrates,"Political Theory, Vol. 26, No. 2 (Apr. , 1998)

22. David Janssens, "The Problem of Enlightenment: Strauss, Jacobi, and the Pantheism Controversy," The Review of Metaphysics, Vol. 56, NO. 3(Mar. ,

2003）

23. David Lewis Schaefer, " 'Moral Theory' Versus Political Philosophy: Two Approaches to Justice, ' The Review of Politics, Vol. 39, No. 2 (Apr. , 1977)

24. Fred M. Frohock, "Notes on the Concept of Politics: Weber, Easton, Strauss", The Journal of Politics, Vol. 36, No. 2 (May, 1974)

25. Gregory Bruce Smith, "Leo Strauss and the Straussians: An Anti – Democratic Cult " Political Science and Politics, Vol. 30, No. 2 (Jun" 1997)

26. Harvey C. Mansfield, "Strauss's Machiavelli. " Political Theory, Vol. 3, No. 4 (Nov. , 1975)

27. Hwa Yol Jung, "Leo Strauss's Conception of Political Philosophy: A Critique," The Review of Politics, Vol. 29, No. 4 (Oct. , 1967)

28. James F. Ward, "Political Philosophy & History: The Links between Strauss & Heidegger," Polity, Vol. 20 (Winter, 1987)

29. Joseph Cropsey, "On Ancients and Moderns," Interpretation, Fall 1990, Vol. 18, No. l

30. Allan Bloom, "Leo Strauss: September 20, 1899 – October 18, 1973", Political Theory, Vol. 2, No. 4 (Nov. , 1974)

31. Nathan Tarcov, "Philosophy & History: Tradition and Interpretation in the Work of Leo Strauss," Polity, Vol. 16, No. 1 (Autumn, 1983)

32. Peter Lawler, "Introduction: Strauss, Straussians, and Faith – Based Students of Strauss," Political Science Review, 36 (2007)

33. Richard Velkley, "On The Roots of Rationalism: Strauss's Natural Right and History as Response to Heidegger," The Review of Politics, Spring 2008, 70 (2)

34. Robert B. Pippin, "The Modern World of Leo Strauss," Political Theory, Vol. 20, No. 3, (Aug, 1992)

35. Scot Zentner, "The Philosopher and the City: Harry Jaffa and the Straus-

sians, "Interpretation, Vol. 30 (Issue 3) ,Summer 2003.

36. Shadia B. Drury, "Leo Strauss´ Classic Natural Right Teaching. " Political theory, (15/3, August 1987).

37. Shadia B. Drury, "The Esoteric Philosophy of Leo Strauss, " Political Theory (13/3, August 1985)

38. Steven B. Smith, "´Destruktion´ or Recovery: Leo Strauss´s Critique of Heidegger, " The Review of Metaphysics, Vol. 51, No. 2 (Dec. , 1997)

39. Steven B. Smith, "Leo Strauss´s Platonic Liberalism, " Political Theory, Vol. 28, No. 6 (Dec. , 2000)

40. Stewart Umphrey, "Special issue on the Thought of Leo Strauss", The Review of Politics, Vol. 53, No. 1, (Winter,1991)

41. Susan Orr, Jerusalem and Athens (Lanham5 MD: Rowman & Littlefield, 1995).

42. Thomas L. Pangle, "Leo Strauss、Perspective on Modern Politics, " see AEI Bradley Lecture (Washington), 2003.

43. Thomas L. Pangle, "The Roots of Contemporary Nihilism and Its Political Consequences According to Nietzsche, " The Review of Politics, Vol. 45, No. l (Jan. , 1983) ,

44. Victor Gourevitch, "Philosophy and Politics, " The Review of Metaphysics, Vol. 22, No. l (Sep. , 1968)

45. William H. F. Altman, "Leo Strauss on ' German Nihilism´: Learning the Art of Writing, " Journal of the History of Ideas, Vol. 68, NO. 4 (Oct. , 2007)

（二）中文翻译著作

1.柏拉图:《理想国》,郭斌和、张竹明译,商务印书馆1986年版。

2.柏拉图:《法律篇》,张智仁等译,上海人民出版社2001年版。

3.柏拉图:《苏格拉底的申辩》,吴飞译、疏,华夏出版社2007年版。

4. 亚里士多德:《尼各马可伦理学》,苗力田译,中国社会科学出版社 1999 年版。

5. 亚里士多德:《政治学》,颜一、秦典华译,中国人民大学出版社 2003 年版。

6. 阿里斯托芬:《云》,罗念生译,上海人民出版社 2006 年版。

7. 色诺芬:《回忆苏格拉底》,吴永泉译,商务印书馆 1986 年版。

8. 色诺芬:《居鲁士的教育》,沈默译笺,华夏出版社 2007 年版。

9. 色诺芬等:《色诺芬的〈会饮〉》,沈默等译,刘小枫编,华夏出版社 2005 年版。

10. 阿尔法拉比:《柏拉图的哲学》,程志敏译,华东师范大学出版社 2006 年版。

11. 迈蒙尼德:《迷途指津》,傅有德、郭鹏、张志平译,山东大学出版社 2004 年版。

12. 马基雅维里:《君主论》,李盈译,天津教育出版社 2004 年版。

13. 马基雅维里:《论李维》,冯克利译,上海人民出版社 2005 年版。

14. 笛卡尔:《谈谈方法》,王太庆译,商务印书馆 2000 年版。

15. 霍布斯:《利维坦》,黎思复、黎廷弼译,商务印书馆 1985 年版。

16. 斯宾诺莎:《神学政治论》,温锡增译,商务印书馆 1963 年版。

17. 洛克:《政府论》,瞿菊农、叶启芳译,商务印书馆 1982 年版。

18. 维柯:《新科学》,朱光潜译,人民文学出版社 1986 年版。

19. 卢梭:《社会契约论》,何兆武译,商务印书馆 1980 年版。

20. 卢梭:《论科学与艺术》,何兆武译,上海人民出版社 2007 年版。

21. 卢梭:《论人类不平等的起源和基础》,高煌译,广西师范大学 2002 年版。

22. 卢梭:《孤独漫步者的遐想》,钱培鑫译,译林出版社 2006 年版。

23. 休谟:《人类理解研究》,关文运译,商务印书馆 1957 年版。

24. 康德:《实践理性批判》,邓晓芒译,杨祖陶校,人民出版社 2003 年版。

25. 康德:《法的形而上学原理》,沈叔平译,商务印书馆 1991 年版。

26. 康德:《历史理性批判文集》,何兆武译,商务印书馆1990年版。

27. 黑格尔:《精神哲学——哲学全书》第三部分,杨祖陶译,人民出版社2006年版。

28. 黑格尔:《法哲学原理》,范扬、张企泰译,商务印书馆1961年版。

29. 黑格尔:《历史哲学》,王造时译,上海书店出版社2006年版。

30. 阿尔法拉比:《柏拉图的哲学》,程志敏译,华东师范大学出版社2006年版。

31. 阿伦特:《极权主义的起源》,林骧华译,生活·读书·新知三联书店2008年版。

32. 艾伦·布鲁姆:《人应该如何生活——柏拉图〈王制〉释义》,刘晨光译,华夏出版社2009年版。

33. 艾伦·布鲁姆:《走向封闭的美国精神》,缪青译,中国社会科学出版社1994年版。

34. 艾伦·布鲁姆:《巨人与侏儒——布鲁姆文集》,张辉编译,华夏出版社2007年版。

35. 贝纳加:《施特劳斯、韦伯与科学的政治研究》,陆月宏译,刘小枫主编,华东师范大学出版社2010年版。

36. 波普尔:《开放社会及其敌人》,陆衡等译,中国社会科学出版社1999年版。

37. 伯恩斯等:《城邦与自然——亚里士多德与现代性》,刘小枫编,2010年版。

38. 伯林:《浪漫主义的根源》,亨利·哈代编,吕梁、洪丽娟、孙易译,译林出版社2008年版。

39. 伯林:《启蒙的时代:十八世纪哲学家》,孙尚扬、杨深译,译林出版社2005年版。

40. 伯林:《自由及其背叛:人类自由的六个敌人》,赵国新译,译林出版社2005年版。

41. 丹尼尔·唐格维.列奥·施特劳斯:《思想传记》,林国荣译,吉林出版集团有限责任公司 2011 年版。

42. 伽达默尔:《真理与方法——哲学诠释学的基本特征(上、下)》,洪汉鼎译,上海译文出版社 2004 年版。

43. 海德格尔:《存在与时间》,陈嘉映、王庆节译,生活·读书·新知三联书店 2006 年版。

44. 海德格尔:《路标》,孙周兴译,商务印书馆 2000 年版。

45. 海德格尔:《尼采》,孙周兴译,商务印书馆 2002 年版。

46. 海德格尔:《形而上学导论》,熊伟、王庆节译,商务印书馆 1996 年版。

47. 胡塞尔:《欧洲科学危机和超验现象学》,张庆熊译,上海译文出版社 2005 年版。

48. 霍尔姆斯:《反自由主义剖析》,曦中、陈兴玛、彭俊军译,中国社会科学出版社 2002 年版。

49. 卡尔·洛维特:《从黑格尔到尼采》,李秋零译,三联书店 2006 年版。

50. 卡尔·洛维特:《纳粹上台前后我的生活回忆》,区立远译,学林出版社 2008 年版。

51. 卡尔·洛维特:《世界历史与救赎历史:历史哲学的神学前提》,李秋零、田薇译,上海人民出版社 2006 年版。

52. 卡斯代尔·布舒奇:《〈法义〉导读》,谭立铸译,华夏出版社 2006 年版。

53. 凯斯·安塞尔-皮尔逊:《尼采反卢梭——尼采的道德—政治思想研究》,宗成河等译,华夏出版社 2005 年版。

54. 柯林武德:《柯林武德自传》,陈静译,北京大学出版社 2005 年版。

55. 科耶夫:《驯服欲望——施特劳斯笔下的色诺芬撰述》,贺志刚、程志敏等译,华夏出版社 2002 年版。

56. 克吕格等:《王制要义》,刘小枫选编,张映伟译,华夏出版社 2006 年版。

57. 拉莫尔:《现代性的教训》,刘擎、应奇译,东方出版社 2010 年版。

58. 朗佩特、洛文萨尔等:《施特劳斯与古典政治哲学》,刘小枫编,三联书店 2002 年版。

59. 朗佩特:《施特劳斯和尼采》,田立年、贺志刚等译,刘小枫主编,上海三联书店 2005 年版。

60.罗森:《诗与哲学之争——从柏拉图到尼采、海德格尔》,张辉译,华夏出版社 2004 年版。

61.洛维特、沃格林等:《墙上的书写——尼采与基督教》,田立年、吴增定等译,华夏出版社 2004 年版。

62.《马克思恩格斯全集(第三卷)》,人民出版社 2002 年版。

63.迈尔:《古今之争中的核心问题——施米特的学说与施特劳斯的论题》,林国基等译,刘小枫主编,华夏出版社 2004 年版。

64.迈尔:《隐匿的对话——施米特与施特劳斯》,朱雁冰、汪庆华等译,刘小枫主编,华夏出版社 2008 年版。

65.尼采:《查拉图斯特拉如是说》,钱春绮译,生活·读书·新知三联书店 2007 年版。

66.尼采:《论道德的谱系·善恶之彼岸》,谢地坤、宋祖良、程志民译,漓江出版社 2000 年版。

67.尼采:《权力意志:重估一切价值的尝试》,张念东等译,中央编译出版社 2000 年版。

68.莎迪亚·B.德鲁里:《列奥·施特劳斯的政治观念》,张新刚、张源译,王利校译,新星出版社 2010 年版。

69.莎迪亚·B.德鲁里:《列奥·施特劳斯与美国右派》,刘华等译,刘擎译校,华东师范大学出版社 2006 年版。

70.莎迪亚·B.德鲁里:《亚历山大·科耶夫:后现代政治的起源》,赵琦译,新星出版社 2007 年版。

71.施米特:《政治的概念》,刘宗坤等译,上海人民出版社 2004 年版。

72.施米特:《政治的剩余价值》,舒炜编,上海人民出版社 2002 年版。

73.《施米特与政治的现代性》,魏朝勇等译,刘小枫选编,华东师范大学出版社 2007 年版。

74.《施米特与政治法学》,刘小枫选编,上海三联书店 2002 年版。

75.斯宾格勒:《西方的没落》,张兰平译,陕西师范大学出版社 2008 年版。

76. 斯坦利·罗森:《启蒙的面具:〈扎拉图斯特拉〉疏解》,吴松江等译,辽宁教育出版社 2003 年版。

77. 斯坦利·罗森等:《启蒙的反思》,张陀等译,哈佛燕京学社编,江苏教育出版社 2005 年版。

78. 韦伯:《学术与政治:韦伯的两篇演说》,冯克利译,生活·读书·新知三联书店 2005 年版。

79. 詹姆斯·A. 古尔德、文德森·V. 瑟斯比:《现代政治思想:关于领域、价值和趋向的问题》,杨淮生等译,商务印书馆 1985 年版。

80. 詹姆斯·施米特编:《启蒙运动与现代性——18 世纪与 20 世纪的对话》,徐向东、卢华萍译,上海人民出版社 2005 年版。

(三)中文相关论著

1. 包利民:《古典政治哲学史论》,人民出版社 2010 年版。

2. 陈建洪:《耶路撒冷抑或雅典:施特劳斯四论》,华夏出版社 2005 年版。

3. 丁耘选编:《什么是思想史》,洪涛等译,上海人民出版社 2006 年版。

4. 甘阳:《政治哲人施特劳斯:古典保守主义政治哲学的复兴》,牛津大学出版社 2003 年版。

5. 甘阳:《古今中西之争》,三联书店 2006 年版。

6. 甘阳:《政治哲人施特劳斯:古典保守主义政治哲学的复兴》,载《自然权利与历史》,彭刚译,三联书店 2006 年版。

7. 贺照田:《西方现代性的曲折与展开》,吉林人民出版社 2002 年版。

8. 林国华、王恒编:《古代与现代的争执》,上海人民出版社 2009 年版。

9. 林国华:《诗歌与历史:政治哲学的古典风格》,上海三联书店 2005 年版。

10. 林国华:《古典的"立法诗"——政治哲学主题研究》,华东师范大学出版社 2006 年版。

11. 刘小枫、陈少明编:《柏拉图的哲学戏剧》,林国荣等译,上海三联书店 2003 年版。

12. 刘小枫、陈少明编:《柏拉图的真伪》,陈霞等译,华夏出版社 2007 年版。

13. 刘小枫、陈少明编:《古典传统与自由教育》,肖涧等译,华夏出版社 2005

年版。

14. 刘小枫、陈少明编:《美德可教吗?》,韩锐等译,华夏出版社 2005 年版。

15. 刘小枫、陈少明编:《色诺芬的品味》,陈戎女等译,华夏出版社 2006 年版。

16. 刘小枫、陈少明编:《苏格拉底问题》,华夏出版社 2005 年版。

17. 刘小枫、陈少明编:《雅典民主的谐剧》,黄晶等译,华夏出版社 2008 年版。

18. 刘小枫、陈少明编:《犹太教中的柏拉图门徒》,王承教等译,华夏出版社 2007 年版。

19. 刘小枫、陈少明编:《阅读的德性》,张宪等译,华夏出版社 2006 年版。

20. 刘小枫、陈少明编:《政治生活的限度与满足》,卢白羽等译,华夏出版社 2007 年版。

21. 刘小枫、陈少明编:《政治哲学中的摩西》,李致远等译,华夏出版社 2006 年版。

22. 刘小枫、陈少明编:《霍布斯的修辞》,华夏出版社 2008 年版。

23. 刘小枫、陈少明编:《卢梭的苏格拉底主义》,华夏出版社 2005 年版。

24. 刘小枫、陈少明编:《马基雅维利的喜剧》,华夏出版社 2006 年版。

25. 刘小枫、陈少明编:《苏格拉底问题》,华夏出版社 2005 年版。

26. 刘小枫:《刺猬的温顺——演讲及其相关论文集》,上海文艺出版社 2002 年版。

27. 刘小枫:《灵知主义及其现代性谋杀》,朱雁冰、李秋零、吴增定等译,道风书社 2001 年版。

28. 刘小枫:《启示与哲学的政治冲突》(《道风:基督教文化评论》第十四期),道风书社 2001 年版。

29. 刘小枫:《施特劳斯的路标》,华夏出版社 2011 年版。

30. 刘小枫:《重启古典诗学》,华夏出版社 2010 年版。

31. 刘小枫:《现代性社会理论绪论》,上海三联书店 2001 年版。

32. 刘小枫选编:《施特劳斯与古典政治哲学》,张新樟等译,上海三联书店

2002 年版。

33. 刘小枫选编:《施特劳斯与古今之争》,宗成河等译,华东师范大学出版社 2010 年版。

34. 刘小枫选编:《施特劳斯与现代性危机》,乔戈等译,华东师范大学出版社 2010 年版。

35. 萌萌学术工作室主编:《"古今之争"背后的"诸神之争"》,上海三联书店 2006 年版。

36. 萌萌学术工作室主编:《启示与理性——从苏格拉底、尼采到施特劳斯》,中国社会科学出版社 2001 年版。

37. 萌萌学术工作室主编:《启示与理性——哲学问题:回归或转向》,中国社会科学出版社 2001 年版。

38. 萌萌学术工作室主编:《启示与理性——政治与哲学的共契》,上海人民出版社 2009 年版。

39. 吴冠军:《爱与死的幽灵学:意识形态批判六论》,吉林出版集团有限责任公司 2008 年版。

40. 吴冠军:《爱与死的幽灵学——意识形态批判六论》,吉林出版集团 2008 年版。

41. 徐戬选编:《古今之争与文明自觉》,华东师范大学出版社 2010 年版。

42. 许纪霖:《启蒙的自我瓦解:1990 年代以来中国思想文化界重大论争研究》,吉林出版社 2007 年版。

43. 许纪霖编:《现代性的多元反思》,江苏人民出版社 2008 年版。

44. 刘小枫选编:《驯服欲望:施特劳斯笔下的色诺芬撰述》,贺志刚、程志敏等译,华夏出版社 2002 年版。

45. 应奇刘训练编:《公民共和主义》,东方出版社 2006 年版。

46. 应奇刘训练编:《共和的黄昏:自由主义、社群主义和共和主义》,吉林出版集团 2007 年版。

47. 俞吾金:《意识形态论(修订版)》,人民出版社 2009 年版。

48. 张汝伦:《二十世纪德国哲学》,人民出版社 2008 年版。

49.张文涛:《尼采六论——哲学与政治》,华东师范大学出版社2007年版。

50.郑兴凤、程志敏:《梦断现代性》,上海书店出版社2006年版。

51.周阳山主编:《当代政治心灵:当代政治思想家》,正中书局2000年版。

后　记

　　本书是在博士论文的基础上修改完成,交付出版之际,聊上几句以为后记。选择哲学之路意味着选择对意义世界的持守,虽然自早有志于意义的世界,但却不能说已经登堂入室,其原因就在于未能得其门而入。或许多年沉浸于单纯无我的状态是面向哲学而达至哲学的必要准备,但是,如果自己所面向的哲学无法进入自我的生命实践,那么由哲学所引起的兴奋、惊叹甚至低沉也就必然经不起岁月的淘洗,灵魂必将始终处于自在阶段。自己深知在思想的历程中如若没有大师的引领必难以自为以至自由,于是选择施特劳斯作为走入思想史的入口。如众所知,施特劳斯属于跨思想史的政治哲学家,其著述甚丰,表述晦涩,往往在对经典作家的重要著述中穿插表达自己的观点。尽管笔者极力跟随其思想论述的步伐,且形成文字若干,但并不就此能说已对其有着完全的把握。个人强烈而真实的感受是,施特劳斯所给予的更多是探寻西方政治哲学的特定索引,而这条索引因其具有非常强烈的对思想史的穿透性,故先行把此线索所串联的内容给梳理清楚,恐就是值得毕生去专注的事业。对施特劳斯的关注,仅仅只是一个开始而已,对生活持续的凝重,对学思不懈的切近,方才能够言及深度和厚度。

　　在此交稿付梓之际,要特别感谢导师俞吾金教授。先生对学生向来宽严相济,怀自由的精神去追逐,持严谨的态度去探索;先生的言传与身教,使我深深地感受到长者的那份宽容以及学者的那份情怀。从最初提纲的拟定、章节写作的展开,以及最终转为著作并予出版,都能够使我强烈地感受到长者的慈爱和学者的严谨。师恩如父,父亲给予我康健的身体,先生却引领了我的思想、擢升了我的灵魂。跟随先生的若许年内，所获至的不仅有学术上的严格训练，更有思想上的熏陶和为人、为学上的教诲，这些都将使我终生受益。在提交出版之际，我要深深地向尊敬的先生道上一声感谢，学生愚钝但真情能知，口拙但恩念盈怀，先生的教诲我将毕生践履。而今，先生远游已去，学生惟余念思。孤影踯躅，竟向谁人释惑解疑？关切萦绕，然就何处隆尊投抱？幸木铎已启大道之幽径，凭后学静历岁月之峥嵘。四宇廓然清明，哲人巨制永续。老师，安然！同时，还要感谢张庆熊教授、孙周兴教授、贺来教授对拙文的审阅，书稿最后的成型无疑凝聚着诸位老师的细心阅校之心神！感谢张汝伦教授对本文所给予的严厉而中肯的批评，其中所饱含着的学术真诚对诸如我辈之后学来说，恐怕不失为最珍贵的毕业礼物！

感谢所在工作单位领导和同事的理解和支持！博士学位论文刚获答辩通过，崔运武教授就论文的出版联系人民出版社，这份督促和提携万语亦难尽其意，唯有以踏实诚恳之做事为人予以长久回馈！感谢高力老师、方盛举老师、赵春盛老师、杨承良老师、王丽老师的信任、宽容和支持，正是你们见证了我的成长！特别要感谢的是，我的硕士导师刘家志老师、我的恩师卢云昆老师多年来不介我之愚钝而给予的鼓励、鞭策和指导！衷心感谢人民出版社陈寒节老师为此书的出版所提供的帮助与支持。

著作收稿之际，特别要感谢爱人陆继萍女士！倘无爱人全然的支持与理解，必无今日的思想初窥。家庭事务所有劳作辛苦全赖爱人的内外兼顾，并且还要适时支撑起我学思之中不时的心灵疲惫。看着爱人的操劳付出，儿子的茁壮成长，我分明感受到未曾有过的责任和力量。我深知，浓郁亲情早已化成我克服万难、勇敢前行的不竭动力！

书稿虽可交付，但囿于自己的学识能力，必有诸多的不足之处，也就教于各位方家，所获之建议必将成为改进之契机！望不吝赐教！

蒋小杰
2014 年 12 月于东陆园